suhrkamp taschenbuch
wissenschaft 1973

Eine Geburt der Künste aus den Sinnen setzt voraus, daß den Sinnen etwas Verschwenderisches und Spielerisches anhaftet und daß umgekehrt die Künste sinnliche Impulse aufgreifen. Der Austausch vollzieht sich im Medium einer technisch und medial durchformten Aisthesis, Kinesis und Pathik des Leibes. Davon zeugen, wie Bernhard Waldenfels darlegt, Bilder und Bildwirkungen, Experimente mit Klang, Ton, Stimme und Geräusch, Tanzbewegungen, Bühnendarbietungen und überraschende Schnitte im Film genauso wie Geschmackserlebnisse. Im Hintergrund melden sich Intuitionen und das Pathos des Gefühls, das in der Schmerzerfahrung die Heilkünste auf den Plan ruft. Die phänomenologische Analyse einer von Widerfahrnis geprägten Erfahrung trifft sich so mit der Findigkeit der Künste.

Bernhard Waldenfels

Sinne und Künste im Wechselspiel

Modi ästhetischer Erfahrung

Suhrkamp

Bibliografische Information der Deutschen Nationalbibliothek
Die Deutsche Nationalbibliothek verzeichnet diese Publikation
in der Deutschen Nationalbibliografie;
detaillierte bibliografische Daten sind im Internet über
http://dnb.d-nb.de abrufbar.

3. Auflage 2019

Erste Auflage 2010
suhrkamp taschenbuch wissenschaft 1973

Printed in Germany
Umschlag nach Entwürfen von
Willy Fleckhaus und Rolf Staudt
ISBN 978-3-518-29573-1

Inhalt

Vorwort

Nachdem der erste Band der angekündigten Trias sich unter dem Titel *Ortsverschiebungen, Zeitverschiebungen* (2009) mit Raum und Zeit befaßte, geht es in diesem Band um das fundamentale Thema der Sinne. Nach wie vor gilt unser vorrangiges Interesse einer genuinen Ordnung der Erfahrung, die als das »fruchtbare Bathos der Erfahrung«, als »Logos der ästhetischen Welt« oder als »autochthone Organisation« eine Matrix abgibt für Begriffsbildung, Normenaufstellung und Argumentationszüge, ohne selbst aus Definitionen, Normierungen und Argumentationen hervorzugehen. Wiederum werden wir einen besonderen Akzent setzen. Während im ersten Band Verschiebungen von Ort und Zeit im Vordergrund standen, ist es nun der Bezug zu den Künsten, der die Sinne in ein besonderes Licht rückt.

Der Bezug von Sinnen und Künsten ist kein neues Thema. Das enge Verhältnis von Ästhesiologie und Ästhetik, das der Aisthesis ein Doppelgesicht verleiht, steht seit langem auf der kunstphilosophischen und kunsttheoretischen Tagesordnung. Es genügt, auf ältere Bemühungen wie die von Konrad Fiedler, Rudolf Arnheim und Ernst Gombrich, auf deren Fortführung im Umkreis von Max Imdahl sowie auf eine ganze Reihe neuerer kunsttheoretischer Ansätze hinzuweisen, die mehr und mehr über das Paradebeispiel des Augensinnes und der bildenden Kunst hinausgehen. Dies gilt für den deutschsprachigen und den angelsächsischen Bereich ebenso wie für das neuere französische Denken, in dem die Verflechtung von Sinneslehre und Kunstdeutung nahezu eine Selbstverständlichkeit ist. Vieles davon wird von Fall zu Fall zur Sprache kommen. Doch worauf läuft dies alles hinaus? Diese Frage ist nicht leicht zu beantworten, dafür ist das Verhältnis von Kunstphilosophie, Kunstgeschichte, Kunsttheorie und Ästhetik zu verwickelt. Was mir selbst vorschwebt, ist – wie bereits im Vorwort zu den *Sinnesschwellen* (1999) vermerkt – »keine Ästhetisierung der Sinne, sondern umgekehrt eine nicht endende Geburt der Künste aus dem Spiel, der Widersetzlichkeit und der Antwortkraft der Sinne«, was zur Folge hätte, daß die nicht mehr bloß ästhetische Kunst Züge einer »prä- oder hyperästhetischen Kunst« annimmt.

Wer in einem Atemzug von Sinnen und Künsten spricht, stößt auf die grundlegende Frage, wie das verbindende »und« zu verstehen ist. Für meinen Teil versuche ich es mit einem *Wechselspiel*, das partielle Überschneidungen, wechselseitige Antizipationen und eine chiasmatische Überkreuzung einschließt. Doch so etwas versteht sich nicht von selbst. Man kann die Verrichtungen der Sinne, wie es oft genug geschieht, rein epistemisch, praktisch oder affektiv betrachten. Was uns die Sinne anbieten, trägt in der Tat auf vielfältige Weise dazu bei, zu ermitteln, was in der Welt der Fall ist, welche Wege sich eröffnen, welche Hindernisse sich in den Weg stellen, was uns zuträglich oder abträglich ist, wie wir uns selbst und die Anderen sich bei alldem befinden. Doch wozu braucht es Gemälde, Gesänge, Flötentöne, Tanzschritte, Spielfilme oder Kochkünste, wenn es auf bloße Lebenstüchtigkeit ankommt? Was haben die Künste unter dieser Voraussetzung mehr zu bieten als angenehme Zutaten, schöne Verzierungen, nützliche Erziehungsimpulse oder evolutionäre Vorteile? Es sieht nicht so aus, als könnte eine neuere Disziplin wie die Neuroästhetik eine Brückenfunktion übernehmen; denn dann müßte sie aus der Beschreibung neuronaler Prozesse ästhetische Kriterien gewinnen und dürfte sich nicht mit der Messung energetischer Differenzwerte begnügen. Wechseln wir die Blickrichtung, so ergibt sich ein anderes Bild. Es fällt schwer, sich mit den Künsten zu befassen, ohne auf die verschiedenen Sinne Bezug zu nehmen. Selbst wenn man die leiblichen Augen und Ohren in »Augen und Ohren des Geistes« verwandelt und Sinnesreize im Reich des Schönen nur als »Fremdlinge« duldet, lassen sich die Sinne nicht überspringen, doch fällt für sie mehr dabei ab als der Status eines sensuellen *sine qua non*? Offen bleibt jedenfalls die entscheidende Frage, auf welche Weise Sinne und Künste zusammenkommen und worin sie sich treffen. Wenn sich im Laufe unserer Untersuchungen etwas besonders aufdrängt, so ist dies die Annahme einer spezifischen Form von Zeitverschiebung, die sich einem schlichten Nacheinander oder einer bloß äußeren Verknüpfung von Sinneserfahrung und Kunstschaffen, von Aisthesis und Poiesis widersetzt. Dies besagt: *Schon* die Sinne haben etwas Künstliches, Künstlerisches, ein Mehr, das sich nicht epistemisch, praktisch oder affektiv verrechnen läßt, mit den Worten Merleau-Pontys: »Schon die Wahrnehmung stilisiert.« Umgekehrt würde gelten: *Noch* den sublimsten Kunstprodukten und Kunstgenüssen haftet ein sinnlich-materieller Erdenrest an. Reine Sinnlichkeit und reine Kunst wären bloße Spaltungs- oder Abstraktionsprodukte. Die besagte Vorgängigkeit und Nachträglichkeit, die zum Zickzackgang einer jeden kreativen Erfahrung gehört, würde es den Künsten erlauben, Erfahrungen zu *steigern* und zu *verwandeln*, wie beim »Blech, das als Trompete aufwacht«.

Neben der Verbindung oder Verflechtung von Sinnen und Künsten ist es der beiderseitige *Plural*, der zu Fragen Anlaß gibt. Wer von Sinnen und Künsten in der Mehrzahl spricht, setzt selbst dann, wenn er nicht mit abzählbaren Einheiten wie den üblichen fünf Sinnen oder den neun Musen rechnet, eine Affinität zwischen den Einzelgliedern voraus. Doch worauf ist diese zurückzuführen? Begnügt man sich mit einer *gegebenen* sensorischen Mannigfaltigkeit, so behandelt man Differenzen wie etwa jene zwischen Rot und Blau, zwischen Farbe und Klang, zwischen Bild und Lied als bloße Fakten, indem man die ordnungsstiftenden Unterscheidungsprozesse unterschlägt. Es bleibt bei dem dubiosen »Mythos des Gegebenen«; man sieht, was man sieht, und hört, was man hört. Betrachtet man dagegen den Zusammenhang zwischen den Einzelsinnen und den Einzelkünsten als eine *gesetzte* Einheit, so unterwirft man Sinne und Künste einer höheren Ordnung, die für einen autochthonen »Logos der ästhetischen Welt« wenig Raum ließe. Die Alternative zur intellektuellen Syn-thesis besteht in einer Syn-opsis, einer Sym-phonie, generell einer Syn-ästhesie und Synergie als einem fortlaufenden Prozeß der Einigung, in dem eines ins andere übergeht, ohne im anderen aufzugehen. Der so entstehende Zusammenhang wäre ein vielfältig gebrochener. Vollendete Einheit und vollendete Disparatheit wären wiederum nur als Grenzfälle zu denken. Der Ort einer solchen »Übergangssynthesis«, die Husserl in der zeitlichen Erfahrung am Werk sieht, ist der Leib als ein *Sensorium* und *Motorium commune*. Der Leib fungiert mithin nicht nur als »Umschlagstelle« zwischen Geist und Natur, zwischen Eigenheit und Fremdheit, sondern auch als Knotenpunkt, an dem die verschiedenen Fäden der Aisthesis, der Kinesis und der Poiesis zusammenlaufen. Die Synästhesie wäre dann kein bloßer Spezialfall einer außergewöhnlichen Sinnlichkeit, sondern durchgängiges Gestaltungsgesetz aller Sinnlichkeit.[1] Einfach gesagt, wer sieht, sieht

1 Vgl. hierzu Waldenfels, *Sinnesschwellen* (1999), Kap. 3. Dieser Band, in dem die

nicht nur, wer hört, hört nicht nur und so fort. Ähnliches träfe zu auf die entsprechenden Künste.

Die folgende Kette von Untersuchungen bietet einen *Längsschnitt* durch das Reich der Sinne und der Künste, das sich in eine Vielfalt von Einzelsinnen und Einzelkünsten auffächert. Es beginnt mit dem *Gespür*, das gewöhnlich unter dem vieldeutigen Terminus der Intuition verhandelt wird. Das Gespür, das wir im Auge haben, ist weder als suprarational noch als irrational, sondern als prärational zu verstehen. Es wirkt wie ein Sesam-öffne-dich, das mehr wittert, als es weiß, das an den Rändern und in den Lücken der Erfahrung auftaucht, das sich essayistisch betätigt, das sät, ohne zu ernten, das sich der Rechenschaftsabgabe entzieht und doch unentbehrlich ist für einen Sinn in statu nascendi und für eine Kennerschaft, die den Sinnen vertraut. Das Gespür fungiert als ein unspezifischer »Grund-Sinn« im Gegensatz zu den spezifischen »Figuren-Sinnen«, in denen jeweils eine bestimmte Sinnesart dominiert.

In den nächstfolgenden Kapiteln, die eine höchst aktuelle und komplexe Debatte widerspiegeln, geht es um das *Sehen* und speziell um das Sehen in und von *Bildern*.[2] Während in Kapitel 2 der mediale Status von Bildern und der Prozeß der Verbildlichung detailliert und kontrovers erörtert wird, konzentriert sich Kapitel 3 auf drei fundamentale Dimensionen der Bilderfahrung, die in Spiegel, Spur und Blick ihren prototypischen Ausdruck finden. Kapitel 4 befaßt sich mit den Wirkungen, die durch das bildliche Medium hindurchgehen und dem Bild eine spezielle Macht verleihen. Das bildliche Sehen zerteilt sich somit in die Modi des Sehens-als, des Sehens-in und des Sehens-durch. In Kapitel 5 kommt Merleau-Ponty gesondert zur Sprache als Protagonist einer Bildphänomenologie, die ganz und gar aus einer Beschreibung sinnlich-leiblicher Wahrnehmungen und ihrer lebensweltlichen Horizonte hervorgeht. – Mit Kapitel 6 und 7 wechseln wir über in den Bereich des *Hörens*. Dabei liegt der Ton auf dem zeiträumlichen Ereignis des Lautwerdens, auf

Vielfalt der Sinne von ihrem leiblichen Fundus her als ein Ensemble sinnlicher Fremderfahrung dargestellt wird, enthält eine Menge Vorarbeiten zu dem vorliegenden Band.

2 Ich setze hier eine Reihe früherer Studien fort: »Das Rätsel der Sichtbarkeit«, in: *Der Stachel des Fremden* (1990), »Ordnung des Sichtbaren«, »Der beunruhigte Blick«, »Anderssehen«, in: *Sinnesschwellen* (1999), »Verkörperung im Bild«, in: *Phänomenologie der Aufmerksamkeit* (2004).

der Ausbildung einer Hörwelt als einem Segment der Lebenswelt, auf der leiblich-körperlichen Verankerung der Stimme, auf deren Echowirkungen und auf den Grenzgängen zwischen *Geräusch, Klang, Ton* und *Stimme*, die in der modernen Musik eine besondere Rolle spielen. – Kapitel 8 präsentiert den *Tanz* als eine Kunst der *leiblichen Bewegung*, die der Tonkunst von alters her benachbart ist. Die Kinesis, die in der Kinästhese, im Handlungsablauf oder im Redefluß eine unentbehrliche, aber vielfach nur beilläufige Rolle spielt, tritt im Tanz für sich hervor, zeit- und raumbildend, angestachelt von dem Paradox eines leiblichen Sichbewegens und entbunden von der Zielstrebigkeit unserer alltäglichen Erfahrung. Valérys Essay *Die Seele und der Tanz* erweist sich als besonders inspirierend. – In Kapitel 9-11 betreten wir die Theaterbühne und den Filmsaal. Was das *Theater* angeht, so wird vor allem das Bühnengeschehen berücksichtigt, das sich einen eigentümlichen Zeit-Raum schafft, das auf prätheatralische Formen zurückgreift, *mimetische* Künste entfaltet und von *pathischen* Impulsen lebt, die im günstigen Falle von den Schauspielern auf die Zuschauer übergreifen. Die Unterscheidung von planender Inszenierung und augenblicklicher Performanz, wie sie der Konzeption eines postdramatischen Theaters zugrunde liegt, öffnet Perspektiven für eine Phänomenologie des Theaters, die mit einigen theatralischen Kostproben garniert wird. Bei der Behandlung der Schnittechnik und der eigentümlichen Faszinationskraft des *Films*, der mit einigen markanten Exempeln vertreten ist, steht die *Überraschung* im Mittelpunkt, die im Abweichen vom Gewohnten oder im Eintauchen in eine Gegenwelt ihre Wirkung tut, aber stets Gefahr läuft, bei ephemeren Überraschungseffekten zu enden.

Kapitel 12 führt uns mit dem *Essen* und *Trinken* an den Rand der sogenannten schönen Künste. *Geschmack* und *Geruch* als die zugehörigen Sinne werden traditionell dem niederen Bereich des Animalischen und der bloßen Lebensnotwendigkeit zugerechnet. Eine Umwertung ergibt sich, sobald wir vom leibhaftigen Essen und Trinken ausgehen und solcherart Ernst machen mit der Erfindungskraft von *Koch-* und *Tafelkunst*, mit den symbolischen und rituellen Überschüssen einer Tischkultur sowie mit dem Motiv der Gabe, das jede Speise in eine Fremdspeise verwandelt. – In Kapitel 13 und 14 kehren wir zum Anfang zurück, indem wir uns der *Gefühlssphäre* zuwenden. Das Gefühl befreit sich aus dem Verlies eines »possessiven Individualismus«, wenn es seinen leiblichen Ort inmitten der Erfahrung zurückgewinnt. Einerseits bildet es einen atmosphärischen Hintergrundsinn, der als Gestimmtheit und Befindlichkeit all unsere weltliche Erfahrung durchdringt, andererseits tritt es als ein Pathos auf, das in der Vereinigung von Selbst- und Fremdaffektion lebendige Reibungsflächen bildet. Daraus erwächst eine elementare Verletzlichkeit und Verwundbarkeit. Akut ist diese in der *Schmerzerfahrung*, deren Vielfalt sich bestimmten Schmerzschwellen und Schmerzskalen zuordnen läßt, die aber im Leiden auf das Leben im ganzen übergreift. Die Schmerzbehandlung, die den *Heilkünsten* obliegt, wirft besondere Probleme auf, da die therapeutische Sorge um den Patienten sich gegen ein Überhandnehmen technischer Prozeduren zu behaupten hat. Mit Kapitel 15 schließt sich ein kurzer Text an, der uns in das Reich der Dinge versetzt, indem er sich mit den *Wiederherstellungskünsten* befaßt. – Das *Proust*-Kapitel, das den Gang durch das Reich der Sinne und der Künste beschließt, präsentiert noch einmal in literarisch verdichteter Form das, worum es in diesen Untersuchungen geht. In ausgewählten Szenen aus der *Suche nach der verlorenen Zeit* werden wir Zeuge von Abenteuern der Sinne, in deren Verlauf die Gegenwart eine unergründliche zeitliche Tiefe erreicht. Dies wirkt auf die *Erzählung* zurück; die Zeit verdoppelt sich in erzählte Zeit und Zeit der Erzählung – auch dies eine Form der Zeitverschiebung.

Die Längsschnittlektüre überkreuzt sich mit den Bahnen einer möglichen *Querschnittlektüre*. Diese findet ihren Anhalt in wiederkehrenden *Leitmotiven*. Zu nennen ist an erster Stelle das Doppelereignis von *Pathos und Response*, das durch eine eigentümliche *Zeitverschiebung* sowohl zusammengehalten wie unterbrochen wird.[3] Dieses doppelte Ereignis bildet eine große Parenthese, innerhalb deren sich nicht nur das Werk der Sinne, sondern auch das der Künste abspielt, und zwar in Form eines Antwortens auf das, was uns widerfährt. – Das Werk der Sinne und der Künste artikuliert sich in Medien, Praktiken und Techniken, die eine *Zwischensphäre* bilden. Diese besteht aus *Modalitäten*, aus verschiedenen Formen des *Wie* (Sichtweisen, Tonarten, Bewegungsfiguren etc.). Die Konstitution

3 Vgl. hierzu vom Verf., *Grundmotive einer Phänomenologie des Fremden* (2006) und die weitere Ausarbeitung in *Antwortregister* (1994) und *Bruchlinien der Erfahrung* (2002) sowie *Phänomenologie der Aufmerksamkeit* (2004), wo die Aufmerksamkeit ganz auf den Zweitakt von Auffallen und Aufmerken abgestimmt ist.

des jeweiligen Wie, das als So-und-nicht-anders von Kontingenz und Selektion geprägt ist, bedarf kultureller Erfindungen und Kreationen. – Die diversen Medien und Techniken verkörpern und materialisieren sich unter ständigem Rückbezug auf unseren *Leibkörper*, der als Urmedium und Urinstrument fungiert und zwischen Kunst und Technik vermittelt.[4] – In allen Bereichen der Sinnbildung kommt es zu einer *Verdoppelung*, infolge deren das jeweils stattfindende *Ereignis* sich von den wiederholbaren *Sinngehalten* und *sinnlichen Gestalten* absondert. Dem entspricht die aristotelische Zweiheit von Energeia und Ergon, allerdings nur dann, wenn erstere nicht als Entelechie, als zielgerichteter Akt, gedacht wird, sondern eben als auftretendes Ereignis. Nach dem Muster von Sagen und Gesagtem, von Handeln und Tat unterscheiden wir zwischen Sichtbarwerden (Blick) und Gesehenem, zwischen Lautwerden (Stimme) und Gehörtem sowie zwischen Sichbewegen und Bewegtem. – Das jeweilige Ereignis fungiert als Überschuß, Ferne, Fremdheit etc. Um solche Überschüsse freizusetzen, bedarf es einer *Epoché*, eines Anhaltens der natürlichen Erfahrungsbewegung, eines Bruchs mit dem Selbstverständlichen. Die phänomenologische Epoché, die sich auf die Welt im ganzen richtet, fächert sich auf in spezifische Varianten wie ikonische, pikturale, auditive, kinetische oder narrative Epoché, die in den diversen Künsten praktiziert werden.

Die einzelnen Kapitel gehen teilweise auf Vorlagen zurück, die in den letzten zehn Jahren aus verschiedenen Anlässen entstanden sind; sie wurden vielfach umgearbeitet und ergänzt.[5] Eigens

4 Zum Verhältnis von Kunst und Technik vgl. Waldenfels, *Sinnesschwellen* (1999), Kap. 4 und zur Ergänzung der Phänomenologie durch eine Phänomenotechnik: ders., *Bruchlinien der Erfahrung* (2002), Kap. 8.

5 »Spiegel, Spur und Blick«, in: G. Boehm (Hg.), *Homo Pictor*, München, Leipzig 2001 bzw. *Spiegel, Spur und Blick. Zur Genese des Bildes*, Köln 2003.
»Von der Wirkmacht und Wirkkraft des Bildes«, in: G. Boehm, B. Mersmann, Ch. Spies (Hg.), *Movens Bild. Zwischen Evidenz und Affekt*, München 2008.
»Staunend lehren, lernend staunen«, in: K.-P. Busse, K.-J. Pazzini (Hg.), *(Un)Vorhersehbares Lernen: Kunst-Kultur-Bild*, Dortmunder Schriften zur Kunst, Dortmund 2008.
»Bildhaftes Sehen. Merleau-Ponty auf den Spuren der Malerei«, erscheint gleichzeitig in: A. Kapust, B. Waldenfels (Hg.), *Kunst. Bild. Wahrnehmung. Blick. Merleau-Ponty zum Hundertsten*, München 2010.
»Klangereignisse«, in: G. Kilger (Hg.), *Macht Musik* (Sonderausstellung der DASA), Köln 2005.

hinweisen möchte ich auf einige Institutionen, Orte und Personen, von denen besondere Anregungen ausgingen: *Basel*, Eikones: Gottfried Boehm. – *Berlin*, FU, Institut für Theaterwissenschaften und SFB »Kulturen des Performativen«: Gabriele Brandstetter, Doris Kolesch, Erika Fischer-Lichte, Albrecht Riethmüller, Christian de Wulf. – *Bochum*, Museum »Situation Kunst«: Alexander von Berswordt und Silke von Berswordt-Wallrabe, Friederike Wappler. – *Dortmund*, Deutsche Arbeitsschutzausstellung (DASA): Gerhard Kilger; Universität, Seminar für Kunst und Kunstwissenschaft: Peter Busse, Bettina van Haaren, Peter Schubert. – *Frankfurt/M.*, GK »Zeiterfahrung ästhetische Wahrnehmung« und Theaterwissenschaftliches Institut: Hans-Thies Lehmann, Patrick Primavesi, Nikolaus Müller-Schöll; Schauspielhaus, Philosophische Salons: Intendantin Elisabeth Schweeger, Wanda Golonka, Claus Caesar, Susanne Traub. – *Hannover*, Theaterforum: Florian Malzacher, Geza Ziemer. – *Köln*, Forschungskolleg »Medien, Kultur, Kommunikation«: Cornelia Epping-Jäger. – *Musikhochschulen Detmold und Hannover*: Hans Bäßler, Karl Heinrich Ehrenforth. – *Salzburg*, Salzburger Festspiele: Schauspielleiter Thomas Oberender. – *Wien*, Tanzquartier: Krassimira Kruschkova. – *Zürich*, Institut für Theorie und Gestaltung der Kunst: Jörg Huber, Geza Ziemer.

Gesondert erwähnen möchte ich die Atelierkontakte mit Bettina

»Das Lautwerden der Stimme«, in: D. Kolesch, S. Krämer (Hg.), *Stimme*, Frankfurt/M. 2006.
»Mimetische Differenz und pathische Impulse«, in: P. Primavesi, O. A. Schmitt (Hg.), *AufBrüche. Theaterarbeit zwischen Text und Situation*, Frankfurt/M. 2004.
»Sichbewegen«, in: G. Brandstetter, Ch. Wulf (Hg.), *Tanz als Anthropologie*, München 2007. »Der Leib und der Tanz«, in: A. Aurnhammer, G. Schnitzler (Hg.), *Der Tanz in den Künsten 1770-1914*, Freiburg 2009.
»Überraschte Wahrnehmung«, in: M. Fröhlich, R. Middel, K. Visarius (Hg.), *Zeichen und Wunder. Über das Staunen im Kino* (Arnoldshainer Filmgespräche Bd. 18), Marburg 2001.
»Fremdspeise. Zur Phänomenologie von Essen und Trinken«, in: I. Därmann, H. Lemke (Hg.), *Die Tischgesellschaft*, Bielefeld 2008.
»Der leibliche Sitz der Gefühle«, in: M. Staudigl, J. Trinks (Hg.), *Ereignis und Affektivität*, Wien 2006.
»Reparables und Irreparables«, in: L. Hart und D. Ripple, *Reparaturen der Welt*, München 2002.
»Zusammenspiel und Widerspiel der Sinne in Prousts *Recherche*«, in: U. Felten, V. Roloff (Hg.), *Die Korrespondenz der Sinne. Wahrnehmungsästhetische und intermediale Aspekte im Werk von Proust*, München 2008.

van Haaren (Witten), Leena van der Maden (Frankfurt/M.), Nele Ströbel (München) sowie die Leipziger Einladung romanistischer Proustexperten, an erster Stelle Uta Felten, Ursula Link-Heer und Volker Roloff, bei denen ich zum wiederholten Male Gastrecht genoß. Allen Genannten und so manchen Ungenannten sei nachdrücklich gedankt.

München, Februar 2010

1. Gespür für die Dinge

1. Intuition und Rationalität

Für das, was wir Gespür nennen, steht in der Tradition vielfach das Wort »Intuition«.[1] Doch hinter dem lateinischen Wort *intuitus* und seinen Derivaten verbirgt sich weit eher ein Begriffsbündel als ein einheitlicher Begriff. Wir tun gut daran, dieses Bündel zu entschnüren, bevor wir uns in der Vieldeutigkeit verlieren oder uns zu einem schnellen Für und Wider hinreißen lassen. Als Kontrast bietet sich der Begriff der Rationalität an. Wir verstehen darunter das Arbeitsfeld begrifflicher Artikulation und argumentativer Verknüpfung. Begriffliche Klarheit und argumentative Stringenz bilden die Gegenpole, mit denen die Intuition sich in ein Verhältnis setzen muß, um überhaupt Gestalt anzunehmen. Dieses Verhältnis kann höchst verschiedene Formen annehmen.

Das Deutsche erlaubt es uns, zwischen Intuition und Anschauung zu wählen, während das Englische und das Französische nur über das eine Wort *intuition* verfügen. Wenn Kant oder Husserl den Terminus *Anschauung* verwenden, so bezeichnen sie damit etwas, das uns sinnlich oder ganz allgemein als es selbst gegeben und nicht nur zeichenhaft angedeutet ist. Diese Art der Gegebenheit verhält sich komplementär zu Begriff oder Bedeutung, indem sie diese erfüllt. Begriffe oder Bedeutungen ohne Anschauung gelten als leer, sie bedürfen der Anschauung, um Erkenntnis zu ermöglichen. Die Anschauung bewegt sich also zwischen Fülle und Leere; sie bildet eine Komponente der Erfahrung, nicht deren Inbegriff. Sie läßt sich als *ko-rational* bezeichnen, da sie den diskursiven Verstand ergänzt, aber nicht ersetzt. Dies schließt nicht aus, daß Bedeutung und Anschauung sich wechselseitig übertreffen, so daß wir mehr meinen, als uns wirklich gegeben ist, und daß uns mehr gegeben ist, als wir ausdrücklich meinen; doch dieser wechselseitige Überschuß gehört zur offenen Rationalität der Erfahrung, nicht zu einem irrationalen Untergrund. Rousseaus Empfehlung, das Erlernen von

1 »Intuition. Erinnerungs-, Erkenntnis- und Entwicklungsfähigkeiten der Künste« lautete das Thema eines interdisziplinären Symposions, das im Mai 2007 von Petra Maria Meyer an der Kieler Muthesius Kunsthochschule veranstaltet wurde und für das dieser Text verfaßt wurde.

Namen und Begriffe auf anschaulich Gegebenes einzuschränken, würde die Welt in eine künstliche Gartenanlage verwandeln. Verwandt mit dieser Art von Anschauung ist die *Veranschaulichung*. Die illustrierende Veranschaulichung stellt das Gemeinte nicht als es selbst dar, sondern eingebettet in sinnliche Medien, in Bilder, Diagramme oder Modelle. Anschauung und Veranschaulichung sind so besehen ganz und gar nichtintuitionistisch zu verstehen. Dies gilt für ein Werk wie das des phänomenologisch und gestalttheoretisch orientierten Kunstpsychologen Rudolf Arnheim, dessen englischer Titel *Visual Thinking* in der deutschen Ausgabe treffend mit *Anschauliches Denken* wiedergegeben wird. Ähnliches gilt für Brouwers intuitionistische Grundlegung der Mathematik, die sich durchaus konstruktivistischer Verfahren bedient.

Intuition oder Anschauung überschreiten den Rahmen diskursiver Rationalität, sobald sie eine höhere, unvermittelte Erkenntnisweise für sich in Anspruch nehmen. In der klassischen Tradition steht dafür der *Nus* im Gegensatz zur Dianoia beziehungsweise der *Intellekt* im Gegensatz zur Ratio. Im Deutschen spricht man in diesem Zusammenhang von *Einsicht* oder auch von einer Vernunft, die vernimmt, statt zu rechnen. Darin liegt ein deutlicher Bezug zum Sehen als einer geistigen Schau oder Vision, aber es fehlt auch nicht das Hören auf Stimmen, die aus einer anderen Welt zu uns dringen. Diese Form der Intuition können wir als *suprarational* bezeichnen. Sie kommt überall dort zum Zuge, wo ein Erstes oder Letztes, ein Wesen oder das Weltganze anvisiert wird, daher rührt ihr enger Bezug zur Metaphysik. Der Intuitionismus rückt nahe, wenn die Einsicht einer blitzartigen Erleuchtung zugeschrieben wird, die uns die mühseligen Wege des Dis-kursiven erspart.[2]

Die Intuition nimmt eindeutig die *irrationale* Form eines Intuitionismus an, wenn das unmittelbare Erfassen sich aller überprüfbaren und kritisierbaren Rationalitätsansprüche enthoben glaubt, und dies unter Berufung auf ein Gefühl, das man hat oder eben nicht hat. Aus der Not beschränkter Fassungskraft macht man eine Tugend. Mangelnde Gründlichkeit flüchtet sich ins große Ganze, Ziel- und Regellosigkeit lösen einen ungehinderten Wortschwall aus, begrenzte Verfügung schlägt um in Entmündigung und so

2 Zum begriffsgeschichtlichen Umfeld vgl. den Artikel »Intuition« von Theo Kobusch im *Historischen Wörterbuch der Philosophie*, Bd. 4 (1976).

fort. Dieser Intuitionismus ist nicht frei von kognitiven Ressentiments; Scharfsinn, Intellekt und Wissen werden als lebensfeindlich gebrandmarkt, einst galten sie auch als typisch jüdisch. Der bereits erwähnte Rudolf Arnheim, einer von den derart Verfemten, verfaßte 1933 für die *Weltbühne* einen Essay »Die Flucht zu den Schachtelhalmen«, in dem er gegen die geistesmüden Atavismen von Gottfried Benn zu Felde zieht.[3] Von einem *sacrificium intellectus* läßt sich nicht länger reden, wenn nicht mehr viel an Intellektualität zu opfern bleibt. Die Irrationalität, die sich als höhere oder esoterische Form des Wissens tarnt, entspringt zumeist der Reaktion auf eine verengte Form der Rationalität, die der Erfahrung alles Abgründige und Überschüssige nimmt. Rationalismus und Irrationalismus bekräftigen sich wechselseitig. Ein ausgetrockneter Boden verlangt nach künstlicher Bewässerung. Insofern hat der Irrationalismus eine symptomatische Bedeutung.

Was uns demgegenüber vorschwebt, sind Formen der Intuition, die an den Rändern, in den Lücken und an den Bruchstellen der Erfahrung auftauchen. Daß sie in der künstlerischen »Entregelung der Sinne« eine besondere Rolle spielen, schließt nicht aus, daß sie auch in den Grauzonen wissenschaftlicher Heuristik und technischer Experimente anzutreffen sind. Ich wähle dafür das Wort *Gespür*, das weniger einseitig das Sehen betont und statt dessen eine synästhetische Aura ausstrahlt. Indem wir einem Gespür folgen, sind wir den *Dingen* mit ihrem Fluidum, ihren sinnlichen Qualitäten, ihren konkreten Bedeutsamkeiten auf der Spur. Dinge werden hier im weiteren Sinne verstanden als etwas, um das es uns im Zuge der Erfahrung geht. Der Zugang zu ihnen ist noch nicht durch Sinn- und Regelstrukturen vorgezeichnet, er deutet sich höchstens an.[4] Der Spürsinn, der in Gestalt des Ichneumon einen tierischen

3 Wiederabgedruckt in dem Band Rudolf Arnheim, *Zwischenrufe* (1985), herausgegeben von Ursula Madrasch-Groschopp.

4 Dementsprechend unterscheidet Heidegger in seiner Vorlesung *Die Frage nach dem Ding* (1975, S. 3-5) zwischen dem Ding im *engeren* Sinne als dem Greifbaren, Sichtbaren, Vorhandenen und dem Ding im *weiteren* Sinne, welches »jegliche Angelegenheit, solches, um das es so oder so bestellt ist, die Dinge, die in der ›Welt‹ geschehen, Begebenheiten, Ereignisse« meint. Zu letzterem passen Redensarten wie: »Es sind da *merkwürdige Dinge* im Spiel«; es geht bei einer Entscheidung *vor allen Dingen* darum; es geht nicht *mit rechten Dingen* zu; jemand ist *guter Dinge*. Die *weiteste* Bedeutung des Dinges als bloßes Etwas können wir hier außer acht lassen.

Urahn aufweist,[5] verrät eine besondere Nähe zu dem atmosphärischen Sinn des Riechens, wie es das französische und englische Wort *flair* mit seiner Herleitung aus dem lateinischen Verb *fragrare* (= riechen) suggeriert. Ähnlich sagen wir im Deutschen: »Jemand hat dafür eine Nase«, »Jemand wittert etwas«, oder »Jemand kann den anderen nicht riechen«. Auch der Geschmackssinn mischt sich ein. »Etwas auf der Zunge zergehen lassen« bedeutet, daß man etwas auf sich wirken läßt, bevor man es identifiziert. Ähnliches trifft zu auf das explorierende Abtasten. Der Tastsinn, der in der Doppelheit von Tasten und Berühren und in der Verquickung von Berühren und Berührtwerden wie kein anderer Sinn pathische, praktische und gnostische Anteile in sich vereint, nimmt eine zentrale und fundamentale Stellung im Sensorium ein, indem er selbst dem Sichtbaren und Hörbaren haptische Qualitäten verleiht.[6] Die traditionelle Unterscheidung zwischen höheren und niederen Sinnen, mit der wir schnell bei der Hand sind, führt auf eine falsche Fährte. Aus ihr spricht nicht nur eine Geringschätzung der Küchen- und Parfumkünste, sie führt ganz generell zur Unterschätzung jener Formen der Intuition, die zu den Ingredienzien der Erfahrung gehören. Diese können wir als *prärational* bezeichnen, vorausgesetzt, wir verstehen das Prä- nicht als bloße Vorstufe, sondern als eine unaufhebbare Vorgängigkeit. Wenn wir uns im folgenden wiederholt auf Kants *Anthropologie* beziehen, so deshalb, weil hier der Kampf des Logos mit dem Pathos *in flagranti* zu erfassen ist und vieles von dem Bekämpften und Verdrängten weiterhin durchschimmert. Ist der Kampf einmal gewonnen, so bleiben Schemata und Hülsen zurück, denen die Spuren des Rationalisierungsprozesses nicht mehr anzumerken sind.

2. Ordnung im Werden

Der Versuch, die Erfahrung aus einem bloßen Zusammenspiel objektiver Daten und subjektiver Akte hervorgehen zu lassen, wurde

5 »Ichneumon«, gr. ἰχνεύμων, abgeleitet von ἴχνος: die Spur, bedeutet wörtlich »Spürer«. Es handelt sich hierbei um eine bereits im alten Ägypten bekannte Wieselart, die heute der Familie der Schleichkatzen zugezählt wird.

6 Vgl. hierzu vom Verf., *Bruchlinien der Erfahrung* (2002), Kap. 2: »Berührung aus der Ferne«.

von vielen längst aufgegeben. Für eine Phänomenologie leibhaftiger Erfahrung bedeutet dies, daß Etwas und Jemand nicht als gegeben hinzunehmen sind, sondern daß zu zeigen ist, wie diese Instanzen, die heute oft schlicht als Identitäten bezeichnet werden, aus der Erfahrung entspringen. Erfahrung bedeutet mehr als die Tatsache, daß da jemand ist, der etwas erkennt, etwas tut oder auch etwas fühlt. Sie manifestiert sich als ein Doppelereignis aus Pathos und Response. Dem Erfahrenden widerfährt etwas, worauf er zu antworten genötigt ist. Dieser Zweitakt bildet so etwas wie die Urmelodie der Erfahrung. Ich ziehe das griechische Wort *Pathos* dem deutschen Wort *Gefühl* vor, weil das, was man im Deutschen so bezeichnet oder in anderen Sprachen *feeling* und *sentiment* nennt, in den neuzeitlichen Sog aus Subjektivierung und Privatisierung geraten ist. Das Gefühl sinkt herab zum bloßen Restposten, wenn die kognitive, praktische und technische Welteroberung die Oberhand gewinnt. Anders steht es, wenn unser eigenes Wahrnehmen, Erinnern, Reden, Planen und Tun von fremden Impulsen in Gang gesetzt wird; im Antworten auf Affektionen und Appelle nimmt der Logos selbst pathische Züge an. Antworten heißt, von anderswoher reden. Der Nachträglichkeit der Response entspricht eine Vorgängigkeit des Pathos. Ein eklatantes Beispiel dafür liefert uns die Aufmerksamkeit: Etwas fällt mir auf – ich merke auf. Auffallen und Aufmerken kommen ebensowenig zur Deckung wie Vergangenheit, Gegenwart und Zukunft, sie gehen ineinander über.

Es fragt sich nun, wie dieser Übergang zu verstehen ist. Eine sehr allgemeine Auskunft lautet: Es gibt Modalitäten der verschiedensten Art, die als Zwischeninstanzen fungieren. Sie bestimmen das Wie der Erfahrung. Dazu gehört an erster Stelle die Bedeutungsstruktur: *etwas* wird jeweils *als etwas* erfaßt, aufgefaßt, begriffen, benannt, verstanden, behandelt oder mitgeteilt. Darin kommen phänomenologische, spachanalytische und pragmatische Ansätze überein. Dieser variable Zwischenbereich, der weder auf objektive Gegebenheiten noch auf subjektive Erlebnisse zurückgeführt werden kann, konsolidiert sich in Form von Medien, Praktiken und Techniken, in denen unsere Erfahrung eine bestimmte Ordnung annimmt. Auch die Künste haben hier ihren Ort als Gestalterinnen der Erfahrung. Die Ordnung der Erfahrung ist als ein Prozeß zu betrachten. Ordnungen entstehen so und nicht anders; sie entstehen in Prozessen der Wiederholung, der Stilisierung, der Sedimentierung und der Verkörperung. Erfahrung *organisiert sich.* Doch auch diese Formel läßt verschiedene Auslegungen zu, darunter eine konstruktivistische. Alles, was nicht fix und fertig gegeben ist, was nicht unmittelbar aus dem Schoß der Natur oder aus der Hand eines Schöpfers hervorgeht, gilt demnach als konstruiert, darin eingeschlossen Leib, Geschlecht, Leben und Tod. Nimmt man den konstruktivistischen Jargon beim Wort, so liefert unsere Erfahrung lediglich Baumaterialien, mit denen wir selbst beziehungsweise unsere Maschinen nach Belieben schalten und walten. Doch gehen wir von einer pathischen Erfahrung aus, die darin besteht, daß uns etwas affiziert, stimuliert, uns in Erstaunen oder Erschrecken versetzt, uns anzieht oder abstößt, uns beschwingt oder belastet, so stellt sich das Ordnungsgeschehen als ein Prozeß der *Umsetzung* und *Umwandlung* dar. Etwas wird *zu etwas,* indem es Form annimmt, sich in Feldern ausbreitet, in Horizonte eintritt und unter wandelnden Umständen wiederkehrt. Das *Wovon* des Getroffenseins, das Prozesse in Gang setzt, und das *Worauf* des Antwortens, in dem der jeweilige Prozeß Gestalt und Sinn annimmt, fallen nicht zusammen mit dem *Woraus* eines Machens und Herstellens.

Prozesse der Formung und Regelung, die sich nicht auf gegebene Formeln und Regeln stützen können, haben einen tastenden, improvisatorischen, essayistischen Charakter. Das »Herumtappen«, von dem Kant in der Vorrede zur *Kritik der reinen Vernunft* spricht, läßt sich niemals gänzlich in einen »sicheren Gang der Wissenschaft« verwandeln. Jeder entstehenden Ordnung, sei es eine physische, eine biologische oder eine kulturelle Ordnung, haften Momente des Chaotischen an. Man könnte von einem *Limbus* der Erfahrung sprechen, in dem sich vorbereitet, was schließlich als neuartig zutage tritt,[7] oder auch von Phasen der *Inkubation,* die der sokratischen Maieutik als einer Hebammenkunst entsprechen. In solchen Übergangszonen stoßen wir auf Spielarten einer Intuition, die der produktiven Einbildungskraft nahe kommt. Auf diese Spielarten kommt es uns hier an. Sie nehmen defizitäre Züge an, wenn man sie an den Maßstäben einer bestehenden Normalität mißt und einer Routine folgt, die ihren Weg schon kennt.

7 *Limbus* bedeutet wörtlich »Rand, Saum, Bordüre«, im religiösen Sinne die »Vorhölle«, also allgemein einen Zwischenzustand; von daher frz. *être encore dans les limbes,* das heißt »noch im Werden sein«.

3. Intuitive Einsprengsel

Der Intuitionismus, der hinter jeder Intuition lauert wie ein voreiliges Versprechen oder wie eine Heilsbotschaft, verliert sein falsches Prestige, wenn wir Intuitionen nicht als Ausgeburten höherer Mächte betrachten, sondern als Einsprengsel, die in unsere Erfahrung eingelassen sind. Indem sie unsere Erfahrung verzögern, aber auch beschleunigen und beflügeln, entfernen sie sich zwar vom normalen Gang der Erfahrung, nicht aber von dieser selbst. Ihnen allen ist gemeinsam, daß sie durch die gewohnten Ordnungsraster fallen. Was in ihnen zum Vorschein kommt, unterliegt keiner linearen Kausalität, die sichere Rückschlüsse erlaubt; es läßt sich nicht zerlegen in abzählbare Elemente und nicht verarbeiten wie ein gefügiges Material. Es sperrt sich gegen geläufige Gegensätze wie aktiv/passiv, subjektiv/objektiv, formal/material, innen/außen, mit denen wir die Erfahrung zur Ordnung zu rufen pflegen. Erwarten wir schroffe Gegensätze, so treten Faltungen auf; glauben wir uns auf festem Boden, so tun sich Abgründe auf; verlangen wir nach Geradlinigkeit, so krümmen sich die Wege: »Krumme Linie – Sieg der freyen Natur über die Regel.« (Novalis, *Schriften*, Bd. 2, S. 257) Die Erfahrung beschert uns eigentümliche Formen der Häresie, die wir weder als bloßen Mangel abtun, noch zum Gegenideal erheben sollten.

Einfälle, die kommen und gehen

Einfälle, ohne die alles beim alten bliebe, gehören zur Dramatik der Erfahrung. Das deutsche Wort »Einfall«, das als »înval« seit dem 14. Jahrhundert nachweisbar ist, hat von Anfang an eine konkrete wie auch eine übertragene Bedeutung. In der Doppelbewegung von Ein- und Ausfallen nimmt es vielfach einen religiösen oder einen mystischen Unterton an, bezogen auf den Verkehr des Menschen mit dem Irdischen und dem Göttlichen.[8] Indem es die Auffälligkeit der Wahrnehmung, liebsame und unliebsame Vorfälle und auch den Zufall mit anklingen läßt, spricht es von den Wechselfällen der Erfahrung. Seine Konnotationen zeigen eine Verwandtschaft mit

8 Vgl. den Artikel »Einfall« von Christian F. Görlich im *Historischen Wörterbuch der Philosophie*, Bd. 2 (1972).

dem griechischen Ausdruck ἐπιβολή (wörtlich: das »Daraufwerfen, Treffen, Anspringen« etc.); dieser Terminus wird in der neuplatonischen Tradition verwendet zur Bezeichnung einer Einsicht, die mit einem Schlage auftritt und sich nicht Schritt für Schritt entfaltet; in Entsprechung dazu bürgert sich im Lateinischen der Terminus *intuitus* ein. Die Umschreibung des Einfalls als *idée qui vient* oder als *idea which comes to one's mind*, wie wir sie aus unseren westlichen Nachbarsprachen kennen, schlägt eine ruhigere Tonart an, während der glückliche Einfall als *brain-wave* etwas von einem Geistesblitz hat.

Doch unabhängig von den sprachlichen Besonderheiten zeigt der Einfall einige typische Eigenschaften. (1) Er ist kein Akt, den ich vollziehe, indem ich ein bestimmtes Ziel ins Auge fasse, einer Regel folge und Verantwortung auf mich nehme. Die bewährten Landmarken der praktischen Philosophie versagen hier. Umgekehrt ist der Einfall auch kein objektiver Vorgang, der sich unabhängig von seiner Wirkung als Ursache beschreiben läßt. Der Einfall *kommt mir* als etwas, das mir zustößt, nicht aber von mir ausgeht. – (2) Einfälle sind als solche nicht wahr oder falsch, wohl aber *ambivalent*. Es gibt glückliche Einfälle, die sich als fruchtbar erweisen, und törichte Einfälle, die sich als trügerisch herausstellen. In der Vorrede zur *Kritik der reinen Vernunft* betrachtet Kant selbst die griechische Entdeckung der Mathematik als einen »glücklichen Zufall«, der sich erst nach einigem »Herumtappen« einstellte. – (3) Die *Plötzlichkeit* des Einfalls, die geradezu schockartige Ausmaße annehmen kann, rührt daher, daß Einfälle nicht als Resultat methodischer Planung und als gekonnte Leistung auftreten. Dies schließt nicht aus, daß sie eine *Vorgeschichte* haben, in der es »in uns arbeitet«, und eine *Nachgeschichte*, in der sie Früchte tragen.[9] Seit der Goethezeit spricht man gleichermaßen von *Aperçus*, also von Schlüsselideen, die ein Feld der Forschung oder der Handlung eröffnen. Das Vorher und Nachher kann jedoch den Hiatus nicht aufheben, der durch den Ein-fall gesetzt ist; die Kontingenz des Einfalls schließt Vorbedingungen keineswegs aus, doch sind diese niemals zureichend. Fällt uns etwas ein, so wissen wir nie völlig, wie uns geschieht. Goethe, der den Einfällen besondere Beachtung

9 Die Kreationsforschung unterscheidet demgemäß zwischen verschieden stark ausgeprägten Perioden der Präparation, der Inkubation, der Inspiration und der Verifikation. Vgl. J. P. Guilford, »Kreativität«, in: Ulmann 1973, S. 37.

schenkt, beharrt in seiner *Farbenlehre* (S. W. 16, 713) darauf, daß Einfälle sich nicht erzwingen lassen, daß sie sich vielmehr aufdrängen: »Ein entschiedenes Aperçu ist wie eine inokulierte Krankheit anzusehen: man wird sie nicht los, bis sie durchgekämpft ist.« Problematisch ist allerdings die Kontinuitätserwartung, die uns in den *Maximen und Reflexionen* begegnet, wenn es dort heißt: »Alles wahre Aperçu kommt aus einer Folge und bringt Folge. Es ist ein Mittelglied einer großen, produktiv aufsteigenden Kette.« (S. W. 9, 547) Wer »Mitte« sagt, sagt auch »Vermittlung«, als könnte man Einfälle anlegen wie eine Erbschaft oder wie frei flottierendes Kapital. – (4) Einfälle, die sich nicht steuern lassen, mahnen zur Zurückhaltung. In Kants *Anthropologie* (VI, 539) wird das Haschen nach Einfällen dem Witz zugeschrieben, der dem Verstand lediglich Stoff zum Nachdenken liefert, im Gegensatz zur Urteilskraft, die nach Einsicht strebt. Einfälle wären dann nichts weiter als mögliche Einsichten. Doch diese Rationalisierung wird den pathischen Aspekten der Erfahrung nicht gerecht, da sie das Pathos dem Logos unterstellt gleich einem Dienstboten. Lichtenberg stuft den Witz höher ein, indem er in den *Sudelbüchern* feststellt: »Der Witz ist der *Finder* und der Verstand der Beobachter« (*Schriften*, II, 297), und an einer anderen Stelle bemerkt er mit leisem Spott: »Sehr viele Menschen und vielleicht die meisten Menschen müssen, um etwas zu finden, erst wissen, daß es da ist.« (Ebd., I, 752) Die Denk- und Gestaltpsychologie, die der Kreativität besondere Aufmerksamkeit schenkt, verläßt eingefahrene Bahnen, indem sie Einsichten ihrerseits als Einfälle behandelt, so etwa in Form des sprichwörtlichen Aha-Erlebnisses. Auch die Psychoanalyse schreibt Einfällen als »freisteigenden« Vorstellungen, wie es schon bei Herbart heißt, ein besonderes Gewicht zu, weil in ihnen zur Sprache drängt, was sich der wissentlich-willentlichen Kontrolle entzieht. In der Topik des Unbewußten, die Freud entwirft, erhält der Invasionscharakter des Einfalls einen konstitutiven Sinn. Diese Vertiefung der Erfahrung, die von Überraschungen lebt, wird allerdings um ihren Effekt gebracht, wenn Einfälle letzten Endes auf determinierende Mechanismen zurückgeführt werden.

Ahnungen, zumeist als Vorahnungen verstanden, sind nicht zu verwechseln mit Vorhersage und Vorsorge, mit denen unser Erkennen und Handeln auf die Zukunft ausgreift. Die Ahnung ist ein *Vorgefühl*, ein *pressentiment*, wie es im Französischen und Englischen, eine *Vorempfindung*, wie es im Deutsch der Goethezeit heißt. Ich habe eine Ahnung von etwas. Die Ahnung kann bang, beklommen oder freudig sein, in jedem Fall verrät sie ein wechselndes Maß an Unbestimmtheit, wie es der jeweiligen Gefühlslage entspricht. Doch wiederum müssen wir uns hüten, traditionelle Einschätzungen ohne weiteres zu übernehmen. In Kants *Anthropologie* (VI, 492) wird das Verhältnis zur Zukunft einem *Vorhersehungsvermögen* anvertraut, dem es obliegt, Zukünftiges, das noch nicht ist, mit dem zu verknüpfen, was gegenwärtig, also im eigentlichen Sinne ist. In diesem Zusammenhang ist auch von Ahnungen die Rede oder von Ahndungen, wie es zu jener Zeit heißt: »Ahndungen sind mehrenteils von der ängstlichen Art; die Bangigkeit, welche ihre *physische* Ursachen hat, geht vorher, unbestimmt was der Gegenstand der Furcht sei.« Solche Ahn(d)ungen erklärt Kant zum schlichten Hirngespinst; »denn wie kann man empfinden, was noch nicht ist?« Einen »verborgenen Sinn« für die Zukunft kann es ebensowenig geben wie eine »Ahnung des Übersinnlichen«, die Kant schlicht Schwärmerei nennt.[10] Die Wahrnehmung des Gegenwärtigen kann lediglich ergänzt werden durch die empirische Erwartung ähnlicher Fälle oder durch eine reflektierende »Vorhererwartung«, die sich auf kausale Erwägungen stützt. Einfach gesagt: Es gibt kein spezifisches Gespür für die Zukunft. Anders stellt sich die Sache dar, wenn wir von einer pathischen Dimension der Erfahrung ausgehen. Vorahnung bedeutet dann, daß Zukünftiges mich affiziert, ohne daß ich darauf schon eine ausreichende Antwort habe. Ich bin mir selbst vorweg. Ich bin meiner eigenen Zukunft ausgeliefert, nicht also – wie Kant abwehrend feststellt – einem »Schicksal, was über uns schweben mag«, sondern einem hier und jetzt wirkenden Widerfahrnis. Diese Vorahnung enthält durchaus kognitive und praktische Anteile, sie speist sich aus früheren Erfahrungen, sie ruft

10 »Von einem neuerdings erhobenen vornehmen Ton in der Philosophie« (III, 386); in dieser Streitschrift gießt Kant seinen Spott aus über eine esoterische Pseudophilosophie, die sich höhere Weihen zugesteht.

Abwehrkräfte wach, doch das Erahnte selbst ist kein überprüfbarer Sachverhalt und kein zu erstrebendes Gut, kein zu vermeidendes Übel; es ist mehr als das, nämlich ein von ferne drohendes oder lockendes Ereignis, das sich in bestimmten Vorzeichen als »ominös« ankündigt und lediglich physiognomisch geprägt ist. »Das Zukünftige sehen ist ebenfalls Physiognomik«, so abermals Lichtenberg (*Schriften*, II, 265). Ein eindrucksvolles Exempel aus der Literatur findet sich in Kafkas »Forschungen eines Hundes« (G. W. 1983, S. 182). Der Hund berichtet von einem Vorfall aus seiner Jugend: »Ich war damals lange durch die Finsternis gelaufen, in Vorahnung großer Dinge – eine Vorahnung, die freilich leicht täuschte, ich hatte sie immer –, war lange durch die Finsternis gelaufen, kreuz und quer und taub für alles, geführt von nichts als dem unbestimmten Verlangen, machte plötzlich halt in dem Gefühl, hier sei ich am rechten Ort, sah auf und es war überheller Tag, nur ein wenig dunstig, alles voll durcheinander wogender, berauschender Gerüche [...]« – und da stößt er mit einem Male auf ein ohrenbetäubendes Hundekonzert, etwas »Außerordentliches«, das in ihm einen »starken, ersten, unverwischbaren, für viele folgende richtunggebenden Eindruck« hinterläßt. Aus der Vorahnung, die plötzlich Wirklichkeit wird, entspringt die Frage, was denn diese Hunde dazu zwingt, so besessen zu musizieren, als hinge ihr Leben davon ab.

Eine Ahnung, die uns überkommt, ohne daß wir sie herbeirufen, enthält mehr und anderes als das, was wir zu erwarten gewohnt sind. Die fälschliche Rationalisierung beginnt damit, daß wir die Vorahnung einem Vorwissen gleichsetzen, das sich nachträglich aufklärt; auf diese Weise lassen sich die anfänglichen Lücken der Erfahrung allmählich ausfüllen wie die leeren Felder eines Kreuzworträtsels. Infolgedessen sind wir versucht, Vorhersagen zu treffen, die als *divinatio* göttliche Ursprünge verraten und die im Horoskop längst populär geworden sind. Die Vorahnung wäre ein Wissen, nur eben ein Wissen aus fremder Hand. Sie spräche von einem Standpunkt aus, der außerhalb der Erfahrung liegt, so daß die Freiheit, wie Kant moniert, sich in einen »Freiheitsmechanismus« verwandeln würde (VI, 494). Alles stünde schon fest, nur wüßten wir es noch nicht. Daß Kant von dieser Wahrsagerei nichts hält, versteht sich, und man kann sich ausmalen, wie entschieden er mit dem heutigen Angebot an Esoterik aufräumen würde. Doch macht er die Sache eindeutiger und einfacher, als sie ist. Platon, den Kant zum »Vater aller Schwärmerei« in der Philosophie ernennt (III, 387), kommt der Wahrheit der Erfahrung näher, wenn er die Wahrsagekunst (griechisch: μαντική) gleich dem Eros und der Poesie einem göttlichen Wahnsinn (μανία) zuschreibt, in dem das Selbst außer sich gerät (*Phaidros* 244 c). Alltäglich gewordene Ausdrücke wie »mir schwant etwas« gewinnen einen neuen Klang, wenn man darin den »Schwanengesang« mit hört. Für den todesnahen Sokrates ist der Vogel Apolls, der singt, wenn er den Tod nahen fühlt, ebenfalls der Weissagung mächtig (*Phaidon* 84 e-85 b).[11]

Es fehlt auch heute nicht an Versuchen, das Motiv der Vorahnung für eine aufgeklärte Form der Mantik nutzbar machen. So entwirft Wolfram Hogrebe eine Mantik, die als »Semantik des Indiskreten« auf eine vor-propositionale und pro-nominale Ebene situativer Lebensbedingungen und perzeptiver Unbestimmtheiten zurückgeht und so den »Bedeutungen von Dingen und Sachverhalten nachspürt«.[12]

Rückerinnerungen, die wach werden

Dem Unerwartbaren, mit dem die Zukunft sich unserem Zugriff entzieht, entspricht ein Unerinnerbares, mit dem die Vergangenheit ihre Abgründe offenbart. Einfälle begegnen uns hier als Wiedereinfälle, die um so unheimlicher anmuten, je näher sie uns auf den Leib rücken. Was uns entfallen ist, erweist sich als doppelt fremd, weil es Stücke von uns selbst mit sich führt. Die Rationalisierung der Erfahrung macht es sich abermals zu einfach, wenn sie sich auf Wiedererinnerungsakte konzentriert, in denen Vergangenes willkürlich reproduziert wird. Selbst wenn man berücksichtigt, daß uns dabei Erinnerungszeichen zu Hilfe kommen und daß eine Mnemotechnik entsteht, die sich perzeptiver und motorischer Muster bedient, so ändert dies nichts daran, daß die Initiative einseitig dem Erinnernden zugeschlagen und die Rückererinnerung, in Analogie zur Prospizienz und Respizienz, gleichsam als Rücksehung begriffen wird (vgl. Kant, VI, 486). Wenn man aber, was nicht mehr ist, ebensowenig sehen kann wie das, was noch nicht ist, so hängt al-

11 Das Wort »Schwan« läßt sich ähnlich wie das englische *swan* auf *sonare* zurückführen; die Etymologie von etwas »schwant mir« ist umstritten.

12 Vgl. Hogrebe, *Metaphysik und Mantik. Die Deutungsnatur des Menschen* (1992), speziell S. 124-128.

les am Vermögen der Gegenwart, dem es obliegt, einen vor- und rückläufigen Zusammenhang zu stiften. Kant kommentiert dies auf subtile Weise: »Wenn jemand glaubt etwas im Gedächtnis zu haben, aber es nicht zum Bewußtsein bringen kann, so sagt er, er könne *es* nicht *entsinnen* (nicht *sich* entsinnen; denn das bedeutet so viel, als sich sinnlos machen).« (Ebd.) Doch lassen sich Vergessen von etwas und Selbstvergessenheit derart voneinander absondern, daß sich zwar im äußersten Fall der Kopf entleert wie ein »durchlöchertes Faß« (VI, 490), wir aber doch den Kopf oben behalten? Wiederum kommt der pathische Charakter der Erfahrung zu kurz. Wir übersehen, daß wir dem Vergangenen ausgeliefert sind, daß es uns plagt, schmerzt, beunruhigt, auch beschenkt, und dies gerade dann, wenn wir im Kern unsrer selbst betroffen sind und nicht bloß spezielle Kenntnisse und Befähigungen ausfallen. Der Rückblick ist wie jeder Blick immer schon mehr oder weniger affektiv durchtränkt. So äußert sich auch bei Platon die Anamnesis als Begehren, bevor die Seele den Höhenflug ins Reich der Ideen antritt (*Phaidon* 73 d). Es ist hier nicht der Ort, die Gedächtnis- und Erinnerungslehre aufzurollen, zu der Autoren wie Nietzsche, Proust und Freud Entscheidendes beigetragen haben und die inzwischen durch kulturwissenschaftliche wie auch durch neurologische Forschungen erheblich verfeinert wurde. Es genügt, darauf hinzuweisen, daß es einen Vergangenheitssinn gibt, der ebenso affektiv geweckt wird wie der Zukunftssinn. Erinnerungen werden evoziert, bevor sie fabriziert und konstruiert werden. Genau so wie gewöhnliche Einfälle kommen auch sie auf uns zu. Deshalb gibt es ein Gespür für Vergangenes, das wir als *Rückahnung* bezeichnen können. Der Ereignischarakter ist auch in diesem Fall reichhaltiger als alle Akte und Prozeduren, als alle Praktiken und Techniken. Dieses Verhaftetsein an die Vergangenheit verweist auf ein leibliches Geschehen, in das wir ständig eingreifen, ohne daß wir es beherrschen. Der Name, den wir auf der Zunge haben, ohne ihn aussprechen zu können, treibt sich umher in jenem Limbus der Erfahrung, den wir nur über eine Schwelle hinweg betreten können. Ein Gedächtniskönig wie Funes, den wir der Phantasie von Borges verdanken, bricht zusammen unter der Last dessen, was er beherrscht und eben doch nicht beherrscht. Wer alles annimmt, was ihm zufällt, übernimmt sich. Der Tod erscheint am Ende als Erlösung, aber auch sie vollendet sich nicht; denn selbst für den

Toten gilt nicht, daß er schlechterdings *nicht mehr* ist; er lebt fort oder stirbt noch einmal im Gedächtnis anderer.

Figurationen, die sich bilden

Betreten wir das Feld der Gegenwart, so sind wir auch hier weit entfernt von Prozessen, die einzig darin bestehen, eine gegebene Mannigfaltigkeit begrifflichen Synthesen und gesetzmäßigen Verknüpfungen zu unterwerfen. Erfahrung beginnt nicht mit der Unterordnung unter ein Allgemeines oder der Einordnung in ein Ganzes, sie beginnt auch nicht mit einfachen Elementen, die allmählich komplexere Formen annehmen. Was uns in der Erfahrung überfällt, ist zu reichhaltig und zu verschiedenartig, um es schlicht zu erfassen. Am Anfang steht keine einfache oder schlichte Erfassung, die bekannte *simplex apprehensio*, sondern ein Prozeß der *Vereinfachung*, eine Reduktion von Komplexität, wie die bekannte systemtheoretische Formel lautet.[13] Ohne etwas wegzulassen, erfahren wir nichts. Doch dies ist nur die negative Seite der Medaille. Positiv bedeutet Erfahrung einen Prozeß der *Figuration*, der Gestaltbildung mit all dem, was aus der Gestalttheorie als Abhebung der Figur vom Grund, als Prägnanz der Form, als Ergänzung unvollendeter Gestalten oder als Kontrastwirkung bekannt ist. Auch die Gestaltbildung folgt keinen reinen Konstruktionsgesetzen, sie vollzieht sich auf einem pathischen Hintergrund. Dieses fällt uns auf und nicht jenes. Jedes Phänomen ist Effekt eines Kräftespiels; jede Affektion enthält als Koaffektion Keime eines Widerstreits, der durch keinen Konsens geschlichtet werden kann. Die Dinge, die sich zeigen, verbergen sich zugleich und überdecken einander, so wie die Geräusche und Klänge, die von ihnen ausgehen, einander übertönen. Wählen wir eine makroskopische Einstellung, so verschwimmen die Einzelheiten in einem vagen Ganzen; wählen wir eine mikroskopische Einstellung, so sehen wir vor lauter Bäumen den Wald nicht mehr. Alles sehen heißt nichts sehen, und nichts sehen heißt nicht sehen. Umgekehrt gibt es kein Sehen ohne Anderssehen.

Daran ändert sich auch nichts, wenn unser Auge sich mit dem

13 Psychologen der Kreativität wie Philip W. Jackson und Samuel Messick unterscheiden zwischen »kreativer Verdichtung«, die Einfachheit und Komplexität in sich vereint, und »chaotischer Komplexität« (in: Ulmann 1973, S. 102).

Teleskop und dem Mikroskop bewaffnet. Kant weist darauf hin, wie unermeßlich unser Vorstellungsfeld ist, so »daß gleichsam auf der großen Karte unseres Gemüts nur wenig Stellen illuminiert sind«, und beispielshalber fügt er hinzu: »Eben das gilt von den Empfindungen des Gehörs, wenn der Musiker mit zehn Fingern und beiden Füßen eine Phantasie auf der Orgel spielt, und wohl auch noch mit einem neben ihm Stehenden spricht, wo so eine Menge Vorstellungen in wenig Augenblicken in der Seele erweckt werden, deren jede zu ihrer Wahl überdem noch ein besonderes Urteil über die Schicklichkeit bedurfte; weil ein einziger der Harmonie nicht gemäßer Fingerschlag sofort als Mißlaut vernommen werden würde, und doch das Ganze so ausfällt, daß der frei phantasierende Musiker oft wünschen möchte, manches von ihm glücklich ausgeführte Stück, dergleichen er vielleicht sonst mit allem Fleiß nicht so gut zu Stande zu bringen hofft, in Noten aufbehalten zu haben.« (VI, 418 f.) Diese komplizierten Gestaltungen, die ohne bewußte Kontrolle zustande kommen, führt Kant auf dunkle Vorstellungen zurück, die wir haben, ohne uns ihrer bewußt zu sein. Weil das immense Feld dunkler Vorstellungen sich »nur in seinem passiven Teile, als Spiel der Empfindungen wahrnehmen läßt«, schiebt er es in die physiologische Anthropologie ab, die sich im Gegensatz zur pragmatischen Anthropologie mit dem befaßt, was die Natur aus dem Menschen und nicht dieser aus sich selber macht. Dieser Paragraph der *Anthropologie* endet mit einem Seitenhieb auf die »studierte Dunkelheit«, die gebraucht wird, »um Tiefsinn und Gründlichkeit vorzuspielen; wie etwa in der Dämmerung oder durch einen Nebel gesehene Gegenstände immer größer gesehen werden, als sie sind« (VI, 420). Doch die Scheidung in aktive Synthese und passive Mechanismen, die dieser Sicht zugrunde liegt, verfehlt die Eigenleistung sinnlicher Gestaltbildung, die – wie Merleau-Ponty zeigt – nicht etwas in der Welt betrifft, sondern die Entstehung der Welt selbst.[14] Karl Duncker, ein Vertreter der Berliner Gestalttheorie, spricht in seiner *Psychologie des produktiven Denkens* (1974, S. 88) von Erfahrungen, die sich nicht in Sätzen, sondern in Eigenschaften der Dinge, etwa in »Funktionalcharakteren« niederschlagen, so wie Bedürfnisse sich laut Kurt Lewin in »Auffor-

14 Vgl. Merleau-Ponty, *Phänomenologie der Wahrnehmung* (1966), frz. S. 74, dt. S. 85: Die Gestalt ist »nicht Bedingung der Möglichkeit der Welt, sondern Erscheinung der Welt selbst, nicht Erfüllung, sondern Entstehung einer Norm ...«

derungscharakteren« der Dinge verkörpern. So ist der Hammer »etwas zum Nägel-Einschlagen«, die Bank »etwas zum Ausruhen«, so wie Dinge »schwer«, »undurchdringlich«, »bewegbar«, »empfindlich« oder »hindernd« sind. Es geht hierbei offensichtlich nicht um eine irrationale Verdunkelung der Erfahrung, sondern darum, den Logos tiefer in der Erfahrung zu verankern. Als »Logos der ästhetischen Welt« ist der Logos in der Sinnlichkeit am Werk, und zwar in Form »passiver Synthesen«, an denen wir als Erfahrende beteiligt sind, aber eben nicht in der Eigenschaft eines autonomen Subjekts, das den Dingen ihre Gesetze vorschreibt. Dieser Logos ist zugleich ein »Logos der praktischen Welt«, in dem die Dinge als Zeug gehandhabt werden und die Sicht sich als praktische Umsicht bewährt.[15] Es handelt sich also nicht lediglich um dunkle Vorstellungen, die im Unbewußten lagern, sondern um Strukturierungen, die in uns wirksam sind, wenn wir etwas sehen und hören, tun und machen. Wenn hierbei ein Unbewußtes ins Spiel kommt, so nicht als Negation des Bewußtseins, sondern als Verfremdung der Erfahrung und unsrer selbst. Wir sind nicht Herr der Erfahrung, die wir durchmachen.

Relevante Züge, auf die es ankommt

Während man die Figuration als das Abc der Erfahrung betrachten kann, in dem sich die Sichtbarkeit, Hörbarkeit und Tastbarkeit überhaupt erst artikuliert, setzt die Relevanz, das heißt die Bedeutsamkeit im Sinne der Wichtigkeit, besondere Akzente. Die Erfahrung erhält ein *Relief*, so daß eines hervortritt, anderes zurücktritt. Die Gestalttheorie spricht von *bevorzugten* Gestalten. Relevant ist das, worauf es jeweils ankommt.[16] Das Vermögen, das eine Auswahl trifft und entsprechende Kriterien ausbildet, heißt bei Kant und in der kantischen Tradition *Urteilskraft*. »Worauf kommt's an? (frägt die Urteilskraft)« (VI, 547). Gemeint ist die reflektierende Urteilskraft, die zum Besonderen das Allgemeine sucht und die in der

15 Vgl. zum »Logos der ästhetischen Welt« Husserl, *Formale und transzendentale Logik* (Hua XVII), S. 297, dazu *Analysen zur passiven Synthesis* (Hua XI); zu Zeug und Umsicht Heidegger, *Sein und Zeit*, §§ 15-17, dazu vom Verf. »Logos der praktischen Welt«, in: *Der Stachel des Fremden* (1990).

16 Ausführlich dazu Gurwitsch, *Das Bewußtseinsfeld* (1975), sowie Schütz, *Das Problem der Relevanz* (1971).

Praxis ebenso ihren Ort hat wie in der Ästhetik. Aristoteles spricht in jenen Fällen, wo es um die Einschätzung der Situation geht, schlicht von *Aisthesis*; diese nimmt aber nicht bloß wahr, was die Sinne uns geben, sondern als *Krisis* befindet sie zugleich darüber, was zu tun ist (vgl. *Nik. Ethik*, VI, 11-12, dazu Welsch 1987). Ähnlich wie wir von einem Zukunfts- und einem Vergangenheitssinn gesprochen haben, können wir nun auch von einem Handlungssinn sprechen. Der Erfahrende *sieht*, was zu tun ist. Doch es fragt sich, ob die kantische und selbst die aristotelische Blickweise ausreichen. So fruchtbar der Gedanke einer Urteilskraft ist, kraft deren allgemeine Gesichtspunkte gesucht und nicht bloß angewendet werden, es bleibt doch dabei, daß das Urteilsvermögen sich allzu einseitig an dem vertikalen Gefälle von Allgemeinem und Besonderem orientiert. In der Produktivität der Erfahrung geht es jedoch zunächst darum, etwas so oder so *anzusehen* oder *anzugehen*, ohne daß ein vorgängiges Wissen entfaltet wird oder auch nur entfaltet werden kann. Entscheidend ist dabei zweierlei: einerseits das Herausfinden des *springenden Punktes*, von dem aus die Situation oder die Konstellation sich auf fruchtbare Weise erschließt, einschließlich der *schwachen Punkte*, an denen der Gegner verwundbar ist, andererseits der mehr oder weniger große *Zeitdruck*, der eine Sondierung aller Einzelheiten verhindert. Eine schnelle und flüssige Entscheidung[17] setzt voraus, daß jemand die Situation überblickt, Ansatzpunkte findet, eigene und fremde Kräfte einschätzt, indem er den richtigen Zeitpunkt nutzt; dieser wird verpaßt, wenn man alle Eventualitäten berücksichtigt. Eine solch globale Umsicht ist etwas Alltägliches, das unser Berufsleben oder unser Verhalten im Straßenverkehr unaufhörlich bestimmt. Doch darüber hinaus gibt es spezielle Situationen, die nach einem Expertengespür verlangen.

Das Gespür ist keine reine Himmelsmacht. Wie so oft steht die Kriegskunst Pate für vieles, was auch im friedlichen Leben beachtenswert ist. Das gilt in unserem Falle für die einstige Feldherrnkunst, die dem strategischen Handeln den Namen gegeben hat. Im *Prinz von Homburg* (V, 5) wendet sich der alte Haudegen Kottwitz gegen eine »schlechte, kurzsichtige Staatskunst«, die ihren Regeln folgt, wo »die Empfindung einzig retten kann«. Was hier »Empfin-

17 In der Kreativitätsforschung spricht man von einem »Flüssigkeitsfaktor« (*fluency factor*), siehe J. P. Guilford, »Kreativität«, in: Ulmann 1973, S. 39.

dung« heißt, wäre machtlos, bestünde es in einem reinen Innengefühl ohne Reibung mit der Wirklichkeit. Die Beschränkung der Strategie auf die Mittel eines erfolgsorientierten sozialen Handelns, wie sie beispielsweise von Jürgen Habermas vorgenommen wird, vernachlässigt ebenjene intuitiven Momente, um die es hier geht. Sie finden sich auch beim geübten Schachspieler, der mit einem einzigen Blick sieht, wo es brennt oder wo sich Lücken in der gegnerischen Verteidigung auftun. In einem künstlich geregelten Spiel, das auf feste Grenzen stößt, läßt sich die Intuition prinzipiell durch Berechnungen ersetzen; man muß dem Automaten nur genug Zeit lassen, hier handelt es sich sozusagen um eine Intuition auf Abruf. Freilich geht selbst das Spielen des Schachspiels über eine Folge geregelter Spielzüge hinaus; schon die Festlegung der Zeitdauer, die für eine bestimmte Anzahl von Zügen vorgesehen ist, entspricht nicht der Logik der Spielregeln, sondern der Spielpragmatik. Die Faszination, die von den stillen Machenschaften eines Schachautomaten ausgeht, ist nicht selbst technologisch faßbar; sie rührt vielmehr an ein Unbewußtes, auch ein Unheimliches der Technikerfahrung, mit dem diese sich gegen eine totale Rationalisierung sträubt.[18]

Nicht völlig anders ergeht es dem ärztlichen Blick. Er wäre nur dann völlig durch Röntgenaufnahmen oder EKG-Messungen zu ersetzen, wenn Krankheit ein bloßes Rechenproblem wäre, das einer eindeutigen Lösung harrt. Doch der wiederholbare und diagnostizierbare Krankheitsfall ist nicht identisch mit dem Leiden, das den Patienten plagt und das dem Arzt im Ausdruck des Leidens begegnet. Die Frage, worauf es jeweils ankommt, läßt sich nicht algorithmisch beantworten, sondern nur in einer responsiven Therapie, die sich auf das Befinden des Kranken einläßt. Es besteht eine alte Neigung, den Arzt, der auf das Zuträgliche bedacht ist, gegen den Koch auszuspielen, der nur der Sinneslust frönt. Natürlich ist hier der Luxuskoch gemeint. Doch dessen Kunst besteht nicht bloß darin, daß er Rezepte verwendet, sondern insbesondere darin, daß er Speisen abschmeckt und die Zutaten dosiert. Dazu bedarf es

18 Man lese dazu einen jüngst erschienenen Roman von Robert Löhr: *Der Schachautomat* (2005), der einen menschlichen Automaten als »brillantesten Betrug des 18. Jahrhunderts« vorführt und dabei die wechselseitige Spiegelung von Mensch und Maschine ins Licht rückt. Zu diesem höchst aktuellen Thema vgl. ferner Meyer-Drawe, *Menschen im Spiegel ihrer Maschinen* (1996).

eines Zungenspitzengefühls. Ähnliches gilt für den Weinkenner, bei dem Zunge und Gaumen, verstärkt durch den Geruch des Buketts, weitaus mehr Nuancen verspüren, als sich benennen lassen. Jahrgangsangaben und Anbaudaten sind Etiketts, die den qualitativ erfahrbaren Geschmacksreichtum der Weinprobe ebensowenig ersetzen können wie die Durchführung einer chemischen Analyse.

Nehmen wir schließlich den Kunstkenner. Der Geschmack, der ihm zugebilligt und abverlangt wird, erinnert abermals an die Künste der Zunge. Das Geschmacksurteil scheint sich über den als nieder eingestuften Sinn des Geschmacks zu erheben, indem es jedermann die Beistimmung »ansinnt« (*Kritik der Urteilskraft*, § 19). Doch inwieweit handelt es sich dabei überhaupt um ein Urteil? Der Blick des Kenners fällt spontan auf »einen Caravaggio« oder auf »einen Cézanne«, richtiger: er sieht in einem Bild ein Bild von Caravaggio oder Cézanne, ohne lange zu überlegen. Selbst der Irrtum behält hier seine Wahrheit, weil ein Maler auch im Stil eines anderen Malers gemalt haben kann. Es gibt Deckbilder in einem ähnlichen Sinne, wie es für Freud Deckererinnerungen gibt. Werden bei der Echtheitsprüfung Gründe geltend gemacht, so kommen sie nachträglich; denn die Suche nach Gründen ist selbst schon angestachelt durch das, was zwar Fragen aufwirft, aber nie völlig zu ergründen ist und oftmals gar keiner ausdrücklichen Beurteilung und Begründung bedarf. So vermutet Pascal, daß wir nicht schockiert sind, weil wir dafür Gründe haben, sondern nachträglich Gründe finden, warum etwas schockierend war (*Pensées*, Frg. 423 Lafuma, 294 Brunschvicg). Der Schock oder, allgemeiner gesprochen: das Widerfahrnis geht jeder Rationalisierung voraus; diese gehört schon zur Bearbeitung der Erfahrung, die – wie Freud zeigt – stets auch Abwehrkräfte mobilisiert. Selbst der Geschmackskonflikt entfacht einen Sinnenstreit; man sieht oder hört anders, bevor man anders urteilt und sogenannte Werturteile abgibt. Als Banause gilt nicht, wer etwas nicht weiß, sondern wer etwas nicht sieht oder hört, weil ihm der Sinn dafür fehlt. Der fehlende Sinn ist gravierender als jedes Fehlurteil. Andererseits verführen Schulung und Übung dazu, Neues nicht nur nach alten Mustern zu beurteilen, sondern es auch so zu sehen und zu hören, wie man es gewohnt ist. Muster werden zu Schablonen und Klischees. Dazu eine Paradebeispiel aus Lichtenbergs *Sudelbüchern*: »Er las immer Agamemnon statt ›angenommen‹, so sehr hatte er den Homer gelesen.« (*Schriften*, II, 359) Umgekehrt gesteht Goethe in seinen *Maximen und Reflexionen*: »Ich denke immer, wenn ich einen Druckfehler sehe, es sei etwas Neues erfunden.« (S. W. 9, 633) Rationalisten alten Stils sind schnell bei der Hand mit unbewußten Schlüssen, um angebliche Denklücken zu schließen. Doch das Anderssehen und Andershören, auch das Andersdenken vermeidet gerade die naheliegenden Schlüsse. Die Unschlüssigkeit leitet Prozesse der *Umstrukturierung* ein. Diese verlangen nach neuen Kriterien gleich der »Revolution der Denkungsart«, die Kant auch der Geschichte der Vernunft zubilligt und ohne die jede politische Revolution sich im Kreise bewegen würde. Neue Kriterien bedeuten, daß es auf etwas anderes ankommt.

Ungefähre Schätzungen

Eines Gespürs besonderer Art bedarf es bei der Abschätzung von Größe, Menge, Entfernung, Geschwindigkeit oder Zeitdauer, die sich mit einem Ungefähr, einem *à peu près*, also mit Näherungswerten begnügt, die einen »quasiqualitativen« Charakter haben. Zu erwähnen sind auch figurale Momente wie Reihe, Haufen, Allee, Kette oder Schwarm, die ebenfalls einen »quasiqualitativen« Charakter aufweisen; sie ermöglichen eine »Gesamtanschauung der Menge, die mit einem Blick erfaßt werden kann«.[19] Unter dem Szepter der exakten Wissenschaften sind wir geneigt, qualitative Schätzungen als unvollkommene Vorstufen quantitativer Berechnungen abzutun. Doch dabei übersehen wir, daß es einen Genauigkeitsverzicht gibt, der seine eigenen Vorzüge hat. Mit Schätzungen, die nicht nachrechnen oder nachmessen, entwickeln wir ein Gespür für Unberechenbares. Dazu gehört der Sinn für das *Zuviel* oder *Zuwenig*, mit dem wir einen qualitativen Maßstab anlegen. Daß ein Raum überfüllt wirkt, hängt nicht von der genauen Anzahl anwesender Personen oder Dinge ab, sondern von einem Raumge-

19 Vgl. Husserl, *Philosophie der Arithmetik* (Hua XII), S. 201-204. Husserl beginnt seine Mengenlehre mit einer Mengenerfahrung, in der noch nicht gezählt, sondern geschaut wird. Um eine nicht abzählbare Mannigfaltigkeit wie die eines Wolkengebildes zu erfassen, bedarf es subtilerer Mittel als die einer Identitäts- oder Mengenlehre. Cornelius Castoriadis spricht in diesem Zusammenhang von »Magmen«, indem er einen Bogen schlägt von physischen zu sozialen Organisations- und Imaginationsformen. Vgl. *Gesellschaft als imaginäre Institution* (1984), Kap. 7.

fühl, das auf leibliche Bewegungsfreiheit oder auf soziale Nähe und Ferne anspricht und auch auf den Sog der Leere, den wir verspüren, wenn wir die *Voids* betreten, die Daniel Libeskind im Berliner Jüdischen Museum ausgespart hat. Ob eine Theatervorstellung zu lange dauert, läßt sich wie jederlei Kurzweil und Langeweile nicht an der Uhr ablesen. Ähnliches gilt für die Größe oder Kleinheit einer Stadt, für Licht und Dunkel oder für die Tempi der Musik. Es ist nicht nur so, daß kein einheitliches Maß der Genauigkeit vorgesehen ist, wie Aristoteles (*Nik. Ethik* I, 1, 1094 b 23-25), aber auch moderne Denker wie Husserl und Wittgenstein übereinstimmend erklären, Übergenauigkeit kann selbst zum Hindernis werden und sich unproduktiv auswirken. Es liegt eine merkwürdige Komik darin, daß ein Steuerbeamter wegen Übergewissenhaftigkeit zur Ordnung gerufen wird, weil er alles haargenau nachgeprüft und damit Berge von Steuerakten unbearbeitet gelassen hat. Dienst nach der Uhr ist bekanntlich ein probates Mittel der Dienstverweigerung. Die Tatsache, daß es inzwischen eine Fuzzy Logic gibt, die Margen der Ungenauigkeit einkalkuliert, und daß Waschmaschinen konstruiert werden, deren Programm für Spielräume der Anwendung offen ist, zeigt, daß Unberechenbarkeit durchaus mit Berechnung zusammengehen kann. Der Umgang mit Zahl und Maß geschieht nicht selbst nach Zahl und Maß. Einsteins Satz »Gott würfelt nicht« entstammt einer einseitigen Theologie, die in Gott den großen Rechenkünstler sieht, dem der Mensch nachzueifern hat. Der Möglichkeitssinn, den Musil einklagt, erfordert jedoch ein gewisses Maß an Unberechenbarkeit.

4. Zarte Empirie

Die Tatsache, daß intuitive Momente, in denen sich ein besonderes Gespür für die Dinge entfaltet, in die Erfahrung eingesprengt sind, spricht für eine »zarte Empirie«, die Raum läßt für das, was sich dem methodischen Zugriff und den Modellen der jeweiligen Theorie entzieht.[20] Dazu gehört eine *positive Unbestimmtheit*, die

20 Goethe, *Maximen und Reflexionen: Aus Wilhelm Meisters Wanderjahre*, S. W. 9, 572. Die Annahme, daß »alles Faktische schon Theorie ist« und die Phänomene »selbst die Lehre sind« (ebd., 573), geht allerdings zu weit; sie setzt eine Ordnung voraus, die lediglich zu entdecken ist.

sich nicht als Mangel an Bestimmtheit darstellt, sondern zur Sache selbst gehört, als Markenzeichen einer Erfahrung, die sich selbst vorausläuft und sich selbst übersteigt.[21] In diesem Sinne verteidigt Husserl die *experientia vaga*, die Spinoza ans untere Ende seiner Erkenntnis- und Rationalitätsskala verbannt. Die Offenheit der Erfahrung hat mit ihren begrenzten Perspektiven und Horizonten etwas Nebelhaftes (Hua III, 59), das eine *bestimmte* Unbestimmtheit verrät. Ähnlich das Wolkige am Himmel, das Goethe in »Howards Ehrengedächtnis« beschwört: »Was sich nicht halten, nicht erreichen läßt, er faßt es an, er hält zuerst es fest; / Bestimmt das Unbestimmte, schränkt es ein. / Benennt es treffend!« Auch in der chinesischen Landschaftsmalerei spielt das »Vage, Matte, Undeutliche« eine zentrale Rolle.[22] William James, auf den Husserl sich bezieht, spricht von Fransen (*fringes*) des Bewußtseins, aber auch das »Ideenkleid«, das »Kleid der Symbole« (Hua VI, 52), franst aus, weil es nicht wie angegossen sitzt. Was mathematisiert *wird* und sich in Zahl und Maß darstellen läßt, *ist* nicht mathematisch. Was wir wissen von dem, was wir erfahren, deckt sich nicht mit dem, was uns widerfährt. Intuitionen, die sich in einer *bestimmten Unbestimmtheit* bewegen, tragen dazu bei, daß die Schere zwischen Wissen und Erfahrung sich nicht schließt. Wenn wir also von Intuitionen ohne Intuitionismus sprechen, so besagt dies, daß wir dem Vernunftideal kein Gegenideal entgegenstellen. Was sich rationalen Methoden entzieht, läßt sich durchaus fassen, freilich nur indirekt in der Form von Abweichungen und Überschüssen. Mit dem direkten Zugriff beginnt die Normalisierung, die ständig Gefahr läuft, ihre pathischen Herkünfte an eine fertige Normalität zu verraten. Sobald wir wissen, was wir erfahren, erfahren wir nur noch, was wir schon wissen.

21 Zur »positiven Unbestimmtheit« bzw. zum »Unbestimmtheitsprinzip« in der menschlichen Existenz siehe Merleau-Ponty, *Phénoménologie de la perception* (1945), S. 12, 197, dt. S. 25, 202. Die generelle Bedeutung dieser Problematik für das gegenwärtige Denken behandelt Gerhard Gamm in seinem Buch *Flucht aus der Kategorie* (1994).

22 Vgl. François Jullien, *Das große Bild hat keine Form* (2005), Kap. 3.

2. Bildgefüge und Bildgeschehen

Die meisten Bildkonzeptionen kranken daran, daß sie zu hoch ansetzen, nämlich auf der Ebene von Bildwerken und Bildmedien. Damit geraten die Klüfte und Abgründe der Bilderfahrung aus dem Blick. Dieser Vorwurf trifft auf philosophische Bildtheorien ebenso zu wie auf eine jede Kunsttheorie, Kunstgeschichte und Museumspraxis, die verlernt hat, darüber zu staunen, daß es so etwas wie Bilder gibt. Der wiederholte Wechsel von Bildbegeisterung und Bildersturm läßt jedenfalls auf eine Bildfaszination schließen, die weit über die Nutzung eines kulturellen Bildervorrats hinausgeht.

Doch fassen wir das Verhältnis von Bildtheorie und Bildgeschichte und allgemeiner das von Kunsttheorie und Kunstgeschichte ins Auge, so geraten wir in heikle Debatten, innerhalb deren sich verschiedene Trends abzeichnen. Der erste Trend entspringt einem angeblichen Ende der Kunstgeschichte, von der angenommen wird, daß sie ihre Möglichkeiten erschöpft hat. Ich denke dabei an bekannte Bücher wie die von Hans Belting: *Das Ende der Kunstgeschichte* (1995) und von Arthur Danto: *After the End of Art* (1997, dt. 2000). Genauer besehen, handelt es sich um das Ende einer ganz bestimmten, normativ ausgerichteten, von Neuerung zu Neuerung fortschreitenden Kunstgeschichte, die bereits bei Hegel ihr zweideutiges Ende erreicht. Anders als Danto sieht Belting allerdings Anzeichen für eine »dritte Kunstgeschichte«, die den Siegeszug der Moderne ablösen und bestimmte Elemente der Vormoderne – wie schon in dem früheren Buch *Bild und Kult* (1990) – in ein neues Licht rücken könnte. Der zweite Trend nutzt kurz entschlossen das reiche Angebot der neu sich formierenden Bildwissenschaften. Doch dies bringt andere Probleme mit sich. Benutzt man die Bildwissenschaften als Rettungsanker, so droht der Kunstwissenschaft eine Nivellierung, die vom Kunstbild nur noch den Bildcharakter zurückbehält und den spezifischen Kunstcharakter auf eine bloße Bildvariante verkürzt. Das Kunstbild ist gewiß auch ein Bild, aber kein gewöhnliches, wie schon der Kunstmarkt zeigt. Der dritte Trend droht ästhetische Kunsttheorie und Kunstgeschichte auseinanderzureißen, mit empfindlichen Einbußen auf beiden Seiten.[1] Um diese Schäden zu vermeiden, gilt es, Schnittstellen zu finden, an denen theoretische Verallgemeinerungen und historische Besonderheiten zusammentreffen. Sofern die Bildphänomenologie sich als eine Spielart von genetischer Phänomenologie versteht, könnte sie dazu beitragen, einseitige Frontstellungen zu vermeiden.

Im folgenden Kapitel geht es um eine Klärung des Bilderstatus, der über die Rolle und den Ort des Bildes innerhalb der Erfahrung entscheidet. Trotz vieler – darunter auch eigener – Versuche, den Status des Bildes einzukreisen, bleibt so manches weiterhin im Dunklen. Doch mit der Prüfung des Bilderstatus ist es allein nicht getan; unsere Überlegungen zielen über eine statische Betrachtung hinaus auf eine Genese des Bildes, die geeignet ist, die Geschlossenheit einer im schönen oder nicht mehr schönen Schein befangenen ästhetischen Welt aufzusprengen, derart, daß sowohl prä- wie postästhetische Motive der Kunst freigesetzt werden. Die Kunst verlangt nach einer Genealogie, die Nietzsches Genealogie der Moral oder Husserls Genealogie der Logik ebenbürtig ist. Die Kontingenz von Ordnungen, die »es gibt«, ohne daß sie auf einem festen Boden ruhen, geht sowohl hinter die bestehenden Ordnungen zurück wie über sie hinaus, und beides in unlöslicher Verquickung. Dem *être brut* entspricht eine *art brut*, die nicht bei sich selbst beginnt und nicht bei sich selbst endet. Dies lehrt nicht nur die philosophische Besinnung auf die Ordnungen des Sichtbaren und Bildhaften,[2] sondern auch die moderne Bildpraxis, innerhalb deren archaische und revolutionäre Momente sich immer wieder berühren und verstärken. Die Hoffnung auf eine zunehmende Desillusionierung, in deren Verlauf die Bilder immer mehr als Bilder durchschaut und außerästhetischer Wirkungen ledig werden, erweist sich als trügerisch.

Die Frage nach dem Bildcharakter stellt sich mit um so größerer Dringlichkeit, je mehr an neuen Bildformen in unsere Erfahrung eindringt. Was anderenfalls in Aussicht stünde, wäre eine bloße

1 Das Deutsche Forum für Kunstgeschichte veranstaltete im Juli 2009 in Paris ein Kolloquium zu dem entsprechenden Thema »Kunstgeschichte und ästhetische Theorie«.

2 Zur historischen Vielfalt philosophischer Sehtheorien, die mit der Vielfalt bildlicher Sichtweisen ständig interferiert, vgl. den von David Michael Levin herausgegebenen Band *Sites of Vision* (1997).

Ansammlung von Bildidiolekten. Die einzelnen Idiolekte könnten auf unzulässige Weise davon profitieren, daß integrale bildtheoretische Ansätze bislang relativ schwach ausgebildet sind, verglichen mit den Sprach- und Zeichentheorien, die mit Autoren wie Wilhelm von Humboldt, Charles Peirce, Charles Morris, Ferdinand de Saussure, Karl Bühler, Roman Jakobson oder Émile Benveniste eine Phalanx von Theorien aufweisen, die auf je besondere Weise das Gesamtfeld besetzt. Aus diesem Mangel erwächst die Neigung, sich nicht mit Verschiebungen im Gesamtgefüge zufriedenzugeben, sondern Einzelaspekte wie Medialität, Visualität, Formalität, Materialität, Narrativität, Performanz, Bildwirkung oder Bildertechnik das Feld besetzen zu lassen, oftmals unter Ausrufung eines Paradigmenwechsels, der für die Förderung eigener Projekte wirbt. Gemessen an der Vielfalt zu berücksichtigender Aspekte sind unsere phänomenologisch inspirierten Vorerwägungen betont karg, streckenweise auch aporetisch und kontrovers angelegt. Es geht uns in erster Linie darum, einige neuralgische Punkte zu markieren und Grundaspekte herauszustellen, die für eine Rückfrage nach der Genese von Bildern und Bilderwelten und für deren Erkundung unerläßlich sind.

1. Medialer Widerstreit

Unsere erste Frage lautet einfach: Woraus besteht ein Bild? oder: Was macht das Bild zu einem Bild? Es gibt minimale Bedingungen, denen ein Bild gehorchen muß, um als Bild gelten zu können. In phänomenologischer und hermeneutischer Manier können wir Erfahrung dahingehend bestimmen, daß *etwas als etwas* auftritt. Diese phänomenologische Urdifferenz scheidet das, *was* erscheint, von der Art und Weise, *wie* es erscheint. Das Wie, das von dem Was unterschieden wird, tritt selbst wieder in zwei Formen auf, nämlich als das intentionale *Wie des Gemeintseins*: der intentionale Sinn, und als das intuitive *Wie der Gegebenheit*: Art und Grad anschaulicher Fülle (vgl. Hua III, §§ 130-132). Beide Modalitäten sind eng aufeinander bezogen, da sich die Intention, soweit sie sich erfüllt, in der Anschauung erfüllt, so daß wir sehen, was wir meinen. Die maßgebliche Differenz zwischen dem sachhaltigen Was und dem intentionalen Wie bezeichne ich als *signifikative Differenz*.

Sobald wir es mit einer visuellen Erfahrung zu tun haben, besagt dies, daß *etwas als etwas sichtbar* wird. Hier gewinnt das Wie der Gegebenheit sein besonderes Gewicht (vgl. Hua III, 411 f.). Dies betrifft die farbliche Ausbreitung, die Konturierung von Gestalten, Orientierungsweisen wie Vorder- und Rückansicht, die Klarheitsfülle unter Einschluß der Beleuchtung und ähnliche Aspekte, die einer anfänglichen Bildlichkeit der Dinge zuzurechnen sind und die samt und sonders in die bildliche Darstellung mit eingehen. Das Wie der Sichtbarkeit beschränkt sich allerdings nicht auf das hier und jetzt Gemeinte und Gegebene. In Anbetracht dessen, daß Sehereignisse sich wiederholen und Sehakte sich habitualisieren, bilden sich *Sichtweisen* heraus, die sich durch einen je besonderen Stil auszeichnen; denn sehen bedeutet immer auch so und nicht anders sehen.[3] Nehmen wir des weiteren hinzu, daß visuelle Erfahrungen nie rein visuell auftreten und daß sie die gesamte Leiblichkeit in Anspruch nehmen, so sind nicht nur synästhetische und kinästhetische Zusammenhänge zu berücksichtigen, sondern auch die Varianten eines Sehbegehrens, das unser Sehen antreibt. Demgemäß wäre die signifikative Differenz zu ergänzen durch eine *appetitive Differenz*, die das, was als Ziel erstrebt wird, von dem unterscheidet, was in diesem Ziel erstrebt wird. Einfach gesagt: Wir erstreben *etwas in etwas* (vgl. Waldenfels 2002, S. 42). So suchen wir etwa den Geschmack der Traube in dieser Traube, und daran hat auch die Bildlichkeit ihren Anteil, wie schon die Vögel des Zeuxis erfuhren. Doch halten wir uns zunächst an die engere, visuelle Form der Bilderfahrung. Bilderfahrung besagt dann, daß für uns etwas als etwas *im Bild* sichtbar wird, bevor wir das Bild als Bild ansehen. Das Bild bestimmt sich als ein *Worin* besonderer Art. Es ist kein Objekt, das wir zusätzlich noch sehen als ein weiteres Etwas, sondern es ist ein Medium des Sehens, das am Sehen selbst beteiligt ist und dessen wir als eines Mediums gewahr werden.[4] Es gleicht der Sonne, in de-

3 Zur »Sichtweise« von Bildern vgl. Wiesing, *Phänomene im Bild* (2000), S. 15-21; der Autor beruft sich unter anderem auf Heinrich Wölfflin, Konrad Fiedler und auf Merleau-Pontys Stilbegriff, der unten im fünften Kapitel ausführlich zur Sprache kommt. Es wird sich jedoch zeigen, daß die phänomenologischen Modi leibhaftiger Erfahrung nicht mit den Anschauungsformen einer formalen Ästhetik gleichzusetzen sind.

4 Stefan Majetschak macht zu Recht darauf aufmerksam, daß wir einer Illusion verfallen, wenn wir nicht *auch* das Bild sehen (vgl. »Opazität und ikonischer Sinn«, in: Sachs-Hombach 2005, S. 181 f.). Dennoch frage ich mich, ob nicht das Bild-

ren Licht wir sehen, was wir sehen. Sonnenfinsternisse erinnern an einen Sachverhalt, der Platon zu weitläufigen Gedanken angeregt hat: Wir sehen nicht einfach die Sonne, sondern wir sehen etwas in der Sonne, bedroht von Blendung und Erblindung, sobald wir geradewegs ins Licht schauen.

Wie schon Husserl deutlich gezeigt hat, unterliegt das Bild einer eigentümlichen *bildlichen Differenz*, einer Differenz zwischen dem, *was* bildhaft sichtbar wird, und dem, *worin* es sichtbar wird. Ähnlich wie wir beim Zeichen zwischen Bezeichnetem und Bezeichnendem unterscheiden, können wir zwischen Gebildetem und Bildendem beziehungsweise zwischen bildlich Dargestelltem und bildlich Darstellendem unterscheiden. Es geht also keineswegs bloß um ein nachträgliches Abbilden. Wie auch Husserl, wenngleich verspätet, in seinen Texten zur Phantasie und zum Bildbewußtsein zu erkennen gibt, entfaltet sich im Bereich der Kunst, etwa bei Theateraufführungen oder innerhalb fiktiver Erzählungen, eine »Bildlichkeit im Sinn der perzeptiven Phantasie«, die sich nicht auf »Abbildlichkeit« zurückführen läßt; hier und auch sonst ist es das Bild selbst, das sich im Zuge einer »doppelten Apperzeption« verdoppelt (Hua XXIII, 515, 517). Was aus einer solchen Verdoppelung hervorgeht, ist nie und nimmer eine bloße Zutat. Im Falle maltechnisch verfertigter Bildnisse materialisiert sich die Differenz zu einer *pikturalen Differenz*, so daß bezüglich des Bildnisses materiale und formale bzw. funktionale Momente zu unterscheiden sind.[5] Dreh- und Angelpunkt dieser Bildkonzeption ist das winzige Als, das weder dem intentionalen Akt des Bildherstellers oder Bildbetrachters

medium ähnlich wie das Werkzeug einem erweiterten Körperschema und einem impliziten Körperwissen zuzurechnen ist. Allerdings trifft dies nur auf das »Gebrauchsbild« zu, nicht auf das »Kunstbild« (vgl. Majetschak, »Sichtvermerke«, in: ders. 2005, S. 108 ff.).

5 Vgl. hierzu Waldenfels, *Der Stachel des Fremden* (1990), S. 219, *Sinnesschwellen* (1999), S. 115, 132. Diese grundlegende pikturale Differenz deckt sich nur teilweise mit dem überkomplexen Sachverhalt, den Gottfried Boehm (1994, S. 29 ff., 208 ff.) als ikonische Differenz oder ikonischen Kontrast bezeichnet und der so heterogene Paarungen wie Materie/Sinn, Figur/Grund, Sache/Ansicht oder Präsenz/Absenz umfaßt. Ich selbst werde von »ikonischer Differenz« sprechen, wenn es allgemein um Bilder und Bildlichkeit, von »pikturaler Differenz«, wenn es speziell um Bildnisse, Gemälde oder gemäldenahe Gebilde geht. Dies entspricht in etwa der englischen Unterscheidung von *image* und *picture*, die von Bildtheoretikern wie Mitchell genutzt wird.

noch dem Bildgehalt zugerechnet werden kann. Das Als markiert den Auftritt des Bildes als Bild; ohne dieses Als gäbe es weder Bildgehalte noch Bildintentionen, noch gäbe es ein spezifisches Bildverstehen, das dem Verstehen des Bildes als einem bildhaften Zeichen vorausgeht.[6] Das phänomenologische und hermeneutische Als, das uns bei Husserl und Heidegger im Rahmen der Intentionalität und des praktischen Verstehens begegnet, ist also zu ergänzen durch ein spezifisch ikonisches bzw. pikturales Als, sobald wir die Bildsphäre betreten. Dieses findet seine Entsprechung in einem spezifisch signitiven oder semiotischen Als, aufgrund dessen ein geeignetes Werkzeug sich als »Zeigzeug« bestimmt (*Sein und Zeit*, §17).

In einem ähnlichen Sinne, wie Husserl und Merleau-Ponty von fungierender Funktionalität, fungierendem Ich, fungierendem Leib oder fungierender Sprache sprechen, können wir das Bild, das etwas als solches sichtbar macht, als *fungierendes Bild* bezeichnen, dessen Fungieren durch keine Thematisierung völlig einzuholen ist. Es findet seinen Ort in einer medialen Zwischensphäre inmitten diverser Optiken, Praktiken und Techniken, die ihrerseits das Fungieren des Bildes mit prägen. Es antwortet nicht auf die Frage *Was* oder *Wer*, sondern auf die Frage *Wie*, die in all diesen Fällen auf kontingente Modalitäten trifft: Wir sehen so und nicht anders.[7] In Anbetracht der Tatsache, daß das Bild nicht nur einen sekundären Zusatz darstellt, sehen wir *im Bild*, bevor wir *das Bild* sehen. Das ikonische oder pikturale Als entspringt einer Art von Selbstdifferenzierung. Das Bild unterscheidet sich nicht bloß von anderem, sondern es unterscheidet sich in und von sich selbst, ähnlich wie der Leib, der zugleich als Leib fungiert und als Körperding in der Welt vorkommt. Das Rätsel der Sichtbarkeit liegt nun darin, daß das Sichtbarwerden und Sichtbarmachen selbst mit den Mitteln des Sichtbaren geschieht. In diesem Sinne pflege ich von einer potenzierten Sichtbarkeit zu sprechen. Dies klingt alles sehr selbstverständlich. Probleme melden sich, sobald wir die Rolle des Bildes näher in Augenschein nehmen.

6 Vgl. hierzu Oliver Scholz, »Was heißt ein Bild verstehen«, in: Sachs-Hombach/Rehkämper 1998; der Autor unterscheidet mehrere Stufen des Bildverstehens, beginnend mit dem perzeptiven Verstehen (S. 105-117).

7 Diese Kontingenz, die eine Gesamtschau ausschließt, scheint in der daoistisch geprägten Konzeption der chinesischen Malerei einer universalen Kompossibilität zu weichen (vgl. Jullien 2005, S. 67, 77f.).

Traditionelle und neuere Bildkonzeptionen beschwören die doppelte Gefahr herauf, daß die Bildauffassung entweder in einer Bilderflut versinkt oder aber in allzu seichte Gewässer abtreibt. Die erste Gefährdung geht aus von einer *Ontologisierung* des Bildes. Die ikonische Differenz wird aufgehoben, wenn Bilder sich in eine *Bildrealität* oder umgekehrt Realitäten sich in *Realbilder* verwandeln. Tendenzen dazu finden sich in einem Platonismus, in dem Sinnendinge von sich aus als sinnliche Abbilder ideeller Urbilder begriffen werden, oder in neuzeitlichen Bewußtseinstheorien, in denen die Dinge der physischen Außenwelt durch mentale Bilder einer paraphysischen Innenwelt verdoppelt werden. Die ikonische Differenz setzt sich allerdings hinterrücks immer wieder durch. Zum einen verdoppelt sich die Welt in Sinnen- und Ideenwelt, in Außen- und Innenwelt, zum anderen verdoppeln sich die platonischen Bilder in sinnliche Abbilder und ideelle Urbilder, so wie die neuzeitlichen Vorstellungsbilder (*ideas*) in lebendige und verblaßte Bilder zerfallen.

Dieser Bilderspuk nimmt ein Ende, sobald wir von einem gestuften Erfahrungsgefüge ausgehen und das Bild- oder Zeichenbewußtsein auf einer Grundschicht unmittelbarer Erfahrung aufruhen lassen.[8] In diesem Falle kommt es jedoch zu einer anderen Gefährdung des Bildcharakters, die sich in einer Abschwächung der Bilderfahrung bemerkbar macht. Dem Bild liegt nun eine *bildfreie Realität* zu Grunde, und dies auf seiten des abzubildenden Gegenstandes und, sofern man mit der Möglichkeit ungegenständlicher Bilder rechnet, zumindest auf seiten des abbildenden Bildträgers. Dies hat weiterhin zur Folge, daß das Bildgeschehen, in dem etwas sichtbar wird, auf die *Bildintentionen* eines Bildvorstellers oder Bildherstellers, eines Bildbetrachters oder Bildbenutzers angewiesen ist. Die bildlose Realität bedarf eines Bildsubjekts, das die Wirklichkeit mit Bildern bevölkert. Für Reinhard Brandt, der sich hierbei an die Imaginationslehre des frühen Sartre anschließt, besteht die *Wirklichkeit des Bildes* – so der Titel seiner grundlegenden Untersuchung – in der Unwirklichkeit des Bildes, die einem Nein zur normalen Wirklichkeit entspringt. Die dem Menschen vorbehaltene Negation enthüllt sich als Geburtsakt des Bildes. Der schroffe Gegensatz

8 Zu dieser Bildkonzeption, die bei Husserl, Fink und Ingarden grundgelegt ist und bei Sartre zu einer negativen Bildauffassung verschärft wird, vgl. Gerhard Bensch, *Vom Kunstwerk zum ästhetischen Objekt* (1994).

von Sein und Nichts hat zur Folge, daß Brandts Untersuchung mit einem Abgesang auf die Gegenwartskunst endet. Sobald nämlich die bildkonstitutive Negation nachläßt, kommt es zum Rückfall auf eine bildlose Realität oder aber zur Negation der Negation, die zur »Selbstaufhebung der Bild-Kunst« führt, wie uns anhand der »Bild-Objekte« von Lichtenstein, Duchamp, Fontana, Twombly oder Rothko vor Augen geführt wird. Hierbei entstehen zweifelhafte »Hybride«, die den Bildstatus zwar noch in Anspruch nehmen, ihn aber zugleich verleugnen (Brandt 1999, S. 222 ff.). Doch selbst wenn man Sartres Freiheitslehre pragmatisch abmildert, kommt es zu einer *semiologisch-funktionalen* Herabstufung des Bildes zu Bildzeichen, die als bloßes Hilfsmittel oder Werkzeug dienen. Im Falle der Ontologisierung sind Bilder selbst real beziehungsweise irreal, im Falle der Funktionalisierung vertreten sie lediglich die Realität. Es fragt sich nur, ob die Rolle des Bildes damit adäquat erfaßt ist.

Zunächst ist die pikturale Differenz, die in einem spezifischen Als zu Ausdruck kommt, nicht statisch zu verstehen als ein Beziehungsgefüge, das aus zwei Aspekten einer Sache oder einem Gegensatzpaar besteht. Da sowohl das Was wie auch das Worin des Sichtbarwerdens der Sphäre der Sichtbarkeit angehören, herrscht zwischen beiden ein latenter *Widerstreit*, der jederzeit offen ausbrechen kann.[9] Dabei handelt es sich nicht um die seit Descartes immer wieder erörterte erkenntnisskeptische Frage, ob wir es von Fall zu Fall mit einer realen Person oder aber mit einer bloßen Attrappe oder einem Automat zu tun haben, vielmehr öffnet sich, wie Husserl ausdrücklich betont, ein Spalt inmitten der bildlichen Wahrnehmung und der bildlichen Sichtbarkeit. Darin offenbart sich die Bedeutung der pikturalen Differenz. Würden darstellendes Bildding und dargestelltes Bildsujet kurzschlußartig kollabieren und käme der Widerstreit zum Erliegen, so würde das Bild selbst verschwinden. Solchen Unkenrufen zum Trotz habe ich in meinen Überlegungen zum »Rätsel der Sichtbarkeit« (1990, S. 217-224) die

9 Vgl. Hua XXIII, 45 ff. u. ö.; ausführlich dazu Därmann, *Bild und Tod* (1995), S. 236-277, ferner Wiesing, *Phänomene im Bild* (2000), S. 48-59. Klaus Sachs-Hombach und Jörg Schirra nähern sich diesem Widerstreit, indem sie bei der Bestimmung des Bildes als eines wahrnehmungsnahen Zeichens den Extremen eines rein *dezeptiven* und eines rein *symbolischen* Modus einen *immersiven* Modus gegenüberstellen, bei dem die ähnlichkeitsbedingte Täuschung sowohl erlebt wie durchschaut wird (in: Sachs-Hombach 2009, S. 413).

pikturale Differenz als Springquell vielfältiger Bildexperimente herausgestellt.

Dazu gehört auch die Möglichkeit einer Annäherung von Bildern an Dinge, von Dingen an Bilder, so daß Zwitterwesen wie Bild-Dinge und Ding-Bilder entstehen, deren Widerstreit und deren Uneindeutigkeit allerdings, anders als Reinhard Brandt meint, nicht mit einem desaströsen Selbstwiderspruch gleichzusetzen sind. Die Gegenwartskunst macht sich diese Möglichkeiten in besonderem Maße zunutze, wenn es darum geht, neue Möglichkeiten zu erproben. Kandinskys Antithese von reiner, ornamentaler Abstraktion und reiner, bis zum härtesten Material vorstoßender Realistik geht ins Extreme (1952, S. 127); im ersten Falle würde die Malerei *nahezu nur noch* sichtbar machen, im zweiten Falle würde sie in erhöhtem Maße *etwas* sichtbar machen. Damit nähern wir uns nicht nur den vielkommentierten Ready-mades von Marcel Duchamp, auch in der russischen Avantgarde findet sich die Idee eines »Dingismus«, der das Kunstwerk als Ding (*weschtsch*) behandelt.[10] Vor ein besonderes Deutungsproblem stellt uns die sogenannte konkrete Kunst, wenn sie als »gegenstandslose Plastik« auftritt. Es scheint mir zweifelhaft, ob man Plastiken wie Richard Serras *Right Angle Prop* oder *TOT* adäquat erfaßt, wenn man sie mit Max Imdahl[11] als den »Realfall einer Existenzstruktur« bestimmt, bei der die »Selbstevidenz der Form« durch eine »Selbstevidenz des Materials« ersetzt wird: »Die Form der Plastik hat außerhalb ihrer selbst kein Korrelat, und sie ist zugleich ein Funktionswert der Materialität ihres Substrats.« Die Herleitung der Form aus dem Material hat immer einen tautologischen Einschlag, da es Material ohne Tauglichkeit zu etwas gar nicht gibt. Um so etwas wie eine skulpturale Differenz kommt man auch hier nicht herum. Die »wechselseitige Bedingtheit der Form durch das Material und des Materials durch die Form«, die Imdahl auf gewohnt akribische Weise beschreibt, kann nicht darüber hinwegtäuschen, daß durch das Objekt ein Riß

10 Vgl. den Kommentar von Verena Krieger im Katalog *Chagall, Kandinsky, Malewitsch und die russische Avantgarde* (1998), S. 37.

11 Ich beziehe mich auf einen Text von 1978: »Serras *Right Angle Prop* und *TOT*. Konkrete Kunst und Paradigma«, zitiert nach dem Wiederabdruck in: *Situation Kunst – für Max Imdahl* (2008). Die erste der beiden frühen Plastiken befindet sich in den Kunstsammlungen der Ruhr-Universität Bochum, die zweite in dem Bochumer Museum »Situation Kunst«.

geht, der durch keinen hylomorphistischen Zirkel zu schließen ist. Andernfalls würden wir lediglich eine bleierne Platte sehen, nicht aber das Bleierne einer Platte, das uns in dem »materialen Sich-Verhalten von Blei« entgegentritt. Eine reine *sculptura sui* wäre kein Kunstding mehr, sondern ein bloßes Ding oder eben ein Überding, dessen »das bloße Selbstsein noch überschreitende Bedeutung« (Imdahl, a. a. O., S. 138) die Symbolik der deutschen Klassik heraufbeschwört und uns in ontologische Gefilde entrückt (vgl. Gadamer 1965, S. 72 f.).

Kehren wir also zur allgemeinen Frage nach der Konstitution des Bildmediums zurück. Ein spezifisch ästhetisches Bildsehen kommt erst dann zustande, wenn unser Blick, der spontan vom Bild zum Abgebildeten hinübergleitet, aufgehalten und auf das Bildobjekt gelenkt wird. Ein besonders lebendiges Beispiel für eine solche Blickhemmung findet sich bei Kandinsky. Der russische Maler berichtet von einer Art Urerlebnis, ausgelöst durch einen der Monetschen *Heuhaufen*, den er in seiner frühen Moskauer Zeit zu sehen bekam; das Vermissen des im Titel angekündigten Gegenstandes ließ ihn, wie er sich erinnert, das Bild als Bild entdecken (siehe Kandinsky 1952, S. 9).[12] Daß das Oszillieren zwischen Ding und Bild keinen Freibrief bedeutet für alles, was auf den Kunstmarkt strömt, versteht sich ebenso wie die Tatsache, daß ein möglicher Bedeutungsschwund sich nicht durch geistreiche Interpretationen auffangen läßt. So versichert Kandinsky: »Die Schönheit der Farbe und der Form ist (trotz der Behauptung der reinen Ästheten und der Naturalisten, die hauptsächlich auf ›Schönheit‹ zielen) kein genügendes Ziel der Kunst«, und er sieht die Gefahr heraufziehen, daß die Beschränkung auf eine Kombination von reiner Farbe und unabhängiger Form in einer geometrischen Ornamentik endet, die den Mustern von Krawatten und Tapeten gleichen würde (ebd., S. 115). Es öffnen sich »Fallen des Dekorativen«,[13] wenn eine formale »Arabeskenästhetik« zurückkehrt.[14] Mitchell spricht im glei-

12 Vgl. hierzu den Kommentar von John Sallis in *Shades* (1998), S. 66-71.

13 Vgl. den in Anmerkung 10 erwähnten Katalog, S. 43-46; in diesem Abschnitt geht Hubertus Gaßner den »Autonomiewünschen und Mythen der Selbstbegründung bei Kandinsky und Malewitsch« nach.

14 Vgl. dazu Gadamers Ästhetik-Kritik in *Wahrheit und Methode* (1965), S. 44. Inzwischen beginnt sich eine andere Sichtweise durchzusetzen, in der die Arabeske nicht als bloßes Ornament, sondern als »universales Strukturprinzip« auftaucht;

chen Zusammenhang von einem »Nullpunkt des *image*« (in: Sachs-Hombach 2009, S. 324). Lévi-Strauss geht einen Schritt weiter. In *La pensée sauvage* wertet er die gegenstandslose Malerei generell als den Versuch, das »Sujet« durch die »Manier« zu ersetzen, denn »sie möchte eine konkrete Darstellung der formalen Bedingungen einer jeden Malerei geben« (1962, S. 43, dt. 44). Indem der Autor die Kunst der Gegenwart einem ethnologischen Fernblick aussetzt, entdeckt er die Gefahr, daß das »prekäre Gleichgewicht« zwischen Struktur und Ereignis, Notwendigkeit und Kontingenz, Innerlichkeit und Äußerlichkeit gestört wird und die Malerei einen erheblichen Bedeutungsschwund erleidet.

An dieser heiklen Stelle, wo die Kunst Gefahr läuft, nur noch um sich selbst zu kreisen, setzt Gottfried Boehm (1994, S. 325 ff.) einen selbstreflexiven »ikonischen Kontrast« an, der einer Selbstauflösung des Bildes widersteht und die Bilderfrage offenhält. Bei einer solchen Selbstreflexion des Bildes wäre zu unterscheiden zwischen einer Reflexion *im Bild*, in der das Gemalte selbst wieder im Bild zur Darstellung kommt wie in den gemalten Bildergalerien von Teniers, und einer Reflexion *auf das Bild*, in der das Malen sich selbst mit ins Bild bringt wie in den Atelierbildern von Vermeer oder Velázquez. Im ersten Falle haben wir es mit einer *Bildverschachtelung* zu tun, die den Charakter optischer Zitate annimmt (vgl. Hua III, § 100), im zweiten Falle mit einer möglichen *Selbstverdoppelung* des Malprozesses.[15] Während wir im ersten Falle auf der Ebene des Dargestellten bleiben, betreten wir im zweiten Falle die Ebene des Darstellens, die dem Sagen des Gesagten entspricht. Doch was bedeutet eine solche Selbstverdoppelung des Malens? Gleicht das Selbstbildnis etwa einem Gedicht oder einem Roman in der Ichform? Würde Selbstverdoppelung nichts weiter besagen als die Tatsache, daß das

so äußert sich Markus Brüderlin im Vorwort zu dem großen Katalog *Ornament und Abstraktion* (2001), S. 22, der auch Überlegungen von Annemarie Schimmel zur genuinen Arabeske in der islamischen Welt enthält. Gestalttheoretisch wären solche Bildelemente als spielerische Vorgestalten zu betrachten.

15 W. J. T. Mitchell spricht im ersten Fall von »Metabildern« (2008, Kap. 11). Doch die terminologische Nähe zur »Metasprache« ist nicht unproblematisch, da die Bildverschachtelung, bei der Bildinhalte ineinandergreifen, nur entfernt mit der Satzstufung zu vergleichen ist. Ferner nehmen selbst Sprachzitate die Form einer »hybriden Rede« im Sinne von Bachtin an, wenn man darunter das Zur-Sprache-Bringen einer fremden Rede versteht und nicht bloß das Reden über fremde Äußerungen oder gar deren ungenierte Verwendung unter eigenem Namen.

Malen des Malers mehr oder weniger individuelle Spuren im Bild hinterläßt, so wäre jedes Bildnis eine Art Selbstbildnis. Würde dies lediglich besagen, daß der oder die Malende im gemalten Sujet vorkommt, ähnlich wie der Baumeister sich auf der Ballustrade seines Bauwerks verewigt, so wäre dies eine spezielle Beigabe, die den Vorgang des Malens nicht tangiert. Ein genuines Selbstbildnis, in dem das Selbst des Malenden dem Ereignis des Bildwerdens entspringt, scheint nur dann gegeben, wenn das Selbst des Malens sich aufspaltet in malendes und gemaltes Selbst.[16] Im Gegensatz dazu endet die Selbstdarstellung bei der Selbstaufhebung, wenn dargestelltes Bild und darstellendes Bild zusammenfallen; sie entgeht dem nur dann, wenn auch der Bilderblick seinen blinden Fleck behält.

2. Pikturale Epoché

Um die Übermacht der Realität zu brechen und das Bildmedium in seinem Fungieren zu thematisieren, bedarf es einer besonderen Art von phänomenologischer Epoché. Es bedarf eines Blicks, der an sich hält, was mehr besagt, als sich des Urteils über die Realität zu enthalten oder gar die Realitätssetzung zu negieren. Offensichtlich fällt der bildenden Kunst in diesem Zusammenhang eine besondere Rolle zu. Man kann mit Fug und Recht behaupten, daß sie zwar nicht unbedingt in dem, was sie von sich selbst denkt, doch jedenfalls in dem, was sie tut, eine *ikonische* oder eine speziell *pikturale Epoché* praktiziert, die unseren pragmatisch, historisch und ästhetisch vorgeprägten Bilderblick verfremdet und eine gewisse Form der *Entbildlichung* und der *Entrahmung* einschließt. Wenn sie etwas im Bild sichtbar macht, so nicht ohne die Sichtbarkeit selbst sowohl in der Form des Sichtbarwerdens wie in der des Sicht-

16 Vgl. dazu das reiche bildhistorische Material zum »Ursprung der Metamalerei«, das Victor I. Stoichita in seinem Buch *Das selbstbewußte Bild* (1998) ausbreitet. Kapitel 8 steht unter dem Kontrast »Bilder vom Maler/Bilder vom Malen«; der »auktorialen« Thematisierung des Malers tritt ein »poietisches Szenario« gegenüber, in dem das Malen selbst zur Darstellung kommt; dies geschieht allerdings – wie etwa in Vermeers Wiener *Malkunst* – in der aporetischen Form einer »Verdoppelung« des Malers, der als »endotopischer Maler« im Bild und als »exotopischer Maler« außerhalb des Bildes vorkommt. Eine ähnliche Verdoppelung ergibt sich für den Betrachter, der »endotopisch« dem Maler im Rücken steht, ihn aber »exotopisch« vor sich hat.

barmachens mit ins Bild zu bringen. Die Pragmatik der natürlichen Bildeinstellung wird damit durchbrochen, und die bereits erwähnte Potenzierung des Sichtbaren erreicht eine weitere Stufe, die außer acht bleibt, solange man sich auf den epistemischen, praktischen oder kommunikativen Gebrauch von Bildzeichen und Bildmedien beschränkt. Was die letzte Stufe angeht, so wäre mit einem künstlerischen Mehrwert des Bildes zu rechnen, der einer impliziten Kunstfertigkeit, einer *tacit art*,[17] verhaftet bleiben oder aber explizit in Gestalt eines Kunstprodukts hervortreten kann. Aufs Ganze gesehen entspräche dies der Dreistufung von realitätsgebundener Bildlichkeit, separatem Bildnis und künstlerischem Bild (Waldenfels 1990, S. 210-217).

Was die letzte Stufe angeht, so ergibt sich eine Parallele zur poetischen Funktion der Sprache. Ähnlich wie diese laut Roman Jakobson darin besteht, die Sprachlichkeit des Ausdrucks oder der Botschaft hervorzuheben, bestünde die *pikturale Funktion* des Bildes darin, sich auf die Bildlichkeit des Bildmediums zu beziehen sowie auf das Bildgeschehen insgesamt, letzten Endes also auch auf das Ins-Bild-Treten und das Ins-Bild-Setzen. Nehmen wir ferner mit Karl Bühler und Roman Jakobson an, daß an jedem Sprachereignis alle Funktionen der Sprache beteiligt sind, nur eben mit wechselnder Dominanz, so dürfte ähnliches für das Seh- und Bildgeschehen gelten, ohne daß eine Angst vor dem Referenten oder eine Verachtung des Referenten um sich greifen müßte, als hätte das Bild es nur mit sich selbst zu tun. Reinhard Brandt (1999, S. 20 f.) bedient sich der Formel »Das Bild ist etwas Physisches, das etwas sichtbar macht, was es nicht selbst ist«; diese Formel läßt Raum für weitere Spezifikationen, von dem unser Autor allerdings keinen hinreichenden Gebrauch macht. Was hier Referenz heißt, muß als spezifisch bildliche Referenz gefaßt werden, als ein Bildbezug also, der nicht lediglich illustriert oder exemplifiziert, was bereits außerhalb des Bildes zu finden ist, der auch nicht bloß aufnimmt, was als »Emanation des Urbildes« hervorquillt (siehe unten, S. 88), sondern vielmehr etwas *auf genuine und kontingente Weise* im Bilde dasein läßt. Darin gleicht das Ins-Bild-Bringen dem Zur-Sprache-Bringen; in beiden Fällen steht dem bloßen Abbilden und Wiedergeben dessen, was gegeben ist, eine Kreativität gegenüber, die über das Ge-

17 Analog der *tacit knowledge* bei Michael Polanyi.

gebene und Gewohnte hinaus Neues sehen oder vernehmen läßt. Diese Unterscheidung zwischen normaler Wiedergabe und neuartiger Darstellung fällt nicht zusammen mit der doppelten Form der Darstellung, die Oliver R. Scholz anhand eines Beispiels von Rembrandt erläutert, indem er zwischen der direkten Wiedergabe von Hendrickje Stoffels als einem Modell und der denotativen Darstellung von Bathseba im Bad unterscheidet (in: Sachs-Hombach 2009, S. 156 f.); letztere kann nämlich selbst wieder konventionell oder innovativ ausfallen.

Die »Sichtbarkeitsgestaltungen« im Sinne von Konrad Fiedler, die das Sichtbare selbst noch in »Sichtbarkeitsgebilden« sichtbar machen (vgl. 1971, S. 314, 321), beschränken sich nicht auf die Malerei. So spricht Roland Barthes (1989, S. 13 f.) auch der Photographie einen spezifischen Referenten zu, dessen Wirkung in keinem Signifikat und keinem Konnotat aufgeht. Für die Bildsemiotik ließe sich eine ähnliche Rechnung aufmachen wie für die Bildphänomenologie. Es bedarf einer *semiotischen* oder *semiologischen Reduktion*, um Zeichen als Zeichen thematisch zu machen.[18] Eine frontale Polemik gegen die formale Semiotik, zu der Bildphänomenologen und Bildhermeneutiker mitunter neigen, scheint mir genauso abwegig wie eine frontale Polemik gegen die formale Logik. Hier hilft eine genetische Betrachtung, die hinter jeder Formel und Formalität, auch hinter der formalen Ästhetik des Neukantianismus, den Prozeß der Formalisierung aufspürt, dem sie entstammen. Für Phänomenologen sollte dies eine Selbstverständlichkeit sein. Das wirkliche Problem, das uns noch begegnen wird, betrifft einzig die Frage, ob die bloße Bestimmung von Bildern *als Zeichen* dem originären Charakter der Bildlichkeit und seinen künstlerischen Überschüssen voll gerecht wird. Daß man sich Bildern auch vom Zeichengebrauch her nähern kann, wie ich es selbst bei der Analyse der »Ordnungen des Sichtbaren« im Anschluß an Bühler und Jakobson getan habe, bleibt davon unberührt.

Eine ikonische beziehungsweise pikturale Epoché, die sowohl den Glauben an eine bildfreie Realität wie den Glauben an eine Realität aus Bildern erschüttert, erweist sich schließlich als dringend erforderlich, wenn den neuen Medien der Status selbstinszenierter

18 Vgl. dazu Ricœurs Bezugnahme auf die phänomenologische Reduktion in seiner Antwort auf die semiologische Herausforderung: *Le conflit des interprétations* (1969), S. 252-257, dt. Bd. I (1973), S. 161-167.

und selbstkonstruierter »Medienwelten« zugeschrieben wird, so daß »aus der scheinbar unbezweifelbaren Wirklichkeit *der* Realität ein dynamisches Geflecht von Wirklichkeitsinszenierungen« wird und »die angebliche Differenz zwischen Lebenswirklichkeit und Medienwirklichkeit verschwindet«.[19] Eine Medientheorie, der zufolge die mediale *Zwischenwelt* sich zu einer *Eigenwelt* der Medien zusammenschließt, deren »Wirklichkeiten« sich nur noch, »nach den Constraints ihrer Entstehung, der Pragmatik ihrer Nutzung und der Normativik ihrer Beurteilung(en)« voneinander unterscheiden, verfängt sich in einem operativen Zirkel, der dem hermeneutischen Zirkel an Fraglichkeit nicht viel nachsteht. Es fehlt der Ort, von dem aus Medien *als Medien*, also auch als Bildmedien thematisierbar wären. Tautologisch klingende Formulierungen wie die, daß »das Mediensystem« dazu übergeht, »ausschließlich systemspezifisch konstruierte Medienwelten zu erzeugen« (ebd.), sprechen für sich. Der vielzitierte Satz des Medienvaters McLuhan »The Medium ist the Message« ist seinerseits kein Medium, sondern eine Botschaft vom Medium – oder aber ein schlichtes ontotechnologisches Axiom, das älteste Reminiszenzen wachruft.

3. Bildgestalt, Bildmaterie und Bildgrund

Im Lichte einer expliziten Bildtheorie verwandelt sich das *medium quo* in ein *medium quod*, so daß die Funktionalität des Bildes als solche hervortritt. Die Selbstverdoppelung des Bildmediums in ein Wovon und ein Worin der Darstellung stellt uns vor die Frage, wie beides zusammenhängt und wie die Bildkomponenten beschaffen sind, aus denen sich das Bild zusammensetzt. Dies führt uns zunächst zur traditionellen Zweiheit von Bildgestalt oder Bildform und Bildmaterie. Die Selbstunterscheidung des Bildes, ohne die es keine originäre Bildlichkeit gäbe, schließt die Annahme aus, es handle sich dabei um zwei Entitäten oder Seinsschichten, von denen die eine als real oder materiell, die andere als irreal oder ideell zu qualifizieren wäre. Doch ebensowenig können wir von zwei Arten von Beschreibung ausgehen, da das Bild uns zunächst nicht als

19 So Siegfried J. Schmidt, »Aufmerksamkeit: Die Währung der Medien«, in: Assmann/Assmann 2001, S. 190, 193. Vgl. dagegen die wesentlich behutsamere Vorgehensweise von Michael Hagner, ebd., S. 261.

frontales Sehobjekt begegnet, sondern als Ingrediens des Sehens, das sich nur hinterrücks oder von der Seite her durch seine Wirksamkeit verrät. Das Bild macht sichtbar, *indem* es sichtbar ist, so wie unser leibliches Selbst sieht, indem es selbst sichtbar ist. In diesem Sinne stellt sich das Bild als »verkörperte Sichtbarkeit« dar.[20] Zur sinnlichen Gestalt gehört es, daß sie nur materiell faßbar ist, so wie es umgekehrt zur sinnlichen Materie gehört, daß sich Gestalten in ihr verkörpern. Das Was und das Wie der sinnlichen Gegebenheit bezeichnen zwei Momente, die sich als unzertrennlich erweisen. Dies gilt schon für die Gestaltwahrnehmung, weshalb Gestalttheoretiker entschieden darauf beharren, daß gestaltlos sehen bedeutet, nichts und nicht zu sehen (vgl. Koffka 1966, S. 104). Auf das Worin und Wodurch des Bildmediums dürfte ähnliches zutreffen. Und doch ist das Medium nicht aus einem Guß. Die pikturale Differenz, die Darstellendes und Dargestelltes auseinanderhält, entstammt nicht einer nachträglichen »ästhetischen Unterscheidung«, wie Gadamer annimmt, indem er die genuine Bildlichkeit in einer Urbildlichkeit verankert (1965, S. 133). Wären Darstellung und Dargestelltes je nahtlos eins, so wäre das Medium ein fertiges Ding oder eine fertige Idee und kein Organ einer offenen Vermittlung, die andere Möglichkeiten in sich schließt. Wir würden dann auf die Bahnen einer Ontologisierung geraten, wo die Dinge völlig mit ihrem Aussehen oder einer entsprechenden Anzeige verschmelzen; wir hätten es mit einer *pictura rerum* zu tun, die der alten *signatura rerum* gliche. Die Dinge würden uns nicht im Bild begegnen, sie wären selbst Bilder, schillernd zwischen Wesengestalt und gestalthaftem Wesen. Alle Medialität würde in Selbstvermittlung aufgehen.

Betrachten wir daraufhin die hylomorphistische Theorie von Aristoteles, die bildliche Artefakte ebenso einschließt wie natürliche Organismen. Die Materie, die als Substrat, als ὑποκείμενον, allen Formen zugrunde liegt, bestimmt Aristoteles streng funktional als das *Woraus* (ἐξ οὗ), aus dem etwas wird, so etwa die Bronze, aus der eine Statue, oder das Holz, aus dem eine Bettstatt hervorgeht (*Physik* I, 7-9). Demgemäß bezeichnet ὕλη ähnlich wie lateinisch *materia* zunächst konkret das Nutzholz.[21] Die poietische Konzeption

20 Diese Formulierung hat mir zeitig als Stichwort gedient. Vgl. *In den Netzen der Lebenswelt* (1985), S. 234.

21 Dazu gehört nicht nur das Bauholz, sondern auch das Brennholz, das wie etwa die Kohle vom Werkmaterial zu unterscheiden ist. Es ist bemerkenswert, daß

verbindet sich mit einer organischen Konzeption insofern, als auch lebende Organismen materiellen Vorgaben entstammen und aus Form und Materie bestehen (*De anima* I, 1). Dabei liegt der Primat bei der Form als εἶδος oder μορφή; denn nur Was des Werdenden macht das Woraus zu einem Woraus. Die Materie ist unselbständig, unabtrennbar. Logisch betrachtet, bildet »Materie« eine zweistellige Relation nach dem Muster »x ist M von y«.[22] Durch die Zugehörigkeit zu einem geformten Etwas erhält die Materie ihre Bestimmtheit als eigentümliche oder zugehörige Materie (ὕλη οἰκεία); im Gegensatz zu dieser zweiten Materie ist die erste Materie (πρώτη ὕλη) gänzlich formlos, gestaltlos, unbestimmt und ungeordnet. Noch bei Kant wird die Materie als das *Bestimmbare*, die Form als das *Bestimmende* gefaßt; allerdings handelt es sich hier um bloße Reflexionsbegriffe, in denen die subjektiven Bedingungen der Begriffsbildung ihren Ausdruck finden (KrV B 322-324). Die Materie tritt also nur in gebundener Form auf, der Rest ist nichts weiter als ein Abstraktionsprodukt, andernfalls würden wir im regellosen Chaos versinken. Was dies für unsere Bildproblematik bedeutet, ist leicht zu sehen. Würden Bildgestalt und Bildmaterie einzig nach diesem ontologisch-logischen Muster gedacht, so wäre der Status des Bildes selbst ein sekundärer. Was der Name »Hermes« bezeichnet oder wozu eine Bettstatt gut ist, kann ich auch wissen, wenn ich kein sinnliches oder bildliches Exemplar vor Augen habe, genau so wie ich mir einen idealen Kreis vorstellen oder eine Kreisformel bilden kann, ohne runde Gegenstände wie Rad oder Sonne vor Augen zu haben. Deshalb sind noetische Formen und ihre logischen Definitionen von den Sinnen ablösbar, auch wenn sie durch die Sinne hindurch anhand von Beispielen gewonnen werden.[23]

Aristoteles bei der Bestimmung der Materie nicht die Malerei heranzieht, die *auf* der Leinwand, der Gebäudewand oder Körperhaut malt, sondern die Bildhauerkunst, die Statuen (ἀνδριάς: wörtlich das »Menschenbild«) *aus* Bronze oder Stein herstellt. Die Malerei geht bekanntlich über die enge Materialform hinaus, indem sie mit dem Kohlestift zeichnet, Wasserfarben benutzt oder Holzschnitte anfertigt.

22 Vgl. den Anfangsteil des Artikels »Materie« von Wolfgang Detel im *Historischen Wörterbuch der Philosophie*, Bd. 5 (1980), S. 874; dort finden sich detaillierte Textverweise.

23 Die traditionelle Unterbestimmung der Bildmaterie findet ihre Entsprechung in einer Unterbestimmung der Zeichenmaterie. Vgl. Dieter Mersch, *Was sich zeigt* (2002), S. 133-185.

Die Sache ändert sich, wenn wir das Sehen aus seinen ontologischen und kosmologischen Fesseln befreien. Für das repetitive, reproduktive Wiedersehen trifft zwar zu, daß es auf *Formen* zurückgreift, die als Vorlage dienen und mehr oder weniger kontextneutral sind, doch das produktive Neusehen durchläuft einen Prozeß der *Formung* und *Umformung*, der nicht wesens- und zielgerecht terminiert ist. Etwas wird zu etwas, aber es ist nicht schon das, wozu es wird. Damit wird auch das Woraus zweideutig. Es bezieht sich einmal auf das *Material*, aus dem etwas entsteht und fortan besteht, andererseits aber auf einen *Grund*, einen »Quellgrund«, aus dem etwas auftaucht und in den es möglicherweise zurücksinkt.[24] Die alte Formel von der *materia* als *mater formarum* gewinnt damit einen neuen Sinn. Der Grund, mit dem wir es hier zu tun haben, ist nicht mit einer Grund-lage, einer Unter-lage, also auch nicht mit einem Bild-träger zu verwechseln, er hat etwas Abgründiges wie der Möglichkeitsabgrund der Freiheit, der uns bei Kant und dann bei Schelling, Kierkegaard oder Heidegger unter verschiedenen Vorzeichen begegnet. Wenn das Woraus nicht im voraus durch die entstehende Form bestimmt ist, dann birgt es ein Potential in sich, das sich, wie Husserls Sinnhorizonte, durch eine *positive Unbestimmtheit* auszeichnet. Dieses wäre, Leibniz zufolge, *praegnans futuri*, schwanger mit einer mehr oder weniger offenen Zukunft.

Die Zweideutigkeit des Woraus greift über auf das Bild und auf das bildliche Sehen. Eine Bildgestalt, die aus einer Neugestaltung hervorgeht und dieser Genese verhaftet bleibt, läßt nicht zu, daß sich das Was völlig vom Wie des Erscheinens ablöst. Merleau-Ponty, der in Kapitel 5 ausführlich zu Wort kommen wird, bezieht sich in

24 In seinem Versuch einer Kontrastierung von westlicher und östlicher Malerei stellt François Jullien fest: »Die Chinesen bezeichnen diesen gemeinsamen Quellgrund, aus dem jede Aktualisierung hervorgeht, indem sie Atem holt, als ›Energie-Hauch‹: *qi*.« Vgl. *Das große Bild hat keine Form* (2005), S. 164, ferner Kap. II: »Vom (Quell)Grund der Malerei«; der französische Ausdruck *fond(s)* spielt mit der Doppelheit von *fons* und *fundus* (ebd., S. 36). Mit der großen Hypothese eines durchgängigen Ineinanders von Formlosigkeit des Quellgrundes und malerischer Formbildung, die in der Laozi entlehnten Titelwahl anklingt, bezieht sich der philosophisch und sinologisch beschlagene Autor nicht nur auf malerische Praktiken, sondern auch auf kosmologische Hintergrundannahmen und ethische Praktiken. All dies verlangt nach weiterer sach- und fachkundiger Erörterung; Jullien verweist wiederholt auf Merleau-Pontys Analysen der Malerei in der *Prosa der Welt*.

seinem frühen Werk *Die Struktur des Verhaltens* (1949) auf Gestalten und Strukturen im Sinne von *konkreten, inkarnierten* Bedeutungen. Diese sind nicht von ihrer Gegebenheitsweise ablösbar, da sie aus dem kontingenten Arrangement von Materialien hervorgehen und dem sinnlichen Ganzen anhaften; in ihrer Materialisierung erreichen sie eine *Dichte*, die nicht aus diskreten, abzählbaren Elementen besteht und die auch den Dingen eine eigentümliche *Physiognomie* verleiht (1949, S. 222-232, dt. S. 239-250).[25] In der *Phänomenologie der Wahrnehmung* (1945, S. 384, dt. S. 384 f.) ist außerdem die Rede von »Rissen« und »Lücken« der Wahrnehmungswelt, in denen die Subjektivität sich einnistet; sie sind nicht zu verwechseln mit Leerstellen, die wie im Falle von Logikkalkülen oder Formularen durch Variablen auszufüllen sind. Wir haben es statt dessen mit *opaken* Strukturen zu tun, deren letzter Sinn nebelhaft oder verschwommen (*brouillé*) bleibt. Die Opazität, die zur Materialität der sinnlichen Welt gehört und die Merleau-Ponty der Sartreschen Transparenz als einer Selbstdurchsichtigkeit des Bewußtseins entgegensetzt, potenziert sich in der Opazität des Bildes, wie sie auch von Autoren wie Arthur Danto (1984, S. 243) und Gottfried Boehm (1994, S. 338) hervorgehoben wird. Dazu das Fazit von Lambert Wiesing: »Ein Bild muß, um ein Bild von etwas zu sein, nicht nur den Blick auf dieses etwas richten, sondern auch der möglichst perfekten Intentionalität widersprechen, es muß *opak* sein, um Bild und nicht Wirklichkeit zu sein.« (2000, S. 51)

In den *Causeries*, in denen er seinen neu gewonnenen Forschungsansatz frei kommentiert, stellt Merleau-Ponty ausdrücklich einen Bezug her zwischen Wahrnehmungswelt und Kunstwerk. Wie er dort zeigt, begegnet uns eine derartige Form materialer Bestimmtheit auf beiläufige Weise schon in diesem Tisch, der da vor mir steht, aus Eichenholz gezimmert, von Maserungen durchzogen, mit Verzierungen versehen, von Schrammen und Kratzern bedeckt und deutlich unterschieden vom lexikalisch definierbaren Typus Tisch,

25 Die phänomenale *épaisseur* in Merleau-Pontys Wahrnehmungstheorie, die damit zusammenhängt, daß es eine Wahrnehmungsgeschichte und eine Wahrnehmungstradition gibt (vgl. 1945, S. 275, dt. S. 279), unterscheidet sich erheblich von der syntaktischen *density* in Goodmans Symboltheorie (vgl. 1969, S. 159-170, dt. S. 166-170); es ist etwas anderes, ob eines in das andere übergeht wie in einem Gewebe oder ob der Abstand von einem diskreten Element zum anderen gegen Null geht.

der aus beliebigem Material besteht und der sich nicht abnützt. In gesteigertem Maße haftet diese Sonderheit an dem gemalten Tisch, bei dem es ganz und gar auf das Aussehen und generell auf das Wie der Gegebenheit ankommt, bis hin zum asynchronen Wechsel der Aspekte auf den Tischstilleben von Cézanne und bei den Kubisten. Das einzigartige Grün in Monets Wiese kann ich nicht verstehen, ohne es zu sehen, und ich kann es nicht anderen vermitteln, ohne es sie sehen zu lassen. Ändert man etwas am Grün der Wiese, am Rot des Klatschmohns oder an deren Anordnung, so erhält man nicht eine Wiese, die nun anders aussieht, sondern man fabriziert eine andere Wiese, die nicht mehr aus Monets Atelier stammt. Ein Bild läßt sich daher nicht reparieren, sondern nur restaurieren. In diesem Sinne unterscheidet Georges Braque zwischen dem *fait pictural*, das nirgends zu finden ist als im Bild, und einem bloßen *fait anecdotique*, für das dieses Bild nur den Anlaß bietet.[26] Dementsprechend bezeichnet Merleau-Ponty das Kunstwerk als ein »leibhaftiges Ganzes (*totalité charnelle*), in dem die Bedeutung sozusagen nicht frei, sondern eingebunden ist, gebunden an all die Zeichen, an all die Details, über die es für mich sichtbar werden kann«; er fügt hinzu, daß keine Definition und keine Analyse, so nützlich sie sein mögen, die direkte Wahrnehmungserfahrung ersetzen kann (2002, S. 54 f., dt. S. 48). Der bildliche Hintergrund (frz. *fond*) bildet nicht nur den Kontrast zur Figur, wie es der Grundannahme der Gestalttheorie entspricht, er bildet zugleich einen Fundus, aus dem der Maler *schöpft*, wenn er Bilder *schafft*. Die Unerschöpflichkeit des Ausdrucks, die Merleau-Ponty beschwört, wenn er von einem »unvordenklichen Grund des Sichtbaren« spricht, findet darin ihren pikturalen Rückhalt (siehe unten, S. 156). Der Betrachter stößt auf diesen Bildgrund, wenn er sich einem gewöhnlichen Bild so weit nähert, daß der Überblick schwindet. Hält er weiterhin an ihm fest, so verliert sich der Blick in den Einzelheiten einer chaotischen Materie. Verzichtet er auf ihn, so sieht er sich überrascht von einem Prozeß der Formwerdung und Formgebung, der sich vor seinen Augen abspielt. In diesem Falle handelt es sich nicht mehr um eine relative Nahperspektive, sondern um eine Nähe, die – nicht unähnlich dem fremden Gesicht – keine Nähe von Etwas

26 Vgl. Der bekannte Satz aus Georges Braques *Cahiers* (1948, S. 22), auf den Merleau-Ponty sich bezieht, lautet: »Le peintre ne tâche pas de reconstituer une anecdote, mais de constituer un fait pictural.«

bedeutet, sondern eine bestürzende Nähe. Der Blick wird in eine Bewegung von Pinselstrichen und Farbflecken hineingezogen wie in einen Blickwirbel. Der Blick, der dem materiellen Duktus der Bildzüge folgt, kann sich der Farbigkeit eines Tintoretto oder eines Rubens und der Strichführung eines Goya überlassen, indem er die Bildlandschaft durchstreift. Es kommt aber auch vor, daß der Betrachter förmlich auf sich selbst zurückgeworfen wird, so etwa angesichts der Seerosenfelder des späten Monet oder der Farbwände von Rothko, die uns einen Nahblick aufdrängen. Das Wort »Konfrontation« gewinnt hier eine körpernahe Bedeutung.

All jene Züge, die eine Bildgestalt materialiter auszeichnen, schwächen sich ab, wenn das Bild als bloßes *Bildzeichen*, als Ikon im Sinne der Semiotik behandelt wird. Dann haben wir es nicht mehr mit inkarnierten, sondern nur noch mit *generellen*, mehr oder weniger *komplexen* Bedeutungen zu tun, die nur sehr locker an das Hier und Jetzt eines konkreten Kontextes gebunden sind.[27] Während Bildgestalten wie alle übrigen Gestalten, in denen sich etwas als es selbst verkörpert, lediglich transformierbar sind, lassen sich Bildzeichen wie alle Zeichen, die für etwas anderes stehen, weitgehend ersetzen. Das Grün der Verkehrsampel bezeichnet freie Fahrt. Es ist nicht ganz beliebig gewählt. Der Situation entsprechend, ist es weniger alarmierend als ein helles Rot, das dem Fahrer gleichsam in den Weg tritt. Als Verkehrszeichen wäre es weniger tauglich, wenn man das Hellgrün durch ein gemischtes Grün ersetzen oder zum Kontrast ein benachbartes Blau wählen würde. Die diskriminierende Leistung der Wahrnehmung wäre erschwert. Dennoch ist die Farbwahl arbiträr. Anders als das Grün Monets kann das Grün der Verkehrsampel nicht nur durch andere Farbsignale ersetzt werden, sondern auch durch Lautzeichen, wie sie für Blinde vorgesehen sind, oder notfalls durch die Gestik lebender Verkehrspolizisten. Das konventionell Bezeichnete versteht man auf eine Weise, wie

27 Klaus Sachs-Hombach bemüht sich zusammen mit Jörg Schirra um einen Mittelweg zwischen reiner Ikonik und reiner Semiotik. Bilder werden als »wahrnehmungsnahe Zeichen« bestimmt, die einen »Doppelaspekt Zeichenhaftigkeit und Wahrnehmungsnähe« und verschiedene Bedeutungsebenen aufweisen; auf der untersten Ebene finden wir den Bildinhalt als das, »was jemand im Bildraum sieht« (in: Sachs-Hombach 2009, S. 410-417). Doch es bleibt zu fragen, ob die Wahrnehmungsnähe ausreicht, um der »Sichtbarkeitsgestaltung« ein eigenes Gesicht zu geben, das keiner konventionellen Bedeutungsverleihung entstammt. *In Bildern* sehen ist nicht dasselbe wie *mittels Bildzeichen* sehen.

man ein Bild, eine Melodie oder auch eine Speise nie verstehen wird. Die Materialität des Zeichens besitzt, mit Karl Bühler zu reden, nur eine abstraktive Relevanz.

Allerdings sollte man zwischen Bildgestalt und Bildzeichen keine Kluft aufreißen. Bild und Zeichen sind bis zu einem gewissen Grad konvertibel, sie sind chiasmatisch miteinander verschränkt. Dies gilt schon für die Hieroglyphen der alten Ägypter, man sieht einen Ibis, eine Schlange oder eine Hand, doch diese Piktogramme übernehmen in der Kombination von Ikonizität und Konventionalität eine »Doppelfunktion: als Bilder und als Zeichen« (Assmann in: Sachs-Hombach 2009, S. 76). Bildzeichen lassen sich ihrerseits als Bildgestalten betrachten wie etwa die Pfeile oder Großbuchstaben in Klees Kompositionen, und beide können sich einander nähern in Form von Piktogrammen oder in der Ausmalung von Initialen. Umgekehrt können Bildgestalten wie die Mona Lisa als Logo oder als Markenzeichen verwendet werden, in denen sich nichts weiter niederschlägt als ein kultureller Gebrauchswert. Wahrzeichen, Landmarks und Embleme haben etwas von Zwitterwesen, halb Bild, halb Zeichen, ohne daß daran etwas auszusetzen wäre. Schließlich sollte man die Semiotik nicht über Gebühr purifizieren. Charles Peirce legt seiner pragmatischen Semiotik die Annahme zugrunde, daß Symbol, Index und Ikon niemals unvermischt auftreten und daß die repräsentative Vermittlung (Drittheit) nicht nur energetisch-reaktive Momente (Zweitheit) und qualitativ-emotionale Momente (Erstheit) einschließt, sondern geradezu von ihnen ausgeht.[28] Oder nehmen wir Roland Barthes. In seinem der Photographie gewidmeten Essay *Die helle Kammer* führt er die Bildsemiologie bis an den Punkt, wo das *studium* in ein *punctum*, das anhaltende Bildinteresse in eine »bestechende« Bildwirkung umschlägt, die sich mit der indexikalischen Bedeutung eines Zeichens berührt, sie aber noch überbietet (1989, S. 35 f.). Sicherlich gehen Bildphä-

28 Vgl. die Pragmatismus-Vorlesungen von 1903, in: Peirce 1970, S. 299-345. Wird das Bild förmlich als »asemantisches Bild« angesetzt (Wiesing 1997, S. 167) und umgekehrt das Zeichen definitorisch auf seine Verwendungs- und Verweisungsdefinition festgelegt (Wiesing 2000, S. 12-21), so kommt die Dynamik der Semiose nicht zum Zuge. Doch ähnlich, wie Husserl zwischen statischer und genetischer Phänomenologie unterscheidet, sind auch statische und genetische Semiotik auseinanderzuhalten; ähnliches gilt für den Unterschied von funktionaler und strukturaler Semiologie (siehe Mersch 2002, II. Teil).

nomenologie, Bildhermeneutik, Bildsemiotik oder Bildsemiologie verschiedene Wege, doch fehlt es nicht an Kreuzungsstellen, die einen Austausch erlauben.

4. Bildgestalt und Bildsinn

Die pikturale Differenz gleicht einem Waagbalken, der sich in die Richtung dessen neigen kann, woraus etwas gebildet wird, oder aber in die Richtung dessen, was gebildet wird. Von dem Woraus, das bis in unerschöpfliche Tiefen reicht, war ausführlich die Rede, wie aber steht es mit dem Wovon des Bildes und seinem Was? Das Was bestimmten wir als Form oder Gestalt. Doch darin liegt eine weitere Zweideutigkeit. Meint dies die Ansicht, die etwas bietet, sein Aussehen, sein Für-uns-sein, seine Gegebenheitsweise, oder meint es seine Eigenstruktur, sein Wassein? Gemalte Trauben sind sicherlich keine Trauben, die wir in die Hand nehmen und an denen wir uns sättigen können; es sind eben Bilder von Trauben, die wir im Bilde sehen. Die Sache wäre einfach, wenn Bilder nur als sekundäre Hilfsmittel in Frage kämen. Bildliche Darstellungen hätten dann ähnlich wie sprachliche Sätze einen Referenten und einen propositionsartigen Bildgehalt, und man könnte intentional zwischen einem bildlichen Was und einem bildlichen Wie unterscheiden. So ließe sich Napoleon entweder als Sieger von Auerstedt oder als Verlierer von Waterloo porträtieren, verbunden mit allerlei politischer Propaganda. Die Prädikation wäre dann als Elementarfunktion von Bildern zu bestimmen. In diese Richtung geht die Bildphilosophie von Reinhard Brandt mit dem Vorschlag, das Wort »Bild« so zu benutzen, »daß ›Bild‹ einen anschaulichen Tatbestand bezeichnet, der für die Betrachter in und durch seine Farben und Formen und Helligkeiten einen Sachverhalt sichtbar macht und zu erkennen gibt, der er selbst nicht ist« (1999, S. 20 f.). Mit der Unterscheidung von Tatsache und Sachverhalt schließt sich der Autor an Freges Sprachlogik an (S. 141 f.). Kunstbilder werden unter Bezug auf Arthur Dantos Bezogenheit (*aboutness*) als »Bilder über« bestimmt: »Sie sind Bilder *über* das, was sie darstellen.« (S. 19) Diese enge, quasiprädikative Bildauffassung findet ihre Erklärung nicht nur darin, daß auch das Sehen in Bildern auf einen Akt der Negation zurückgeführt wird (S. 103 ff.), sondern darin, daß schon das

Sehen selbst als ein Erschließen gedacht wird (S. 77). Daran zeigt sich deutlich, wie sehr diese Ästhetik eine bestimmte Konzeption von Aisthesis in sich schließt. Diese schlichte Art von Bildsemantik und eine entsprechende Bildpragmatik stoßen jedoch an ihre Grenze, wenn wir es mit primären Bildern zu tun haben, deren Gestalten sich in ihrer Materialität verkörpern. Das Grün Monets ist eine Seinsweise und kein bloßes Prädikat und keine schlichte Farbprobe; nur unter dieser Bedingung wird in Bildern etwas so sichtbar, wie es sonst nirgends sichtbar und faßbar wird. Was aber soll denn in Bildern sichtbar werden?

Platon hätte gesagt: Wahre Malerei hat es letzten Endes mit der Wesensgestalt des Tisches zu tun, die als Produkt eines göttlichen Werkmeisters der invariablen Natur der Sache entspricht (*Politeia* 597 d). Für eine Hermeneutik des Bildes, die nicht an einem einzigen Urbild Maß nimmt, sondern sich durchweg und so auch im Falle von Artefakten mit kultur-historischen Varianten begnügt, bleibt dieser Weg nach oben verschlossen. Statt dessen bietet sich der verständliche und auslegbare Sinn an, von dem man annimmt, daß er im bildlichen Material ebenso aufleuchtet wie zwischen den Lautzeichen einer Sprache. Der Titel, den Gottfried Boehm seiner 2008 erschienenen Bildlogik gegeben hat, lautet demgemäß: *Wie Bilder Sinn erzeugen*. Dieser Parole zufolge wird Bildern nicht lediglich Sinn verliehen, als wären sie konventionelle Zeichen, sie bringen ihren Sinn selbst hervor und verkörpern ihn. Gleich zu Anfang heißt es in einer Diktion, die aristotelische Elemente verwendet, doch auch abwandelt: Die Realität des Bildes besteht in nichts anderem als in einem »*Substrat aus Material*. Aus dem allerdings etwas ganz anderes, etwas *Immaterielles*, eine Ansicht, mithin ein *Sinn* aufsteigt, ohne sich je von diesem Grund zu lösen.« Das Woraus des Materials wird hier geradewegs mit dem Woraus eines Grundes, das Hypokeimenon mit dem Apeiron verquickt, Poiesis geht über in Emergenz, und das Sichtbarmachen verschmilzt mit dem Sichtbarwerden. So tritt an die Stelle der zielgerichteten Poiesis eine Autopoiesis. Bilder erzeugen sich selbst, aber als »real-irreale Körper«. Das Reale allein wäre noch kein Bild, es wäre nicht einmal Material, sondern bloße Materie. Das gilt selbst für die Hardware, die ohne das Zusammenspiel mit der Software bloße physikalische Materie wäre (vgl. Gold 1998). Umgekehrt wäre das Irreale allein kein Bild, sondern bloßer Begriff oder bloße

Funktion. Die Autopoiesis, die sich hierin andeutet, scheint sich in einem ikonischen Zirkel zu bewegen, der dem hermeneutischen Zirkel gleicht; was erzeugt wird, findet sich wieder in dem, woraus es erzeugt wird, und umgekehrt gilt das gleiche. Jede Formation ginge dann auf eine Präformation zurück, die ihrerseits auf Neuformationen angewiesen wäre. Ganz so prozeßförmig, wie wir es aus biotechnischen Modellen kennen, geht es in einer Bildhermeneutik allerdings nicht zu. Die »Transformation ikonischer Materialität« wird einem »bildlichen Ur-Akt« zugeschrieben, durch den Bilder bedeutungs- und wirkungsvoll werden. Handelt es sich dabei um einen Akt ohne zuständigen Agenten oder Akteur, bei dem das Bild selbst zum »Agens« wird (ebd., S. 52)? Es scheint so, denn andernfalls müßte es heißen: »Bildner erzeugen Sinn«, oder zumindest: »Bildner tragen zur Sinnerzeugung bei«. Wiederholte Versuche, einen »Bildakt« zu konzipieren, der mit seiner handlungsstiftenden Kraft dem Sprechakt an die Seite tritt, könnten zur Klärung der gesuchten Bilderzeugung beitragen. Doch dann bleibt zu fragen, ob nicht jeder Bildakt Züge eines Bildereignisses an sich trägt, ähnlich wie jedem Sprachakt Züge eines Sprechereignisses zuzuschreiben sind.[29] Das führt uns auf die Bahnen einer Bildwirkung, von der noch die Rede sein wird.

Die bildliche Sinnerzeugung wirft eine Menge spezieller Fragen auf. Beschränken wir uns hier auf die eine Frage: Was bedeutet es, Bildern Sinn zuzuschreiben, und was haben wir unter diesem Sinn zu verstehen? Die Antwort wird nicht leichter, wenn man den Bildbegriff auf die Welt ausdehnt, so daß »die gesamte *Oberfläche der Welt* zum Bild wird«. Von einer solchen »Entgrenzung« der Bildersphäre, mit der sich Gottfried Boehm dem Trend einer allgemeinen Bildwissenschaft anschließt, wird erwartet, daß sie den Raum eröffnet für alles mögliche, für *mappings*, Satellitenphotos, Datenbanken, für Modelle jeglicher Art und auch für die bildgebenden Verfahren der Computertomographie (2008, S. 11-13). Ei-

29 Demgemäß versuche ich, zwischen Sprech-, Seh- und Bildereignis einen Zusammenhang herzustellen (siehe »Ordnungen des Sichtbaren«, in: Boehm 1994, S. 243 bzw. in: *Sinnesschwellen* 1999, S. 112 f.). Auch Karl Sachs-Hombach und Eva Schürmann ziehen ein Bildhandeln in Betracht, das performative Züge aufweist (in: Sachs-Hombach 2005, S. 117 f.). Das Projekt einer Theorie des Bildakts, das Horst Bredekamp aus kunst- und wissenschaftstheoretischer Perspektive heraus verfolgt, liegt auf der gleichen Linie (vgl. Belting 2007, S. 16).

ne Universalisierung des Bildes soll sich daraus ergeben, daß die bildkonstitutive Differenz auf ein *Zeigen* zurückgeführt wird, auf eine Deixis, die weiter reicht als die Lexis, ohne diese auszuschließen (ebd., S. 16). Der Sinn der Bilder bestünde dann in dem, was das Bild zeigt, indem es sich selbst zeigt. Handelt es sich am Ende um eine verallgemeinerte Semiotik, um eine verallgemeinerte Ikonik oder um beides zugleich? Strenggenommen trifft keines davon zu. Das *aufzeigende* Denken und Sprechen, das als ein *Sehenlassen* und *Offenbarmachen* (ἀποφαίνεσθαι) dem Sichzeigen der Phänomene (φαίνεσθαι, *apparere*) entspricht, deckt sich weder mit dem *Gebrauch von Zeichen* noch mit der *Herstellung von Bildern.* Das präsentierende Aufzeigen (δεῖξις, *indicatio*) kann sich seinerseits in Worten, Gesten und Bildern vollziehen oder eben in Form von Zeichen (σημεῖον, *signum*). Dabei ist zu unterscheiden zwischen dem, *worauf* das Zeigen Bezug nimmt, indem es eine bestimmte Richtung einschlägt und etwas herausgreift, und dem, *als was* es dieses aufzeigt.[30] Die Phänomenologie als Lehre von den Phänomenen enthält grammatikalische, ikonische und semiotische Anteile, aber sie läßt sich auf keine dieser medialen Teilaspekte reduzieren. Die deutsche Sprache, die gemeinhin davon spricht, das etwas »sich zeigt«,[31] während andere Sprachen von φαίνεσθαι oder *apparere* (*apparaître, to appear*) sprechen, suggeriert eine Nähe, die es nicht ohne weiteres gibt, die vielmehr zu ermitteln ist.[32]

30 Bezeichnet man die Referenz selbst als »Sinn«, etwa als »Richtungssinn« (vgl. frz. *sens unique*), so ist dieser vom semantischen oder hermeneutischen Sinn zu unterscheiden, so wie die Beantwortung einer Wo- oder Wann-Frage sich von der Beantwortung einer Was- oder Wer-Frage unterscheidet.

31 Ähnlich verführerisch ist der Ausdruck »sich bilden«.

32 Im Hinblick auf diese komplizierte Sachlage sei verwiesen auf *Sein und Zeit*, §§ 7, 17, 33. Soweit ich sehe, verteilt sich hier das *Sichzeigen* und *Aufzeigen* einerseits, der *Zeichengebrauch* als die Verwendung eines »Zeigzeugs« mit den entsprechenden Verweisungsbezügen andererseits, aller semantischen Nähe zum Trotz, auf verschiedene Problemfelder. Das Bild spielt dabei keine besondere Rolle, da die sprachliche Orientierung überwiegt. Auch Husserl hält jede Vermengung fern, indem er das Zeichen parallel zum Bild als ein *Medium* faßt, das dem Ausdruck der Bedeutung dient, und immer dann, wenn es um die Phänomenalität der Sache selbst geht, von anschaulicher *Gegebenheit* spricht. In Bühlers Sprachtheorie wird das *Zeigen*, auch *Deixis* genannt, vollends als ein Gebrauch von *Zeigzeichen* verstanden. Dieter Mersch, auf dessen Buch *Was sich zeigt* sich Boehm zustimmend bezieht, unterscheidet strikt zwischen einem medialen Zeigen-als und einem intransitiven Ereignis des Sichzeigens (2002, S. 249 u. ö.). Ich selbst versuche

Ich frage mich, ob in dieser umfassenden Bildlogik nicht sowohl der Sinnbegriff wie der Verstehensbegriff, so unentbehrlich beide Begriffe auch sind, überdehnt werden, so daß sich die Konturen verwischen. Ist es denn wirklich so, daß aus den Schnittbildern der Computertomographie ein Sinn »aufsteigt«, ein Sinn »sich eröffnet«, den wir sehend verstehen, oder ist es nicht vielmehr so, daß erst die instrumentelle oder computergemäße Verarbeitung elektronisch erzeugter Daten visuelle Bilder hervorbringt, die bei entsprechender Ausdeutung durch Experten einen bildlich vermittelten Sinn ergeben?[33] Und kann man den Landkarten, die bestimmte Ortsfragen beantworten und der Orientierung dienen, einen augenfälligen Sinn zusprechen, als hätte Bühlers Origo als Zentrum des Zeigfeldes und des Bedeutens selbst einen Sinn? Und nehmen wir »Möglichkeitsbilder«, von denen Wettervorhersagen oder Trendberechungen und Prognosen Gebrauch machen, indem sie quantifizierbare Variable mathematisch extrapolieren. Kann man wirklich sagen, daß sie es sind, die einen Sinn für Zukünftiges in uns entwickeln? Müßte man nicht einen durchgehenden Unterschied machen zwischen visuellen Daten, *die* zu analysieren

im *Antwortregister* (1994, S. 221-223) eine Brücke zwischen beiden Problematiken zu schlagen, in dem ich von einem *Sichzeigen* ausgehe, das sich in *Gezeigtes* und *Zeigen* verdoppelt, ähnlich wie das Sichsagen sich in Gesagtes und Sagen, das Sichbilden sich in Gebildetes und Bilden verdoppelt; dabei gehe ich aus von einer ursprünglichen Zeichenhaftigkeit und Bildlichkeit der Dinge (siehe unten, S. 92). Dies bedeutet einerseits, daß Semiose und Semeion nicht zusammenfallen und daß andererseits Sprache, Zeichen und Bilder ein kompliziertes Geflecht darstellen, das sich nicht auf einen einzigen Ereignistyp oder auf eine einzige Form der Medialität zurückführen läßt.

33 Eine kritische Stimme zur bildtheoretischen Bewertung der Computertomographie: Es handelt sich »bei diesen ›Bildern‹ in keiner Weise um Abbilder, sondern um *Artefakte*, auch wenn ihre Ausgestaltung das vergessen macht. [...] Extrem ausschnitthaft gewonnene, modellgerechte (digitale) Meßdaten werden [...] in einem gesonderten Schritt zu ›Bildern‹ verarbeitet, bevor die Hirnforschung hier – scheinbar analog, scheinbar als blickten wir in den Kopf – etwas ›zeigen‹ kann« (Gehring 2006, S. 192, ähnlich Meyer-Drawe 2008, Kap. III: »Die neuronale Maschine«). José van Dijck spricht von der psychologischen Verführung, die von endoskopischen Repräsentationen ausgeht: »Mehr als Röntgen oder Ultraschall verführt uns das Endoskop zu dem Glauben, daß wir eine perfekte mechanische Reproduktion unseres Körperinneren erhalten – Endoskopie als Landschaftsgeographie der Medizin.« Vgl. »Fantastische Reisen im Zeitalter der Endoskopie«, in: Huber 2005.

sind, Anzeichen, *an denen* etwas sichtbar wird, Zeichen, *mit deren Hilfe* etwas sichtbar wird, und schließlich Bildern, *in denen* etwas sichtbar wird? Während die Bearbeitung visueller Daten ein kommunizierbares Wissen voraussetzt, das nicht aus dem Sehen der Daten selbst stammt, und während die Entzifferung von Bildzeichen ein Deutungssystem, einen Code voraussetzt, mit Hilfe dessen wir verstehen, was wir sehen, haben Bilder die Kraft, etwas sichtbar zu machen, das wir sehend verstehen. Die Semiotik geht in dieser Hinsicht viel differenzierter vor, indem sie mit einer Plurifunktionalität von Zeichen rechnet. Geht man von einem umfassenden Feld visueller Studien und Praktiken aus, so könnte man unterscheiden zwischen Bildnissen (*pictures*) und bildnisartigen Bildern (*picturelike images*) wie Spektrogrammen, Phonogrammen, Sonogrammen, Röntgenaufnahmen oder Landkarten, die als Graphen oder Notationen eigenen Gesetzen folgen.[34] Die Wege verzweigen sich. Phonogramme machen Hörbares auf indirekte Weise sichtbar, indem sie rückwirkend das Stimmgehör schärfen. Röntgenaufnahmen tragen dazu bei, Schmerzen im Körper zu lokalisieren. Außerdem erlaubt es die Bildnisartigkeit, verschiedensten visuellen Gebilden *Bildaspekte* zuzuschreiben, ohne sie selbst als Bilder zu deklarieren. Will man die Vielfalt von Bildtypen und Bildaspekten einem universalen Bildkonzept zuordnen, so wäre es ratsam, sich – wie schon von W. J. T. Mitchell vorgeschlagen (siehe 2008a, S. 20) – mit einer Bilderfamilie zufriedenzugeben und Wittgensteins Sprachspiele durch entsprechende Bildspiele zu ergänzen (so Oliver Scholz in: Sachs-Hombach 2009, S. 160 f.). Eine Bildwissenschaft, die es mit wechselnden Verwendungsweisen und Kontexten zu tun hätte, wäre interdisziplinär durch und durch.

Doch bleiben wir bei den Bildern der Kunst, und nehmen wir als Beispiel die Szene der Gefangennahme, die Max Imdahl in seinem Giotto-Buch (1980, S. 93-98) zur Illustrierung seiner Ikonik heranzieht. Die Schräge, die von der Zeigegeste des Pharisäers über den Kopf von Judas hinweg auf das Antlitz Jesu deutet, während umgekehrt Jesus, die gleiche Blickbahn durchmessend, auf Judas herabblickt, betrachtet Imdahl als ein »Sehangebot«, in dem die wechselseitige Überlegenheit und Unterlegenheit der szenischen

34 In diesem Sinne äußert sich James Elkins in der Einleitung zu einer Textsammlung, in der *Visual Practices across the University* präsentiert werden (2007), S. 35 f.

Protagonisten ihren »sinnlichen Ausdruck« findet, so daß das »wiedererkennende Sehen« sich in ein »sehendes Sehen« verwandelt. Das Verstehen vollzieht sich sinnfällig im Sehen, in der produktiven Nutzung des Sehangebots. Die Schräge fungiert als eine Art Umschlagplatz.[35] Der Sinn des szenischen Geschehens nimmt seinen Weg über den »formalen, syntaktischen Wert« der Gesamtkomposition. Es sind »Richtungswerte« und »Iterationswerte«, die »im Medium des Bildes«, und zwar ausschließlich in ihm, vermittels einer »ikonischen Sinnverdichtung« ein anderes Sehen anbahnen. Dies würde aber bedeuten, daß das, was wir als farblich und linear geprägte Bildgestalt anvisieren, nicht mit dem Bildsinn zusammenfällt, der sich in ihr abzeichnet, so wie die Ikonik im Sinne von Max Imdahl weder mit der Ikonologie noch mit der Ikonographie zusammenfällt. Formale und inhaltliche Bildqualitäten sind unzertrennlich, aber nicht identisch; Syntax und Semantik bedingen einander (Imdahl in: Boehm 1994, S. 303). Darin gleicht die Bildgestalt gestalttheoretisch gefaßten Wahrnehmungsgestalten, die ein Wahrnehmungsgerüst oder eine Wahrnehmungssyntax bereitstellen (siehe unten, S. 138). Halten wir am Bild als einem Medium fest, so bedeutet dies: Der Betrachter sieht *im Bild* Gestalten, und der Maler macht *im Bild* Gestalten sichtbar, die *als Gestalten* einen Sinn annehmen und eine Wirkung auslösen. Das Bild fungiert als eine Art Transformator. Der Bildsinn reicht so weit, wie etwas *als etwas* aufgefaßt, verstanden oder behandelt wird, und die Bildwirkung tritt auf, sofern uns etwas *über das als etwas hinaus* affiziert. Es bleibt also bei einem Hiatus zwischen Bildgestalt, Bildwirkung und Bildsinn. Dies gilt auch für die nichtfigurative Kunst, auf die sich Max Imdahl und ebenso Gottfried Boehm in vielen ihrer Bildstudien beziehen. Formale Werte wie Auf und Ab, Hell und Dunkel, Fülle und Leere, Enge und Weite, Zueinander und Auseinander, Farbwärme und Farbkälte, die sich in die Fläche der Leinwand einzeichnen, sind mehr als bloß formal, sofern sie bestimmten Erfahrungsweisen, Lebensrhythmen und Weltsichten Ausdruck verleihen, aber formal sind sie doch. Eine Hermeneutik des Bildes läuft Gefahr, die Differenz von Ikonik und Hermeneutik, von Bildsehen und Bilddeuten zu überspielen.

35 Die Spannung, die eine Diagonale in der Grundfläche des Bildes erzeugt (vgl. Kandinsky 1973, S. 142-146), erhöht sich, wenn ein und dieselbe Linie mehrere Sichtweisen zuläßt.

In seinem maldidaktischen Text *Punkt und Linie zu Fläche*, der im engen Konnex mit eigenen Bildentwürfen steht, kommt Kandinsky auch auf Lagebestimmungen wie oben und unten, rechts und links zu sprechen, die durch die Lineatur der bildlichen Grundfläche erzeugt werden. Dabei stellt er eine Korrespondenz her zwischen der räumlichen Orientierung lebender Wesen und der Organisation des Bildraumes. »Daß jedes lebende Wesen zu ›oben‹ und ›unten‹ in einem ständigen Verhältnis steht und unbedingt bleiben muß, überträgt sich auch auf die GF (= Grundfläche), die als solche ein lebendes Wesen ist.« (1973, S. 131) Diese Übertragung geschieht aber nicht nachträglich, sondern im Malen als einem Geschehen, in dem der sichtbar machende Leib des Malers und die sichtbar werdende Gestalt sich verschränken. Dabei kommt es zu einer Spiegelung im Bild. »Da aber während der Arbeit die GF noch vollkommen mit dem Künstler zusammenhängt, von ihm noch nicht losgelöst ist, so ist sie ihm gegenüber als eine Art Spiegelung aufzufassen, bei welcher die linke Seite die rechte ist.« (S. 136) Dies steht nicht im Widerspruch zu Kandinskys Annahme, daß das Sehen von etwas als etwas sich von präzisen Bezugsobjekten löst und die abstrakte Malerei sich von ihrem praktischen Sinn befreit, um frei zu werden für die Welt, die selbst als »kosmische Komposition« begriffen werden kann (S. 15, 38). An Stellen wie dieser droht allerdings eine weltanschaulich aufgeladene Bildkehre, wie sie uns am Ende dieses Kapitels begegnen wird. Der weltliche Hintergrund aller gemalten Dinge ist ähnlich wie Husserls Welt- und Sinnhorizont mit all seinen verschiedenen Tönungen nur indirekt faßbar, es sei denn, die Welt wird selbst zum Bild und zum »Gebild des vorstellenden Herstellens«.[36] Ähnliches gilt für die Pathik des Bildes, die sich, wie Kandinsky betont, inmitten der Linien und Flächen als das »Gefühlsmäßige« bemerkbar macht (S. 98). Das *Wovon* der Bilder wäre also in einem weiteren Sinne zu verstehen und nicht auf Bezugsobjekte, Sinnbezüge und Sachverhalte, auf Denotationen und Exemplifikationen zu beschränken.

36 Vgl. Martin Heidegger, »Die Zeit des Weltbildes«, in: *Holzwege* (1980), S. 92.

5. Bildwirkung und Bildmaterie

Der Umgang mit Bildern stellt uns schließlich vor die Frage: Wie wirken Bilder auf uns? Die Wirkung der Bilder wird in Kapitel 4 eigens zur Sprache kommen. Entscheidend ist dabei, daß Bilder wiederum als Medium fungieren, nun aber als *medium per quod.* Spezifische Bildwirkungen gehen *durch* das Bild *hindurch*, indem sie eine bildliche Färbung annehmen. Dieses Wodurch interessiert uns an dieser Stelle nur insoweit, als es mit der Materialität des Bildkörpers zusammenhängt. Ähnlich wie beim Sehen können wir auch hier unterscheiden zwischen normalen Wirkungen, die den Gesetzen der Gewohnheit folgen, und überraschenden Wirkungen, die uns mehr oder weniger unvorbereitet treffen. Werden Bilder als bloße Bildzeichen behandelt, so sind die Wirkungen gleichsam abgepolstert. Beim Grün und Rot der Verkehrsampel wissen wir als Verkehrsteilnehmer, was wir zu tun haben, und das gilt selbst für alarmierende Signale, wie sie von Sirenen, Blinklichtern oder Wetterfahnen ausgehen. Gesteuerte Affekte sind auf ähnliche Weise eingebunden wie die Bedeutungsgehalte konventioneller Wahrnehmungen. Doch bei Bildern, die nicht nur als verhaltenssteuernde Signale eingesetzt und bei Bedarf durch andere ersetzt werden, die vielmehr als Bilder ihre affektive und appellative Wirkung entfalten, sieht es anders aus. Es müssen nicht unbedingt Schreckensbilder sein wie Goyas Kriegsgreuel und Boschs Höllenvisionen oder paradiesische und arkadische Wunschbilder. Bilder, die vom normalen Anblick abweichen, lösen durchweg eine Beunruhigung aus, die unseren Blick herausfordert. Diese Unruhe ist ein Lebenszeichen unterhalb der Bedeutungsschwelle. Unser vom Sehbegehren angetriebenes Sehen bewegt sich zwischen einem *Wovon* des Getroffenseins und einem *Worauf* des Antwortens, und genau in diesem Spalt, der eine *responsive Differenz* markiert, hat die Wirkung von Bildern ihren Ort. Pathos und Response, also das, was uns zustößt, wie auch das, was wir daraus machen, gehen durch die Bilder hindurch. Dies bedeutet, daß wir es mit *inkarnierten Affekten* zu tun haben, die sich in Bildern auf ähnliche Weise verkörpern, wie sich der Zorn in der Zornesröte und der Zornesgebärde verkörpert. Umgekehrt ist die materiale Körperlichkeit *affektiv imprägniert.* So bedeutet der gelbe Riß, der in Tintorettos Kreuzigungsbild am Himmel über Golgatha auftaucht, für Sartre kein bloßes Zeichen der Angst, sondern er *ist* Angst und gelber Himmel zugleich (*Was ist Literatur?* 1986, S. 14).

Hier stoßen wir auf eine eigentümliche Symbiose von Hyle und Pathos, von Material und Affekt. Eine gängige Annahme besagt, daß unsere Erfahrung mit einem Sinnenreiz anhebt. Dieser Stimulus ist allerdings als An-reiz zu verstehen, eng verwandt mit dem Af-fekt, dem Ap-pell und der Im-pression, also als etwas, das den Erfahrenden aufstört und einzig dieser irritierenden Wirkung seine Wirklichkeit verdankt. Die psychophysiologische Deutung des Reizes als Ursache, die ihrer Wirkung vorausgeht, setzt bereits einen Beobachter voraus, dessen distanzierter Blick nicht der pathischen Erfahrung unterschoben werden darf. Dies betrifft auch die Bildwirkung, bei der das Bild buchstäblich als Reizmittel fungiert. Vom Anreiz, der als Wovon des Getroffenseins jeder Qualifikation vorauseilt, geht ein Sog aus, der intentionale wie affektive Wirkungen zeitigt, die sich erst in nachträglicher Analyse in kognitive und emotionale, in deskriptive und präskriptive Anteile aufspalten. Die originäre Verquickung dieser Elemente findet ihren Ausdruck in dem Mischbegriff der *Affektion*.

Dies ist ein Begriff, der uns in den klassischen Theorien der Erfahrung wiederholt begegnet. Zwei Beispiele mögen genügen. Bei Kant taucht dieser Begriff zwiefach auf. In der transzendentalen Analyse der *Kritik der reinen Vernunft* (B 1, 33) hebt die Erfahrung damit an, daß etwas unser Gemüt »affiziert«, und zwar als ein »roher Stoff sinnlicher Eindrücke«, der zu einer Erkenntnis der Gegenstände zu »verarbeiten« ist. Diese Wirkung auf unser Vorstellungsvermögen, die traditionell Empfindung heißt, entspricht der Materie der Erscheinung, die durch die Form der Erscheinung ihre Ordnung empfängt. In der *Kritik der Urteilskraft* (§ 14) wird die Affektion mit dem Affekt und Gefühl zusammengebracht, so etwa beim »Reiz der Farben« oder beim Reiz »angenehmer Töne des Instruments«. Aber da die Materialität der reinen Form des Schönen Abbruch tut, werden die Affekte im Zuge der ästhetischen Läuterung der Sinne neutralisiert, von Interessen und Trieben befreit. Die Affektion schillert also zwischen Materialbeschaffung und Antrieb. Die Tatsache, daß die Affektkontrolle für die Wirkung eines moralischen Gefühls Platz schafft, steht auf einem anderen Blatt.

Ganz auf der Linie der Kantischen Ästhetik und auf der Linie neuerer *Visual Studies* liegt die Idee einer *reinen Sichtbarkeit*, die

Lambert Wiesing der neukantianisch geprägten formalen Ästhetik von Konrad Fiedler entlehnt, um sie in eine phänomenologische Ästhetik zu integrieren.[37] Doch das »Nursichtbare«, das so in Anspruch genommen wird, hat einen gänzlich fragwürdigen Status, der sich dem Berkeleyschen *esse est percipi* annähert. Wäre es so, daß das Sichtbare rein dadurch bestimmt würde, daß es gesehen wird, so wäre seine Bestimmung zirkulär; denn was wäre das Sehen ohne das Gesehene? Es bleibt die Möglichkeit, es als ein Destillat zu nehmen, das aus anderem gewonnen wird. Der Reinigungsprozeß, in dem das Bild alle Zeichenaspekte und Realitätsbezüge abstreift, wird in der Tat als ein Prozeß der *Entmaterialisierung* und *Entkörperlichung* dargestellt (Wiesing 2000, S. 22-25). Für Husserl wäre das rein Sichtbare jedoch eine Anomalie; es wäre ein bloßes Phantom, das heißt ein Ding, das als »sinnliches Schema«, als »Grundgerüst«, als »körperliche Gestalt« seine Materialität eingebüßt hat (Hua IV, 36 f.). Gewiß kann man künstlerische Prozesse auch als Formen der Anomalisierung verstehen, als Experimente mit der Wirklichkeit, parallel zu wissenschaftlichen Experimenten, doch setzen diese ebenso wie jene eine lebensweltliche Erfahrung voraus. Wichtiger ist in unserem Zusammenhang etwas anderes. Die Ausschaltung aller Materialität – mit Ausnahme der reinen Sichtbarkeit, geht Hand in Hand mit der Ausschaltung aller Wirkungen – mit Ausnahme der reinen Sehwirkungen. Man kann diesen Prozeß als Sublimierung der Triebe und Gefühle verstehen, aber auch eine Sublimierung bringt das Sublimierte nicht zum Verschwinden. Wie immer man sich dreht und wendet, Reinigung ist ein Prozeß, der seine unreinen Herkünfte nicht überwindet. Der Autor präsentiert die Phänomenologie ebenso wie die Kunst als ein Forschungsunternehmen, dem die »Erforschung des Etwas-als-etwas« obliegt. Kunst und Phänomenologie konvergieren: »Es gibt für den Phänomenologen nur Kunst, denn jedes Phänomen ist für ihn immer schon

37 Vgl. *Die Sichtbarkeit des Bildes* (1997) und *Phänomene im Bild* (2000). Die Leiblichkeit des Sehens und Malens wird von dem Autor völlig ausgeblendet, obwohl doch Konrad Fiedler für das »Reich der Sichtbarkeit« Fähigkeiten voraussetzt, die wie die Leistung der Hand weit über den Gebrauch und die Leistung der Augen hinausgehen, und obwohl er den künstlerischen Vorgang »als ein nicht mehr bloß durch die Augen, sondern durch den ganzen handelnden Menschen vollzogenes Sehen« begreift. Vgl. *Über den Ursprung der künstlerischen Tätigkeit* (1887), in: *Schriften zur Kunst* I (1971), S. 276, 304, 324.

ein Etwas-als-etwas.« (Wiesing 2000, S. 117 f.) Daß es dies auch ist, beweist nicht, daß es nur dies ist. Nimmt man dies an, so löst sich das *Was*, das *als etwas* gesehen wird, völlig von dem *Wovon* unseres Affiziertseins. Das bloße Sehen-als wäre ein Sehen ohne Sehbegehren. Die reine Form büßt mit ihrer Hyle auch den Bezug zum Pathos ein, sie wird reiz- und kraftlos. Natürlich kann man jederzeit eine methodische Reduktion vornehmen, die von bestimmten Aspekten absieht, und dies auch zum Zwecke einer formalen Ästhetik und einer Technologie des Sehens, zu der unser Autor Erhellendes beisteuert. Doch eine abstraktive und formalisierende Reduktion bleibt auf dem Boden der natürlichen Einstellung; sie bietet keinen Ersatz für die phänomenologische Reduktion, die das Gesehene auf einen Ort zurückverfolgt, wo das Ereignis des Sehens selbst entspringt und nicht nur Formen der Sichtbarkeit sich ansammeln.

Was aber versteht Husserl unter »reiner Phänomenologie«? Zunächst sieht manches ähnlich aus wie bei Kant. In den *Ideen I* (Hua III, § 85) wird die Intentionalität als ein Prozeß der Formgebung angesetzt, in dessen Verlauf eine sensuelle Hyle sich in eine intentionale Morphé verwandelt. Dies schließt nicht aus, daß die Skala der Empfindungsformen neben Farben und Tönen auch Lust, Schmerz und Triebmomente enthält. Neben »stofflosen Formen« läßt Husserl von Anfang an die Möglichkeit »formloser Stoffe« zu, die Aristoteles dem nur abstraktiv zu ermittelnden Grenzfall einer *materia prima* vorbehält. Doch dabei bleibt es nicht. Die Beschränkung der Hyle auf ein transzendentales Baumaterial, das der Gegenstandskonstitution dient, wird von Husserl aufgehoben, wenn er in seinen Analysen des Zeitbewußtseins und der passiven Synthesis die Sinnbildung intentionaler Akte durch ichfremde Affektionen unterfüttert. Was uns *angeht* und *anspricht*, eilt den Akten des Bedeutens und Begehrens voraus. Die *Empfindungen*, in denen wir die Qualitäten der Dinge erspüren, verbinden sich mit *Empfindnissen*, in denen wir uns selbst leiblich verspüren (Hua IV, § 36). Die Theory of Mind nähert sich diesem Ursachverhalt mit der Annahme von Qualia, die sich sprachlich nur umschreiben, nicht aber beschreiben lassen und die sich auch der direkten neurologischen Beobachtung entziehen.[38] Die Erweiterung der noeti-

38 Vgl. dazu Meyer, *L'œil et le cerveau* (1997), S. 98-102. Der Autor bezieht sich unter anderem auf Bergson, der von einer originären Verbindung von Perzeption und Affektion ausgeht.

schen durch eine hyletische Phänomenologie führt zu der Einsicht, daß die *Urdoxa* als der Urglaube, der unseren Weltbezug bestimmt, von Anfang an mit *Uraffektionen* durchsetzt ist (vgl. Zahavi 1999, S. 115-127). Eine Phänomenologie des Bildes und der Bildwerdung könnte davon erheblich profitieren. Das Doppelereignis von Pathos und Response, um das sich unsere eigenen Überlegungen drehen, liegt durchaus auf dieser Linie.

6. Grasgrün bei Musil mit Nietzsche

Nehmen wir nochmals die *Kritik der Urteilskraft* zur Hand. In dem Bestreben, Reiz und Rührung vom Geschmacksurteil fernzuhalten, unterwirft Kant alles Sinnliche einem Reinigungsbad. So heißt es denn: »Eine bloße Farbe, z. B. die grüne eines Rasenplatzes, ein bloßer Ton (zum Unterschiede vom Schalle und Geräusch), wie etwa der einer Violine, wird von den meisten an sich für schön erklärt; ob zwar beide bloß die Materie der Vorstellungen, nämlich lediglich Empfindung, zum Grunde zu haben scheinen, und darum nur angenehm genannt zu werden verdienten.« (B 39 f.) Die niedere Einstufung der Farbe entspricht der niederen Einstufung des Materialen. Einzig das Licht gibt der Farbe einen »höhern Sinn«, aus dem die Natur gleichsam selbst spricht; so scheint die »weiße Farbe der Lilie das Gemüt zu Ideen der Unschuld [...] zu stimmen« (B 172). Die Kunst bewirkt eine Entmaterialisierung, so daß Gräser, Blumen und Sträucher in der Malerei im »Schein der körperlichen Anschauung«, in der Lustgärtnerei im »Schein von Benutzung und Gebrauch« dargeboten werden. Der Einbildungskraft bleibt so nur die »Beschauung ihrer Formen« (B 209).

Wechseln wir von da aus über zu einer sommerlichen Gartenszene, in der wir das Gras wachsen hören, ohne daß ästhetische Vorbehalte sich einmischen. In Musils Roman *Der Mann ohne Eigenschaften* findet sich ein Kapitel mit dem Titel »Mondstrahlen bei Tage« (1978, S. 1087-1095). Nach einer in ekstatischer Fernnähe verbrachten Nacht treffen sich die Geschwister Ulrich und Agathe zu einem Gespräch, in dem die Eindrücke der Nacht mit denen des Tages verschmelzen. Wie man in einer gewöhnlichen Wohnung auf ein ungewöhnliches Bild stößt, »erhebt sich unvermutet in sinnlicher Verwirklichung eine Insel der Bedeutung, eine Erhöhung und

Verdichtung des Geistes aus der flüssigen Niederung des Daseins!« In dem Eindruck, den die Farben und Formen des Sommergartens hervorrufen, vermischt sich das Gefühl mit der »Erregung des Auges«, schwebend zwischen innen und außen, »wie der angehaltene Atem zwischen Einatmen und Ausatmen schwebt«. Die »taghelle Mystik«, beschienen von dem Mond am Himmel, »der jetzt ganz blaß und ein wenig schmutzig« ist, verheißt keine Helligkeit ohne Nacht, aber ebensowenig eine Nacht ohne Helligkeit. Anders als bei Platon weicht der »nächtliche Tag« nicht einem »wahren Tag des Seins« (*Politeia* 521 c); die Nacht hat ihre eigenen Lichter, aber dafür hat der Tag auch seine eigenen Schatten. Ulrich gesteht seinen Abscheu gegen eine »Schleudermystik«, deren Einfalt sich einbildet, »wenn sie kaum den Kopf in das Gras lege, kitzle sie Gott schon am Hals«. Anstatt einer »beständigen Gottergriffenheit« nachzujagen, überläßt er sich der »Ohnmacht, eine zum Greifen deutliche Farbe mit Worten zu bezeichnen oder eine der Formen zu beschreiben, die auf so gedankenlos eindringliche Art für sich selbst sprachen. Denn das Wort schneidet nicht in solchem Zustand, und die Frucht bleibt am Ast, ob man sie gleich schon im Mund meint: das ist wohl das erste Geheimnis der taghellen Mystik.«[39] Die Tantalusqualen der Sprache mildern sich, wenn diese sich ihre eigenen Grenzen eingesteht. Keine Flucht in die Sinne also, mit der die platonische »Flucht in die Logoi« (*Phaidon* 99 e) sich in ihr Gegenteil verkehren würde, sondern ein Reden an der Schwelle der Sinne, wo auch die Bilder hausen.

Dazu genügt ein weniges wie hier in unserer Romanszene der Rasen im Garten des Geschwisterpaares. Von dem Rasen vor mir behaupte ich, er sei grün. Was ist damit eigentlich gesagt? Gibt es nicht viele Grüns, die gleichsam alle einer »Familie Grün« angehören? Die Familienähnlichkeit, zu der Wittgenstein seine Zuflucht nimmt, führt ins Offene, aber sie beantwortet nicht unsere

39 Vgl. im Gegensatz dazu die taghelle Ernte der Vernunft, mit der Hegel uns vertraut macht: Die Werke der Muse »sind nun das, was sie für uns sind, – vom Baume gebrochene schöne Früchte: ein freundliches Schicksal reichte sie uns dar, wie ein Mädchen jene Früchte präsentiert« (*Phänomenologie des Geistes*, Werke 3, S. 547 f.). Die Früchte werden in den Kammern des sich seiner selbst bewußt werdenden Geistes gekeltert – oder getrocknet? Gadamer preist Hegels Einsicht als »die äußerste Gegenposition zur Selbstvergessenheit des historischen Bewußtseins« (*Wahrheit und Methode* 1965, S. 161), doch das »auch uns«, mit dem das betreffende Kapitel ausklingt, hat selbst einen unvermeidlich historischen Klang.

Frage. Es bleibt die Flucht in die Tautologie. Dieser grüne Rasen ist eben »rasengrün«, wie wir sagen. Man kann versuchen, dieses Grün zu fangen und es an einen bestimmten Punkt anzunageln, indem man ihm schätzungsweise eine »Wellenlänge von fünfhundertvierzig Millionstelmillimetern« zuschreibt. Doch hält man sich dieses Zahlenmonster vor Augen, so spürt man den Kontrast zu dem schlagartig wahrgenommen Wiesengrün. Der Kontrast liegt aber noch woanders: »An dieser Bodenfarbe ist doch auch etwas Stoffliches, das sich mit Farbworten überhaupt nicht bezeichnen läßt, weil es anders ist als das gleiche Grün in Seide oder Wolle.« Ulrich erinnert seine Schwester an Kleiderstoffe, von denen sie mehr verstehe. Am Ende sind wir wieder, wie Ulrich mit leiser Ironie feststellt, bei der »tiefen Erleuchtung, daß grünes Gras eben grasgrün ist«. Ulrich wehrt sich zwar gegen eine allgemeine Abwertung der Begriffe und Namen, beharrt aber darauf, Einzelerlebnisse hätten etwas »Unfaßbares«, das auch der Mitteilung Schranken auferlege. Das Unfaßbare zeigt sich, wenn aus irgendeinem Anlaß die ordnungsstiftenden Fäden zerreißen; denn dann steht man wieder »vor der unbeschreiblichen und unmenschlichen, ja vor der widerrufenen und formlosen Schöpfung«. Mit der »dunklen Schöpfung« und dem »Abgrund Welt« nimmt das Gespräch eine theologische Wende. Agathe stellt die »Leiblichkeit des Gesprächs« wieder her: »Ich wollte so gern auf einer Wiese liegen, bescheiden zur Natur zurückgekehrt wie ein weggeworfener Schuh!« Ulrich dämpft diese Fluchtbewegung, die an den Rand des Lebens führt. »Wir wären wohl aller Fähigkeiten des Handelns und Denkens beraubt, denn unsere Seele ist für das geschaffen, was sich wiederholt, und nicht für das, was ganz aus der Reihe tritt.« Doch was sich wiederholt, wiederholt sich eben auch nicht ganz. Damit wären wir wieder beim Grasgrün des Rasens.

Dieses Gespräch, das die Unergründlichkeit der Sinnlichkeit umkreist, erinnert nicht von ungefähr an Nietzsche, dem Musil wichtige Anregungen verdankt. In seiner Schrift über *Wahrheit und Lüge im außermoralischen Sinne* bestreitet Nietzsche die Annahme, unsere Sprache sei mit all ihren Konventionen ein adäquater Ausdruck der Realität. Ähnlich wie Musil geht er aus von einem einmaligen, ganz und gar individualisierten »Urerlebnis«, das nur über eine Kette *originärer Metaphern* zu uns gelangt. »Ein Nervenreiz, zuerst übertragen in ein Bild! erste Metapher. Das Bild wieder nachgeformt in einen Laut! Zweite Metapher. Und jedesmal vollständiges Ueberspringen der Sphäre, mitten hinein in eine ganz andere und neue.« (KSA 1, 879) Doch gegenüber einer Flucht ins ganz Andere der Vernunft hält Nietzsche daran fest, daß das »Gleichsetzen des Nichtgleichen«, also auch das Wiederholen, von dem Musil spricht, unumgänglich ist. Damit verliert das Ungleiche keineswegs seinen Stachel; denn was gleich*gesetzt* wird und also nicht gleich *ist*, geht so wenig im Allgemeinen auf wie das Grün dieses Rasens vor uns. Als Unwiederholbares in allen Wiederholungen tritt es immer wieder aus der Reihe. Der Nervenreiz ist allerdings mit Anführungszeichen zu versehen. Stünde am Anfang nichts weiter als ein psychophysisch zu bestimmender Stimulus (oder das Feuern von Neuronen), so würde nur eine Ordnung durch eine andere ersetzt. Der Reiz fungiert als Anreiz ganz im Sinne der obenerwähnten Affektion. Die Bildwerdung wäre dann selbst eine besondere Art der Antwort, in die pathische und hyletische Elemente einfließen. Von Musils Variationen in Grün öffnen sich Wege zu dem Wiesengrün bei Monet, das – ebenso wie das Grün des Kunstrasens – den Wiesengrund nie völlig verläßt. Dieser Grund und Boden wird jedoch auch von Malern verlassen, wenn sie mit Naturforschern Hand in Hand arbeiten, um hinter zwei Grashalmen, die einander niemals völlig gleichen, eine allgemeine, unveränderliche Form zu entdekken, wie Joshua Reynolds es seinen Kunststudenten anempfiehlt: »Bevor ein Naturforscher sich für eine Form entscheidet, muß er viele untersuchen, denn wenn er die erstbeste wählt, dann könnte es sich um einen Zufall handeln oder sonst um eine Form, die man kaum als dieser Art zugehörig erkennen würde; wie der Maler wählt er die schönste, und das heißt: die allgemeinste Form der Natur.« Die Wissenschaftshistorikerin Lorraine Daston zitiert diese Stelle (in: Huber 2005, S. 125), indem sie die Kollision zwischen »Bildern der Wahrheit« und »Bildern der Objektivität« aufzeigt, die sich seit dem 18. Jahrhundert breitmacht. Bilder der Objektivität sind Bilder, deren »rigorose Naturtreue« den Eindruck erweckt, sie hätten sich selbst gemalt (S. 145). Man könnte diese problematische Alternative als den Versuch deuten, wiederholbare Grundgestalten und unwiederholbare Fakten voneinander abzusondern, anstatt Unwiederholbares im Wiederholten auszumachen.

7. Bildkehre und aufgeklärter Animismus

Abschließend einige kritische Bemerkungen zum sogenannten *iconic* oder *pictorial turn*, der seit der Mitte der 90er Jahre von Gottfried Boehm und W. J. T. Mitchell propagiert und mit wechselnden Akzenten versehen wird (vgl. Belting 2007, S. 20-23, 37-46). Dieser *turn*, der zumeist als eine Fortsetzung des *linguistic turn* angeboten wird, ist nicht unproblematisch und nicht frei von Zweideutigkeiten, zumal dann, wenn er philosophisch aufgeladen wird. Zum einen droht die Gefahr, daß der bekannte hermeneutische Grundsatz »Sein, das verstanden werden kann, ist Sprache« umgemodelt wird in den ikonischen Grundsatz »Alles, was gesehen werden kann, ist Bild«.[40] Solche Allsätze haben stets etwas Metaphysisches und etwas Imperialistisches, und es könnte sehr wohl sein, daß der »Lingualismus«, vor dem Wolfgang Stegmüller schon während der Hochblüte einer sprachlich orientierten Philosophie warnte,[41] sich in einer Form von »Ikonismus« fortsetzt; die Hypostasierung der Sprache würde somit in eine Hypostasierung der Bilder übergehen. Dem wird ein Riegel vorgeschoben, wenn man jeden Begriff, auch jeden Grundbegriff, differentiell einsetzt und sich vor einer schlichten Entgrenzung hütet. Dies bedeutet in unserem Falle, daß wir Bildlichkeit nicht ohne Bildlosigkeit, Sichtbarkeit nicht ohne Unsichtbarkeit denken. Der »Selbstüberwindung des Lingualismus«, die Stegmüller an der zitierten Stelle ins Auge faßt, entspräche dann einer »Selbstüberwindung des Ikonismus«, in der das Potential der neueren Bildforschungen nicht nur gewahrt, sondern gesteigert würde.

Doch abgesehen von solch grundlegenden Fragen liegt in dem propagierten Turn eine zu wenig beachtete Mehrdeutigkeit. Selbstverständlich ist keine bloße Wende *zum Bild* gemeint. Es ist nicht bloß gemeint, daß wir uns dem Bild als einem spezifischen *Objekt* zuwenden; denn bloße Bildwissenschaften würden keine allgemeine Neuorientierung bewirken, sie würden lediglich den Wissenschaftskanon bereichern. Anders steht es, wenn das Bild als *Medium* des Sichtbarwerdens und Sichtbarmachens betrachtet wird, da

40 Die moderatere Formulierung »Alles, was sichtbar wird, kann auch Bild sein« (in: Boehm 2008, S. 11) hält einen Spalt zwischen Sichtbarkeit und Bildlichkeit offen.

41 *Hauptströmungen der Gegenwartsphilosophie*, Bd. 2 (1975), S. 252.

Medien sich in allen möglichen Sach- und Lebensbereichen einnisten. Doch dabei bleibt es nicht, wenn die Bilder selbst als *Agenten des Sichtbarmachens* und als *Sinnproduzenten* auftreten. Und angenommen, das Bild macht von sich aus sichtbar, warum soll es dann nicht selbst zum *Sehenden* werden, so daß es »gleichsam zu uns zurückblickt« (Boehm 2008, S. 49)? Warum aber nur »gleichsam«?[42]

Im äußersten Falle kommt es zu dem, was ich eine Kehrtwende *vom Bilde her* oder knapper formuliert eine *Bildkehre* nenne. Anklänge an Heidegger mögen als bloße Anklänge genommen werden, denn mehr geben die gelegentlichen Anspielungen auf Heideggers Seinsdenken nicht her. Es gibt verschiedene Varianten, aus denen ich drei besonders prägnante Beispiele herausgreife. Bei Georges Didi-Huberman begegnet uns eine behutsame Variante. Die fragliche Kehre kündigt sich grammatisch in dem französischen Titel seines Buches an: *Ce que nous voyons, ce qui nous regarde* (1992). Das Relativpronomen wechselt über vom Akkusativ zum Nominativ; in der deutschen Übersetzung *Was wir sehen, blickt uns an* (1999) versteckt sich der Blickwechsel in dem zwiefach zu lesenden *Was*. Doch was hat es mit der Kehre auf sich? An einer Stelle, wo der Autor uns auf höchst ingeniöse Weise Steingruppen von Tony Smith vor Augen führt, wehrt er die Frage ab, ob ein Bild tot oder lebendig sei. Gestützt auf entsprechende Äußerungen des Künstlers vertritt er die Auffassung, aus dem Bild-Objekt entstehe ein *Quasi-Subjekt*, da die Skulpturengruppen »wie Personen« angeordnet seien, »die in einem stummen ›Gespräch‹ versunken sind« (1999, S. 94). An einer ähnlichen Stelle wird dieses Quasi-Subjekt mit einem Schauspieler oder einem Double verglichen (S. 51). Im Hintergrund steht Walter Benjamins Motiv der Aura. Ihr wird die »Qualität eines Quasi-Subjekts, eines Quasi-Seins« zugeschrieben (S. 138), und dies unter Berufung auf den Baudelaire-Aufsatz, in dem Benjamin die Aura mit einer Blickverschiebung von der Gesellschaft auf die Natur erklärt. Der bruchstückhaft zitierte Passus lautet vollständig: »Die Erfahrung der Aura beruht [...] auf der Übertragung einer in der menschlichen Gesellschaft geläufigen Reaktionsform auf das Verhältnis des Unbelebten oder der Natur zum Menschen. Die

42 Das einschränkende »gleichsam« oder »quasi«, das uns fortwährend begegnet, gleicht den distanzierenden Anführungszeichen, vor deren gedankenlosem Gebrauch Adorno warnt (*Noten zur Literatur* I (1958), S. 167).

Aura einer Erscheinung erfahren, heißt, sie mit dem Vermögen belehnen, den Blick aufzuschlagen.« (*Ges. Schriften*, I-2, S. 648) Eine Belehnung geht also der Entlehnung voraus. Die Vorsicht, die aus der Wahl von Quasi-Bestimmungen und dem vergleichenden *Wie* spricht, verstärkt sich bei Didi-Huberman dadurch, daß er gleich zu Beginn auf die Spaltung des Sehens in Gesehenes und Anblick, in Auge und Blick Bezug nimmt, die Lacan in *Seminar XI* (1964) mit ständigem Seitenblick auf Merleau-Ponty entwickelt.[43] Lacan spielt dabei mit dem Doppelsinn von *regarder* als »Anblicken« und »Angehen«. Die Unterscheidung zwischen der bloßen Affektion als einer unadressierten Aufforderung, die meinen Blick stimuliert, und dem Appell als einer adressierten Aufforderung, die sich an mich wendet und eine Blickverdoppelung herbeiführt (vgl. Waldenfels, 2002, Kap. III), wird so nicht bestritten, aber suspendiert. Wir bewegen uns im Anspruchsfeld eines Anderen oder Fremden, dessen Status offenbleibt.

W. J. T. Mitchell bietet eine riskantere Variante. In dem Titel seines Buches *What Do Pictures Want? The Lives and Loves of Images* (2005), deutsch: *Das Leben der Bilder* (2008), kommt die erwähnte Kehre überaus deutlich zum Ausdruck. Das gesehene Bild ergreift die Initiative, indem es seine Blicke und sein Begehren auf uns richtet, indem es Ansprüche erhebt, auf die wir zu antworten haben, und dasselbe soll auch für die Medien gelten, mit denen wir in ein Gespräch eintreten (2008b, S. 171). Doch auch diese Kehre wird im letzten Augenblick mit den Kautelen eines bloßen Als-ob versehen, bevor sie zum Fetisch und Zauber der »Primitiven« zurückführt, wo Bild und Abgebildetes auf ähnliche Weise zusammenfallen wie Zeichen und Gezeigtes.[44] So bleibt den Menschen ein »doppeltes Bewußtsein«, das angesichts der Vielfalt von Bildern »zwischen magischem Glauben und skeptischem Zweifel, naivem Animismus und nüchternem Materialismus, mystischen und kritischen Haltungen« hin und herschwankt (S. 22). Und wie sieht dies der Theoretiker selbst? »Glauben Sie wirklich, daß Bilder etwas wollen? Nein, das tue ich nicht. Doch dürfen wir nicht ignorieren, daß sich

43 Zur Problematik des Bilderblicks bei Merleau-Ponty, mit der Didi-Huberman wohlvertraut ist, siehe den Schlußteil von Kapitel 5 in diesem Buch.

44 Vgl. *Sein und Zeit*, S. 81 f. Ernst H. Gombrich begründet das unheimliche Gefühl, daß die Bilder uns anblicken, mit einer untergründig fortlebenden Magie (*Kunst und Illusion* (1978), S. 137).

Menschen (auch ich) nicht davon abbringen lassen, so zu sprechen und zu handeln, als *würden* sie daran glauben.« (S. 26 f.) Ich bezeichne diese Haltung des Als-ob als aufgeklärten Animismus. Wie wirksam die Aufklärung ist, steht noch dahin. Nehmen wir die Beteuerungen des Vaters in Goethes *Erlkönig*: »Mein Sohn, es ist ein Nebelstreif. ... In dürren Blättern säuselt der Wind. ... Es scheinen die alten Weiden so grau«, aber am Ende kein beschwichtigendes Als-ob mehr: »In seinen Armen das Kind war tot.« Liegt in der Fiktionalisierung nicht eine Verharmlosung unserer visuellen Kultur, bei aller Versiertheit, mit der sich der Autor durch den Bilder- und Mediendschungel bewegt?

Was aber geschieht, wenn man die Kehre von ihren Kautelen befreit? Dann ergibt sich eine unwiderrufliche *Umkehrung*, wie sie Dieter Mersch im Anschluß an den späten Schelling und den späten Heidegger und in Reaktion auf die den Poststrukturalisten und namentlich Derrida zum Vorwurf gemachte Zeichenbefangenheit propagiert. Der Titel *Was sich zeigt* (2002) markiert den entscheidenden Punkt. Die »Ereignisvergessenheit« soll überwunden werden durch den Rückgang auf ein reines Ereignis des Sichzeigens. »*Primär* ist das *Ereignen selbst*, wohingegen die Zeichen und ihre Codierung, die Systeme der Klassifikation und Unterscheidung in den Status einer Sekundarität entrücken. Sie werden von ihm angesteckt. Entsprechend wäre die *Position der Nachträglichkeit*, wie sie Derrida emphatisch exponiert, umzukehren: Nicht das Ereignis erweist sich selbst als immer schon verspätet, sondern der Sinn und seine Ordnungen [...].« (S. 407) Dies läßt sich ohne weiteres auf unsere Bildproblematik applizieren. Die »Revision der Aura« verwandelt diese in das »*Ereignis einer Andersheit*, die im Bild, im Kunstwerk *entgegenkommt*, ohne durch deren Rezeption, den Blick und die Interpretation bereits zugerichtet und getilgt zu sein« (S. 98). Die »Responsivität«, die der Autor für seinen Ansatz ausdrücklich in Anspruch nimmt (S. 99), kommt dem, was ich seit langem darunter zu denken versuche, in vielen Stücken nahe, auch in der Steigerung der Affektion zur Infektion, aber an entscheidender Stelle weicht sie davon ab. Eine Zeitverschiebung, die Pathos und Response, Anspruch und Antwort voneinander trennt, schließt die Möglichkeit aus, den Anfang anders als nachträglich zu fassen. Das reine Ereignis eines zeichenlosen und bildlosen Sichzeigens bliebe dann eine bloße Beteuerung. Die Umkehrung, mit der sich der

Betrachter *auf die andere Seite* begibt, täuscht darüber hinweg, daß uns zuvor schon etwas oder jemand *von der anderen Seite her* entgegenkommt, uns angeht (*nous regarde*). Mit der Umkehrung des Blicks würde der eigene Blick dem fremden Blick in den Rücken fallen. Der Blick ins Bild ist immer schon ein Blick, der vom Bild ausgeht, gleichwohl ist er ein Blick ins Bild. Er ist ein beunruhigter Blick, wie ich es nenne, ein Blick, der anderswo beginnt, ohne daß es dazu eines Ortswechsels bedarf; dieser käme immer schon zu spät. Um das Anderswo in seiner Fremdheit zu erfassen, bedarf es einer Umorientierung, eines Umdenkens, wie die folgenden Kapitel zeigen werden, doch eine Umkehrung wäre etwas anderes. Sie gehört ebenso wie die Projektionen und Fiktionen, die sie zu unterlaufen sucht, zur Verarbeitung dessen, was uns stimuliert, irritiert und bedroht. Die Tatsache, daß diese Verarbeitung selbst im Medium von Bildern und Visionen vor sich geht, nährt am Ende den doppelten Verdacht, entweder seien das alles bloße Bilder oder es gebe außerhalb ihrer noch etwas ganz Anderes.

In diesem Zusammenhang lohnt ein Hinweis auf die Wiederkehr der Ikonen in der russischen Avantgarde. Die Neuentdeckung und Neubewertung alter Traditionen hat Maler wie Malewitsch und Kandinsky zu einer neuartigen Bildkonzeption angeregt; sie hat aber auch eine, sei es anthroposophisch, sei es theosophisch getönte Kosmosophie entfacht, die durch die neuartige Blick- und Malpraxis nicht gedeckt ist.[45] Mit der ostkirchlichen Begleitmusik von Pawel Florenskij steht es ähnlich. Bei diesem mit allen Wassern der Modernität und der Antimodernität gewaschenen Priester, Wissenschaftler und Kunstexperten verbindet sich die entschlossene Entkanonisierung der klassischen Renaissanceperspektive, die er mit vielen neueren Künstlern und Kunsttheoretikern teilt und für die er auch die Raumtheorien der modernen Mathematik heranzieht, mit einer radikalen *Umkehr der Perspektive*, die auf eine ikonische Realpräsenz des Göttlichen abzielt. »In den Gesichtern der Heiligen erkennen wir im Licht der Kirche Antlitze, d.h. ihr jenseitiges Aussehen, die lebendige Erscheinung einer anderen Welt. [...] In der Kirche stehen wir Angesicht zu Angesicht vor der Ideenwelt Platons. Im Museum hingegen sehen wir keine Iko-

45 Ich verweise auf die teils schon zitierten Beiträge von Noemi Smolik, Verena Krüger und Hubertus Gaßner in dem Katalog *Chagall, Kandinsky, Malewitsch und die Avantgarde* (1998).

nen, sondern einzig ihre Karikaturen.«[46] Wie inzwischen bekannt ist, war Florenskijs konfessionelle Bildtheologie in ihrer Mischung aus wissenschaftlich-technischer Modernität und politisch-institutioneller Antimodernität nicht nur nicht frei von antiprotestantischen, sondern auch von antisemitischen Zügen. Der Bilderstreit erweist sich hier wie auch sonst als ein bildpolitischer Streit. Die Verehrung *im Bild* kann jederzeit in eine Verehrung *von Bildern* umschlagen, deren Orthodoxie gewaltträchtig ist. Man mag noch so sehr zwischen Idol und Ikon unterscheiden, auch Ikone sind nicht gegen die Gefahren einer Idolatrie gefeit, und Bildkehren sind nie gänzlich unschuldig.

46 Vgl. *Die umgekehrte Perspektive* (Text von 1920, dt. 1989, S. 120 f.) sowie *Die Ikonostase* (Text von 1922, postum nach Florenskijs gewaltsamem Tod erschienen, dt. 1988).

3. Spiegel, Spur und Blick

Wenn es so etwas wie »das Bild« gibt, so nur im Schnittpunkt verschiedener Bilddimensionen. Diese stehen im Mittelpunkt des folgenden Kapitels. Einige der zuvor skizzierten Fragen werde ich vertiefen, indem ich drei Bildaspekte wie Suchbilder einsetze: das Abbild im Kontrast zum Urbild, das Fernbild und das Fluchtbild, drei Aspekte also, die in der prototypischen Form von Spiegel, Spur und Blick in der Erfahrung verankert sind und die als Eidos, Ichnos und Pathos einen prototypischen Charakter annehmen. Dabei leitet mich die Überzeugung, daß eine gewisse Funktionalisierung des Bildes zwar unentbehrlich ist, um das Bild als Bild freizusetzen, daß aber alles, was über die Funktionalisierung hinausgeht, nicht global als Ontologisierung des Bildes abzutun ist. Letzteres gilt in besonderem Maße für das platonische Bilddenken, das sich trotz aller berechtigten Teilkritik nicht so leicht beiseite schieben läßt.

1. Abbild, Urbild und Verähnlichung

Die Abbildlichkeit des Bildes erscheint als ebenso naheliegend wie fragwürdig. Niemand würde sagen, Zeuxis hätte Trauben gemalt und damit Vögel angelockt, wenn die gemalten Trauben ganz und gar anders ausgesehen hätten als die eßbaren. Platon und viele andere vor und nach ihm würden nicht so sehr gegen den Bildzauber ankämpfen, wenn nicht das, was im Bild erscheint, dem, was es ist, bis zum Verwechseln ähnlich sehen könnte. Und wenn Aristoteles in seiner Poetik den Menschen als μιμητικώτατον bezeichnet, so ist gewiß auch an eine genuine Nachahmungslust und Nachahmungsfähigkeit zu denken, der die heutige Neurologie mit der Annahme von Spiegelneuronen erneut auf die Spur zu kommen sucht, und man sollte nicht gleich auf sublime und deshalb auch weniger spezifische Formen der Darstellung ausweichen. Es ist nicht zu bezweifeln, daß Kinder nachmachend und nachredend beginnen und eben damit zu einem eigenen Wort und eigenen Tun finden. Schließlich kann alle künstlerische Raffinesse nicht vergessen machen, daß es jene *Spiegel-* und *Schattenbilder* gibt, die Platon zwar ans untere Ende der Bildhierarchie rückt, auf die er aber immer wieder zurückkommt. Das Spiegel- und Schattenbild, das aus dem Zusammenspiel von Lichteffekten, Oberflächeneigenschaften und Umrißgestalten entsteht, gehört zum Gaukelspiel der Natur, das zwar einen Betrachter fordert, der eines im anderen wiedererkennt, das aber auf keinen Hersteller angewiesen ist. Auch eine mit allen Wassern der modernen Sprachlogik gewaschene Semiotik wie die von Peirce unterscheidet das Ikon vom Symptom und Symbol in der Weise, daß hier der Bezug zwischen Bezeichnendem und Bezeichnetem auf Ähnlichkeit beruht und nicht auf Kausaleffekten oder auf Konventionen. Selbst die Tradition der chinesischen Malerei, von der es heißt, daß sie der *résonance* einen entschiedenen Vorrang gegenüber der *ressemblance* einräumt, hütet sich offenbar, völlig mit der Ähnlichkeit der Form zu brechen (vgl. Jullien 2005, S. 142 f.).

Natürlich gibt es ein Arsenal von Einwänden, das uns nur zu gut vertraut ist (vgl. Majetschak 2005, S. 98-100). Wird das Bild als Abbild gekennzeichnet, das dem Abzubildenden ähnlich ist, so messen wir die Bilder bereits an einer bilderlosen Wirklichkeit – aber gibt es diese überhaupt? Das Problem der bildlichen Vermittlung ähnelt in dieser Beziehung dem der Sprachvermittlung. Heutige Sätze wie »Alles, was wir wissen, wissen wir aus den Medien« deuten durch Übertreibung an, worum es geht. Hinzu kommen Einwände, die das Moment der Ähnlichkeit unmittelbar betreffen. Daß auch Dinge einander ähneln wie im Falle von Zwillingen, zeigt an, daß Ähnlichkeit zur Charakterisierung von Bildlichkeit auch dann nicht ausreicht, wenn man ihr einen gehörigen Kredit einräumt. Ferner kann man darauf hinweisen, daß Ähnlichkeit keine Relation ist, die man den Dingen als solchen ansehen kann, ohne einen Gesichtspunkt einzunehmen, unter dem etwa eine Person der anderen oder ein Portrait der portraitierten Person ähnelt, sei es die Größe, die Hautfarbe, das Alter oder die Körperhaltung. Die Ähnlichkeit gleicht darin Raumpositionen wie links und rechts, deren Zuschreibung ohne Angabe eines Standortes oder Fixpunktes nichtssagend wäre.[1] Gewiß sollte man nicht

1 Selbst qualitative Differenzen wie Rechts- und Linkshändigkeit oder die politische Flügelbildung in Rechte und Linke weist auf die Körpereinstellung des Hantierenden bzw. auf die parlamentarische Sitzordnung zurück. Humes Annahme schlichtweg vorgegebener Ähnlichkeitsassoziationen stößt hier an ihre Grenzen.

verkennen, daß Ähnlichkeit mitunter förmlich ins Auge springt, nämlich dann, wenn ein gemeinsamer Aspekt sich vordrängt, ohne daß wir einen ausdrücklichen Vergleichsmaßstab anlegen. Es gibt, wie Husserl ausführlich gezeigt hat, vorprädikative Ähnlichkeitserfahrungen. Gleichwohl schließt dies alles nicht aus, daß das, was in der Ähnlichkeitserfahrung einander angeglichen wird, nicht an sich schon gleich ist. Keine Ähnlichkeit ist von Natur gegeben, ihr ist stets ein Moment des Künstlichen und Kontingenten beigemischt. Nietzsches Formel vom »Gleichsetzen des Nichtgleichen«, von der ich wiederholt und so auch im vorigen Kapitel Gebrauch gemacht habe, bewährt sich auch hier. Schließlich gibt es Einwände, die aus der Kunstpraxis und der Kunstgeschichte stammen. Man kann sich darauf berufen, daß es von alters her Ornamente gibt, also Bildwerke, die nichts abbilden, so etwa in der islamischen Wandkunst, und daß die sogenannte gegenstandslose Kunst schon längst darauf verzichtet hat, etwas abzubilden. Monets Seerosen und Cézannes Äpfel wären dann nur schwache Vorwände für ein autonomes Spiel von Farbe und Form, auf die man auf die Dauer verzichten kann. Ob es ganz so ist? Gehören Texturen und Lichtspiele nicht zur Natur? Negative Kennzeichnungen wie »nicht-gegenständlich« werfen mehr Fragen auf, als sie lösen.

In jedem Fall bleiben genug Einwände, die sich nicht so einfach entkräften lassen, und dies zu tun ist auch nicht meine Absicht. Vielmehr möchte ich zeigen, daß in dem Motiv der Ähnlichkeit mehr steckt, als solche Einwände vermuten lassen. Damit komme ich nochmals auf Platon zurück. Wenn Platon die Sinnendinge als Abbilder (μιμήματα, ὁμοιώματα) und Bildwerke als Abbilder von Abbildern bezeichnet, so nicht im Hinblick auf eine bildlose Realität (wie in den neuzeitlichen Theorien der Bewußtseinsbilder), sondern im Hinblick auf ein *Urbild* (ἰδέα) das durchaus geschaut wird, wenngleich mit den Augen der Seele oder des Geistes. Man

Zur Phänomenologie der Assoziation als einer Form der Sinnbildung vgl. die grundlegende Studie von Elmar Holenstein, *Phänomenologie der Assoziation. Zu Struktur und Funktion eines Grundprinzips der passiven Genesis bei E. Husserl* (1972). Zum Streit um die Ähnlichkeit im Bild vgl. auch Brandts Auseinandersetzung mit Goodman (Brandt 1999, S. 186-203); ich kann dem Autor, der auf weite Strecken sehr erfrischend argumentiert, allerdings auch hier nicht folgen, wenn er gegen den Kulturalismus geschlossener Symbolsysteme ein »natürliche(s) Festland von kulturinvarianten Erfahrungen und optisch evidenten Zuordnungen« ausspielt (S. 197).

macht es sich zu einfach, wenn man Platon allzu schnell auf einen Ideenrealismus festlegt.[2] Wichtig ist zunächst schon, daß Platon keineswegs einen Dualismus von Wirklichkeit und Bild zugrunde legt, sondern von einer *Selbstverdoppelung* und *Selbstvervielfältigung* des bildhaft Sichtbaren ausgeht. Die Tatsache, daß x y ähnelt besagt: *x sieht aus wie y*. Dieses Wie verknüpft Sichtbares mit Sichtbarem, ausgehend von einer Trennung von x und y. In diesem Sinne ist es durchaus angebracht, von einer Bildhaftigkeit in den Dingen zu sprechen, die der Bildhaftigkeit von Bildnissen vorausgeht.[3] Das sprachliche Pendant dieser Ähnlichkeit, in der eines für das andere eintritt, bildet die *Metapher*.[4]

Diese Überlegungen führen auf die Spuren einer Genese des Bildes, die mit dem Sichtbarwerden der Dinge verknüpft ist. Allerdings bedarf das platonische Paradigma entsprechender Korrekturen. 1. Gehen wir aus von kontingenten Sehordnungen, die einer Geschichte des Sehens zugehören, und nicht etwa von einem kosmischen Panorama, das alle Sichtbarkeit in sich versammelt und sie je nach Mehr oder Weniger an Sein abstuft, so verschiebt sich das Gefälle der Sichtbarkeit von der ontologischen Vertikale auf die *zeitlich-genetische Horizontale*. Das Urbild wäre zu verstehen als Produkt einer *Urbildung*, einer Bildstiftung, die ein Gesichtsfeld eröffnet und Sehmöglichkeiten sowie entsprechende Darstellungsmöglichkeiten erzeugt. Man könnte es auch als *Schlüsselbild* bezeichnen, in Anlehnung an Schlüsselereignisse, in denen sich der Ordnungswandel verdichtet (vgl. *Ordnung im Zwielicht*, 1987, Kap. E 5). Beispiele solcher Schlüsselbilder wären etwa der Isenheimer Altar, die Fresken von Masaccio, die Démoiselles d'Avignon oder Ready-mades von Duchamp. Das unsichtbare Urbild, das wir mit den Augen des Geistes erschau-

2 Ausdrücklich so R. Brandt: *Die Wirklichkeit des Bildes* (1999), S. 21, S. 114-116, S. 228. Der Autor betrachtet das eigene Spiegelbild durchaus als den »Ursprung der Bildwerdung« (S. 43), doch bindet er die Spiegelung an eine »kognitive Leistung des Betrachters« (S. 32), die ihrerseits dem Spiegelungsprozeß nichts verdankt. Ich, der ich *bin*, sehe mich als einen, der ich *nicht bin* – eben im Bild. Vgl. dagegen die folgenden Überlegungen.

3 In der chinesischen Malerei sind es laut Jullien (2005, S. 135) Elemente des Universums wie etwa die Muster des Schildkrötenpanzers, die als »Protofigurationen« ins Spiel kommen.

4 Vgl. die aristotelische Bestimmung der Metapher: »Gut zu übertragen (μεταφορεῖν) bedeutet das Ähnliche sehen« (*Poetik*, 1459 a 8) sowie die Auswertung dieser Bestimmung bei Paul Ricœur, *La métaphore vive* (1975), speziell S. 34, dt. S. 30.

en, so etwa der mathematische Idealkreis, das unvermischte Weiß oder das »Gleiche selbst«, verwandelt sich in ein *Vor-Bild*, das einen Kometenschweif von *Nach-Bildern* nach sich zieht. Dieses »nach« ist im doppelten Sinne zu verstehen, als »nachher« (frz. *après*) und »gemäß« (frz. *d'après, selon*). Darin unterscheidet sich die Gestaltbildung in der Zeit von der Aneinanderreihung abzählbarer Elemente, die jeweils schon sind, was sie sind. Darin unterscheidet sie sich aber auch von einem »Seinsvorgang«, im Zuge dessen ein Urbild sich in einer Vielzahl von Bildern verströmt und das Dargestellte einen »Zuwachs an Sein« erfährt.[5] Wir sehen mehr, als wir tatsächlich sehen, ohne daß dieses Mehr einer höheren Sphäre des Übersinnlichen entstammt. – 2. Der strikte Gegensatz von reinem Urbild und bloßem Abbild, von Primär- und Sekundärbild weicht einer *Skala der Sichtbarkeit*, die an Grenzen der Sichtbarkeit stößt – wie im Falle des schwarzen Quadrats von Malevitsch –, aber keine Kluft zwischen Sichtbarem und Unsichtbarem aufreißt. Ein Urbild, das sich in wiederholten Nachbildern als solches bewährt, ist kein reines Urbild mehr, umgekehrt verlieren Nachbilder das Odium bloßer Abbildlichkeit, da sie selbst zur Gestaltbildung beitragen. Ein reines Urbild, auf das wir nicht im wiederholten Sehen zurückkämen, wäre wie ein Blitz, der uns mit Blindheit schlägt; das bloße Abbild wäre umgekehrt ein Sehklischee, dem ein stereotypisierter Blick entspräche. Der Prozeß des Sichtbarwerdens im Bild unterliegt dem Paradox einer Wiederholung, in der das Selbe als Anderes wiederkehrt. – 3. Sofern die Gestaltbildung an der Herausbildung von etwas als etwas, von jemand als jemand beteiligt ist, sind wir berechtigt, von einer *kreativen* oder *produktiven*

5 Vgl. die Ausführungen zur »Seinsvalenz der Bilder« im Kunstkapitel von *Wahrheit und Methode*. Gadamer ersetzt die platonische Stufung von Urbild und Abbild durch eine neuplatonische »Emanation des Urbildes«, von der es heißt, daß sie in ihrem Überfluß den »Bereich der griechischen Substanzontologie sprengt« und einen »positiven Seinsrang des Bildes« begründet. Dabei billigt er dem »Seinsvorgang« der Bilder einen Spielraum zu, indem er voraussetzt, daß das Urbild zwar auf bildliche Darstellung, nicht aber »gerade auf diese Darstellung« angewiesen ist, um zu erscheinen (S. 133 f.). Doch die Selektion »gerade dieser Darstellung« beruht auf Stiftungsereignissen, die Gadamer ausdrücklich ausschließt; im Gegensatz zum Zeichen, das auf anderes verweist, und im Gegensatz zum Symbol, das anderes vertritt, wird dem Bild eine »eigene Bedeutung« zugeschrieben, die keiner »Stiftung« bedarf (S. 147 f.). Diese Ontogonie der Bilder ist kein Ersatz für eine Genealogie, die Kontingenz nicht nur zuläßt, sondern thematisiert und sich die Frage stellt: »Warum gibt es diese Art von Bildern und nicht jene?«

Bildlichkeit zu sprechen, die sich nicht auf eine vorhandene Realität stützt. In der Spiegelung, diesem so schlicht anmutenden Noch-einmal und Immer-wieder, wird etwas zu dem, was es ist und niemals endgültig sein wird – so wie der Blick in den Spiegel uns, sobald der Firnis der Gewöhnung abblättert, mit uns selbst konfrontiert und nicht nur ein bekanntes Bild zurückwirft. In diesem Sinne gibt es ebenfalls eine *kreative* oder *produktive Mimesis*, so schon beim Kind, das sich in der elterlichen Imago entdeckt, so beim Künstler, der im Kopieren alter Meister seine eigene Handschrift findet. Selbst die Mimikry bedeutet eine erfinderische Angleichung an die Umwelt, in der Gestalten gebildet und nicht nur vorhandene nachgemacht werden. – 4. In die Verähnlichung und Nachahmung gehen immer schon *Bedeutungselemente* ein; es handelt sich um »inkarnierte Bedeutungen« (siehe oben S. 58), die der platonischen Nachahmung von Ideen ein gewisses Recht einräumen. Wenn Erfahrung besagt, daß etwas als etwas auftritt, so gilt dies auch für die bildhaft vermittelte Erfahrung. Nehmen wir ein Beispiel aus der gegenständlichen Erfahrung, das Husserl in seiner Bedeutungstheorie verwendet: Wird Napoleon porträtiert, so als kraftvoller Sieger von Jena oder als Verlierer von Waterloo, als Kaiser oder als Feldherr, niemals aber als Napoleon schlechthin. Nichts wird ins Bild gebracht, ohne daß es als etwas ins Bild gebracht wird. Das Sehen-in schließt das Sehen-als keineswegs aus. Die Selektion von Aspekten entspricht den erwähnten Gesichtspunkten der Ähnlichkeit. Ebendeshalb können verschiedene Bilder dasselbe Ding oder dieselbe Person darstellen. Im Bild begegnen sich Sinnlichkeit und Sinn, so daß man mit Husserl und Plessner von einer genuinen Ästhesiologie ausgehen kann. Das Aussehen-wie gehört zu den Fäden, aus denen sich das Gewebe der Erfahrung knüpft, so daß wir – einen bekannten Ausspruch abwandelnd – von einer Verfertigung von Bildern in der Erfahrung sprechen dürfen.

Die elementare Bildlichkeit der Erfahrung potenziert sich in der Hervorbringung von Bildnissen, die auf gewisse Weise schriftlichen Dokumenten gleichen. Wenn Dokumente eine »virtuelle Mitteilung« zustande bringen, die sich von aktuellen Situationen und Kontexten ablöst,[6] so könnte man Bildnissen eine *virtuelle Form des*

6 Vgl. die Beilage III in Husserls *Krisis* (Hua VI), S. 371: »Es ist die wichtigste Funktion des schriftlichen, des dokumentierenden sprachlichen Ausdrucks, daß er Mitteilungen ohne unmittelbare oder mittelbare persönliche Ansprache ermöglicht, sozusagen virtuell gewordene Mitteilung ist.«

Sichtbarmachens zuschreiben. Es würde sich durchaus lohnen, zu fragen, ob und wieweit die Differenz von Mündlichkeit und Schriftlichkeit ihr visuelles Pendant hat. Hierbei wäre nach der Rolle des Leibes zu fragen, und es stünde zu erwarten, daß der Körpersprache eine ebenso eigenartige Körperikonik entspricht. Diesen Gedanken möchte ich hier nicht weiterverfolgen (vgl. Waldenfels 2004, Kap. VIII), wohl aber kommt es mir darauf an, zu zeigen, daß jede Form der Bildherstellung in einem Prozeß des Sichtbar*werdens* verankert ist, von dessen Reflexivität jedes Sichtbar*machen* zehrt. Bilder, die etwas sichtbar machen, haben etwas Künstliches, doch reine Artefakte sind sie ebensowenig wie die Laute unserer Sprache. Insofern behält auch die Bildkunst etwas von der Rätselhaftigkeit der Spiegelung, die uns überrascht, bevor wir ihre Effekte instrumentell einsetzen. Die Reflexivität des sinnlich Gegebenen verweist auf eine sinnliche Reflexion unseres Leibes, der sehend ist und zugleich gesehen wird. Daß etwas aussieht wie ..., bedeutet, daß etwas in anderem sichtbar wird. Die eintönigen Prozesse bloßer Abbildung und bloßer Nachahmung rücken erst dann in den Vordergrund, wenn die Entstehung der Ordnung und ihre Spielräume in einem festen Ordnungsbestand verschwinden; partielle und schillernde Ähnlichkeiten verwandeln sich dann in Identitäten, die man notfalls durch andere ersetzt, ohne daß sie ineinander übergehen.

2. Fernbild und Vergegenwärtigung

Die Selbstverdoppelung und Selbstvervielfältigung des Sichtbaren in Form von Urbildern und Nachbildern führt auf die Bahnen der Verähnlichung und der Wiederholung. Etwas tritt noch einmal und immer wieder auf und gewinnt damit seine Gestalt, die sich im Bildnis verselbständigt. Im Gegensatz zur Kausalität, die laut Hume den harten Zement des Universums liefert, bilden solche Spiegelungen das Gespinst des Sichtbaren. Was in die Augen fällt, schillert auf vielfältige Weise, und gleichzeitig bilden sich Licht-Bilder, von denen die Sichtbarkeit ausstrahlt und die von Sichtbarem umlagert werden wie von einem Lichthof. Man mag noch so oft behaupten, Dinge, die sich ähneln, seien keine Bilder, das optische Flimmern, das die Ähnlichkeit dieses Beinahe-dasselbe erzeugt, läßt sich nicht dingfest machen. Wenn der alte Demokrit versichert, die

Luft sei »voll von Bildern«, so mag diese Auffassung unter anderem daher rühren. Es gibt nicht bloß Bilder in der Welt, sondern es gibt eine Bilderwelt, die an der Schwelle von Träumen und Wachen, von Tag und Nacht angesiedelt ist, im Dämmerlicht des »nächtlichen Tages« (*Politeia* 521 c), das der sich seit Platon ausbreitenden Aufklärung, jenen *lumières* der Vernunft, beharrlich widersteht. Bilder bedeuten, daß es nie ganz Tag wird.

Doch dies ist nicht alles. Bilder rücken in eine weitere Dimension ein, die in der Abwesenheit und Ferne eine Tiefe erreicht, die von der Oberflächlichkeit der Spiegelungen deutlich absticht. Was in der visuellen Erfahrung auftritt, sieht nicht nur aus *wie anderes*, dem es sich mehr oder weniger angleicht, es tritt auch *mit anderem* auf. Die alte Assoziationslehre spricht von einer zeit-räumlichen Kontiguität, die in der neueren Phänomenologie und Hermeneutik durch Sinnhorizonte ersetzt wird. Etwas tritt nicht nur *als etwas* auf, sondern in einem Zusammenhang, der mit darüber entscheidet, als was das einzelne erscheint. Gestalttheoretisch betrachtet gibt es kein Sehen ohne Gesichtsfeld. Hinter den Spiegelungen der Ähnlichkeit wird ein Ganzes sichtbar. Während die klassische Assoziationslehre einem Atomismus zuneigt, kündigt sich hier ein Holismus an, der allerdings eigene Probleme aufwirft.[7] Das sprachliche Pendant dieser Mit-gegebenheit und Mit-meinung bildet die *Metonymie*, die laut Jakobson eine Kontextbildung bewirkt.[8]

Doch was hat dies alles mit dem Bild zu tun? Im Hintergrund des Erfahrungsfeldes und speziell des Gesichtsfeldes, in dem etwas hier und jetzt sichtbar wird, tut sich eine unergründliche Ferne auf. Wie der Geist laut Augustinus zu eng ist, um sich selbst zu umfassen, so ist das Erfahrungsfeld zu eng, um sich selbst zu umgreifen. Was hier und jetzt auftritt, verweist auf anderes, das anderswo und anderswann zu finden ist, dort und nicht hier, einstmals oder dereinst und nicht jetzt. Ferne bedeutet keine Negation in dem Sinne, daß etwas oder jemand nicht existiert. Wer oder was nicht *da* ist, existiert dennoch. So läßt sich auch die Grenzlinie des Ho-

7 Dazu gehört Husserls sperriger Begriff der »Urassoziation«, der die Entstehung der affektiven Kraft und deren spontane Fortpflanzung ineinanderfließen läßt. László Tengelyi beharrt demgegenüber auf der Differenz zwischen einer »ersten« und einer »geweckten Assoziation« (2007, S. 134).

8 Vgl. »Die zwei Seiten der Sprache und zwei Typen aphatischer Störungen«, in: Jakobson, 1974.

rizontes nicht digital verstehen als striktes Ja oder Nein, sondern nur analogisch als Übergang von Hier nach Dort. So entschwindet jemand oder etwas *am Horizont*, wie ein Licht erlischt. Die Rolle, die das Bild an dieser Stelle übernimmt, besteht nicht darin, Kontraste zu überbrücken, sondern Ferne in Nähe zu verwandeln und derart zu ver-gegenwärtigen, was nicht gegenwärtig ist. Die spezifisch ikonische Funktion, kraft deren x aussieht wie y, wird ersetzt durch eine repräsentative Funktion: *x erinnert an y*. Diese Dimension raumzeitlicher Ferne fehlt auch bei Platon nicht. In seiner Anamnesislehre ist es die Leier, die an den Knaben erinnert, und beim Austritt aus der Höhle, beim Aufstieg zum Licht, bei der Flucht »von hier nach dort« (*Theaitet* 176 a) spielt die Staffelung von Nähe und Ferne eine entscheidende Rolle. Auch die Vergegenwärtigung kann auf natürliche Vorformen zurückgreifen. Während die Verähnlichung durch Spiegelungen initiiert wird, läßt sich die Vergegenwärtigung von *Spuren* leiten. Der genuinen Bildlichkeit der Dinge entspricht eine ebenso genuine Zeichenhaftigkeit der Dinge, die der Herstellung von Zeichendingen vorausgeht. Was sich zeigt, zeigt auf anderes; es bildet sich das, was Heidegger einen Verweisungszusammenhang nennt. Spuren sind komplexe Gebilde; sie weisen symptomatische Aspekte auf, die mit Kausaleffekten zusammenhängen, aber auch spezifisch ikonische Aspekte, so etwa im Falle von Fingerabdrücken oder Fußspuren, die zur Identifizierung eines Täters führen.[9] Entscheidend ist jedoch, daß Spuren hinterlassen werden, daß sie sich der Materie aufprägen und in sie einritzen, eingravieren, so die Einschnitte von Messer oder Stichel in der Druckgraphik, der Farbauftrag und die Pinselstriche oder Pinseltropfen des Malers und die Modellierungen des Bildhauers. Der Prozeß des bildhaften Sichtbarmachens wird seinerseits im Bilde sichtbar. Selbst eine Spur im Sand verweilt, solange nicht der Wind darüberfährt. Die Spur ist also weniger flüchtig als die Spiegel- und Schattenspiele, die von der jeweiligen Beleuchtung abhängen. Während diese den photo- und kinematographischen Künsten nahestehen, nähert sich die Spur der Graphik, natürlich auch der Schrift und dem Buchdruck, dem sie als Druckgraphik vorauseilt. Kandinsky nimmt sie in das Abc seiner Mal- und Zei-

9 Vgl. schon *Theaitet* 193 b-c und insgesamt zum Motiv der Spur: *Antwortregister* (1994), S. 545-552.

chenlehre auf. »Die geometrische Linie ist ein unsichtbares Wesen. Sie ist die Spur des sich bewegenden Punktes, also sein Erzeugnis.« (1973, S. 57)

Auch diese Versuche, im Bild Spurenelemente aufzuweisen, stoßen auf Einwände. Diese betreffen zunächst den Zeichencharakter von Spuren. Sowenig ein Zwilling Bild des anderen Zwillings ist, so wenig ist eine physische Veränderung im Sand, auf dem Fußboden oder am Himmel mit einer Spur gleichzusetzen. Spuren gibt es offensichtlich nur, wenn etwas als Hinweis auf Fernliegendes interpretiert und damit als Erinnerungs- oder Vorzeichen benutzt wird. Von Natur aus gäbe es demnach weder Spiegel- noch Erinnerungsbilder. Weiterhin scheint dies zu besagen, daß Spuren – ähnlich wie funktional verwendete Bilder – etwas Sekundäres sind, angesichts eines Primats der Gegenwart, in der unser Wirklichkeitsglaube sich bewährt. Das Zeichending, das real gegenwärtig ist, verweist auf etwas, das möglicherweise ebenfalls real, jedoch durch keine leibhaftige Gegenwart beglaubigt ist. Die Spur als Zeichen wäre also fundiert in der *zeichenfreien* Realität des physischen Zeigdinges. Doch damit sind die Einwände noch nicht erschöpft. Generell wird man zugeben, daß die Repräsentation ikonische Züge annehmen kann, doch man wird bestreiten, daß sie auf solche Züge angewiesen ist. Das Bezeichnende, das für das Bezeichnete steht (gemäß der alten Formel: *aliquid stat pro aliquo*), braucht diesem nicht zu ähneln. Der Bezug kann auch kausal oder konventionell zustande kommen wie im Falle von chemischen Spurenelementen oder von Zahlzeichen und Eigennamen. Mit diesem Argument läuft die funktionale Semiotik der Ikonik, die wir hier im Auge haben, den Rang ab. Doch macht man sich die Sache mit diesen Einwänden nicht zu einfach?

Den wunden Punkt bildet der angebliche Primat der Gegenwart. Ist die Ferne wirklich ein Derivat der Nähe, beginnt die Ferne nicht in der Gegenwart, in der leibhaftigen und leiblichen Nähe, die nie ganz Gegenwart ist? Ähnlich wie im Falle der Selbstverdoppelung und Selbstvervielfältigung des Bildes in Urbild und Nachbilder müssen wir im Falle der Spur mit einer raumzeitlichen *Selbstverschiebung* rechnen, die dazu führt, daß jedes Nachbild Züge eines *Fernbildes* annimmt. Ein reines, differenzloses Jetzt wäre ein Etwas, das nicht *als* etwas, *wie* anderes und *mit* anderem erschiene. Es wäre ein Gedankending, ein idealer Grenzwert[10] oder aber ein Empfindungsblitz, der nur als Grenzerfahrung und also im Kontrast zu normalen Erfahrungen faßbar ist. Ein reines Jetzt wäre nicht etwas, also buchstäblich nichts. Dies bedeutet, daß die Gegenwart selbst schon Spur eines anderen ist, eine *Urspur*, wie Derrida sie nennt, die allen sekundären Erinnerungszeichen vorausgeht. Jede Geburt verweist auf eine Urvergangenheit, die nie Gegenwart war und sich als solche in die Gegenwart einzeichnet.[11] In dieser Urspur berühren sich Vergangenheit und Zukunft, Nachzeichen und Vorzeichen; denn eine Vergangenheit, die nie Gegenwart war, bleibt zukunftsträchtig in Form eines zweiten Futurs, das nicht auf unsere gegenwärtigen Möglichkeiten zu reduzieren ist.

All dies überträgt sich auf Bildnisse, die Fernes vergegenwärtigen. Die Vergegenwärtigung kann sich auf vielerlei Weise vollziehen. Sie kann hier und jetzt und nebenan beginnen, so etwa in dem Münchener *Lepanto*-Zyklus oder den *Rosen*-Bildern von Cy Twombly; sie üben einen kinematographischen Effekt aus, indem sie den Blick unmittelbar von einem Bild zum anderen gleiten lassen, ohne daß die Bildschnitte verschwinden. Auch narrative Bilddarstellungen beschränken sich niemals auf einen einzigen Zeitpunkt, sondern sie bringen ein Vorher und Nachher mit ins Bild. In polychronen Bildern wie Poussins Bild der Mannalese aus dem Louvre geschieht dies derart, daß die Phase des Hungerns und die der Sättigung gleichzeitig ins Bild treten und mittels dieses gespaltenen Zugleichs eine heterochrone Spannung erzeugt wird. Das Wundergeschehen würde sich in eine einmal geschehene Tatsache abflachen, würde der Blick nicht unaufhörlich von einer Phase des Geschehens zur anderen gleiten und würde der Hunger nicht in der Sättigung fortleben. Zusätzlich unterschiebt sich der Polychronie dieses Ereignisbildes eine Polyhistorie, da im Hintergrund der biblischen Szene himmlischer Speisung die antike Figur der Caritas Romana auftaucht, die ihrer verhungernden Mutter die Brust reicht. Doch ziehen wir in Betracht, daß der Ablauf einer gemalten Erzählung niemals auf einen einzigen Zeitpunkt zusammenschrumpft, ohne seine Dynamik einzubüßen, so ergibt sich, daß kein Ereignisbild je als völlig monochron zu charakterisieren ist, da unser Blick, der das Ereignis

10 Vgl. dazu Husserls Zeitanalysen: Hua X, 40 sowie Derridas dekonstruktive Lektüre dieser Texte in: *Die Stimme und das Phänomen* (2003).

11 So Merleau-Ponty (1945, S. 280, dt. S. 283) und Levinas (1974, S. 31, dt. S. 68); beide Autoren radikalisieren auf diese Weise Husserls und Heideggers Zeitlehre.

verfolgt, immerzu anderswo herkommt und anderswo ankommt.[12] Nehmen wir als weiteres Beispiel die Photographie, die Lichteffekte aufzeichnet. Das Porträtphoto ist ein Fernbild besonderer Art, nicht etwa bloß, weil es eine abwesende Person darstellt, sondern weil es jemanden, und sei es mich selbst, der ich in den Spiegel schaue, und sei es dich selbst, die du vor mir stehst – *als abwesend* darstellt, als »Es-ist-so-gewesen« (Barthes 1989, S. 89). Ähnliches gilt für Kultbilder, die den abwesenden Gott oder den abwesenden Herrscher vergegenwärtigen, oder für Ahnen- und Totenbilder, die Abgeschiedene anwesend sein lassen und die letzten Endes aus dem Körperbild des Leichnams hervorgehen.[13] Die Unnahbarkeit ist eine Unnahbarkeit aus der Nähe. Sie gehört Merleau-Ponty zufolge einer »architektonischen Vergangenheit« an (*Le visible et l'invisible*, S. 296, dt. S. 307), was besagt, daß die Vergangenheit des Lebens oder des Bewußtseins uns affiziert, bevor sie einem Bewußtsein der Vergangenheit, einer Erinnerungsarbeit oder der Traditionspflege überantwortet wird. Die Spuren des Gedächtnisses reichen tiefer und weiter als die Bemühungen der Erinnerung. Sie weisen zurück auf die Dunkelzone eines ursprünglichen Vergessens, auch dies ein

12 Vgl. die Interpretation dieses »Ereignisbildes« durch Max Imdahl im Rahmen seiner »Überlegungen zur Identität des Bildes« (1979), Wiederabdruck in: *Ges. Schriften*, Bd. 3, (1996); der Schlußfolgerung, es komme dabei zu einer synoptischen »Erweiterung der Ichvollmacht« (ebd., S. 404), vermag ich mich freilich nicht anzuschließen. Verwiesen sei ferner auf Luca Giulianis Versuch, die bekannte Lessingsche Dichotomie von räumlicher Beschreibung und zeitlicher Erzählung durch eine »Kontrastdiagnose« zu unterlaufen, die an großen wie an alltäglichen Begebenheiten der griechischen Vasenmalerei erprobt wird: *Bild und Mythos. Geschichte der Bilderzählung in der griechischen Kunst* (2003). Auch hier dient besagtes Gemälde von Poussin als Exempel.

13 Vgl. hierzu die grundlegenden bildhistorischen Untersuchungen von Hans Belting: *Kult und Bild* (1990). Die Verwandlung des mittelalterlichen Kultbildes ins Kunstwerk der Neuzeit scheint durchaus mitverantwortlich dafür, daß das Zusammenspiel von An- und Abwesenheit gegenüber Fragen fiktiver Darstellung in der Bildreflexion und Bildpraxis zurückgetreten ist; mit der Säkularisierung der Bilderwelt wurde auch die Dimension des anderen geschwächt, die heute unter veränderten Bedingungen wiederkehrt. Zur Erfahrung des Leichnams als bildhafte Anwesenheit des abwesenden Toten, wie sie aus altägyptischen Begräbnisriten spricht, vgl. Jan Assmann, »Altägyptische Bildpraxen und ihre impliziten Theorien« unter Berufung auf Belting (in: Sachs-Hombach 2009, S. 80). Die philosophischen Hintergründe einer Abwesenheit im Bild erörtert Iris Därmann in ihrem Buch *Tod und Bild* (1995).

zentrales platonisches Motiv. Als leibliche Wesen haben wir aus dem Fluß Lethe getrunken, so daß die Urbilder, die wir geschaut haben, immer schon dem Vergessen anheimgegeben sind.

Die Verähnlichung im Nachbild wird durch die Vergegenwärtigung im Fernbild also nicht nur ergänzt, sondern vertieft. Dies rührt nicht zuletzt daher, daß Ferne als Ferne nicht zu erfahren ist ohne ein *Begehren*, das mich anderswo sein läßt, wo ich nicht bin. In dem schon erwähnten Beispiel geht Platon nicht bloß von einem Knaben und seiner Leier aus, sondern von einem geliebten Knaben, dessen Anwesenheit der Liebhaber vermißt. Die Assoziation ist kein bloßer Mechanismus, sondern wie in Freuds Traumdeutung ist sie aus dem Stoff der Affekte gewirkt. Reduziert man Bilder auf kognitive Schemata, so kann auch ein Computer mit solchen Bildern umgehen. Doch Fernbilder, die nicht nur Entferntes repräsentieren, speichern und reproduzieren, sondern die Ferne als Ferne nah sein lassen, sind eine andere Sache, so wie es einen Unterschied macht, ob etwas nicht an einer bestimmten Stelle in Raum und Zeit vorkommt oder ob es nicht an dem Platz ist, wo wir es suchen. Fernbilder stellen nicht nur Bezüge her im Bereich des Sichtbaren, wie Urbilder und Nachbilder es tun, sondern sie fungieren als *Wunschbilder* und *Angstbilder. Vestigia terrent*, diese Möglichkeit des Schreckens liegt in jeder Spur, die unseren Aneignungs- und Manipulationsversuchen zuvorkommt.[14]

Man könnte sich fragen, wieso die Verähnlichung im Abbild, aber auch der Entwurf von modellartigen Urbildern in der Philosophie wie in den nomologischen Wissenschaften ein ungleich stärkeres Interesse auf sich gezogen hat als die bildliche Vergegenwärtigung dessen, was uns fern ist. Dies könnte damit zusammenhängen, daß der Prozeß der Verähnlichung sich stärker an die Frage nach einem allgemeinen Was, Wozu und Warum anlehnt, während die Vergegenwärtigung es stärker mit dem Daß und dem faktischen Wann und Wo zu tun hat, mit dem also, was bei den Griechen in den Bereich der ἱστορία fällt. Das Problem einer Darstellung von Fernem und Abwesendem stellt sich auf alltägliche Weise, wenn wir in die Fremde verschlagen werden, wenn jemand anders in der Ferne lebt, wenn jemand verstorben ist. Erkennungszeichen, Reiseandenken

14 Dazu Reinhold Görling, »Die Schreckenseite der Sichtbarkeit: Traumabilder«, in: Kapust/Waldenfels 2010.

und Grabmäler bilden einen besonderen Bildertresor. Hinzu kommen spezielle Domänen, so etwa die Zeugenvernahme vor Gericht, die Untersuchung historischer Quellen und ethnischer Bräuche, schließlich die politische und religiöse Repräsentation: diese Galerie von Herrscher-, Götter- und Kultbildern, die eine besondere Fernwirkung ausstrahlen. Der Blick in die Ferne ist auf vielfache Weise mit Fragen der bildlichen Darstellung verquickt, doch erschöpft er sich darin keineswegs. Es geht aber auch nicht an, diesen Umgang mit Ferne und Abwesenheit damit abzutun, daß die Kunst einem fremden Zweck unterworfen würde. So kann nur reden, wer glaubt, Ferne, Tod, Zeugnis, kulturelle Fremdheit, politische Macht und sakrale Aura unabhängig von ihrer Verbildlichung fassen zu können. Haben wir es hier nicht mit Bildern zu tun, die sich mit der unmöglichen Aufgabe abmühen, etwas ins Bild zu bringen, was jeden Bildrahmen sprengt? Und gilt dies nicht gewissermaßen für jedes Bild, auch für das angeblich so autonome Tafelbild im Museum?

3. Fluchtbild und Entzug

Die Bedenken gegenüber einer allzu einseitigen und allzu hochstufigen Bildauffassung steigern sich noch, wenn wir uns mit einer letzten Dimension befassen, die sich mit den beiden anderen Dimensionen kreuzt. Sie entspringt einer Verdoppelung des Sehens in Sehen und Gesehenes beziehungsweise einer Verdoppelung des Bildens in Bildwerdung und Gebilde, eine Verdoppelung, die der Zweiheit von Sagen und Gesagtem im Bereich der Rede entspricht. Sofern diese Doppelheit einer Performanz, einem Ereignis des Sagens, Sehens oder Bildens entspringt, könnte man in solchen Fällen von einer *performativen Differenz* sprechen. Sehen bedeutet hierbei das Ereignis des Sichtbarwerdens, das Zum-Vorschein-Kommen und speziell das Ins-Bild-Treten, das in jeder Beschreibung sichtbarer Gestaltungen und Sachlagen enthalten ist. Man wird nicht sagen können, daß dieses Moment in den Prozessen der Verähnlichung und Vergegenwärtigung fehlt, aber es taucht dort nur in zweideutiger Form auf und wird vielfach in seiner Eigengewichtigkeit verkannt. Es besteht die Tendenz, der natürlichen Blickrichtung zu folgen und das Sehen im Gesehenen, das Bildwerden im Gebilde aufgehen zu lassen.

Nehmen wir nochmals die Differenz von Abbildendem und Abgebildetem. Diese Relation bleibt im Bereich des Sichtbaren, also im Bereich dessen, was schon gesehen wurde und was noch zu sehen ist. Sofern das Bild sich dem bloßen Abbild nähert, steigert sich die Sichtbarkeit nicht, sie breitet sich lediglich aus. Nun wird im Laufe der Bildgeschichte immer wieder darauf hingewiesen, daß ein vollkommenes, vollständiges Abbild die pikturale Differenz, ohne die es kein Bild gäbe, zum Verschwinden brächte. Pygmalion wird sowohl in der Kunsttheorie wie in der Kunstpraxis immer wieder herbeizitiert als eine paradoxe Figur, die es darauf anlegt, die Grenzen der Fiktion aufzuheben. Doch worin besteht diese Aufhebung? Sie besteht keineswegs darin, daß das Standbild sein Vorbild vollkommen wiedergibt, es in allen Stücken sichtbar macht. Die Pointe liegt nicht in der vollständigen Ansicht, sondern im *lebendigen Bild*, das bei Daumier vom Sockel herabsteigt – ein zweiter Kratylos gleichsam (*Kratylos* 431 c), doch zugleich ein »bezaubernd schönes Bild«, das zum Leben erwacht. Das Standbild wandelt sich in ein Gehbild wie schon die Geräte des Dädalus. Schon oft wurde bemerkt, daß der Maler im Griechischen ζώγραφος heißt, also als jemand gilt, der Lebendiges darstellt.[15] Nimmt man dies ernst, so wird damit das Reich der Sichtbarkeit nicht etwa vollendet, sondern überschritten; denn als lebendig, als sich selbst bewegend begegnet uns das Sichtbare im Blick, der uns trifft, nicht in einer vollkommenen Ansicht. Hier deutet sich also jener Überschuß an, auf den unsere Überlegungen abzielen.

Dieser Überschuß gerät ebenfalls aus dem Blick, wenn das, was zur Abbildung kommt, als Urbild, als ἰδέα, gefaßt wird, also als eine geschaute Gestalt, als ein geschautes Gebilde, das einer höheren sublimierten Form der Sichtbarkeit zugehört. So schwach unsere menschlichen Augen auch sein mögen, sie würden partizipieren an der Allsichtigkeit eines *Panoramas*, das alles umfaßt, und an einer *Panikonik*, in der das Sein sich als sich selbst zeigt. In der Idee schließt sich der Spalt zwischen Sein und Erscheinung. Das »Gleiche selbst« oder das »Schöne selbst« bildet sich gleichsam durch sich selbst ab, es steht einzig für sich selbst. Wenn in der Neuzeit die Schranken

15 François Jullien (2005, S. 139) weist nachdrücklich darauf hin, daß in der klassischen chinesischen Malerei Objekt der Ähnlichkeit das »Leben selbst« ist und nicht »ein regloses Ding«, doch die besagten Tendenzen in der griechischen Kunstauffassung läßt der Autor außer acht.

fallen, die das vollendete Urbild unserem Machen entrücken, wenn Künstler, wenn Techniker im alten und neuen Sinne sich daran machen, Urbilder eigenmächtig vor- und herzustellen, so breitet sich ein Reich künstlicher Sichtbarkeit aus. Die Höhlenbewohner proben den Aufstand, indem sie eine künstliche Beleuchtung einrichten und die nächtliche Höhle in einen »nächtlichen Tag« verwandeln, der das natürliche Sonnenlicht entbehrlich macht. Dies wäre kein Platonismus für das Volk, sondern ein Platonismus für Sehexperten. Bei Platon selbst fällt das Licht allerdings weder in den Bereich des Sichtbaren, noch steht es den Sehenden zur Verfügung. Er faßt es als jenes Dritte zwischen Sehen und Gesehenem, von dem das »sonnenhafte Auge«, auch das »Auge des Geistes«, seine Sehkraft empfängt. Das Auge ist das sonnenhafteste, sonnenartigste (ἡλιοειδέστατον) unter den Sinnesorganen (*Politeia* 508 b). Wenn aber alles im Lichte der Sonne gesehen wird, kann es dann noch einmal eine Idee der Sonne, eine Idee des Lichtes geben, wie es bei Platon eine Idee des Guten gibt, oder führt die Bewegung, die »über das Sein hinaus« (ἐπέκεινα τῆς οὐσίας) führt, auch über das Reich der Sichtbarkeit hinaus? Eine Koinzidenz von ὅρασις und ὁρατόν wie im Falle des plotinschen Nus (s. *Enn.* V, 3, 8) wäre damit ausgeschlossen. Doch ein Licht, das nicht nochmals in einem höheren Licht erstrahlt, zeigt Sonnenflecken, die sich im blinden Fleck des Sehens wiederholen. Ein moderner Lichtkünstler wie James Turrell, der nicht nur Lichteffekte einsetzt wie Vermeer, Rembrandt oder die Impressionisten, sondern in seinen Lichtinstallationen das Licht selbst auftreten läßt, arbeitet mit Gewöhnungszeiten oder auch mit mehrfarbigen Räumen, die Nachbilder hinterlassen; das Licht, das sich in Lichträumen und Lichtzeiten ausbreitet, läßt sich nur kinästhetisch erschließen. Man wandelt nicht »*droben* im Licht«, wenn man sich in einem dieser »Skyspaces« aufhält, aber eben doch *im* Licht, das sich den Schatten abringt.

Auf radikalere Weise wird das Regime des Sichtbaren durchbrochen, wenn das Urbild als Urbildung, als Urstiftung der Sichtbarkeit in eine Geschichte des Sehens eintritt.[16] Das Ur*bild* verwandelt sich in einen Ur*sprung*, der das Sehen initiiert. Dieser Ursprung, der nur nachträglich, also nur rückblickend ver-gegenwärtigt und re-

16 Auf ähnliche Weise spricht Heidegger in *Sein und Zeit* (1953, S. 80) von »Zeichenstiftung«.

präsentiert werden kann, konfrontiert uns mit einer *Unsichtbarkeit im Sichtbaren*, die jede Allsichtigkeit zum Phantasma werden läßt. Wir bewegen uns in Horizonten des Sichtbaren, die der Sichtbarkeit Grenzen auferlegen und jedem Bild, das etwas sichtbar macht, die Züge eines Fernbildes aufprägen. Doch immer noch sind die Zweideutigkeiten nicht beseitigt. Solange die Ferne an einer Urnähe, die Abwesenheit an einer ursprünglichen Anwesenheit, die Vergegenwärtigung an einer lebendigen Gegenwart als dem Ort der Sichtbarkeit bemessen wird, erscheint alles Unsichtbare als *faktisch Unsichtbares*, das zwar nicht mehr oder noch nicht sichtbar ist, aber dennoch einem »Universalfeld« der Sichtbarkeit zugehört. Die Allsichtigkeit dauert fort, nur eben als potentielle Allsichtigkeit. Weltgeschichtliche Vereinnahmungen und Einordnungen der Kunst finden hier ihre Nahrung.

Ein radikaler Ausbruch aus einer kosmischen oder geschichtlichen Einordnung des Seh- und Bildgeschehens findet sich an anderer Stelle, nämlich dort, wo das Sehereignis selbst ins Auge fällt und ins Bild eindringt. Der Prototyp der Sichtbarkeit des Unsichtbaren ist nicht mehr der Spiegel, der eines dem anderen ähnlich macht, nicht die Spur, die uns an Fernliegendes erinnert, sondern der *Blick*, der uns trifft als fremder Blick. Sofern der eigene Blick anderswo beginnt, an einem »Nicht-Ort« (Levinas 1974, S. 58, dt. S. 110), an dem ich nicht sein kann, haftet dem Blick als solchem etwas Fremdes an. Wie jedes Wort ein »halbfremdes Wort« ist (Bachtin 1979, S. 185), so ist auch jeder Blick ein halbfremder Blick. Die abbildliche Verdoppelung des Sichtbaren und die zeitlich-räumliche Selbstverschiebung kulminieren in der Verdoppelung des Blicks, in einem *Selbstentzug*, in dem das Sehen sich selbst entgleitet und ein unendliches Sehbegehren auslöst, das in keiner Augenlust Befriedigung findet. Sofern Spiegelbild und Spur an diesem Geschehen teilhaben, erreichen sie ebenfalls eine Tiefendimension, wie sie in Lacans Deutung des Spiegelstadiums oder bei Levinas in der Spur des Anderen zum Vorschein kommt. Wie Merleau-Ponty in *Le visible et l'invisible* zeigt, öffnet sich im Prozeß der Angleichung ein Spalt der Andersheit und der Fremdheit: Sehendes und Gesehenes unterliegen einer Nichtkoinzidenz in der Koinzidenz. Sie decken sich und decken sich nicht. Die Tendenz zur Vergegenwärtigung und Selbstvergegenwärtigung wird aufgehalten durch eine Art *Entgegenwärtigung*, in der das Gegenwärtige sich entzieht. Die

Fremdheit erweist sich als Fremdheit in einer Form der leibhaftigen Abwesenheit.[17]

Es fragt sich dann, wie ein Sehen ins Bild gebracht werden kann, obwohl es sich der Sichtbarkeit und damit auch der bildlichen Darstellung entzieht. Offensichtlich kann dies nur auf indirekte Weise geschehen, in Form einer »indirekten Malerei«, die Merleau-Ponty in seinem Essay *Das Auge und der Geist* anvisiert (1964, S. 75, dt. S. 308): Sie macht in der Abweichung von den Ordnungen des Sichtbaren sichtbar, was aus dem jeweiligen Seh- und Bildrahmen herausfällt. In diesem Zusammenhang spreche ich von einem *Fluchtbild*, das an einen Fluchtpunkt perspektivischer Darstellungen erinnert, mit dem einzigen Unterschied, daß der Fluchtort der Fremdheit die Linien und Bahnen des Sehens nicht verlängert, sondern sie abbrechen läßt, sei es, daß der Blick in der Abgründigkeit des Sichtbaren versinkt, sei es, daß er gegen eine Blickmauer prallt. Das Fluchtbild besteht nicht darin, daß etwas wie anderes aussieht oder an anderes erinnert, es läßt sich vielmehr in die Formel fassen: *x fordert auf zu y*.[18] Wenn es um das Seh- und Blickgeschehen als

17 Vgl. Husserls *Krisis* (Hua VI), S. 189. Husserl parallelisiert an dieser Stelle »Ent-Gegenwärtigung« mit »Ent-Fremdung«. Auch Merleau-Ponty beruft sich auf diese Stelle (1945, S. 417, dt. S. 416). Freilich hält Husserl an einer ursprünglichen und unmittelbaren Präsentation fest, die jeder Appräsentation vorausgeht (vgl. Hua I, 139 bzw. Hua IV, § 44), so daß die Entgegenwärtigung der einen Gegenwart keinen Abbruch tut. Wenn heute mit neuer Unbefangenheit von Präsentation gesprochen wird, so ist Vorsicht am Platz. Aufschlußreich ist auch hier der Seitenblick in einen fremden Kulturbereich. Die schon verschiedentlich erwähnte Untersuchung von Jullien trägt den Zusatztitel »Vom Nicht-Objekt durch Malerei« und den Untertitel »Essay über Desontologisierung«. Darin spielt der Entzug der Repräsentation (*dé-représentation*) eine entscheidende Rolle; dies gilt dann auch für ein Malen (*peindre*), das in ein Ent-Malen (*dé-peindre*), für ein Darstellen (*figurer*), das in ein Entstellen (*dé-figurer*) übergeht; das französische Präfix »De-« entspricht dem deutschen Präfix »Ent-« (vgl. 2005, S. 12, 51 f.). Es liegt auf der Hand, daß in diese Darstellung fernöstlicher Kunst die aktuellen Debatten der westlichen Moderne mit eingegangen sind.

18 Zur generellen Struktur der Aufforderung und einer entsprechenden »appellativen Differenz« vgl. *Antwortregister* (1994), S. 481-484. In Julliens Darstellung spielen Anspruch und Antwort auch eine Rolle. Von den Dingen und Wesen geht ein Anspruch aus, auf den der Maler antwortet; doch dieses Antworten (*répondre* im Sinne von *ying*) bleibt als »anschmiegende Bewegung«, als »innerer Atem«, als ein »Entsprechen« (*cor-répondre*), das den spontanen Hervorgang der Dinge aus der Natur begleitet (2005, S. 139), von der Beunruhigung durch das Fremde und auch von Zeit- und Ortsverschiebungen verschont.

solches geht, haben wir es nicht nur mit dem Produzentenblick dessen zu tun, der etwas ins Bild setzt, auch nicht mit dem Rezipientenblick dessen, der etwas dem Bild entnimmt, sondern mit einem Anblick, der der Anrede, dem Appell vergleichbar ist und der unseren antwortenden Blick herausfordert. Wie Merleau-Ponty in seiner *Prosa der Welt* (1969, S. 185 f., dt. 149) bemerkt, begegnet uns der Andere niemals völlig frontal, sondern stets lateral, marginal, indem er überraschend in unserem Gesichtsfeld auftaucht. Der antwortende Blick ist nur als Seitenblick möglich, als Blick, der sich nicht frontal auf etwas heftet, das er ins Auge faßt und das ihm vor Augen steht, sondern ein Blick, der von dorther kommt, wo etwas uns beunruhigt und uns hinterrücks im Eigenen heimsucht.[19]

Man kann dem fremden Blick auf mancherlei Weise ausweichen. Eine erste Möglichkeit besteht darin, daß der eigene Blick zwischen Fremdschonung und Selbstbewahrung schillert und das Fluchtbild sich hinterrücks in ein Idealbild verwandelt. Ein treffendes Beispiel solcher Blickvermeidung führt uns Thomas Mann in seiner Novelle *Tristan* vor Augen. Herr Spinell, ein für Wagner und alles Schöne schwärmender Schriftsteller, trifft im Sanatorium »Einfried« auf Frau Klöterjahn, eine Großkaufmannsgattin, und kommt mit ihr ins Gespräch: »Heute, auf meinem Morgenspaziergang, habe ich eine schöne Frau gesehen ... Gott, sie war schön!« Aufgefordert sie zu beschreiben, gibt er zur Antwort: »Nein, das kann ich nicht. Oder ich würde Ihnen doch ein unrichtiges Bild von ihr geben. Ich habe die Dame im Vorübergehen nur mit einem halben Blikke gestreift, ich habe sie in Wirklichkeit nicht gesehen. Aber der verwischte Schatten von ihr, den ich empfing, hat genügt, meine Phantasie anzuregen und mich ein Bild mit fortnehmen zu lassen, das schön ist... Gott, es ist schön!« Ein kaum merkliches Quidproquo sorgt dafür, daß »sie«: die Frau, gegen »es«: das Bild ausgetauscht wird. Auf die lachend geäußerte Frage: »Ist das Ihre Art, sich schöne Frauen zu betrachten, Herr Spinell?« erwidert er: »Ja, gnädige Frau; und es ist eine bessere Art, als wenn ich ihnen plump und wirklichkeitsgierig ins Gesicht starrte und den Eindruck einer fehlerhaften Tatsächlichkeit davon trüge ...« (1948, S. 65) Ein Bild

19 Vgl. Die Lévi-Strauss nacheifernde Forderung von Hans Belting (1995, S. 178, 193), man möge die Kunst der eigenen Kultur mit dem Blick eines Ethnologen betrachten, um auf die Fiktionen der geschriebenen Kunstgeschichte aufmerksam zu werden, findet ihren Anhalt in einem Blick, der anderswoher kommt.

muß sein, aber ein richtiges Bild läßt sich nur im Vorbeischauen gewinnen, denn die Wirklichkeit erweist sich schnell als fehlerhaft. Ein flüchtiger Eindruck genügt, um die Maschinerie der eigenen Einbildung in Gang zu setzen. Die Wirklichkeit flieht, das Bild bleibt, aber als Schattenbild, als frühzeitige Todesspur. Wie aber fängt man einen Schatten ein? In der Novelle folgt auf eine große Episode, nämlich die musikalisch-morbide Affäre am Klavier, in der Frau Klöterjahn sich in Isolde und ihr Verehrer sich in Tristan verwandelt, die verbale Desillusionierung. Dabei zeigt sich eine zweite Möglichkeit, mit dem fremden Blick umzugehen. Der resolute Großkaufmann konfrontiert den schwärmerischen Schriftsteller mit der Realität, indem er seine von Spinell angehimmelte Gattin zur Zeugin anruft: »Meine Frau hat mir einmal geschrieben, Sie sähen den Weibspersonen, denen Sie begegnen, nicht ins Gesicht, sondern schielten nur so hin, um eine schöne Ahnung davonzutragen, aus Angst vor der Wirklichkeit.« (S. 94 f.) Und selber versichert er lauthals: »Ich schiele den Weibern nicht am Gesicht vorbei, ich sehe sie mir an, und wenn sie mich wollen, so nehme ich sie mir. Ich habe das Herz auf dem rechten Fl...« (S. 97) Es pocht, draußen eine tränenfeuchte Stimme, das musikalische Abenteuer ist der weniger robusten Gattin auf die Lunge geschlagen. Was auf halbem Wege zwischen Wirklichkeitsgier und Wirklichkeitsangst zurückbleibt, ist einerseits Reales ohne das Imaginäre, andererseits Imaginäres ohne das Reale, mit dem Symbolischen der Kunst als Begleitmusik. Die Fremdheit des Blicks verliert sich im Wechsel von Illusion und Desillusion.

Die literarische Episode, die wir eingeblendet haben, wirft ihre Schatten auf eine Kunst, die hier in der für Thomas Mann typischen ironischen Brechung ans Licht tritt. Die Beschäftigung mit Bildern wie auch die Beschäftigung von Literatur und Dichtung mit sich selbst hat gleich vielem, was uns im Laufe dieser Betrachtung begegnet ist, etwas Zweideutiges. Es kann sein, daß das, was man in unserer neuzeitlichen, ästhetisch gefärbten Tradition »Kunst« nennt, einen wachsenden Weltverlust auf narzißtische Weise wettmacht, und zwar in Form einer Reflexionskunst, die in mancherlei Hinsicht der sogenannten Reflexionsphilosophie nahe kommt. Es könnte aber auch sein, daß die Kunst in sich selbst eine Zone der Blindheit entdeckt, die dem Schweigen gleicht und sie mit ihrer eigenen Fremdheit konfrontiert, mit einem herrenlosen *regard sau-*

vage, der nie Gegenwart war und nie Gegenwart sein wird. Dies würde bedeuten, daß die pikturale Differenz zwischen dem, was sichtbar, und dem, worin etwas sichtbar wird, sich nicht in einer Formal- oder Materialästhetik oder in einer reflexiv gewordenen Kunst verliert, sondern daß sich hinter dieser unverzichtbaren Differenz ein weiterer Spalt öffnet, nämlich eine »responsive Differenz« zwischen dem, was in der Bildverfertigung erfunden wird, und dem, worauf diese antwortet. Platon setzt dem bloßen Augenschein eine Flucht in die »Logoi«, eine Flucht in gedankenvolles Reden entgegen. Heute eine »Flucht in die Bilder« zu fordern schiene reichlich überflüssig; eine »Flucht aus den Bildern« zu verkünden wäre reichlich hoffnungslos, und dies nicht nur wegen der zunehmenden Bilderflut, sondern auch deswegen, weil es unserer leiblichen und sinnlichen Existenz zuwiderliefe. Doch bedenkenswert bleibt der Gedanke einer Bildlosigkeit inmitten der Welt der Bilder, eines blinden Flecks, der das Rätsel der Sichtbarkeit wachhält.

4. Wirkmacht und Wirkkraft der Bilder

Wahrnehmung beginnt damit, daß uns etwas auffällt, Denken damit, daß uns etwas einfällt, Begehren damit, daß uns etwas anzieht. Diese schlichten Sätze verweisen auf ein Geschehen, das nicht in unserer Macht steht. Der Umgang mit Bildern stellt uns vor ähnliche Fragen. Bilder fallen ins Auge wie alles, was wir sehen. Insofern wohnt ihnen eine eigene Wirkmacht und Wirkkraft inne, der wir als Sehende ausgesetzt sind. Um diese Wirkungen soll es im folgenden gehen.[1] Wir werden Bilder vorwiegend unter dem Gesichtspunkt der Aufmerksamkeit betrachten, einem Geschehen, das sich zwischen Gesehenem und Sehendem abspielt und das jeden Blick mit einem Gegenblick konfrontiert. Entscheidend ist dabei die Frage, wie Bilder als Bilder wirken, wie sie uns als Bilder überraschen. Mit der Umsetzung dessen, was uns auffällt, in Bildnisse, die ein anderer hervorbringt, erweitert sich das Aufmerksamwerden zu einem Aufmerksammachen. Unsere Überlegungen stützen sich auf Voraussetzungen, wie sie in der 2004 erschienenen *Phänomenologie der Aufmerksamkeit* entwickelt wurden.[2] Diese Phänomenologie erfordert ein Umdenken, vertraute Begriffe beginnen zu schillern. Sie bewegt sich zwischen der Skylla einer klassischen Bildaskese, die sich um eine ästhetische Eindämmung von Bildwirkungen bemüht, und der Charybdis einer panikonischen Bildeuphorie, die der Bilderflut freien Lauf läßt.

1 Ein reichhaltiges kunstgeschichtliches Repertoire an Bildwirkungen und Bildantworten bietet David Freedberg in seiner Untersuchung *The Power of Images* (1989), deren Untertitel *Studies in the History and Theory of Response* ankündigt. Doch die *effectiveness and provocativeness of images* und die entsprechenden Formen der *response* werden mehr exemplifiziert als expliziert (das Begriffwort *response* kommt im Sachregister gar nicht erst vor). So besteht die Gefahr, daß die Einzigartigkeit künstlerischer und sonstiger Bildwirkungen am Ende durch Common-sense-Vorstellungen überdeckt wird. Gleichwohl gibt diese responsiv angelegte Kunstgeschichte einer responsiven Kunstphänomenologie, wie sie uns selbst vorschwebt, starke Impulse.

2 Dazu gehören der Ereignischarakter der Aufmerksamkeit und deren Grundkräfte ebenso wie entsprechende Einstellungen und Techniken sowie soziale Prozesse des Aufmerksammachens.

1. Kontrollierte Macht- und Reizwirkungen

Soweit das traditionelle Denken sich an einer Gesamt- oder Grundordnung orientiert, tendiert es dahin, alle Wirkungen, denen wir als endliche Wesen ausgesetzt sind, zu kontrollieren oder zu purifizieren. Doch Wirkungen, die einer vorgängigen Beurteilung und Bewertung unterworfen werden, haben etwas zutiefst Zweideutiges. Wenn demnach Wirkungen gut sind, so nicht kraft der Wirkung, die sie ausüben, sondern im Hinblick auf die Wirkungen, die sie erzielen oder zu denen sie beitragen. Dies gilt für die Wirkung von Worten, Lehrmethoden, Strafmaßnahmen, Medikamenten und eben auch für die Wirkung von Bildern. Wirkungen stehen im Schatten des Wahren, Guten oder Schönen. Bloße Wirkungen, die sich diesen Richtmaßen entziehen, dienen der Neugier, der Macht über andere, dem Eigendünkel oder der schlichten Kurzweil. Sie werden allenfalls geduldet, und ihre mögliche Pervertierung bedeutet eine permanente Gefahr. Die gute Wirkung bemißt sich an der Macht Gottes, an der Macht der Vernunft, an der Macht der Natur oder an der Macht der Geschichte,[3] während die bloße oder die üble Wirkung an schlichte Gefühle appelliert oder niedere Instinkte wachruft. Die Frage nach der Art und Weise, wie etwas auf jemanden wirkt, berührt bloße Modalitäten, die den Kern der Dinge nur indirekt berühren. Wirkungen sind dann eine Frage des bloßen Stils wie im Falle des pathetischen Ausdrucks oder eine Frage der Effizienz, verbunden mit Praktiken und Techniken, die ihr Richtmaß anderswo finden.

Als bevorzugtes Feld solcher Wirkungen gilt die Rhetorik, deren Status ebenso zweideutig ist wie ihre Wirksamkeit. Platon unterscheidet zwischen einer guten und einer schlechten Rhetorik. Die Rhetorik seines Gegenspielers Gorgias, die überredet, statt mit Gründen zu überzeugen, betrachtet er als eine Art der Schmeichelei, die das Gute hinter dem Angenehmen verschwinden läßt. Ähnlich ablehnend äußert sich Kant. In der *Kritik der Urteilskraft* (KU B 217 f.) hält er der »Beredsamkeit« ihre Hinterlist vor, nur die »Wohlredenheit« im Sinne eines eloquenten Stils läßt er durchgehen. Der wahre Redner schöpft als »Redner ohne Kunst« aus der

3 Zur Macht der Geschichte vgl. Hans-Georg Gadamer, *Wahrheit und Methode* (1965), S. 285. Die Wirkungsgeschichte spielt in dieser Hermeneutik eine zentrale Rolle, doch ohne daß der Wirkungsbegriff in seiner vollen Tragweite erfaßt wird.

»klaren Einsicht in Sachen« und aus dem »lebhaften Herzensanteil am wahren Guten«. Einzig den schönen Künsten wird zugestanden, mit dem Schein zu spielen, dies aber mit offenen Karten, so daß der Verstand daraus seinen Nutzen zu ziehen vermag.

Was für die Wirkmacht der Rede gilt, trifft auch auf die Macht der Bilder zu. Dies zeigt sich deutlich in der Vorgeschichte und der Geschichte der Ästhetik. Die archaische Form der *Bildmagie* läßt Bild und Ding, Bild und Person miteinander verschmelzen, so daß etwa von der Berührung eines Heiligenbildes reale Wirkungen ausgehen oder die Durchbohrung des Bildes eines Feindes diesem wirklichen Schaden zufügt. Der künstlich hervorgerufene *Bildzauber* täuscht Wirkungen vor durch eine trügerische Kunstfertigkeit, die Platon mit der Taschenspielerei vergleicht. Dieser Zauber verfliegt, wenn man dem Zauberer auf die Finger schaut oder hinter die Kulissen blickt. Die Einführung religiöser, politischer oder alltäglicher *Bildsymbole* erlaubt es, den Bildaberglauben und den Bildzauber zu brechen und die Bildwirkung auf geordnete Bahnen zu lenken. Die Eigenkraft, die den Bildern bleibt, wird institutionalisiert und reguliert. Allerdings gelingt die Kontrolle niemals völlig. Es gibt eine List der Bilder, die sich hinter dem Rücken der offiziellen Billigung abspielt, etwa in Form sogenannter heidnischer Relikte. Auch der Bilderglaube hat seine Ketzer.

Im Zuge der *Ästhetisierung*, wie sie im Europa des 18. Jahrhunderts einsetzt und bei Kant ihren maßgebenden Ausdruck gefunden hat, wird die Macht der Bilder in einen sublimen Kunstgenuß überführt, der sich den Einflüsterungen der Sinne verschließt. Das interesselose Wohlgefallen läßt nur noch Raum für das allgemeine Interesse der Vernunft. So heißt es in der *Kritik der Urteilskraft* (B 38): »Der Geschmack ist jederzeit noch barbarisch, wo er die Beimischung der Reize und Rührungen zum Wohlgefallen bedarf, wohl gar diese zum Maßstabe seines Beifalls macht.« Hinter diesem Verdikt steht ähnlich wie bei Platon und wie noch bei Nietzsche eine Abwehr gegen die Herzensergießungen einer pathetischen Kunst. Doch anders als bei Nietzsche verbindet diese Distanznahme sich mit einer Drosselung der Sinnlichkeit, die eine Hierarchisierung der Künste nach sich zieht. Schon die Musik, die anders als die Dichtung nichts »zum Nachdenken übrig bleiben läßt«, schafft mehr Genuß als Kultur; ihr »Gedankenspiel« ist bloß »die Wirkung einer gleichsam mechanischen Assoziation« (KU B 218). Innerhalb der bildenden Kunst wird eine Auslese getroffen. Die Zeichnung, die das »Wesentliche« darstellt und durch ihre bloße Form gefällt, verdient den Vorrang gegenüber den Farben, die den »Abriß illuminieren« und sich den Reizen zugesellen; Reize, die als »Fremdlinge« im Reich des Schönen auftauchen, werden allenfalls pädagogisch geduldet (KU B 41 f.).[4] Die Bildkunst wird gleichsam einem transzendentalen Rorschachtest unterworfen, bei dem Formantworten vor Farbantworten rangieren. Die Entwirklichung der Bilder hin zum schönen Schein läßt ihre sinnliche Wirkung verblassen. Die Autonomie, die der Kunst ebenso wie der theoretischen und der praktischen Vernunft zugestanden wird, befreit sie zwar von aller äußeren Dienstbarkeit, doch ihre Horizonte schrumpfen.

Der *nachästhetischen Moderne* mit ihrer Freisetzung der farblichen, linearen und voluminösen Bildkräfte stellt sich bis heute die Aufgabe, den Künsten ein weiteres Umfeld zurückzugewinnen, ohne die künstlerische Eigenwirkung preiszugeben. Eine Rückgewinnung setzt voraus, daß herkömmlichen Bildpraktiken wie auch herkömmlichen Bildideen Möglichkeiten entlockt werden, die nicht auf der eingangs erwähnten Generallinie liegen; so ist zu erwarten, daß Altes in einem neuen Licht erscheint. Wir haben mit einem Heteron rechnen, auch mit einem Heteron an Wirkkraft, das nicht von außen in die Bildwelt eindringt, sondern in ihrem Inneren entspringt. Ohne eine Fremdheit, die inmitten des Eigenen ihre Widerstandskraft entfaltet, droht eine Verflüssigung des Gegensatzes von Bild und Realität, wie Jean Baudrillard sie seit langem beschwört. Wir würden, mit Hans Belting zu sprechen, bei einer »aufgeklärten Idolatrie« enden.[5] Hier liegt das Streitfeld, in dem eine Kritik der Bilder sich zu bewähren hat.

4 Die Bevorzugung des Umrisses gegenüber der Farbe findet sich schon in der *Theory of Moral Sentiments* von Adam Smith (vgl. Brandt 1999, S. 247); dies zeigt, wie wenig die traditionelle Ästhetik rein ästhetisch ist. Die einseitige Bewertung von Farbe und Linie vernachlässigt im übrigen den Umstand, daß die Zeichnung zunächst keinesfalls das bleibende Wesen, sondern den anfänglichen Eindruck festhält; so durchläuft die Entwicklung der Zeichnung vom ersten Einfall (*prima idea*) über den Entwurf, die Studie und die Vor- und Nachzeichnung einige Stufen, bevor sie die Eigenständigkeit einer autonomen Zeichnung erreicht. Vielfach dient sie als eigene Bildskizze, verbunden mit der Aussicht, sich zu emanzipieren.

5 Hans Belting, »Die angenehme Leere der Bilder«, in: *Frankfurter Allgemeine Zeitung* vom 29.12.1999.

2. Wirkungen der Aufmerksamkeit

Zuvörderst stellt sich die Frage, was überhaupt unter einer Wirk- oder Bewegkraft von Bildern zu verstehen ist. Dieser Frage nähere ich mich, indem ich meine Ankündigung wahrmache und vom Aufmerksamkeitsgeschehen ausgehe und nicht wie üblich von der Wahrnehmung oder der Einbildungskraft, von der Zielhandlung oder der Wechselrede. Die Aufmerksamkeit betrachte ich als eine Form der *Initialerfahrung*. Es geht um eine Urtatsache, die wir als »Urphänomen« zu betrachten haben.[6] Es geht darum, daß etwas auftritt und nicht vielmehr nichts, daß dieses auftritt und nicht vielmehr jenes; ohne diese Urtatsache gäbe es schlechterdings nichts zu sehen oder zu hören. So besehen, gibt es nicht nur ein Faktum der Vernunft oder der Freiheit, sondern auch ein Faktum der Erfahrung. Gleichzeitig gehört die Aufmerksamkeit zu einer *Gesamterfahrung*, die intermodal verfaßt ist und sich noch nicht auf verschiedene Sinnesmodi verteilt. Zwar dominiert jeweils eine bestimmte Modalität wie beim Knall, beim Blitz, beim Windstoß oder beim Erdbeben, doch es finden sich nirgends spezifische Aufmerksamkeitsdaten oder Aufmerksamkeitseffekte, die den Sinnesqualitäten und ihrer spezifischen Motorik entsprechen. Dies bestätigen neuere, neurologisch unterbaute Untersuchungen zur audiovisuellen Interaktion, die zeigen, wie sehr Farb- und Gehöreindrücke einander verstärken, so daß etwa ein rot eingefärbter Zug gegenüber einem grün eingefärbten Zug bei den Testpersonen eine größere Lautstärke erzielt.[7] In eine ähnliche Richtung weisen Experimente mit blinden Personen, deren Handzeichnungen einer taktilen und kinästhetischen Orientierung entspringen, desgleichen die haptische Kunst blinder oder sehbehinderter Künstler, die auf ihre eigene Weise das Gesamtsensorium aktiviert und so auch der Aufmerksamkeit neue Wege eröffnet.[8]

6 Nicht nur Husserl benutzt in seinen Beschreibungen der Erfahrung diesen Goetheschen Ausdruck (vgl. Hua XI, 134), sondern auch Wittgenstein zählt Sprachspiele, die tatsächlich gespielt werden, zu den »Urphänomenen« (*Philosophische Untersuchungen*, § 654).

7 Vgl. die Zeitschrift *Forschung* 2/2004, S. 13 f.

8 Verwiesen sei auf John M. Kennedy, *Drawing and the Blind: Pictures to Touch* (1993) und auf Volkmar Mühleis, *Kunst im Sehverlust* (2005); hier zeigt sich, wie Blindheit das Sensorium nicht nur schwächt, sondern auch zu einer Neuordnung der Sinne führt. Ähnliches gilt für die Gebärdensprache Taubstummer, die sich

Erfahrung, in der Überraschendes und Neuartiges auftritt, setzt nicht ein mit dem intentional gerichteten und geregelten Akt eines Subjekts, das sein Augenmerk oder sein Gehör auf ein bestimmtes Objekt richtet, sie entspringt vielmehr einem Ereignis des Sichtbar- und Hörbarwerdens. Etwas macht sich bemerkbar. Ereignisse dieser Art sind untergründig auch dann wirksam, wenn es so aussieht, als nähme die Erfahrung lediglich ihren normalen Gang. Aufmerksamkeitsfelder pflegen sich allmählich zu ändern wie Reiselandschaften oder Sprachgewohnheiten. Das Initialereignis der Aufmerksamkeit stellt aber nicht nur keinen subjektiven Akt, sondern ebensowenig einen objektiven Vorgang dar, außer in der Beobachterperspektive, die post festum eingenommen wird. Wir haben es mit einem *Doppelereignis* zu tun: etwas fällt *mir* auf – *ich* merke auf.

Das Auffallen bezeichne ich als *Pathos*, als *Widerfahrnis* oder als *Affektion*. Dieses Pathos, das in Kapitel 13 noch einmal im weiteren Kontext einer Theorie der Gefühle zur Sprache kommt, schließt gewisse Züge des Widrigen, Unerwünschten und auch des Verletzenden ein, wie es in alltäglichen Wendungen wie »Ins-Auge-springen« (*sauter aux yeux*) oder »Hervorstechen« anklingt. In ähnlichem Sinne spricht Roland Barthes in seinen Überlegungen zur Photographie (1989, S. 35 f.) vom *punctum* als einem zweiten Element, das die souverän ausgeübten, kulturell geprägten Bestrebungen des *studium* durchbricht. »Diesmal bin nicht ich es, der es [sc. das Element] aufsucht [...], sondern das Element selbst schießt wie ein Pfeil aus seinem Zusammenhang hervor, um mich zu durchbohren.« In Arnold Gehlens Anthropologie (1961, S. 118) ist von »Gefühlsstößen« die Rede, die sich beim Menschen von biologisch vorgeprägten Auslösersituationen emanzipieren. Horst Bredekamp (in: Huber 2005, S. 158) spricht im Hinblick auf Leonardos »zeichnende Denkkraft« von einem »affektiven Raptus«, der von den Bildern ausgeht. Auch Merleau-Pontys Phänomenologie der Wahrnehmung (1945, S. 364, dt. S. 365) gerät bis an den Rand eines »passiven, blicklosen Sehens (*une vision passive, sans regard*)«, dem wir ausgesetzt sind, wenn das Licht als blendendes Licht

auf kinästhetischem Wege reale und virtuelle Sinnräume erschließt. Vgl. Gisela Fehrmann und Ludwig Jäger, »Sprachbewegung und Raumerinnerung. Zur topographischen Medialität der Gebärdensprache«, in: Lechtermann/Morsch 2004.

nicht länger einen Sehraum vor unseren Augen entfaltet, sondern schmerzhaft in unser Auge eindringt. Stich und Glanz berühren sich, Affektion und Perzeption durchdringen sich, wenn die Dinge nicht mehr bloß beleuchtet oder angestrahlt werden, sondern eine eigene Leucht- und Strahlkraft entfalten, die in den alten Sprachen nahezu geisterhaft als λαμπρόν oder als *splendor* auftaucht.[9] Ungewohntes muß nicht unbedingt gefährliche Züge annehmen, jedenfalls kommt es zumeist ungelegen.[10] Auf der anderen Seite hat das Aufmerken den Charakter einer *Response*, einer »Erwiderung«, die ebenfalls mehr ist als ein harmloses Füllsel. Das Doppelereignis von Pathos und Response unterscheidet sich grundlegend von einem funktional geregelten Kausalgeschehen, bei dem das Ursacheereignis sich unabhängig von den Folgeereignissen beschreiben läßt, wie wenn etwa das Steigen der Flut die Zerstörung eines Schutzdammes herbeiführt oder Panikverkäufe eine Bankkrise auslösen. Daß von Bildern eine rein physische Kausalwirkung ausgeht, ist ohnehin ausgeschlossen, da der Bildcharakter keine objektive Eigenschaft von Dingen oder Vorgängen darstellt. Die gemalte Sonne fügt der Strahlkraft der Sinne nichts hinzu, so wie ein Blumenphoto das pflanzliche Wachstum nicht beschleunigt. Das Doppelereignis von Pathos und Response entschlüpft aber auch der systemischen Zirkularität einer Autopoiesis, die auf eine »Aufmerksamkeitsaufmerksamkeit«, eine »reflexiven Aufmerksamkeit« oder eine »Aufmerksamkeit auf Aufmerksamkeit« hinausläuft.[11] Pathos bedeutet nicht Autopoiesis, Response nicht Reflexion. Pathos und Response zeichnen sich aus durch eine genetische Beziehung besonderer Art.

9 Vgl. hierzu den Beitrag von Andreas Cremonini in Boehm u. a., *Movens Bild* (2008), der den Titel trägt: »Was ins Auge sticht. Zur Homologie von Glanz und Bild«. Die erwähnte Stelle aus der *Phänomenologie der Wahrnehmung* dient dem Autor als Motto für eine Studie, die – inspiriert von den Blick- und Begehrenstheorien eines Merleau-Ponty, Sartre und Lacan – den Glanzlichtern und dem *glamour* der Bilder nachgeht.

10 Dazu ein Schweizer Kommentar: »Doch d'wält isch so perfid, dass si sech sälten oder nie nach bilder, wo mir vo're gemacht hei, richtet.« (Mani Matter)

11 Vgl. die systemtheoretisch angelegten Überlegungen von Alois Hahn und Siegfried J. Schmidt in: Assmann/Assmann 2001, S. 56 bzw. S. 184 f. Dazu paßt die Verwandlung der Aufmerksamkeit in eine »Aufmerksamkeitsökonomie«, in der die Aufmerksamkeit selbstreferentiell eingesetzt und als eine eigene »Währung« genutzt wird (Hahn, ebd., S. 48 bzw. Schmidt, ebd., S. 183 ff.). Vielleicht haben wir dann neben der Finanzkrise eine Aufmerksamkeitskrise zu befürchten.

Sie sind als Ereignisse nicht voneinander zu trennen. Ich antworte auf etwas, das mir auffällt; etwas fällt mir auf, indem ich darauf antworte. Dieses »indem« meint jedoch keine Koinzidenz, als wäre da etwas gegeben, das sich unter zwei Aspekten darstellt wie die Venus als Abend- und Morgenstern. Auffallen und Aufmerken bilden ebensowenig zwei Stämme einer einzigen Erfahrung, die gleich der Rezeptivität der Sinne und der Spontaneität des Verstandes in einem Dritten verbunden sind, mag dieser Wurzelgrund auch noch so verborgen sein. Das fragliche Dritte erweist sich vielmehr als ein *Zwischen*, das zugleich trennt und verbindet, wie es der Bindestrich tut.[12]

Die gleichzeitige Ungleichzeitigkeit zweier Ereignisse besagt, daß diese raumzeitlich gegeneinander verschoben sind. Was uns auffällt und überrascht, kommt stets zu früh, während unsere Antwort stets zu spät kommt, gemessen nicht nach einer äußeren Uhr, die alles, was geschieht, auf einer einzigen Zeitlinie anordnet und ihm einen bestimmten Zeitraum zumißt, gemessen vielmehr an einer diachronen Rhythmik der Erfahrung, die jede Synchronie ausschließt. Das »zu früh« und »zu spät«, das die Gegenwart zerspaltet, verweist auf eine unmögliche Koinzidenz, die in ihrer Unmöglichkeit erfahren wird. Diese genuine Vorgängigkeit und Nachträglichkeit entspricht einem Auseinandertreten der Erfahrung, das ich als *Diastase* bezeichne. Wenn es eine spezifische Form der Bildwerdung gibt, so steht zu erwarten, daß sie von dieser genuinen Verspätung der Erfahrung nicht verschont bleibt.

Macht, Kraft und Gewalt

Was auf uns einwirkt, indem es uns auffällt, uns überrascht und unserer Initiative zuvorkommt, gewinnt seine Wirksamkeit nur *in der Wirkung*, die es ausübt. Hinter der substantivischen *Macht* steht das prozessuale *Vermögen*, das sich in der Tat beweist.[13] Aus

12 Vgl. das englische Wort *hyphen*, das sich von dem griechischen Wort ὑφέν (wörtlich: »unter einem«) herleitet und eine ungewohnte Form der Einheitsbildung anzeigt.

13 Vgl. dazu *Politeia* 477 c-d: Vermögen ist eine »gewisse Art des Seienden, wodurch wir wohl vermögen (δυνάμεθα), was wir vermögen. [...] Bei einem Vermögen aber sehe ich lediglich darauf, worauf es sich bezieht und was es bewirkt.« In *Sophistes* 247 d-e (ähnlich *Phaidros* 270 d) wird jedem Seienden das Vermögen

der Beteiligtenperspektive betrachtet, geht die Wirkung ihrer Ursache voraus, so etwa im Erstaunen oder im Erschrecken über ein unvorhergesehenes Ereignis. Das Pathos ist kein Etwas, das sich separat betrachten ließe wie ein Naturereignis, es bestimmt sich als das *Worauf* eines Getroffen- oder Affiziertseins, das sich in das *Worauf* eines Antwortens verwandelt. Der doppelten Bestimmtheit auf seiten des Erfahrenen entspricht auf seiten des Erfahrenden der doppelte Status eines *Patienten*, der etwas erleidet, und des *Respondenten*, der darauf recht und schlecht antwortet. Dieser zwiefache Spalt in der Erfahrung ist es, der die Erfahrung in Atem hält. Er schafft den nötigen Hohlraum für eine Folge von Verarbeitungsschritten, wie wir sie aus der Psychologie und der Neurophysiologie der Emotionen kennen.[14] Er läßt außerdem Raum für ein Arsenal von Bildern, Symbolen und Medien, in denen die Erfahrung sich modalisiert. Wer der Erfahrung wirkende Substanzen, wirkende Subjekte oder entsprechende Modelle unterschiebt, führt Instanzen ein, die das Werk der Erfahrung bereits voraussetzen. Die Auffassung dessen, was uns widerfährt, *als etwas* und die Charakterisierung dessen, dem etwas widerfährt, *als jemand*, gehört bereits zur Verarbeitung von Widerfahrnissen und zur Ausarbeitung von Erfahrungsstrukturen. Hierzu gehört auch die spontane Sinnbildung, von der László Tengelyi im Anschluß an Husserls Analysen der passiven Synthesis und im Einklang mit Marc Richirs Theorie der symbolischen Sinnstiftung zeigt, daß sie den Akten subjektiver Sinngebung vorgelagert ist. Der Prozeß, in dem Ereignisse wie das

(δύναμις), etwas zu tun oder etwas zu leiden, zugesprochen; somit ist das Seiende »nichts anderes als Vermögen, Kraft (δύναμις)«. Schleiermacher, von dem diese Übersetzung stammt, fügt erläuternd den Kraftbegriff hinzu. Fraglich ist jedoch mehreres: 1. Die Ersetzung des Aktuellen durch eine Potenz (siehe die ominöse *vis dormitiva*), 2. die durchgängige Supposition eines Machthabers, 3. die Entschärfung des Pathos zu einem Leidensvermögen. Das Verb (δύνασθαι), das Platon auch in *Gorgias* 466 b anläßlich seiner Machtkritik verwendet, leistet solch fragwürdigen Deutungen weniger Vorschub als das Substantiv (δύναμις). Ähnliches gilt für das französische Verbalsubstantiv *pouvoir*, dem die *puissance* als Potenz gegenübersteht.

14 Ich verweise auf den Beitrag von Klaus Scherer: »Gefrorene Gefühle: Zur Emotionsdarstellung in der bildenden Kunst« in: Boehm u. a., *Movens Bild* (2008). Der Autor zeigt, wie die neuere Emotionsforschung von prototypischen, programmgemäßen Ausdrucksmustern zu komplexeren Erlebnismustern übergegangen ist, die aus kulturell geprägten Bewertungsprozessen hervorgehen und sich in den Werken der Kunst auf besondere Weise widerspiegeln.

Widerfahrnis Sinn annehmen, hat so besehen selbst etwas Ereignishaftes.[15]

Was nun die Wirkungen der Erfahrung angeht, so ist zu unterscheiden zwischen einer Machtwirkung, die *auf jemanden einwirkt*, und einer Kraftwirkung, die *etwas bewirkt*. Macht, so wie sie von Autoren wie Max Weber, Hannah Arendt und Michel Foucault verstanden wird, spielt sich zwischen uns ab; sie hat einen sozialen Charakter, selbst wenn ihre Ausübung weitgehend anonym bleibt, ganz im Gegensatz zum physischen Kräftespiel, dessen Einzelkräfte sich gegeneinander aufrechnen lassen. Allerdings sind soziale Einwirkung und physische Wirkung innerhalb unserer leiblichen Erfahrung eng miteinander verflochten. Dem Leib, der ich bin, entsprechen die Machtwirkungen, dem Körper, den ich habe, die Kraftwirkungen. Eine Tat, die mich beschämt oder erbost, treibt mir die Scham- oder Zornesröte ins Gesicht und setzt, wie wir wissen, bestimmte Hormonprozesse in Gang; ein freudiges Ereignis ruft Herzklopfen hervor. Außerdem können Antworten, die ein intra- oder interpersonaler Konflikt uns abnötigt, sich in die Körpersprache der Symptome flüchten, etwa in der Ausbildung von Tierphobien, bei denen die Antwort sich von ihrem ursprünglichen Anlaß abspaltet. Es kommt so zu einer besonderen Art der Antwortverschiebung. Wie die Schliche der Reklame zeigen, zehren Bildwirkungen immer auch von unbewußten Kräften, die sich unserer Kontrolle entziehen.

Von den Macht- und Kraftwirkungen ist schließlich die Gewalt zu unterscheiden, die einen hybriden Charakter aufweist. Die Ausübung von Gewalt bringt es mit sich, daß man *jemand als etwas* behandelt, betrachtet, benutzt, erniedrigt, um ihn im äußersten Falle zu vernichten. Dabei stellt sich die Frage, wie es zugeht, daß Bilder nicht nur zu Gewalt anstacheln, sondern geradezu die Qualität von Gewaltbildern annehmen. Natürlich ist die Darstellung von Gewalt nicht selbst gewaltsam, doch wo verlaufen die Grenzen zwischen Darstellung, Bezeugung und Verherrlichung der Gewalt? Die dringende Aufgabe begrifflicher Unterscheidungen wird erschwert durch den Umstand, daß traditionelle Begriffe wie *dynamis*, *potentia*, *potestas*, *vis*, *pouvoir*, *power*, *violence* oder *force* in vielen Farben

15 Vgl. László Tengelyi, *Erfahrung und Ausdruck* (2007), besonders Kapitel 6 und 7: »Erfahrung und Ausdruck im Widerstreit« und »Sinnbildung als Ereignis«.

schillern und daß dahinter verschiedene Ordnungsvorstellungen zum Vorschein kommen, auch solche, die den verschiedenen Wirkungsweisen ein ontologisches Kontinuum unterlegen.[16]

Primäre und sekundäre Aufmerksamkeit

Eine drohende Überdramatisierung der Erfahrung läßt sich vermeiden, wenn wir zwischen einer primären Aufmerksamkeit unterscheiden, die in erhöhtem Maße innovativ und kreativ auftritt, und einer sekundären Aufmerksamkeit, die weitgehend repetitiv und reproduktiv abläuft, und dies angesichts der Tatsache, daß uns all das, was in der gewöhnlichen Erfahrung zutage tritt, in seinen Grundzügen vertraut ist. Daß die Aufmerksamkeit in den meisten Erkenntnis- und Handlungstheorien so stiefmütterlich behandelt wird, hängt sicherlich damit zusammen, daß man sich allzu einseitig an das Gewohnte hält, so daß die Aufmerksamkeit am Ende dem Anknipsen eines Lichtschalters oder der Einstellung eines Scheinwerfers gleicht. Man rückt ins Licht, was schon da ist, man entdeckt, was man im Grunde schon kennt. Doch anders als die Installation eines Monitors beruht die lebendige Eingewöhnung auf Prozessen, die erhebliche Probleme aufwerfen. Jede erprobte und erlernte Wachsamkeit hängt ab von wiederholbaren Auffälligkeiten, die aus der Gestalttheorie als Aufforderungscharaktere, aus der Ethologie als Auslöseschemata bekannt sind. Den Aufmerksamkeitsmerkmalen entsprechen dauerhafte Aufmerksamkeitseinstellungen, die von Fall zu Fall aktualisiert werden. In der Sprache Husserls bedeutet dies, daß die Ereignisse des Auffallens sich in wiederholbaren Qualitäten sedimentieren und die Ereignisse des Aufmerkens sich körperlich habitualisieren. So kommt es zu wechselnden Formen der Konzentration und der Zerstreutheit, speziell zur Ausbildung bevorzugter Merkwelten, in denen sich kollektive und

16 Werden Begriffe wie Wirklichkeit und Möglichkeit, Aktualität und Potentialität auf jedwedes Seiende angewandt, so verringert sich der Unterschied zwischen Etwas und Jemand, zwischen Kraft und Macht; werden soziale und natürliche Prozesse einander angeglichen, so verschwindet das Unheilvolle der Gewalt. Abgesehen davon eignen sich Begriffe wie Kraft und Energie auch für esoterische Eskapaden in naturwissenschaftlichem Gewande. Bezüglich der Problematisierung von Macht und Gewalt sei verwiesen auf Kap. 6- 8 der *Schattenrisse der Moral* (2006).

individuelle Interessen spiegeln. Auf seiten des Auffälligen stoßen wir auf erprobte Pathosgestalten, die sich in kulturspezifische Pathosformeln fassen lassen. Doch dies gehört bereits zur Bildwerdung der Erfahrung. Von allgemeiner Wichtigkeit ist der Umstand, daß starke Formen des Pathos, die den normalen Gang der Erfahrung durchbrechen, nur indirekt zu greifen sind. Sie zeigen sich in der Abweichung vom Gewohnten und im Auftreten von Bewegungsüberschüssen, die den Rahmen bestehender Sinngefüge und Regelsysteme überschreiten, und zwar als etwas Unwahrscheinliches, das sich, wie Alois Hahn bemerkt (in: Assmann/Assmann 2001, S. 37), in Gestalten des Ungeometrischen, Unharmonischen und Arrhythmischen bemerkbar macht. Pathetisch wird das Pathos erst, wenn sich der Kontrast zwischen Alltäglichem und Unalltäglichem abschwächt und das Pathische ungehemmt und ungeschminkt als *pathos pur* hervortritt.

Polarisierungen und Dissoziationen der Aufmerksamkeit

Das Aufmerksamkeitsgeschehen gleicht keinem ruhigen Fluß, vielmehr bilden sich Strömungen und Wirbel verschiedener Art. Schon das wechselnde Gewicht des pathischen und des responsiven Moments führt zu Polarisierungen, die den zeitlichen Charakter verändern. An dem einen Ende der Skala finden wir die *Plötzlichkeit des Schocks*, der unsere Abwehrkräfte überfordert, an dem anderen Ende den *Schlummer der Gewohnheit*, der in einem Motto wie *nil novi sub sole* seine Rechtfertigung sucht. Das einmal erreichte Gleichmaß schließt allmähliche Änderungen nicht aus, doch diese vollziehen sich so unauffällig, daß sie erst aus dem zeitlichen Abstand heraus wahrgenommen werden. Oft geschieht dies in Form gelebter Anachronismen, die unsere Aufmerksamkeit in einen inneren Widerstreit verwickeln wie im Falle des legendären Mönchs von Heisterbach, der im Grübeln über Gottes Zeit seine eigene Zeit vergißt. Während sich im Zuge der Polarisierung lediglich die Gewichte verschieben, führen pathologische Dissoziationen dazu, daß das Aufmerksamkeitsgeschehen auseinanderbricht. Solche Dissoziationen lassen sich als Antwortstörungen oder Antwortblockaden begreifen. Einerseits müssen wir mit Fällen rechnen, in denen das Pathos *nahezu ohne Antwort* bleibt wie im Falle traumatischer Ereignisse, die den Patienten verstummen lassen; andererseits kennen wir Fälle, in denen die Antwort *nahezu ohne Pathos* zustande kommt wie bei der neurotischen Anklammerung an stützende Rituale oder beim autistischen Kreisen um sich selbst. Das »Nahezu« markiert eine doppelte Barriere, die eine völlige Abspaltung von Pathos und Response verhindert. Würden Auffallen und Aufmerken sich ganz und gar voneinander lösen, so würde das Widerfahrnis in eine äußere Verursachung, die Response in einen puren Reflex abgleiten, die Erfahrung würde absterben.

3. Augenfälligkeit der Bilder

Das Aufmerksamkeitsgeschehen nimmt spezifische Formen an je nachdem, ob etwas ins Auge fällt, ob uns etwas zu Ohren kommt oder ob uns etwas in den Sinn kommt, uns einfällt, wie wir sagen. Dasselbe gilt auch für die verschiedenen Medien der Aufmerksamkeit. Uns geht es hier in erster Linie um das Verhältnis zwischen dem Augenfälligen und dem Bildhaften. Es ist zu erwarten, daß die zuvor erwähnte Urtatsache der Erfahrung in einer ähnlichen Urtatsache der Bilderfahrung ihre Entsprechung findet. Das Staunen darüber, daß es Bilder gibt, läßt sich durch noch so raffinierte Bildtheorien nicht ausräumen.

Wirken durch Bilder

Die Phänomenologie der Bilderfahrung, wie sie schon zu Beginn von Kapitel 2 vorgestellt wurde, macht seit Husserls Zeiten einen deutlichen Unterschied zwischen dem Sehen *von Bildern* als Bildobjekten und dem Sehen *in Bildern* als Medien. Die Grundformel des Bildsehens lautet: »Wir sehen etwas als etwas im Bilde.« Das Bild als das *Worin* des Sehens ist nicht geradewegs sichtbar; es zeigt sich nur indirekt als das, was das Bild*ding* zu einem *Bild*ding macht, und als das, worin das Bild*sujet* als *Bild*sujet auftritt. Die pikturale Differenz, mit der wir zwischen dem unterscheiden, was als Bild aufgefaßt wird, und dem, als was es aufgefaßt wird, besagt, daß das Bild sich nicht nur von etwas, sondern auch von sich selbst unterscheidet, und dies gerade insofern, als es sich auf etwas anderes bezieht. Schon das fungierende Bild entzieht sich dem direkten Zugriff, darin gleicht es dem fungierenden Blick, in dem es seine

Wirkung entfaltet. Imagination bedeutet keine Erweiterung oder Verstärkung und auch keine Nichtung der Wahrnehmung, sondern eine Höhlung oder Faltung des Sichtbaren, wie Merleau-Ponty dies nennt. Was wir sehen, sehen wir anders, aus einem schiefen Winkel oder aus einer unaufhebbaren Ferne. Auf die Bildwirkung trifft ähnliches zu wie auf das Bildsehen. Wir haben zu unterscheiden zwischen dem Wirken *von Bildern* (frz. *par*, engl. *by*) und einem Wirken *durch Bilder hindurch*. Dieses »durch« ist medial zu verstehen (frz. *à travers*, engl. *across* oder *through*) und nicht etwa instrumental, als würden wir eigenmächtig über die Bilder verfügen. Die zweite Grundformel lautet also: »Uns fällt etwas auf durch das Bild hindurch.«[17] Das wirkende Bild unterscheidet sich von der hervorgerufenen Wirkung, gleich wie das darstellende Bild sich vom Dargestellten unterscheidet. Diese Selbstdifferenz, die das Bildgeschehen abermals aushöhlt, schafft die nötigen Bedingungen für eine *originäre Bildlichkeit*, die nicht erst hinterdrein zu einer bildfreien Wirklichkeit und einer ebenso bildfreien Wirksamkeit hinzutritt. Kreative Bilder fügen sich nicht in eine zunächst bilderlose Welt ein, sie verleihen der Welt einen genuin bildlichen Charakter. Dem In-der-Welt-Sein entspricht ein ebenso grundlegendes Im-Bilde-Sein.

An dieser Stelle lohnt sich ein Seitenblick auf Probleme, wie wir sie ähnlich aus dem Bereich der Sprache kennen. Bekanntlich wird in Karl Bühlers Organonmodell dem *Appell* an den Hörer ein ebenso unersetzlicher Platz eingeräumt wie der Darstellung der Sache und dem Selbstausdruck des Sprechers. Doch die Rolle der Wirkung hält sich in Grenzen, zum einen deshalb, weil die Sprache unter Hinweis auf Platons *Kratylos* insgesamt als Werkzeug begriffen wird, zum anderen, weil die Wirkung der Rede einseitig aus der Perspektive des Sprechers betrachtet wird. Jemand erzeugt

17 Diese mediale Bildwirkung schwächt sich ab zu einer schlichten Bildwirkung, wenn bei Louis Marin der »Repräsentationseffekt« des Bildes die Oberhand gewinnt. Das, was repräsentiert wird, sind demnach zwar primär »Kräfte« (*forces*), die den Zeichen eine »pathische und ästhetische Wertigkeit« verleihen, doch diese Kräfte werden durch das Bild »instrumentalisiert« und in Potenz (*puissance*) bzw. in Macht (*pouvoir*) verwandelt. (»Das Sein des Bildes und seine Wirksamkeit«, in: Beyer/Voorhoeve/Haverkamp 2006, S. 18). Abgesehen von der unzureichenden Unterscheidung zwischen Macht- und Kraftwirkung scheint mir die Wirkung, der das Bild in der Repräsentation unterliegt, gegenüber der Repräsentationswirkung, die es selber ausübt, zu kurz zu kommen.

mittels der Worte bei jemand anderem eine Wirkung. Das konkrete Sprechereignis, auf das Bühler sich ausdrücklich bezieht, fügt sich in den Rahmen konventioneller Regelungen; einzig diese Regeln sind es, die das Sprachgeschehen über behavioristisch gefaßte Wirkungszusammenhänge hinausheben. John L. Austin geht in seiner Sprechakttheorie um einiges weiter, doch im entscheidenden Augenblick biegt auch er auf alte Wege zurück. Mit der illokutionären Kraft (*illocutionary force*) beschwört er eine Macht der Rede, die *in der Rede* selbst ausgeübt wird, indem sie mit Worten Sachverhalte und Verbindlichkeiten erzeugt, so etwa das Tragen eines Namens oder das Bestehen eines Vertrags. Diese Macht der Rede hängt ab vom wechselseitigen Verstehen und von gemeinsamen Regeln der Verständigung. Anders steht es mit der perlokutionären Wirkung (*perlocutionary effect*), die zwar *durch die Rede* (engl. *by*) erzielt wird, aber eben nicht auf konventionelle Weise, so daß außersprachliche Mittel denselben Dienst tun würden. Konventionelle Folgen werden streng von realen Wirkungen geschieden. Wer den Ball gegen eine Wand donnert, schießt kein Tor. Mit anderen Worten, es gibt eine Machtwirkung in der Rede, aber keine Machtwirkung, die sich durch die Rede hindurch vollzieht. Es gibt eine *performative*, aber *keine adressierte Macht*. Sprachliche Gewaltakte, die aus einem Ausfall der Rede resultieren und die ähnlich wie das Schweigen selbst einen sprachlichen Charakter aufweisen, kommen erst gar nicht vor. Die hergebrachte Sprechakttheorie unterschlägt wie die meisten aktuellen Sprach- und Handlungstheorien die pathischen und responsiven Anteile der Rede. Ähnlich wie in der traditionellen Behandlung von Bildwirkungen wird auch hier der Kontrollbereich nicht verlassen, so daß die Wirkung der Sprache als Sprache zu kurz kommt. Bildtheoretiker sollten sich also dreimal umschauen, bevor sie sich an vorhandene Sprachtheorien anlehnen.[18]

Doch kehren wir zur Bildwirkung zurück. Wir müssen noch einen Schritt weiter gehen. Man könnte versucht sein, die beiden Grundformeln »Sehen im Bild – Wirken durch Bilder« schlicht zu parallelisieren und die Bildwerdung in einen Kreislauf aus Mer-

18 Zur Kritik an den Mängeln kommunikativer Sprachauffassungen wie jenen von Bühler, Austin, Searle und ähnlichen Autoren verweise ich auf meine Ausführungen im *Antwortregister*, 1. Teil. Inzwischen hat Judith Butler für Abhilfe gesorgt, indem sie im Anschluß an Michel Foucault der Macht und der Gewalt der Rede ihren gebührenden Platz einräumt.

ken und Wirken einzufügen. Doch als Menschen leben wir nicht in einer vorgeprägten Umwelt, deren Bildervorrat sich aus schieren Lebenserfordernissen speist. Bilder gehören zu ebenjenen »Fremdlingen«, die Kant aus der reinen Bildsphäre zu verbannen sucht. Die Bildwirkung tritt nicht neben die Bildwahrnehmung, sie folgt ihr auch nicht nach, vielmehr rumort sie in ihr als eine permanente Beunruhigung. Deshalb lautet die zweite Grundformel nicht: »Durch Bilder hindurch fällt uns etwas als etwas ein«, als hätte das Pathos selbst einen Sinn. Das *Wovon* des Affiziertwerdens ist weder ein sichtbares noch ein bildhaftes Etwas, das wir wie einen unbekannten Gegenstand daraufhin befragen können, *was* es ist. Aus der Sicht der Intentionalität gesprochen, handelt es sich beim Widerfahrnis um ein »Etwas ohne Als«, wobei dieses »ohne« als *with-out*, als unterbrochene Beziehung zu verstehen ist. Das Wovon des Getroffenseins ist nicht nur sinn- und regellos, es ist auch im strengen Sinne *bildlos*, selbst wenn es zur Verbildlichung drängt. Ein Widerfahrnis, das den gewohnten Gang der Dinge durchbricht, verschlägt uns nicht nur die Sprache, es übersteigt auch unsere Fassungskraft, es läßt sich nicht ausmalen wie eine ferne Vision. Dabei ist zu unterscheiden zwischen einer präikonischen und einer hyperikonischen Form des Entzugs, einem *avant l'image* (vergleichbar dem *avant la lettre*) und einem *au-delà de l'image*. Eines hängt untergründig mit dem anderen zusammen. Was noch nicht im Bild ist, wird auch künftig niemals völlig ins Bild treten. Hinter dem bekannten Gebot »Du *sollst* dir kein Bildnis machen!«, mit dem laut Kant das jüdische Volk, aber auch der Islam einen einzigartigen Ausdruck der Erhabenheit gefunden haben (KU B 124 f.), steht ein noch grundlegenderer Widerstand, der besagt: »Du *kannst* dir kein Bildnis machen« – außer hinterdrein, so wie ein Schiffbrüchiger als *superstite lupo di mare* den Lebensfaden wiederaufnimmt oder wie ein Erfinder mit Erstaunen seinen Fund betrachtet. Das vieldiskutierte Kultbilderverbot, das nicht mit einem allgemeinen Bilderverbot gleichzusetzen ist,[19] enthält dann ein Kernmotiv, das sich nicht auf religiöse Bildnisse beschränkt. Genau so wie die Anrede kein Bestandteil des Gesagten ist, genau so ist der Anblick kein Bestandteil des Gesehenen. Anrede und Anblick, aber auch die Anrührung sind Formen

19 Zur jüdischen Tradition des Bilderverbots siehe den Beitrag von Othmar Keel in Boehm, *Homo Pictor* (2001).

einer Affektion, wörtlich: eines Antuns, das sich allerdings nur bedingt auf persönliche Täterschaft zurückführen läßt.

Bildwirkung und Bildgestalt

Entscheidend ist nun die Frage, wie es dazu kommt, daß ein unsichtbares Pathos ins Auge springt und daß eine bildlose Wirkung ins Bild tritt, sich in Szene setzt. Hier geht es nicht mehr nur um die Sichtbarkeit des Unsichtbaren, von der so oft die Rede ist, sondern um die Bildlichkeit des Bildlosen. Woher rühren die Paradoxe, von denen das Nachdenken über die Kunst der Bilder immer wieder aufgestört wird? Paradoxe sind das Salz des Denkens, erforderlich sind sie auch hier. Wenn wir uns nicht in den Nebeln des Unsichtbaren, Undarstellbaren und Unsagbaren verlieren wollen, so müssen wir ausgehen von dem, was wir vom Bild zu sehen bekommen, darunter die Materialität der Bilder, die wir mit Händen greifen oder mit den technischen Mitteln der Elektronik erzeugen. Der Versuch, geradewegs eine Entstehung des Sichtbaren aus dem Unsichtbaren nachzuzeichnen, würde nicht auf eine Genealogie der Bilder hinauslaufen, sondern auf eine Ikonogonie, in der die mythischen Züge einer Kosmogonie wiederkehren. Wir haben immer schon Bilder vor uns, gesehene und geschaffene, offene und gerahmte. Das Wirken der Einbildungskraft begegnet uns einzig in jenen Bildern, die sie im verborgenen erzeugt. Das Wovon des Getroffenseins bliebe auf ewig stumm und blind wie der bloße Affekt im Sinne Kants (vgl. KU B 121), wenn es nicht das Worauf des Antwortens gäbe, das sich in Zeichen und Bildern artikuliert – so wie es laut Goethe dem Dichter gegeben ist, zu sagen, was er leidet. Wie schon beim Pathos, das uns aufmerken läßt, öffnet sich auch hier ein indirekter Weg. Die Differenz zwischen der *Bildwirkung*, die das Sehen in Bewegung setzt, und der *Bildgestalt*, in der es sich ausformt und verdichtet, tritt mit ins Bild. Nehmen wir nochmals den Blick. Der Blick, nicht zu verstehen als ein subjektiver Sehakt, sondern als Sehereignis, ist zu unterscheiden vom Gesehenen. Sofern der Blick durch das Bild zu uns dringt, ist abermals zu unterscheiden zwischen dem *sehenden Bild*, das uns anblickt, und dem *gesehenen Bild*, das wir unsererseits sehen.[20] Selbst die

20 Im Französischen könnte man unterscheiden zwischen einer *image voyante* und

Zeitverschiebung von Pathos und Response wiederholt sich hier. So unterscheidet Roland Barthes (1989, S. 95) beim photographischen Bilderblick zwischen dem, *was nicht mehr ist* und lediglich in unserer Erinnerung fortlebt, und dem, was uns hier und jetzt in bestimmten Photos entgegentritt als das, *was gewesen ist.*[21] Das Bild, das wir vor uns sehen, bewahrt in sich die Spuren einen vergangenen Blickgeschehens, das niemals völlig gegenwärtig ist und war. Die Analyse des Bildes durchläuft mithin verschiedene Stufen, von der *Bildgestalt*, die ihre eigene Syntax, Semantik und Pragmatik erfordert, über die zeitliche *Bildverschiebung*, die im Herzen des Bildes aufklafft, bis zur *Bildwirkung*, die ihre Initialkraft im Blick entfaltet. Dieser abgestuften Sichtweise entspricht die Steigerungsfolge von Spiegel, Spur und Blick, die in Kapitel 3 als bildtheoretisches Muster verwendet wurde. An dieser Stelle gilt unser Interesse in erster Linie der pathischen Seite des Bildgeschehens und so auch dem Blick als einem Ersten, das ähnlich wie die Erstheit bei Peirce nur in einem Zweiten oder Dritten zu fassen ist. Alte Motive wie die Blendung eines Blicks, der sich schutzlos dem Sonnenlicht aussetzt, der tödliche Schrecken des Schönen und natürlich auch der böse Blick geben dem Bildgeschehen etwas Abgründiges. Daran fehlt es auch nicht in Kants Ästhetik. »Das Überschwengliche für die Einbildungskraft [...] ist gleichsam ein Abgrund, in dem sie sich selbst zu verlieren fürchtet«, doch geleitet von der Vernunft gelangt die Einbildungskraft alsbald auf festen Grund (KU B 98 f.).

Pathosformen

Angesichts der Vielfalt von Bildformen lassen sich verschiedene *Pathosformen* oder *Affektionsweisen* auflisten, verbunden mit entsprechenden Antwortweisen. Sie finden ihre Entsprechung in wechselnden Intentionsweisen wie Erfassen, Einschätzen, Fühlen, Begehren

einer *image vue*; denn *voyant* bedeutet auch »auffallend«, »auffällig« oder »grell« wie im Falle einer hervorstechenden Farbe. Ähnliches gilt für das lateinische Wort *conspicuus*, das sich von *conspicere* herleitet und das im Englischen als *conspicuous*, im Italienischen als *conspicuo* fortlebt. Aktiv und Passiv sind nicht so säuberlich voneinander getrennt, wie unsere schulphilosophische Weisheit es sich träumen läßt

21 Vgl. *Sein und Zeit*, S. 328: »›Solange‹ das Dasein faktisch existiert, ist es nie vergangen, wohl aber immer *gewesen* im Sinne des ›ich *bin*-gewesen‹.«

oder Entscheiden und in typischen Sprechakten wie wünschen, versprechen, drohen, berichten oder befehlen. Allerdings müssen wir uns davor hüten, das Pathos im Sinne der neuzeitlichen Gefühlslehre zu verstehen, als ginge es hierbei um die Beschreibung innerer, psychischer Vorgänge und Zustände, die lediglich in die Sprache physiologischer Vorgänge übertragen wird. Das Pathos als Widerfahrnis bewegt sich auf der Grenze zwischen der Welt der Dinge, dem Bereich des eigenen Selbst und dem der Anderen, und die verschiedenen Dimensionen der Erfahrung finden ihren Kreuzungspunkt in der Leiblichkeit. Außerdem ist es nicht damit getan, daß wir uns auf typische Physiognomien und Charaktere beziehen, in denen sich Affekte wie Neid, Gleichgültigkeit oder Leichtsinn verkörpern. Die Pathosformeln der Warburgschule gehen einen Schritt weiter, da sie körperliche Bewegungsformen und Energiesymbole wie das flatternde Haar oder den Faltenwurf eines Gewandes einem kulturgeschichtlichen Bildrepertoire zuordnen. Doch eine Ikonopathie, die der eingebürgerten Ikonologie eine zusätzliche Tiefendimension verleiht, indem sie von einem *Pathos des Logos* ausgeht, müßte noch elementarer ansetzen, indem sie Bilder stets auch als *Ereignisbilder* oder als *Erregungsbilder* thematisiert.[22] Ich selbst begnüge mich mit einigen Andeutungen, wie sie sich einer Phänomenologie der bildlichen Aufmerksamkeit aufdrängen. Die Grundkräfte der Aufmerksamkeit, mit denen sich die Phänomenologie der Aufmerksamkeit beschäftigt, finden ihr Pendant in entsprechenden Bildkräften, die uns veranlassen, Aisthesis und Kinesis paarweise zu behandeln. Das alte Motiv der Kinästhese käme damit zu neuen Ehren, falls darunter keine bloße Bewegungsempfindung verstanden wird, sondern ein Empfinden in Bewegung.

Den Ausgangspunkt der Bilddynamik bildet eine *Beunruhigung* des Blicks. Diese steht ganz und gar im Gegensatz zur Reinheit einer »Empfindungsart [...], die durch keine fremdartige Empfindung gestört und unterbrochen wird«; es bedarf jener störenden »Fremdlinge«, die Kant aus dem Reich des Schönen verbannen will (KU B 39-41). Es ist die Unruhe, die den Spalt zwischen sehendem und gesehenem Bild offenhält. Dazu gehören jene aus *Attraktion* und *Repulsion* gemischten Bewegungen, die Kant dem Erhabenen

22 Der Ausdruck »Erregungsbilder« findet sich in einer 1933 von Werner Kaegi verfaßten Studie über das Werk Aby Warburgs. Vgl. den Artikel »Pathosformel« von Hans Henning Ritter im *Historischen Wörterbuch der Philosophie*, Bd. 7 (1989).

vorbehält und der ruhigen Kontemplation des Schönen entgegensetzt. Diese Unruhe findet sich wieder in den Grundelementen des klassischen Bildes. Die *Umrisse* der Zeichnung sind keine bloßen Grenzlinien, die eines vom anderen abteilen, sondern Risse und Spalten in der Bildfläche. Eine Linie, die keinem vorgegebenen Gesetz gehorcht, entfaltet ein Eigenleben, indem sie sich schlängelt, sich mit anderen Linien kreuzt oder in einem Gewirr von Linien verschwindet. Ähnlich ist auch die *Farbe* kein Füllsel. Ihre Strahlkraft, die sich bis ins Orphische steigern kann, mißachtet die Grenzen, die ihr von den Dingen gesetzt werden. Das Sehen setzt sich um in ein Farbverhalten; das leibliche Selbst bewegt sich anders, wenn es Rot oder Grün sieht; das Farbsehen ist kinetisch durch und durch (siehe unten, S. 140). Außerdem bildet der kanonische Gegensatz von *Figur* und *Grund* kein friedliches Paar. Die Figur kann auf beängstigende Weise hervorspringen und sich vom Hintergrund ablösen, den Bildgrund bis zum Rande füllen, und umgekehrt kann der Grund sich in einen gähnenden Abgrund verwandeln. Bilder wie das schwarze Quadrat von Malewitsch laden ein zu einer widerstreitenden Sichtweise je nachdem, ob das Schwarz als schwarze Fläche oder als schwarzes Loch betrachtet wird. Der überlebensgroße Gigant aus der Schule Goyas, der die Mondsichel zu einem schmalen, schüchternen Lächeln zusammenschrumpfen läßt, sprengt förmlich den Bildrahmen. Daneben gibt es Blicke, die den Betrachter umgarnen, ihn geradezu ins Bild hineinlocken wie in einen Lebens- oder einen Totentanz. Auf solche Weise wird der Blick des Betrachters von einer Blickbewegung erfaßt, die er nicht beherrscht. Selbst die Beruhigung ist das Ergebnis einer Bewegung, die zum Stillstand kommt, also nie völlig stillhält, so wie das Stillschweigen spricht, indem es geheimhält, und wie sich noch in der Reglosigkeit des Stillebens etwas regt. Die Darstellung von Pathosmotiven wie Schrecken, Staunen oder Freude verfehlt ihr Thema, wenn sie sich an wiederkehrende Merkmale klammert und wenn das Pathos sich nicht in einem leibhaften, raumbildenden Bildgeschehen realisiert, sei es in dem Grün und Blau der Monetschen Seerosen, sei es in dem hektischen Zeichenstrich und den stürmischen Schraffuren Goyascher Radierungen. Dazu gehört die Kunst des Weglassens, die Blickräume freigibt, ohne sie auszufüllen. In den Grenzgängen der Kunst stößt das Apollinische immer wieder auf das Dionysische, das Schöne auf das Erhabene. Was sich hinter diesen herkömmlichen Unterscheidungen verbirgt, sind Urkontraste, die sich jeder Vereinigung widersetzen.

Pathos im Schatten des Eidos

Die Geschichte der Bildbetrachtung und Bildverfertigung leidet unter einer hauseigenen Bildvergessenheit. Das Sehbegehren rückt in den Schatten der Bildgestalt, die alles Licht auf sich zieht. Das Augenfällige sinkt herab zum bloßen Augenschein. Dies rührt daher, daß die Schwelle, die das Wovon des Getroffenseins und das Worauf unserer Blickantwort von dem absondert, was wir jeweils im Bilde sehen, abgesenkt wird. Damit verliert sich das Sehereignis, nämlich der Anblick, der uns erregt, und der Augenblick, der immerzu blinkt und flackert,[23] in der Allsichtigkeit eines Panoramas. Das Sehen nähert sich einem Wiedersehen, für das alles sonnenklar ist, es verfestigt sich zu einem Gesehenhaben.[24] Das Bild wird veredelt zur Idee, aber damit wird es auch entsinnlicht.

Die Schlüsselwörter *Eidos* und *Idea*, die ihrerseits eine lange Vorgeschichte haben, werden von Platon mit einer unvergleichlichen Bedeutungskraft aufgeladen, aber auch überfrachtet. Der sprachliche Bezug zum Sehen (gr. Stamm -ιδ, lat. *videre*) und zum Wissen (gr. εἰδέναι) bedeutet mehr als eine sprachgeschichtliche Reminiszenz. Gehen wir zurück in die vorplatonische Geschichte, so finden wir bereits bei Homer das Wort εἶδος, das für die Gestalt einer äußeren Erscheinung steht. »Es bezeichnet das, was man sieht, was in die Augen fällt, den Anblick in seiner Sichtbarkeit.« In der Euklidischen Geometrie dient εἶδος – im Gegensatz zu σχῆμα, das sich von der Tanzfigur herleitet und eine aus *Stücken* zusammengesetzte Figur bezeichnet – als Ausdruck für die »ornamentale Gestalt der Figur im *Ganzen*, und abgesehen von ihrer Größe«. Demgegenüber steht ἰδέα in der Literatur für die »*äußere* Erscheinung im Gegensatz zum eigentlichen Wesen des Gegenstandes«.[25] In Platons höchst facettenreicher Bildtheorie, in der auch das Sehbegehren,

23 Vgl. den Augenblick als *clin d'œil* bei Jacques Derrida, *Die Stimme und das Phänomen*, Kap. 5 (2003).

24 Vgl. im Griechischen das perfektivische εἰδέναι (wissen = gesehen haben).

25 Die Belege und Zitate zur Vorgeschichte von »Eidos« und »Idea« stammen von Kurt v. Fritz: *Philosophischer und sprachlicher Ausdruck bei Demokrit, Plato und Aristoteles* (1963), S. 44-46.

das Pathos, der Augenblick und der Bildzauber eine wesentliche Rolle spielen, kommt es alles in allem zu einer Sublimierung des Sehens, zu einem Sehen mit den Augen des Geistes oder der Seele, so daß die Differenz zwischen Sehen und Gesehenem in der Synopsis, einer Gesamtschau, unterzugehen droht. Ideen sind die wahren Bilder. Bei Kant weicht die Sublimierung des Blicks einer Blickkontrolle, die sich auch gegen religionspolitische Versuche richtet, »aus Furcht vor der Kraftlosigkeit dieser [sc. sittlichen] Ideen, für sie in Bildern und kindlichem Apparat Hülfe zu suchen« (KU B 125). Wie schon erwähnt, wird die Produktivität der Bildwerdung in der Einbildungskraft erkauft mit einer generellen Eliminierung sinnlicher Regungen. Nur als moralische Achtung findet das Pathos Eingang in das Reich des Schönen, und die Gewaltsamkeit des Erhabenen kommt nur zur Geltung, soweit dieses »jeden Maßstab übertrifft« (KU B 85). Das Pathos verträgt sich nicht mit den Ideen einer Vernunft, die ihren eigenen Interessen folgt. Um eine programmatische Formulierung aufzugreifen: Im Reich der Bilder läuft die Evidenz der Affektion den Rang ab.

4. Indirekte Wirkungen in der Kunst

Wenn Künstler Bilder fabrizieren und inszenieren, geht das Aufmerksamwerden in ein *Aufmerksammachen*, die Blickanregung in eine Blicksteuerung über. Dies schließt nicht aus, daß auch die Einflußnahme auf den fremden Blick pathische Ursprünge hat, die ein Moment des »es malt« einschließen. Bildhersteller und Bildbetrachter sind ebenfalls in ein Zwischengeschehen verwickelt, das niemand, auch nicht der Bildner, völlig in der Hand hat. Die Aufteilung in Produzent und Rezipient ist ebenso vordergründig wie die zwischen Sender und Empfänger; sie geht von Positionen aus, die dem Seh- beziehungsweise dem Sprechgeschehen fix und fertig unterschoben werden. Doch dies sind Probleme, die wir hier nur streifen können.

Fragen wir abschließend nach dem Ort, den die Steigerungsform künstlerischer Bildwirkung für sich beanspruchen kann. Zwei Extreme scheiden aus, da sie die eigentümliche Wirkmacht künstlerischer Bilder schwächen oder gar auslöschen. Würde die Kunst sich auf den Dienst an lebensweltlichen oder sonderweltlichen Interessen verlegen, so würde sie sich selbst preisgeben. Sie würde lediglich allgemeine Funktionen wie Warnung, Alarmierung, Gedächtnisschulung, Belehrung oder Lustbefriedigung übernehmen oder sich für fremde Ziele wie politische Willensbildung, religiöse Glaubenserweckung, ökonomische Werbung oder alltägliche Unterhaltung einspannen lassen. Der bekannte Leitsatz »Krieg ist Politik mit anderen Mitteln« ließe sich dann mit allen erdenklichen Variationen auch auf die Kunst anwenden. Natürlich ist nicht auszuschließen, daß die Kunst eine Menge Nebenwirkungen erzielt, etwa in der Weckung eines politischen Bewußtseins, in der Gestaltung sakraler Räume oder in Form von Mal- und Bewegungstherapien. Ebensowenig ist die Möglichkeit ausgeschlossen, daß außerkünstlerische Produkte eine kunstnahe Bildwirkung entfalten, die weit über ihren Gebrauchswert hinausgeht. So können Weltkarten sich wie Ortsteppiche vor unseren Augen ausbreiten und zu einem kartographischen Orbis pictus anwachsen.[26] Es verdient kaum der Erwähnung, wie sehr die traditionelle Kunst religiöse, politische und auch didaktische Elemente in sich aufgenommen hat, und dies sicher nicht zu ihrem Schaden. Doch die Frage nach der spezifischen Wirkung der Bilder läßt sich durch solche lebensweltlichen Bezüge ebensowenig beantworten wie durch den Hinweis auf den Reklame- und Versicherungswert der *Mona Lisa*.

Es gibt aber noch ein zweites Extrem, das auf andere Weise die eigentümliche Wirkmacht der Kunst verfehlt. Die Bildverfertigung kann sich darauf kaprizieren, Überraschungseffekte zu produzieren und das Auffällige durch Allzuauffälliges zu überbieten. Damit avanciert das Seh- und Bildereignis selbst zum Bildgehalt. Aus Ereignisbildern, in denen etwas in den Blick und ins Bild tritt, werden pure Eventbilder, die eine Bildermaschinerie in Gang halten. Das Aufmerksammachen liefert sich bloßen Showeffekten aus, und die Response, die Antwort, die wir geben und immer wieder neu zu erfinden haben, sinkt herab zu einem momentanen Sehreflex. Dem Ereignisbegriff haftet insofern eine Zweideutigkeit an, die sich nicht ein für allemal bereinigen läßt. Natürlich hat es keinen Sinn, neuere Bildmedien für den Bildverschleiß verantwortlich zu machen, verantwortlich ist unser Umgang mit Medien und Apparaturen.

26 Dies läge auf der Linie ältester Weltbilder, von denen Christoph Markschies in seinem Beitrag zu Boehm u. a., *Movens Bild* (2008) zwei eindrucksvolle spätantike Exempel vorstellt.

Eine Alternative zu der Selbstpreisgabe der Kunst findet sich, wenn wir auf einer *indirekten* Wirkweise beharren. Damit greifen wir die Unterscheidung zwischen einer primären, innovativen und einer sekundären, repetitiven Form der Aufmerksamkeit auf. Indirekte Wirkungen gehen zurück auf *Überschüsse* des Außerordentlichen und auf *Abweichungen* vom Ordentlichen. So wird die kulturelle Normalität verfremdet und zugleich als Normalität entdeckt.[27] Auf diese Weise entgehen wir dem kulturalistischen Zirkel, der dazu führt, daß alle kulturellen Stiftungen letzten Endes als Selbstausdruck einer Kultur verstanden werden. Phänomenologisch formuliert, bedarf es einer *ikonischen Epoché*, die an die Stelle der ästhetischen Katharsis und der sinnlichen Abstinenz tritt. Sie führt zu einer Verfremdung der natürlichen Erfahrung, indem sie den Blick anhält und das gewohnte Bildinteresse suspendiert. So lenkt sie den Blick nicht nur von dem, *was* sich zeigt, auf die Art und Weise, *wie* es sich zeigt, sondern darüber hinaus führt sie uns zurück zu dem, *wovon* der Bilderblick getroffen ist und *worauf* er zu antworten hat. Der Betrachter wird aufmerksam auf das Aufmerksamkeits- und Wahrnehmungsgeschehen mittels einer potenzierten Form der Aufmerksamkeit. In diesem Sinne sind bildende Künste stets auch Aufmerksamkeitskünste, die dem Unauffälligen Raum geben.

5. Staunend lehren, lernend staunen

Die Kunstpädagogik, der wir uns abschließend zuwenden, gehört zum institutionalisierten Wirkungskreis aller Künste, nicht nur der bildenden.[28] Die Kombination von Kunst und Pädagogik wirft mancherlei Fragen auf. Warum sollen Jugendliche Kunstunterricht bekommen, gibt es nicht Dringlicheres wie Informatik, Englischkenntnisse oder Sozialverhalten? Wer sollte Kunstunterricht erhalten, der gewöhnliche Schüler oder der künftige Kunstexperte? Wieweit kann man Kunst lernen? Läßt sich Kunstpädagogik anders rechtfertigen

27 Wenn Normalität auf Prozesse der Normalisierung zurückgeht, dann gibt es, anders als Kant meint, keine ästhetische »Normalidee«, deren Normalität ganz und gar durch ein »Urbild der Schönheit« abgesichert wäre (vgl. KU B 58f.).

28 Dieser kurze Text, der in seiner Ausrichtung auf die Pluralität der Künste bereits zu den späteren Kapiteln überleitet, entstand als Beitrag zum Bundeskongreß der Kunstpädagogik, der im März 2007 in Dortmund stattfand.

als durch die Kunst selbst? Ist der Rechtfertigungszwang mit der Kunst überhaupt vereinbar? Dazu einige stichwortartige Bemerkungen aus dem Blickwinkel der Phänomenologie, deren A und O die Art und Weise ist, wie sich etwas zeigt. Ihre Denk- und Sprechweise verrät eine besondere Nähe zu den Künsten, nicht nur in ihrem Bezug zu den sinnlichen Hintergründen alles Denkbaren, alles Tunlichen und alles Machbaren, sondern auch in ihrer Empfänglichkeit für das Überraschende, das sich in der Malerei als Unsichtbares, in der Musik als Unhörbares ankündigt und uns an die Grenzen der Erfahrung treibt. Etwas davon sollte alles Lernen und Lehren prägen und in der Kunstpädagogik seine Spuren hinterlassen. Dazu gehört vielerlei: das lebensweltliche Umfeld der Kunst, der sinnliche Mutterboden der Künste, das erfinderische Spiel mit Möglichkeiten, das Auftreten nicht bezweckter Nebenwirkungen und schließlich das Fremde, das uns inmitten der Erfahrung auf erstaunliche, aber auch auf erschreckende und entsetzliche Weise anrührt. Keine Aisthesis ohne Pathos, keine Perzeption ohne Affektion.

Künstlerisches vor der Kunst. – Die Annahme, Kunst gehöre einer Expertenkultur an und bilde ein eigenes Subsystem, enthält eine bloße Teilwahrheit. Die Künste entspringen einem Erfahrungsbereich, den sie mit anderen kulturellen Betätigungen teilen, so daß der Kunstunterricht immer wieder auf Materialien stößt, die in den Nachbarfächern auf andere Weise bearbeitet werden. Bevor Kunst sich von Nicht-Kunst absondert, gibt es vorkünstlerische Motive und Impulse, die früh vertrauten vorgeometrischen Gestalten gleichen wie etwa der Sonnenscheibe, der Ackerfläche oder dem Parkstreifen. Farbspiele im Garten oder am Himmel, auch Feuerbrände, labyrinthische Liniengeflechte, Kartenskizzen oder Fassadenwände enthalten ein ästhetisches Potential. Hinzu kommt die Farblust, die Vorliebe für bestimmte Farben, aber auch das Erschrecken vor dem blutigen Rot. Zu erwähnen ist ferner die Lust an der plastischen Gestaltung, die mit den – vielfach recht abschätzig behandelten – Sandkastenspielen beginnt, die aber auch einen werdenden Bildhauer dazu animieren kann, Schneeskulpturen zu schaffen, die über Nacht verschwinden, doch in Hand und Auge ihre Spuren hinterlassen.[29] Ähnlich bezieht sich das Motto »Macht Musik« aus der

29 Erinnerung an den bayerischen Bildhauer Lothar Fischer aus einem gemeinsamen studentischen Skilager.

jüngsten Dortmunder DASA-Ausstellung auf Musikalisches in und vor der Musik. In der Malerei und in der Musik sieht und hört man zwar nicht mit anderen Augen und Ohren, aber man sieht und hört auf andere Weise, vielleicht mit einem dritten Ohr. Auge und Ohr verwandeln sich im Blick des Malers und im Gehör des Musikers, ähnlich wie der Schauspieler Minetti sich auf der Bühne in eine Figur von Thomas Bernhard verwandelt. Ohne dauernde Anknüpfung an ein sinnliches Vorfeld nähert sich die Kunstpädagogik einer »Kunst am Bau«, die nur das kulturelle Gewissen beruhigt.

Kunst in pädagogischer Absicht? – Sollte die Schulkunst beginnen mit einer schulgerechten Kunst, die als bloßes Kinderspiel die Kindheit verlängert, oder mit einer Literatur *ad usum delphini*, die alles Anstößige ausspart? Besser wäre es, von Anfang an zu unterscheiden zwischen einer speziellen Kunst für Kinder und von Kindern und der allgemeinen Kunst von Künstlern, erfaßt mit den Augen, Ohren und Händen von Kindern, Jugendlichen oder Laien. Kunst braucht keine Schonhülle. Alle große Kunst ist widerspenstig; produktives Lernen beginnt nicht mit Eingängigem, sondern damit, daß man sich in Schwieriges ein-hört, ein-sieht, ein-liest, ein-spielt. Also sollte man Heranwachsende frühzeitig an die Kunst heranlassen und sie nicht mit Vorspeisen abfertigen. Städtisch eingebettete Museen wie das Essener Folkwang Museum oder das Kölner Museum Ludwig bieten frühe Sehproben, wenn man nur um die Ecke geht. Umgekehrt können Kinderbücher, Jugendliteratur und Comics als Köder dienen. Altersstufen sind keine Laufbahnsprossen wie in der traditionellen Beamtenkarriere.

Schule der Sinne. – Ohne gleichzeitige Schulung und Verfeinerung der Sinne verschwinden Kunstwerke in einem ästhetischen Überbau oder im bloßen Bildungsgut. Ästhetik bedarf der Aisthesis. Kunst entfaltet ihre Wirkung, bevor man sie so nennt. Zum Umfeld der Kunst gehört vielerlei, das Gezwitscher der Vogeluhr so gut wie die Geräuschkulisse einer Großstadt oder bemalte Hauswände. Die modernen Künste tragen kräftig dazu bei, daß das künstlerische Sensorium die normale Erfahrung durchdringt. Die Lebenswelt fächert sich aus in Sinneswelten, in Hörwelt, Farbwelt, Sprachwelt oder Bewegungswelt. Malen, singen, tanzen und musizieren sollte man mit der gleichen Unbefangenheit lernen, mit der man gehen, sprechen und (bisher noch) lesen lernt. Lernen beginnt damit, daß wir aufmerken auf das, was uns auffällt. Es beginnt mit pathischen oder affektiven Ereignissen und mit einem Prozeß der Sensibilisierung, bevor wir »visuelle Kompetenzen« erwerben, »Identitäten« aufbauen oder »Module« anlegen. Was die Kunst angeht, so kann sie nicht zu früh kommen; Auge und Ohr wehren sich selbst, wenn etwas über ihre Kräfte geht. In der deutschen Musikkultur tauchte Bach in Gesangbüchern auf wie ein Fixstern. Oder um ein Beispiel aus unserem westlichen Nachbarland anzuführen, wenn eine Mutter ihren Kindern das »kleine gelbe Mauerstück« auf Vermeers »Ansicht von Delft« zeigt und es mit dem Namen »Proust« versieht, so kann dies wirken wie ein frühes Alarmzeichen. Lehrende, die selbst Lernende sind, wissen, wie sehr eine bloße Namensnennung oder eine Zeigegeste Neugier wecken und bisweilen Wunder wirken kann. Daß solche Samenkörner nicht immer auf geeigneten Boden fallen, ist kein Grund, sie streng nach Zielgruppen zu sortieren.

Osmose zwischen Kunst und Technik. – Das Schisma zwischen schönen Künsten und nützlichen Techniken, das die späte Neuzeit weitgehend beherrschte, gehört glücklicherweise der Vergangenheit an. Ars und Techne haben ihre alte Breite zurückgewonnen, verbunden mit einer Neubewertung der Erfindungskraft und einer Steigerung des Möglichkeitssinnes. In der Industrielandschaft des Ruhrgebiets finden wir eindrucksvolle Zeugnisse einer beidseitigen Osmose von Kunst und Technik, so etwa Serras »Bramme für das Ruhrgebiet« oder das Bottroper »Tetraeder«. Ich weiß nicht, wie viele Schulausflüge dahin führen, doch ich selbst erinnere mich an einen Vortrag zur »Findigkeit des Körpers«, der in der Dortmunder Experimentierhalle Maschinenbau von Matthias Kleiner stattfand, unter künstlerischer Beteiligung von Bettina van Haaren und Peter Schubert, deren Studenten mit phantasievollen Zeichnungen aufwarteten.[30]

Indirekte Wirkungen. – Wer nach dem Nutzen der Künste fragt, benimmt sich wie jemand, der – wie im Märchen – das Beste schon vergessen hat. Künste entfalten eine indirekte Wirkung, bevor sie zum Lern- und Bildungsziel erhoben werden. Das gemeinsame Musizieren, das den einzelnen nötigt, spielend oder singend auf den anderen zu hören, erzwingt eine elementare Rücksichtnahme, die auf synästhetische und synergetische Weise allen ausdrücklichen

30 Der Vortragstext *Findigkeit des Körpers*, der eine Brücke schlägt zwischen Kunst und Technik, erschien 2004 in den Dortmunder Schriften zur Kunst bzw. als Kap. 6 der *Phänomenologie der Aufmerksamkeit* (2004).

Geboten und Verboten zuvorkommt. Das Zeichnen verlangt einen genauen Blick und eine tastende Hand, deren Sorgfalt und Geduld manche Grobschlächtigkeit abschleift. Dies entspricht der neurologischen Konzeption des Gehirns als eines dynamischen Systems, in dem verschiedene Funktionsbereiche füreinander einspringen und einander verstärken oder abschwächen. Auch Politiker würden vielleicht anders reden, wenn sie sich dazu entschlössen, ihre Stimme mitunter singend zu betätigen.

Fremdheit der Kunst. – In einer Zeit, in der man gern alles zum Anfassen nahe haben möchte, sollten Kunsterzieher auf einer radikalen Fremdheit der Kunst bestehen. Das bedeutet nicht, einschüchternde Abwehrwälle zu errichten, die aus den Bausteinen klassischer Meisterwerke zusammengefügt sind, es bedeutet vielmehr, der Kunst ihre Ferne, ihre Widerstandkraft, ihre aus Erstaunlichem und Erschreckendem gemischte Zugkraft zu erhalten. Das gilt für ein holländisches Stilleben ebenso wie für ein Goyasches Capricho oder die verkohlte Leinwand eines Anselm Kiefer. Routinierte Jubiläen wie das Mozartjahr bieten Anlaß zu überraschenden Entdeckungsreisen, die nicht in einem versüßten Rokoko enden. Man komme mir nicht mit dem Schulalltag, den jeder von uns am eigenen Leib erfahren hat. Möglich ist durchaus, daß sich immer wieder Spalte des Außeralltäglichen auftun. Lehrende und Lernende, die sich dem Anspruch der »Sachen selbst« aussetzen, werden mitunter gemeinsam an ihre Grenze kommen. Philosophen erinnern sich, oft allerdings nur schwach, an die alte platonische Einsicht, daß die Philosophie nicht aus einem Nutzenkalkül oder aus methodischer Planung hervorging, sondern aus dem befremdenden Staunen. Ähnliches gilt für Entdeckungen der Astronomie ungeachtet all ihrer exakten Berechnungen, und es dürfte noch anderswo gelten. Wie wäre es also, wenn die »Excellence« einer Lehr- und Forschungsanstalt an einem Staunpegel gemessen würde? Obwohl mir der Gedanke gefällt, halte ich hier inne, denn wer mit Ranking und Evaluation dem Staunen zu Leibe rückt, macht ihm den Garaus. Wenn es Fremdes gibt, das uns unversehens trifft, indem es uns überrascht und herausfordert, dann nur als Überschuß des Unlernbaren in allem Lernen.

5. Bildhaftes Sehen bei Merleau-Ponty

Es gibt kaum einen Philosophen, der sich so ausgiebig und beharrlich auf die Bilder der Malerei eingelassen hat wie Maurice Merleau-Ponty. Im Vorwort zu seinem Aufsatzband *Signes* (1960, S. 31, dt. S. 30), in dem er eine Art vorläufige Bilanz zieht, bezeichnet er die Philosophie geradezu als eine Malerei, die ohne Farben, in Schwarz und Weiß malt wie in einem Kupferstich und so die Fremdheit der Welt zum Ausdruck bringt. Dennoch ist es wahr, daß keine seiner Schriften das Bild, sei es als *image*, sei es als *tableau*, zum förmlichen Thema hat. Selbst der frühe Essay zu Cézanne konzentriert sich auf den Zweifel, der die Suche nach einem ersten Wort, nach einem ersten Pinselstrich begleitet. Die Malerei dient geradezu als Leitfaden durch das Labyrinth der Phänomene,[1] doch durchweg sind es Schlüsselthemen wie Perzeption, Expression oder Vision, die dominieren. Diese indirekte Behandlungsart hat ihre Stärke und ihre Schwäche. Die Stärke liegt darin, daß der Malerei und mit ihr der Kunst überhaupt ein hoher Rang eingeräumt wird. Wie es bereits im Vorwort zur *Phänomenologie der Wahrnehmung* heißt, ist sie gleich der Philosophie kein bloßer Reflex einer vorgängigen Wahrheit, vielmehr hat sie Anteil an der Realisierung von Wahrheit.[2] Und das Motto zu dem späten Essay *Das Auge und der Geist*, in dem die Malerei wie nirgends sonst den Ton angibt, spricht mit den Worten Cézannes in einem Atemzug von der »unfaßbaren Quelle der Empfindungen« und von den »Wurzeln des Seins«. Umgekehrt liegt die Schwäche darin, daß gegenüber dem Wurzelboden, dem sinnlichen Umfeld und der Ausstrahlung der Bilder die spezifische Struktur des Bildes, die das Bild zum Bild macht, zu kurz kommt. Ähnliches gilt für die Malerei als Institution, für ihren technischen

1 Ich verweise auf meinen Aufsatz »Das Zerspringen des Seins. Ontologische Auslegung der Erfahrung am Leitfaden der Malerei«, in: Métraux/Waldenfels 1986, wiederabgedruckt in: *Deutsch-Französische Gedankengänge* (1995). Dort steht das Motiv der Simultaneität im Vordergrund.

2 Vgl. dazu schon Martin Heideggers Aufsatz »Der Ursprung des Kunstwerkes«, wo die Kunst als ein »Ins-Werk-Setzen der Wahrheit« bestimmt wird (*Holzwege*, 1980, S. 57), sowie das kritische Echo in Jacques Derridas Schrift *Die Wahrheit in der Malerei* (1978, dt. 1990).

und medialen Charakter sowie für die ungeheure Vielfalt von Bildformen. Der folgende Gang durch die wichtigsten Etappen dieses Philosophierens, der sich von dem Motiv eines bildhaften Sehens, eines Sehens in Bildern und Bildnissen, leiten läßt, beschert uns Glanzlichter eines von der Kunst inspirierten Denkens, aber wir stoßen auch auf Desiderate und ungenutzte Potentiale.[3]

1. Husserls Erbe

Vorweg sei erinnert an Husserls bahnbrechende Erneuerung der Bildkonzeption, die in den ästhetischen Bereich übergreift, aber viel allgemeiner ansetzt.[4] Für Husserls Bildtheorie sind zwei Motive maßgebend, negativ gesehen die Destruktion einer erkenntnistheoretischen Bildertheorie, in der die äußeren, realen Dinge durch innere Bilddinge verdoppelt werden, so daß Bilder eine bloße Ersatzrolle spielen, positiv gesehen der Aufweis eines Bildbewußtseins, in dem die Intentionalität eine spezifische Form annimmt. Die Bildlichkeit besteht für Husserl darin, daß wir ein Bildding *als* (abbildendes) *Bild* (als Bildobjekt) auffassen und auf diese Weise *im* (abbildenden) *Bild* etwas Abgebildetes (das Bildsujet) sehen. Die Bildlichkeit resultiert also nicht aus einer Verdoppelung der äußeren Wirklichkeit, sondern aus einer internen *Verdoppelung* des Bildes in Abbildendes und Abgebildetes, entsprechend der Verdoppelung des Zeichens in Bezeichnendes und Bezeichnetes. Das Bild selbst, das in der Bildvorstellung fungiert, bleibt im strengen Sinne unsichtbar. Das Bild sehen wir nicht. Es zeigt sich indirekt im *Bildhaften* der Dinge und des Sehens; mit der adjektivischen Wortwahl betonen wir diesen indirekten Charakter, der uns noch öfters begegnen wird. Das Bild gehört zum Wie des Erscheinens,

3 Für Zitate aus Merleau-Pontys Werken werden in diesem Kapitel folgende Kürzel verwendet: SC = *La structure du comportement* (1949); PP = *Phénoménologie de la perception* (1945); SNS = *Sens et non-sens* (1996); OE = *L'œil et l'esprit* (1964); VI = *Le visible et l'invisible* (1964); PM = *La prose du monde* (1969).

4 Die wichtigsten Husserl-Texte finden sich in der *V. Logischen Untersuchung* (Hua XIX/1, Beilage zu den Paragraphen 11 und 20), sowie in den *Ideen I* (Hua III, §§ 90, 99). Hinzu kommen spätere Analysen in dem Nachlaßband *Phantasie, Bildbewußtsein, Erinnerung* (Hua XXIII). Vgl. dazu im einzelnen Iris Därmann, *Tod und Bild* (1995), S. 188-277.

bevor es als ein eigentümliches Was in Erscheinung tritt.[5] Deshalb hat die phänomenologische Bildbetrachtung teil an der phänomenologischen Epoché, die den normalen Blick anhält, und an der phänomenologischen Reduktion, die vom Gesehenen auf das Sehen, von Seh- und Bildgehalten auf das Blickereignis zurückgeht. Ich selbst spreche in diesem Zusammenhang von einer *ikonischen* beziehungsweise *pikturalen Epoché*. Ohne diese entscheidende Weichenstellung droht die Phänomenologie des Bildes in einer Bilderbuch- oder Kunstbuchphänomenologie zu enden, die sich an Sichtbares hält, ohne die Sichtbarkeit und Bildlichkeit selbst zu thematisieren.

Was nun die Ausarbeitung dieser Bildtheorie angeht, so hält sie sich bei Husserl in dem allzu eng geschnittenen Rahmen eines *Bildbewußtseins*. Daraus ergeben sich drei wichtige Voraussetzungen. 1. Das Bildbewußtsein gilt als bloße *Modifikation* eines originären Wahrnehmungsbewußtseins, da letzten Endes auf seiten des Abzubildenden wie auf seiten des Abbildenden eine bildfreie Realität vorausgesetzt wird. Was ins Bild kommt, ist nicht schon bildhaft. Den realen Gegenstand, etwa den Eiffelturm, kann ich auch ohne Bild inspizieren, so wie ich Dürers Stich *Ritter, Tod und Teufel*, der an Husserls Zimmerwand hing, jederzeit als bloßes Gekritzel auf dem Papier betrachten kann. Bilder sind wie Inseln im Meer der Wirklichkeit. Ebendeshalb wird das Bild ganz selbstverständlich als *Abbild* gefaßt. – 2. Das doppelte *in etwas* und *als etwas*, das die Bildlichkeit ausmacht, ist weder in der äußeren noch in einer inneren Wirklichkeit gegeben; es kann gar nicht darin gegeben sein, da die Bildlichkeit nicht zu den realen Prädikaten zählt. Die Ähnlichkeit zwischen zwei Wesen, und seien es Zwillinge, macht das eine nicht zur Kopie des anderen. Ebendeshalb bedarf die Bildwerdung einer besonderen *Bewußtseinsleistung*. Einfach gesagt, Bilder sind Bildobjekte für ein bildgebendes Subjekt. – 3. Die Unsichtbarkeit des fungierenden Bildes läßt sich beheben durch die *Reflexion* auf das

5 Die phänomenologische Ausgangsfrage lautet dann nicht wie bei Lambert Wiesing: »Was kann man wie *auf einem Bild* sehen?«, sondern: »Was kann man wie *in einem Bild* sehen?« (vgl. Wiesing 2000, S. 61). Die Pointe des dortigen Merleau-Ponty-Kapitels lautet: »Das Bild dient der bloßen Sichtbarkeit selbst«, und der Stil wird zur »künstlichen Generierungstechnik von Sichtbarkeit« (S. 76); dies mag den Fiedlerschen »Sichtbarkeitsgestaltungen« entsprechen, gemessen an Merleau-Pontys Bildontologie greift es zu kurz.

Bildbewußtsein, die alle Bildkomponenten in thematische Objekte verwandelt. Als präreflexive Erscheinungsweise ist die Unsichtbarkeit eine vorläufige.

Soweit also die Grundzüge dieser Bildtheorie, so wie sie sich Merleau-Ponty und Sartre darbot. Die beiden französischen Phänomenologen reagieren darauf auf verschiedene Weise. Während Sartre die subjektive Bildauffassung bis zur imaginären Nichtung des Realen steigert und damit zwischen Realem und Imaginärem, zwischen dinglicher Trägheit und freier Spontaneität eine *Kluft* aufreißt,[6] verlegt Merleau-Ponty das Bildhafte mitten in den Bereich der Wahrnehmung. »Das Imaginäre haust in der Wahrnehmung«, heißt es an späterer Stelle (PM 67, dt. 69). Husserls »Logos der ästhetischen Welt« versteht sich dann nicht mehr nur im Sinne der Aisthesis, sondern auch im Sinne des Ästhetischen. Doch es bleibt ein Problem. Würde die Differenz zwischen dem, was ins Bild kommt, und dem, was dieses ins Bild bringt, gänzlich getilgt, so würde das Bild selbst verschwinden. Am Ende wäre es gleich, ob man alles Wirkliche zum Bild oder alles Bildhafte zur Wirklichkeit erklärt. Der totale Siegeszug des Bildes wäre von seiner Niederlage nicht zu unterscheiden. Es kommt also nicht nur darauf an, ob man differenziert, sondern wie man dies tut.

2. Perzeption, Leib und Gestalt

In den beiden frühen Werken Merleau-Pontys, *Die Struktur des Verhaltens* von 1942 und *Phänomenologie der Wahrnehmung* von 1945, steht das Bildhafte deutlich im Zeichen der Perzeption, und zwar so, daß das Wahrgenommene ganz und gar als bildhaft oder – wie der zentrale Terminus lautet – als gestalthaft gedacht wird. Die Verschwisterung von Wahrnehmungsphänomenologie und Gestalttheorie, die Merleau-Ponty von Aron Gurwitsch übernahm,[7] steigert sich bei ihm zu einer Wahlverwandtschaft zwischen Phäno-

6 Zum außerordentlichen Gewicht des Imaginären bei Sartre vgl. Jens Bornemann, *Der Spielraum der Imagination* (2007).

7 Aus den frühen Schriften und den Pariser Vorlesungen des Emigranten Aron Gurwitsch wurde Merleau-Ponty mit der Berliner Gestalttheorie bekannt; Wolfgang Köhler, David Katz, Kurt Koffka, Kurt Lewin und Max Wertheimer werden von ihm unermüdlich zitiert.

menologie und Malerei, die in den kunstpsychologischen Ansätzen von Rudolf Arnheim und Ernst H. Gombrich eine gewisse Parallele findet. Zwar bleibt ein Spalt zwischen dem *bildhaften Sehen*, das auf einer Bildhaftigkeit der Dinge beruht, und dem *Sehen in Bildern*, das sich im Medium gemalter Bildnisse vollzieht, aber dieser Spalt vertieft sich nicht zu einem Bruch. Dinge und Bilder stehen in einem ständigen Austausch. Die Bäume vor meinem Fenster und das Baumgestänge auf Cézannes Bildern gehören nicht zwei Welten an, einer Welt objektiver Raumdinge und einer Welt subjektiver Eindrücke, einer Welt realer Kräfte und einer Welt des schönen Scheins, sondern sie gehören zu einer einzigen Welt, die sich auf verschiedene Weise darstellt, darunter eben auch in einer bildhaften Gestalt, die den Dingen anliegt wie eine Haut, und in Bildnissen, die sich von ihnen ablösen. Dies bedeutet, daß die malerische Sichtweise auf die natürliche Anschauung zurückgreift und daß umgekehrt der Blick des Malers und der des Kunstbetrachters in die natürliche Erfahrung eingehen, sie durchdringen wie eine Hefe, die den Teig aufgehen läßt. So kommt es dazu, daß Swann in der Gestalt seiner Freundin Odette Botticellis Sephora verkörpert findet, gleich wie umgekehrt die alttestamentliche Sephora die Züge Odettes annimmt. Zwischen bildhaften Gestalten und verfertigten Bildern findet ein wechselseitiges Geben und Nehmen statt.

All dies ist aber nur möglich, weil der herkömmliche Status der Wahrnehmung sich im Gefolge der Gestalttheorie und ihrer phänomenologischen Deutung erheblich verändert hat. Daß Dinge nicht fertig gegeben sind, sei es in Form von atomaren Sinnesdaten oder von molekularen Ganzheiten, daß sie sich vielmehr im Laufe der Erfahrung herausbilden und sinnhaft zusammenfügen, daß es also nicht einfach Äpfel oder Tische gibt, sondern etwas *als Apfel auf einem Tisch* erscheint, hat schon Husserl mit aller Gründlichkeit gezeigt. Doch von späteren Revisionsversuchen abgesehen, hält er daran fest, daß unsere Erfahrung eine Grundschicht stofflicher Daten voraussetzt, aus denen Gegenstände geformt werden wie aus einem Rohmaterial. Andernfalls würde die Konstitution der Erfahrung in eine reine Kreation ausarten, die den Boden der Realität nicht bearbeitet, sondern verläßt. Kant hat in seiner Widerlegung des Idealismus bereits ähnlich argumentiert. Wir haben es mit einem transzendentalen Hylomorphismus zu tun, der sich bis in die Ästhetik hinein bemerkbar macht. Wie schon gezeigt, gibt Kant dem formalen Umriß der Zeichnung eindeutig den Vorzug gegenüber den Reizen der Farbe, denen noch ein Erdenrest anhaftet. Ähnliches gilt für die farblose Schematisierung der Erfahrung. Das Wie der Gegebenheit, das sich in unserem Bewußtsein konstituiert, hängt immerzu ab von einem vorgegebenen Material, das seine Form empfängt wie eine Knetmasse. Mit diesem traditionellen Ansatz hat die Gestalttheorie aufgeräumt. Es gibt kein neutrales Rohmaterial, es gibt nichts, was nicht schon auf diese oder jene Weise geformt wäre. Die minimale Differenz, ohne die wir gar nichts und gar nicht sehen würden, besteht aus einer Figur vor einem Hintergrund. Die weitere Ausdifferenzierung führt zu Farb- und Tonskalen, zu Tastfeldern, Farbniveaus, Vor- und Nachbildern und ähnlichen Organisationsweisen. Diese *Wahrnehmungssyntax* (PP 45, dt. 58) enthält bereits wichtige Elemente einer *pikturalen Syntax*, nämlich Farbflecken, die sich ausbreiten; Linien, die ihren Weg suchen; Farbkontraste, die ein Flimmern erzeugen; Gestalten, die sich überdecken oder durchschimmern; Bewegungen, die das Sehfeld in Unruhe versetzen; perspektivische Ansichten, die einander ergänzen oder verdrängen; Lichteffekte und Schattenspiele; Flächigkeit, räumliche Tiefe, voluminöse Dichte und ähnliches. Wie es Vorgestalten der Geometrie gibt, so etwa die Rundung des Rades oder das Kugelige des Balles, so können wir ähnlich auch von *Vorgestalten der Malerei* sprechen. Die »Ding-Sprache« (*langage-chose*) oder »Vor-Sprache« (*pré-langage*), die Merleau-Ponty in der sprechenden Sprache am Werk sieht (VI 168, dt. 167f.), fände ihre Entsprechung in einer bestimmten Art von Ding-Bildern oder Vor-Bildern, die dem sehenden Sehen im Sinne von Max Imdahl innewohnen. Selbst Husserl nähert sich einer solch elementaren Sinnlichkeit, wenn er in seinen *Analysen zur passiven Synthesis* hinter die gegebene Ordnung zurückgeht und erklärt: »Ein Urphänomen ist die Unordnung in Form eines Haufens von Flecken in einem sonst einförmigen visuellen Feld« (Hua XI, 134), oder wenn er auf vorgegenständliche Weise beschreibt, wie beim Abendspaziergang auf die nahe Lorettohöhe »plötzlich eine Lichterreihe im Rheintal aufleuchtet« (Hua XI, 154). In unlängst veröffentlichten Radiovorträgen aus dem Jahre 1948, in denen er den Hörern die Grundmotive seiner Phänomenologie nahebringt, gibt Merleau-Ponty dem Kerngedanken dieser aisthetisch-ästhetischen Revision eine einfache, aber um so eindringlichere Form. Wie man sinnliche

Eindrücke, etwa den Geruch des Tabaks, den Geschmack der Traube, das Leuchten der Sonne oder das Geräusch der Eisenbahn im strengen Sinne nicht *wissen* kann, als wäre der Wahrnehmungsbezug durch Zeichenhinweise oder Gebrauchsanweisungen ersetzbar, so kann man sich Monets *Seerosen* oder Tizians *Karl V.* nicht vorstellen, ohne das Bild zu sehen oder gesehen zu haben, und so kann man sich die Leitmotive aus Mozarts *Figaro* nicht vorstellen, ohne sie zu hören oder gehört zu haben. Wenn es dazu Äquivalente gibt, so nur sinnlich-leibliche Äquivalente wie etwa die Vibration. Natürlich bietet auch der Anblick neuronaler Erregungsmuster keinen hinreichenden Ersatz. Der Neurologe sieht keinen Cézanne, wenn er die zerebralen Vorgänge im Gehirn des Kunstbetrachters aufzeichnet. Entscheidend ist also, daß Form und Materie, Gestalt und Grund, daß das, was man sieht, und die Art und Weise, wie man es sieht, nicht voneinander abgelöst werden können. Insofern hat die Malerei, ob gegenständlich oder nicht, gleich der Musik oder der Poesie kein äußeres Sujet (*Causeries*, S. 55-57, dt. S. 48-50).

Doch dieser Ansatz führt noch einen Schritt weiter. Wenn es kein Wahrnehmungsobjekt gibt, das wir schlicht empfangen wie ein fertiges Produkt, so auch kein Wahrnehmungssubjekt, das die Wahrnehmungswelt in Wahrnehmungsakten aufbaut und das Wahrnehmungsgeschehen steuert wie ein Unternehmer. Wo es noch kein *etwas* gibt, gibt es auch noch keinen *jemand.* Mit dem Perzept gerät der Perzipient in Bewegung, auch er wird zum Wahrnehmenden erst im Prozeß des Sichtbarwerdens. Strenggenommen müßte es deshalb heißen: »*Man* (oder *es*) nimmt in mir wahr, nicht ich nehme wahr« (PP 249, dt. 253). Dieses »in mir« läßt sich allerdings nicht auch noch streichen, ohne daß man zu einem Beobachterstandpunkt überwechselt mit der Folge, daß Prozesse und Operationen an die Stelle der Erfahrung treten und sich hinterrücks ein Subjektivismus zweiter Ordnung etabliert. Das »Selbst« der Selbstorganisation wäre dann nichts weiter als eine neutrale Floskel, die man unterschiedslos auf den Leib, das Gehirn, den Hormonhaushalt oder ein Ökosystem anwendet. Das »Man« oder »Es«, das in mir wahrnimmt, wird nur dann dem fundamentalen Charakter der Wahrnehmung gerecht, wenn es als ein *leibliches Selbst* gedacht wird, das auf mannigfache Weise der Welt angehört, die in ihm Gestalt annimmt. Die Reflexion, die diesem Selbstsein innewohnt, ist zunächst kein separater Akt, sondern ein Rückbezug der Leiblichkeit auf sich selbst, wie schon Husserl es in den *Cartesianischen Meditationen* formuliert (Hua I, 128). Bei Merleau-Ponty wird daraus eine »Reflexivität des Sinnlichen« (OE 33, dt. 287).

Die Begegnung mit Malern ergibt sich wie von selbst. In seiner Erstlingsschrift *Die Struktur des Verhaltens* kommt Merleau-Ponty auf die beginnende Wahrnehmung zu sprechen. Die Annahme eines kindlichen Animismus kontert er, wie ähnlich schon Max Scheler (1966, S. 404), mit dem Hinweis darauf, daß es zunächst keine neutralen Dinge gibt, sondern *Physiognomien*. In diesem Zusammenhang zitiert er Goyas Bemerkung: »In der Natur gibt es ebensowenig Farben wie Linien« (SC 182, dt. 193). Was es gibt, sind Gestalten, Farbkontraste, Konfigurationen, die jedem Farbfleck sein besonderes Gepräge geben. Das Fehlen der Physiognomie ist kein elementarer Zustand, sondern späte Folge einer pathologischen Verarmung der Erfahrung (PP 153, dt. 160). Die Bezüge zur Malerei nehmen in der Folge zu. In dem Kapitel der *Phänomenologie der Wahrnehmung*, das dem Empfinden gewidmet ist, begegnen wir einem *Farbverhalten*, das wie das Blau- und Rotverhalten mit gleitenden oder abgehackten Bewegungen, mit Streck- oder Beugehaltungen einhergeht. Merleau-Ponty beruft sich nicht nur auf neurophysiologische Studien aus der Schule von Kurt Goldstein, sondern auch auf die Farblehren von Goethe und Kandinsky. Den Farben eignen eine motorische Physiognomie, eine Rhythmik und eine vitale Bedeutung, die der Malerei eine somatische Infrastruktur verschaffen. Über seine dingliche Einbindung hinaus ist das Blau etwas, »was mich zu einer bestimmten Weise des Sehens veranlaßt, etwas, das sich durch eine wohlbestimmte Bewegungsart meines Blickes abtasten läßt« (PP 243, dt. 247). Später wird aus einer Farbe wie dem Gelb ein sinnliches Teilganzen, das sich von selbst überschreitet und eine weltliche Dimension eröffnet (VI 271, dt. 277).

Weitere Ausflüge in die Landschaft der Malerei, die der *Phänomenologie der Wahrnehmung* einen besonderen Tiefgang verleihen, folgen den Spuren Cézannes. Dabei kehrt manches fast wörtlich wieder, was wir aus dem schon um 1942 verfaßten und 1947 erschienenen Essay über Cézanne kennen.[8] Es klingt fast so, als hätte

8 Die Datierung des Cézanne-Essays entnehme ich einer mündlichen Auskunft von Claude Lefort. Merleau-Pontys Deutung stützt sich besonders auf die Aufzeichnungen von Émile Bernard und Joachim Gasquet sowie auf Fritz Novotnys Aufsatz »Das Problem des Menschen Cézanne im Verhältnis zu seiner Kunst«.

Cézanne gemalt, was dem Philosophen vorschwebt. Cézanne erscheint hier streckenweise als *der* Maler, ähnlich wie Hölderlin für Heidegger zeitweilig als *der* Dichter gilt. Es ist der Maler, der »die Welt malen, sie gänzlich in einen Anblick verwandeln und *sichtbar* machen wollte, wie sie uns unmittelbar *berührt*« (SNS 25, dt. 25). Die Koinzidenz von Sehen und Berühren, von Eidos und Pathos, die sich darin andeutet, weist weit voraus.[9] Es geht Cézanne darum, die »primordiale Welt«, die »Natur im Urzustand« in ihrer Formwerdung zu fassen, und dies als eine »spontane Ordnung der wahrgenommenen Dinge«, die noch nicht die »menschliche Ordnung der Ideen und Wissenschaften« ist (SNS 18, dt. 17). Ganz ähnlich versucht Merleau-Ponty den Sinn von Welt und Geschichte *in statu nascendi* zu erhaschen (PP XVI, dt. 18), und man darf vermuten, daß Cézannes Zweifel an der Möglichkeit, die vormenschliche Welt mit den Mitteln der menschlichen Welt darzustellen, auch ihn nicht verschonte.

Doch entscheidend ist die Art und Weise, wie Merleau-Ponty die Malkünste in seine phänomenologischen Beschreibungen einfließen läßt. Wenn die Idee eines Bildes oder eines Musikstücks nirgends anders zu finden ist als in der Entfaltung der Farben und Töne selbst, so läßt sich der Leib, der als »Knotenpunkt lebendiger Bedeutungen« einen eigentümlichen Verhaltensstil ausprägt, mit dem Kunstwerk vergleichen (PP 176 f., dt. 181 f.). Von da aus ist es nur ein kleiner Schritt bis zum »Wunder des Ausdrucks«. Dieses besteht darin, daß der Leib verkörpert, was seine Intentionen bedeuten, ohne daß dahinter die separate Instanz eines Geistes, einer Seele oder eines sinngebenden Bewußtseins auftaucht. Diese leibliche Inkarnation greift über auf die Dinge, mit denen wir leiblich umgehen. Cézanne macht sich daran, Balzacs »Tischtuch, weiß wie frisch gefallener Schnee, auf dem sich symmetrisch die von blonden Brötchen gekrönten Gedecke erhoben« nach der Natur (*sur nature*) zu malen, indem er die Dinge ausbalanciert und die Farben nuanciert (PP 230, dt. 233; SNS 21, dt. 20 f.). Hierbei fungiert die Natur nicht als fertige Vorlage, sondern als eine lebendige Bewegung, die sich im Auge und in der Hand des Malers fortsetzt.

In den *Maltechniken*, an denen Cézannes Malerei wahrlich

9 Vgl. dazu die gründliche, viele Winkel der traditionellen Wahrnehmungslehre ausleuchtende und paradox zugespitzte Untersuchung von Ante Kapust: *Berührung ohne Berührung. Ethik und Ontologie bei Merleau-Ponty und Levinas* (1999).

reich ist, kommt es zu einer Einübung ins Sehen, die sich auf das Sichtbare einläßt. Es handelt sich um eine pikturale Variante der phänomenologischen Reduktion, von deren Erfordernis schon die Rede war. Diese Reduktion ist alles andere als eine formale Operation. Vom Gesehenen geht sie zurück auf das Sehen, vom Bestand des Sichtbaren zurück auf das Ereignis des Sichtbarwerdens, das im Sichtbarmachen seinen Ausdruck findet. All dies betrifft auch die Dimension der Tiefe, der Merleau-Pontys besonderes Interesse gilt, da hier die Existenz des Wahrnehmenden und die des Malers unmittelbar in das entstehende Schauspiel eingehen (vgl. PP 300f., dt. 303; SNS 19, dt. 17f.). Was die Gestalttheorie zu erklären bemüht ist, verdankt die Malerei ihrer »Treue zu den Phänomenen«. Sie entdeckt, daß es vor der geometrischen und der photographischen Perspektive bereits eine gelebte Perspektive gibt. So sieht das von der Seite betrachtete Kreisrund eines Tellers nicht wie eine Ellipse aus, vielmehr oszilliert es um eine Ellipse, ohne eine zu sein. Von einer Verzerrung der Perspektive sprechen hieße ein Schema anwenden, das dem gewöhnlichen Kameraauge gemäß ist, nicht aber dem leiblichen Auge.[10] Der Blick entdeckt, wie ein Teller sich zur Seite neigt, und es erstaunt ihn nicht, wenn das Fries, das rechts und links von der porträtierten Madame Cézanne auftaucht, sich nicht geradlinig fortsetzt, als folge der Blick einer Meßlatte, ohne den Blickwinkel zu wechseln. Schließlich findet der Phänomenologe auch dann, wenn er mit Francis Ponge für die *Dinge* Partei ergreift,[11] in Cézanne einen Verbündeten (vgl. PP 368f., dt. 369). Die Einheit und Konsistenz der Dinge besteht nicht in einem fixen Substrat, das allen Eigenschaften des Dinges zugrunde liegt, sondern in einem einzigartigen Akzent, einer Symbolik, die sich allen Aspekten des Dinges mitteilt, so etwa die Zerbrechlichkeit, Starr-

10 Hierzu ist allerdings zu bemerken, daß auch das Kameraauge einer künstlerischen Verfremdung fähig ist, so daß – wie etwa bei Gerhard Richter – Photo- und Maleffekte einander verstärken und die Photokunst selbst – wie schon zur Zeit der Impressionisten – malerische Qualitäten annimmt. Merleau-Pontys Bemerkung beschränkt sich auf einen photographischen Realismus. Doch in seinem Aufsatz über das Kino stellt er die Erfindungen der Filmkunst ausdrücklich denen der Malkunst an die Seite. »Der Sinn des Films ist mit seinem Rhythmus verschmolzen, wie der Sinn einer Geste der Geste unmittelbar ablesbar ist, und der Film will nichts bedeuten außer sich selbst.« (SNS S. 73, dt. S. 79)

11 Vgl. *Parti pris des choses* von Francis Ponge (1942), dt. *Im Namen der Dinge* (1973); Merleau-Ponty zitiert daraus in seinen *Causeries*, S. 29f., dt. S. 28f.

heit und Durchsichtigkeit eines Trinkglases. »Sieht ein Kranker den Teufel, so sieht er auch seinen Geruch und Flammen und Rauch, da die Bedeutungseinheit Teufel die jenes beißend-schwefelig-feurigen Wesens ist.« Ähnliches hat Cézanne im Sinn, wenn er selbst noch den Geruch einer Landschaft bildlich einzufangen sucht. Merleau-Ponty zitiert mit Hedwig Conrad-Martius eine Phänomenologin der ersten Stunde, die in ihrer Ontologie der Natur von einer »Selbstkundgabe« des Gegenstandes spricht: Eine Farbe ist wie das »Herausgehen des Dinges aus sich selbst«. Der Blick, der von den Dingen initiiert wird, deutet sich hier bereits an. Diese frühen akribischen Beschreibungen der Sinneserfahrung überspringt man nicht ungestraft.

Die Vertrautheit der Dinge weicht einer Verfremdung, sobald wir den Umgang mit ihnen unterbrechen und ihnen eine uninteressierte, geradezu metaphysische Aufmerksamkeit zuteil werden lassen, eine Aufmerksamkeit, die das reale Sein der Dinge nicht in ihrer kulturellen Bedeutsamkeit aufgehen läßt (vgl. PP 372-374, dt. 372-374). »Alsbald zeigt es [sc. das Ding] sich feindlich und fremd, ist nicht mehr unser Gesprächspartner, sondern ein entschlossen schweigendes Anderes, ein Selbst, das sich uns entzieht so wie die Intimität eines fremden Bewußtseins.« Die »perzeptive Kommunikation« nähert sich der zwischenmenschlichen Kommunikation, sofern hier wie dort ein Moment der Fremdheit den direkten Kontakt unterbricht. Wiederum erweist die Malerei Cézannes sich als lehrreich, indem sie sowohl die Physiognomie der Dinge wie die der Gesichter *aus der Farbe* aufsteigen läßt mit dem wohlbekannten Effekt, daß seine Porträts Züge eines Stillebens annehmen. »Seine Malerei ist der Versuch, durch die vollständige Restitution der sinnlichen Konfiguration die Physiognomie eines Dinges oder eines Gesichts selbst zu gewinnen.« Von daher rührt, wie Novotny bemerkt, die Eigenart der Cézanneschen Landschaften als die einer »Vorwelt, in der es noch keine Menschen gab«. Doch diese Vorwelt gehört ebensowenig wie das Husserlsche Vor-Ich einer vergangenen Frühgeschichte an, sie gehört zu dieser unserer Welt, in der wir nie ganz heimisch werden. Dieses Reale erinnert von ferne an das Reale bei Lacan, das alle Imaginationen und Symbolismen durchbricht. Eine einseitige Personalisierung des Fremden, die auf Kosten einer Fremdheit der Dinge geht, wird dadurch in Frage gestellt. Allerdings schwächt sich die Radikalität der Fremdheit ab, wenn das

Ding als »Kern der Realität« und als »unübersteigliche Fülle« begriffen wird; die spätere Konzeption eines *être brut* und eines *être sauvage* spricht eine andere Sprache. Doch um so entschiedener ist die Weigerung, Zeichnung und Farbe voneinander zu trennen und erstere gegen letztere auszuspielen. Die Form erreicht ihre Fülle im Reichtum der Farbe und nicht in deren Umzäunung. So kommt es, daß für Cézanne jeder Pinselstrich »die Luft, das Licht, den Gegenstand, die Ebene, den Charakter, die Zeichnung, den Stil« enthält. In jeder Wahrnehmung nimmt die Materie selbst Form an, wie es der Sicht der Gestalttheorie entspricht. Allerdings wird dem Bildnis im Sinne des *tableau* lediglich eine abgeschwächte Seinsweise zugestanden; in ihm verkörpert sich zwar eine Welt im Kleinen, doch ohne daß sie die Solidität der Dinge erreicht. Anders als bei den Dingen, bei denen der Sinn mit der Existenz zusammenfällt, geht bei der Bildverfertigung der Sinn der Existenz voraus. Darin klingt nicht nur Husserls Einstufung der bildlichen Erfahrung als eine Modifikation der Wahrnehmung an, sondern auch Sartres schroffe Entgegensetzung von Realem und Imaginärem, die dazu führt, daß der *image* im Sinne der bildlichen Vorstellung eine »wesenhafte Armut« zugeschrieben wird (*L'imaginaire*, 1940, S. 20, dt. S. 51). Hier macht sich der unzureichend geklärte Status des wahrnehmenden wie des malenden Subjekts bemerkbar. Das schimmernde Grün einer Cézanneschen Vase, in der die Keramik in all ihrer Materialität vergegenwärtigt wird, bleibt letzten Endes zurück hinter dem Grün der wahrgenommenen Landschaft, das sich zur offenen Unendlichkeit der natürlichen Welt hin öffnet (PP 380, dt. 381).

3. Expression, Struktur und Stil

Zu Beginn der fünfziger Jahre nimmt Merleau-Ponty einen neuen Anlauf. In seiner fragmentarisch gebliebenen Schrift *Die Prosa der Welt*, die in dieser Zeit entsteht, aber erst 1969 postum herauskommt, sowie in seinem Sartre gewidmeten Aufsatz »Das indirekte Sprechen und die Stimmen des Schweigens«, einem Extrakt aus der genannten Schrift, der 1952 erscheint und später in den Band *Signes* aufgenommen wird, steht die Malerei zusammen mit der Literatur im Mittelpunkt. Entscheidend ist einerseits die eigenwillige Rezeption der strukturalen Linguistik von Ferdinand de Saussure, andererseits die Auseinandersetzung mit der kulturgeschichtlich angelegten Ästhetik von André Malraux. Dominierend ist nun das Motiv des kreativen Ausdrucks, das von Malraux entlehnt, aber umgedeutet wird. Während Malraux eine deutliche Zäsur setzt zwischen einer klassischen Kunst, die sich auf die objektive, immer vollkommenere Wiedergabe einer naturgegebenen Welt festlegt, und einer modernen Kunst, die sich der Subjektivität des individuellen Ausdrucks überläßt, insistiert Merleau-Ponty darauf, daß die Malerei seit eh und je schöpferisch war und daß das Trugbild einer fertigen Welt sich immer schon als fraglich erwies.

Die Kreativität des Ausdrucks ist für Merleau-Ponty nichts Neues; schon die *Phänomenologie der Wahrnehmung* enthält ein langes Kapitel über den leiblichen Ausdruck, das allerdings weitgehend auf die Sprache beschränkt bleibt. Die neuerliche Berücksichtigung der »stummen Sprache« der Malerei bedeutet mehr als eine bloße Ausweitung, es ergeben sich neue Akzente. Generell bedeutet Kreativität des Ausdrucks eine *Verwandlung* (*transmutation*), die Wanderung eines in der Erfahrung verstreuten Sinnes in einen neuen Leib, in dem er seine ausdrückliche Bedeutung findet (PM 67, dt. 70). Das Paradox des Ausdrucks entspricht einer *Übersetzung* ohne vorgegebenen Urtext; was zum Ausdruck kommt, ist nirgends anders zu fassen als in der Ausdruckstätigkeit selbst. Somit ist die Wahrnehmung selbst schon Ausdruck, aber um dies zu zeigen, bedarf es einer »dritten Philosophie«, die sich zwischen »natürlichem« und kulturellem Ausdruck bewegt.[12] Da keine Ausdruckstätigkeit am Nullpunkt eines ersten Wortes beginnt, bedeutet jede Verwandlung eine *Verformung* bestehender Ausdruckssysteme, eine *déformation cohérente*, wie es im Anschluß an Malraux und die russischen Formalisten heißt (PM 83-90, dt. 80-84). Aus der Unordnung entsteht ein neues System von Äquivalenzen, vergleichbar einem phonematischen System (VI 265, dt. 270). So bildet sich ein Stil, der einer Welt das Gepräge gibt.[13] Dies betrifft die Sprachkunst

12 *Résumés de cours* (1968), S. 14, S. 21, dt. *Vorlesungen I*, S. 54, S. 57, dazu vom Verf. »Das Paradox des Ausdrucks«, in: *Deutsch-Französische Gedankengänge* (1995), Kap. 7.

13 Dieser Stilbegriff hat wenig zu tun mit der kunsthistorischen Kanonisierung von Werkformen. Merleau-Ponty lehnt sich vielmehr an Husserls Konzeption eines vorprädikativen Erfahrungs- und Weltstils an, der eng verwandt ist mit Begriffen wie Struktur(form) und Typus. Vgl. Boer, *Maurice Merleau-Ponty – Die Entwicklung seines Strukturdenkens* (1978), S. 105-110.

ebenso wie die bildende Kunst. Wie die Bildkunst sich zuvor an Gestaltungsprozesse der Wahrnehmung anlehnte, so lehnt sie sich nun an Ausdrucksprozesse an.

Allerdings ist es damit nicht getan. Der kreative Charakter der Wahrnehmung gehört zu den Voraussetzungen einer jeden Wahrnehmungslehre, die mit der Kontingenz der Weltordnung ernst macht. So unterscheidet Merleau-Ponty schon in der *Phänomenologie der Wahrnehmung* zwischen einer primären Form von Wahrnehmung und Aufmerksamkeit, die Neues entdeckt, und einer sekundären Form, die Bekanntes wiederentdeckt (vgl. PP 53f., dt. 66). Doch die Verbildlichung der Wahrnehmung, die nicht nur der Versprachlichung, sondern auch der Verschriftlichung entspricht, führt zur zusätzlichen Intensivierung der Erfahrung. »Der bildliche Ausdruck nimmt jene Gestaltung der Welt auf, die er in der Wahrnehmung begonnen hat, und überschreitet sie.« (PM 86, dt. 82) Dasselbe gilt für den Stil, denn »schon die Wahrnehmung stilisiert«. So stellt eine Frau, die vorbeigeht, mehr dar als einen körperlichen Umriß, als eine angemalte Gliederpuppe; sie ist, wie Malraux bemerkt, ein »individueller, gefühlsmäßiger, sexueller Ausdruck« (PM 83f., dt. 80).

Es fragt sich, worin die Wiederaufnahme und Überschreitung der Wahrnehmung besteht. Wenn wir an eine Aufhebung denken, so ist diese sicherlich nicht als progressive Bereicherung zu verstehen; denn die Bildgebung in der Malerei kann ebensowenig ihre Anfänge einholen wie die Gestaltgebung in der Wahrnehmung; ebendeshalb ist sie auf Reprisen angewiesen. Nehmen wir ein Beispiel. Zu Renoirs *Wäscherinnen* äußert Malraux sich wie folgt: »Das Blau des Meeres war zum Blau des Baches der *Wäscherinnen* geworden... Sein Blick war weniger eine bestimmte Art, das Meer zu betrachten, sondern eher die verborgene Elaboration einer Welt, der gerade dieses tiefe Blau angehörte, das er bis ins Unermeßliche steigerte.« (PM 88, dt. 83) Die Sublimation des alltäglichen Blaus setzt ein gewisses Maß an Kontinuität voraus. So heißt es einen Abschnitt weiter: Die Welt der Malerei ist »dieselbe Welt, die der Maler sieht, eine Welt, die seine eigene Sprache spricht, doch befreit von jenem namenlosen Gewicht, das sie zurückhält und in der Mehrdeutigkeit beläßt«. Dies gilt auch für die sogenannte abstrakte Malerei, deren Bilder wie alle Bilder Bilder *von etwas* sind, so wie jede Rede als λόγος τινός Rede *von etwas* ist, was freilich nicht besagt, daß dieses Etwas bereits als Sachverhalt vorliegt. Wahrnehmungswelt und Welt der Malerei verhalten sich zueinander wie Prosa und Poesie, die dieselbe Sprache sprechen, aber jeweils auf ihre Weise. Produktives Sehen ist Sehen, aber eben als Anderssehen. Das gilt auch für das angsterfüllte Gelb am Himmel über Golgatha oder für die schwarzen Raben über dem Kornfeld. Gemalte Essenzen, in denen sich Erfahrung kristallisiert, folgen den Winken einer »anspielungsreichen Logik der Welt« (PM 91, dt. 85), die ebensoweit vom Chaos entfernt ist wie von der Bruchlosigkeit einer fertigen Welt.

Doch die Kontinuität hat ihre Grenzen. Gestalthaftes Sehen und Sehen in Bildern gehen nicht nahtlos ineinander über, als wären die mühevollen Verrichtungen der Wäscherinnen eins mit den Bemühungen des Malers. Dazwischen schiebt sich das *verwandelnde Bild*, das weder der einen noch der anderen Welt angehört, und ebendeshalb bleibt das malerisch fungierende Bild dem Maler ebenso *unsichtbar* wie die fungierende Gestalt dem Wahrnehmenden. »Der Maler ist ebensowenig imstande, seine Bilder zu sehen, wie der Schriftsteller imstande ist, sich zu lesen.« (PM 80, dt. 78) Es ist schwer, hier nicht an Derridas Jahrzehnte später erschienenen *Aufzeichnungen eines Blinden* zu denken.[14] Wenn also Betrachter und Maler, Maler und Betrachter einer einzigen Welt angehören, so nur insofern, als das gemalte Bild – ähnlich wie der Leib bei Husserl – als Umschlagstelle fungiert, wo Angst sich in ein farbiges Gelb verwandelt und dieses sich in Angst zurückverwandelt, nun aber als ein Affekt, der in der Malerei seinen indirekten Ausdruck gefunden hat.

Mit einem kühnen, allzu kühnen Schwung wird abschließend die gesamte Malerei, von den ersten Tierdarstellungen der Höhlenmalerei bis in die experimentierende Moderne hinein, in einen einzigen »Dialog der Malerei« überführt, den eine »brüderliche Zusammengehörigkeit« eint (PM 101, dt. 92). Dabei wehrt Mer-

14 Hier findet sich eine der ganz wenigen Stellen, wo Derrida auf Merleau-Ponty Bezug nimmt, und zwar auf dessen Theorie einer radikalen Unsichtbarkeit, die mit einer Imperzeption in der Perzeption, einem blinden Fleck des Bewußtseins einhergeht. Vgl. *Memoires d'aveugle* (1990), S. 56 f., dt. S. 56. Die These, daß jede Wahrnehmung eine relative *imperception* impliziert und daß daher jedes Wahrnehmungsbewußtsein »indirekt« ist (in der Übersetzung ungenau: »vermittelt«), findet sich schon in der Vorlesung von 1952/53 über »Die Sinneswelt und die Welt des Ausdrucks« (*Résumés de cours*, S. 12, dt. *Vorlesungen I*, S. 53).

leau-Ponty sich entschieden dagegen, die Werke der Kunst in einer »sekundären Malerei« oder einer »sekundären Rede« aufgehen zu lassen, in dem also, »was man allgemein unter Kultur versteht« (SNS 24, dt. 24), und so begegnet er auch dem Imaginären Museum Malraux' mit gehöriger Skepsis. Doch es bleibt eine Reihe von Fragen. Sie betreffen bereits die Antriebskräfte des weltweiten Ausdrucksgeschehens. Nicht nur bei der Behandlung der Wahrnehmung, auch bei der des schöpferischen Ausdrucks stoßen wir immer wieder auf Appelle, Aufforderungen und Ansprüche, auf die der Maler ebenso zu antworten hat wie schon der Wahrnehmende. Über alles Verstehen und alle Verständigung hinaus gibt es etwas *zu sagen* und *zu tun*.[15] Eine kulturphilosophische oder kulturwissenschaftliche Arrondierung von Merleau-Pontys Phänomenologie stößt somit auf deutliche Grenzen. Doch der unsichere Status von Subjekt und Geschichte steht einer entschiedenen Alternative im Wege. Dies mag der Grund sein, warum der Autor seine *Prosa der Welt* halbfertig liegenließ.

4. Vision und Blick im Horizont des Seins

Die letzten Schriften, also der in Le Tholonet geschriebene, im Todesjahr erschienene Essay *Das Auge und der Geist*, dazu das große fragmentarische Nachlaßwerk *Das Sichtbare und das Unsichtbare*, sprechen nochmals eine andere, eine ontologische Sprache. Den Hintergrund der Malerei bildet nun ein Geschehen des Sichtbarwerdens, eine *Vision*, in der das stumme *Sein* seinen eigenen Sinn offenbart. Abgesehen von der Anspielung auf Arthur Rimbaud, den Verfasser der Voyant-Briefe, ist die Nähe zu Heidegger offenkundig, und zwar auch in dem genannten Essay, obwohl dort sein Name nicht fällt. Kronzeuge aus dem Bereich der Malerei ist nun vor allem Paul Klee, von dem der bekannte Satz stammt: »Die Kunst gibt nicht das Sichtbare wieder, sie macht sichtbar«, und dessen Grabspruch lautet: »Diesseitig bin ich gar nicht faßbar.« Die Malerei verharrt immerzu an der Schwelle zum Unsichtbaren. Klees Malweise steht für eine »indirekte Malerei« (OE 75, dt. 308). Die-

15 Vgl. vom Verf. *Idiome des Denkens* (2005), Kap. 5: »Responsivität des Leibes«, ebenso in: Giuliani, *Merleau-Ponty und die Kulturwissenschaften* (2000).

se Möglichkeit klingt schon in dem Titel des früheren Aufsatz an, wo von einer »indirekten Sprache« die Rede ist, und sie entspricht ebenso Merleau-Pontys Entwurf einer »indirekten Ontologie«, mit dem er sich von einer »direkten Ontologie« im Stile des späten Heidegger absetzt.[16] Die ontologische Wende, die der ikonischen und der pikturalen Wende ihren Rückhalt gibt, ist nicht im Sinne einer neuen disziplinären Zuordnung zu verstehen, sondern als Hinwendung zu einer neuen Sicht- und Denkweise. Diese hält sich nicht bei der Tatsache auf, daß es Bilder und, wie wir inzwischen erleben, eine Flut von Bildern gibt, sondern im Gefolge einer »Genese des Sichtbaren« (ebd.) dringt sie zur Genese der Bilder vor, getreu jener »Genealogie des Seins«, die sich schon in der *Phänomenologie der Wahrnehmung* ankündigt (vgl. PP 67, dt. 78). Das Bild bezieht seine Potenzen nicht nur aus den Gestalten der Wahrnehmung und aus der Kreativität des Ausdrucks, sondern aus einem *Bild-Sein*, das in beiden Richtungen zu lesen ist: als Sein im Bilde und als Bildlichkeit des Seins. Hiermit gewinnt das »Grundlegende der Malerei« eine metaphysische Bedeutung (OE 15, 61, dt. 278, 301). Die Malerei hat es, wie schon in den Malversuchen von Cézanne, mit dem Sein selbst zu tun, einem eminenten Sein, das sich zwar nur dem Menschen erschließt, aber zugleich seine Ausdrucksmöglichkeiten übersteigt. Die Fremdheit der Welt, die Cézanne ins Auge faßt, steigert sich zu einer Fremdheit und Ferne des Seins. Das Sichtbare findet sein Doppel in einem Unsichtbaren, »das es als ein gewissermaßen Abwesendes sichtbar macht« (OE 85, dt. 313). Dies besagt, daß die Ontogenese der Malerei eine Art pikturaler Ontologie hervortreibt. Diese Gedankenwege enden jedoch unweigerlich in einem spekulativen Überschwang, wenn das Junktim von Sein und Bild nicht phänomenal eingelöst wird.

Unter der »Vision«, die nun den zentralen Platz einnimmt, verstehen wir ein Geschehen des Sichtbarwerdens und Sichtbarmachens, an dem die Malerei intensiv beteiligt ist. Doch wie gelangen wir von der Sichtbarkeit zur Bildlichkeit? Angelpunkt der ontologischen Auslegung ist der *Leib* in allen seinen Facetten.[17] Mit den Worten Valérys: »Der Maler bringt seinen Leib ein«, nur so verwandelt er die Welt in Malerei. Merleau-Ponty scheut sich nicht, in

16 Vgl. VI 233, dt. 233 sowie *Résumés de cours*, S. 156, dt. *Vorlesungen I*, S. 117.
17 Vgl. im folgenden den Einführungsabschnitt: OE 16-35, dt. 278-288.

diesem Zusammenhang den Terminus der Transsubstantiation zu verwenden, der aus der katholischen Eucharistielehre bekannt ist; die Verwandlung, um die es hier geht, bedeutet mehr als eine symbolische Deutung sinnlicher Gegebenheiten. Auf ähnliche Weise wurde schon früher das Empfinden als eine Art leiblich-sinnlicher Kommunion gefaßt, deren Inkarnation über eine bloße Bedeutungszuweisung hinausgeht (PP 245, dt. 249).

Doch warum spielt gerade der Leib diese entscheidende Rolle? Die Antwort, die in *Das Sichtbare und das Unsichtbare* in extenso entfaltet wird, lautet: Weil der Leib zugleich *sehend und sichtbar* ist, desgleichen berührend und berührt, sich bewegend und bewegt. Es gibt hier noch kein Subjekt, das den Leib als eigenen Leib und als fremdartiges Körperding auffaßt, seine Intentionen auf ihn richtet, ihn benennt; Sehender und Gesehener fallen vielmehr zusammen. Doch würden sehender und gesehener Leib völlig eins wie Seele und Leib bei Spinoza, so wäre der Spalt, aus dem das lebendige Sehen erwächst, im Grunde schon verriegelt. Statt dessen spricht Merleau-Ponty von einer Überkreuzung, die aus dem ontologischen Spätwerk als Chiasma, Chiasmus, Geflecht oder Verdoppelung bekannt ist.[18] Strenggenommen kann dies nicht besagen, daß zwei Entitäten teilweise identisch sind wie Kreise, die sich überschneiden, sondern daß verschiedenartige Bewegungen sich an einem gemeinsamen Ort treffen oder in die Quere kommen, genauer: daß sie einen gemeinsamen Ort bilden. Die Kreuzung läßt sich nicht selbst wieder lokalisieren wie die Descartessche Zirbeldrüse, die als Teil der Natur ihre Mittlerrolle einbüßt. Ausdrücke wie Deckung und Nichtdeckung, Koinzidenz und Nichtkoinzidenz können sich im eigentlichen Sinne nur auf Gesehenes beziehen, auf *etwas*, das partiell oder potentiell sichtbar ist, nicht auf das *Daß* des Sichtbarwerdens; denn Sehen und Gesehenes gehören wie Sagen und Gesagtes zwei verschiedenen Dimensionen an.

Wenn das Sehereignis sichtbar wird, so nur indirekt, nämlich im Spiegel; dabei mag es sich um eine spiegelnde Oberfläche, ein Spiegelgerät oder den fremden Blick handeln. Wir sehen den Blick *im Spiegel*, wobei dieser als ein mediales Drittes fungiert. Dabei wiederholt sich die leibliche Selbstverdoppelung. Der Blick aus

18 Ich lasse hier die Frage außer acht, ob die »Reversibilität des Sehenden und des Sichtbaren, des Berührenden und des Berührten« (VI 194, dt. 193) der Fremdheit des eigenen Leibes und den Aspekten eines Fremdkörpers voll gerecht wird.

dem Spiegel ist nicht identisch mit den gesehenen Augen, so wie es nicht gleich ist, ob man die Augen des Anderen sieht oder dem Anderen in die Augen schaut. Geht man mit Merleau-Ponty von einer Textur des Sichtbaren aus, die bei ihm Fleisch (*chair*) heißt, so weist dieses Gewebe Risse auf, die sich nicht flicken lassen wie Hegels zerrissener Strumpf. Der blinde Fleck im Gesichtsfeld findet seine textile Entsprechung in einem Webfehler. Wenn es nun einen Weg gibt, der von der sehenden Sichtbarkeit und vom sichtbaren Sehen des Leibes zum Bild führt, so derart, daß dieses in die Bresche springt. Der Spiegel wäre dann als *prototypisches Bild* zu betrachten. Er bewirkt zwar nicht, daß das Sichtbarwerden mit dem Bildwerden zusammenfällt, wohl aber sorgt er dafür, daß es sich *im Bildwerden* vollzieht. Die ikonische oder pikturale Differenz verschwindet dabei nicht; denn wer sich im Bild gespiegelt sieht, sieht weder ein Ding noch ein Bild. So antwortet Merleau-Ponty auf die Frage, wo das Bild sich befindet, das ich betrachte: »[...] ich betrachte es nicht, wie man ein Ding betrachtet, ich fixiere es nicht an seinem Ort, mein Blick schweift in ihm umher wie in den Nebelhüllen des Seins.[19] Ich sehe eher dem Bilde gemäß oder mit ihm, als daß ich es sehe.« (OE 23, dt. 282) Dieses *gemäß* oder *mit*, in dem das Husserlsche Sehen *im Bilde* seine Spuren hinterlassen hat, verweist auf eine mediale Zwischensphäre, auf die wir am Ende zurückkommen werden.

Merleau-Ponty bleibt bei der leiblichen Selbstverdoppelung jedoch nicht stehen. Als nicht nur sehend, sondern auch gesehen gehört mein Leib zu den sichtbaren Dingen, die eine Verlängerung des Leibes bilden[20] und sich dem Fleisch des Körpers einprägen. Fleisch, *chair*, steht hier für eine durchgängige Textur, die bewirkt, daß unser Leib und die Dinge sich in ein einziges Weltgewebe (*tissu du monde*) einfügen. Zu dieser Einsicht gelangt Merleau-Ponty durch eine überraschende Volte. Wenn unser Leib zugleich *sehend und sichtbar* ist, warum sollen dann nicht auch umgekehrt die Din-

19 Frz. »les nimbes de l'Etre«. »Nimbus«, verwandt mit »Nebel«, bezeichnet die Nebelhülle, in der die antiken Götter auf Erden erschienen. Die »Gloriole«, die in der deutschen Übersetzung auftaucht, scheint mir in ihrer Nähe zum »Heiligenschein« des Heiligen zuviel. Schon Husserl spricht ganz prosaisch von »nebelhaften«, das heißt nie voll zu bestimmenden Wahrnehmungshorizonten (*Ideen I*, Hua III, S. 59).

20 Dies ist bekanntlich eine alte Definition des Werkzeugs.

ge, als Annex des Leibes, zugleich *sichtbar und sehend* sein? Was dem Leib recht ist, scheint den Dingen billig. Damit kommt es zu einer *Umkehrung des Blicks*, einem *renversement*, wie den Zeugnissen gewisser Maler zu entnehmen ist. So weist Max Ernst, unter Berufung auf Rimbaud, dem Maler die Aufgabe zu, »das zu erfassen und zu zeigen, was sich in ihm sieht«, und mit Paul Klee läßt sich von dem Gefühl sprechen, daß die Dinge, etwa die Bäume im Wald, mich anblicken (*me regardent*) (OE 31, dt. 286, vgl. auch VI 183, dt. 183). Im Zuge dieses visuellen Narzißmus spielen Aktion und Passion ineinander. Sehender und Gesehenes vertauschen ihre Rollen in einer Art »Inspiration und Expiration des Seins«, so »daß man nicht mehr weiß, wer sieht und wer gesehen wird, wer malt und wer gemalt wird«. Merleau-Ponty denkt hierbei an extreme Möglichkeiten einer Verführung, Fesselung und Entfremdung des Blicks, an eine Faszination, bei der die Initiative tatsächlich »auswandert« und auf das Schaustück übergeht, wie wir dies auch aus Erfahrungen im Kino kennen. Doch würde der Sehende sich völlig verausgaben und in Gesehenes verwandeln, so wäre auch das Gesehene nicht mehr sehend; der Rollentausch stößt auf innere Grenzen. Wie bei einer Schaukel käme das Hin und Her des Sehens zum Stillstand, wenn Sehen und Gesehenwerden sich spalten würden wie in Descartes' Dichotomie von *res cogitans* und *res extensa*.

Nun aber beginnen die Fragen. Was bedeutet es, wenn wir sagen: »Die Dinge blicken mich an«, oder in der Diktion des Buchtitels von Georges Didi-Huberman: »Was wir sehen, blickt uns an«?[21] Es besagt sicher nicht, daß das traditionelle Sehsubjekt die Seiten wechselt oder daß gar die Dinge sich beseelen und dessen Rolle übernehmen wie in einem modernen Panoptikum oder einer archaischen Form von Magie. Schlichte Paraphrasen wie »When [...] that visible which is the body sees itself, it is the visible world which is seeing itself« kann sich strenggenommen nur ein Hegelianer leisten, für den die Substanz Subjekt und die Natur entäußerter Geist ist, so daß eine hintergründige Identität das Geschiedene zusammen-

21 Betreffs Didi-Huberman vgl. unsere Überlegungen zur Bildkehre in Kapitel 2. Verwiesen sei ferner auf Kathrin Busch, *Geschicktes Geben. Aporien der Gabe bei Jacques Derrida* (2004). In dem Kapitel »Gabe der Sichtbarkeit« präsentiert die Autorin die Thematik von Blick, Bild und visueller Andersheit in breiter Front, in die neben Merleau-Ponty vor allem Derrida, Heidegger, Lacan und Sartre einbezogen werden.

hält.[22] Aus der Sicht der Erfahrung betrachtet, bedeutet An-blick, daß etwas ankommt, auf uns zukommt. Anblick als Ankunft ist ein Sehereignis, das uns Sehende berührt, trifft, affiziert. Seine Unumgänglichkeit erweist sich darin, daß wir immerzu von einem solchen Ereignis ausgehen, wenn wir fragen, was wir sehen, wer sieht und was dieses Sehen bedeutet. Die erwähnte Faszination bedeutet gleich dem Schock nur eine gesteigerte Form von Erfahrung, in der das Gesehene uns überwältigt. Die zitierten Äußerungen der Maler wären Sache einer bloßen Kunstpsychologie, wenn ihr Malen nicht selber von dem Anblick der Dinge ausginge. Dies bedeutet nicht, daß die Malerei den Anblick zum Gegenstand hat, als würde sie ein Gesicht abmalen, sondern daß sie sich im Anblick der Dinge vollzieht. Dem Malen gelingt es, Erfahrungen *ins Bild bringen*, so wie das Sprechen und Schreiben Erfahrungen *zur Sprache bringt*. Das bereits erwähnte Paradox des Ausdrucks als einer Übersetzung ohne Urtext könnte man abwandeln in ein Abmalen ohne Urbild. Etwas kommt ins Bild, ohne daß es anders zu fassen ist als im Bild. Alles andere entspräche einer sekundären Form der Malerei, die wiedergibt, was wir schon kennen. Besagte Inspiration versteht sich folglich nicht als Spruch aus einer anderen Welt, sondern als ein Anhauch, der Auge und Ohr belebt und nur in der Expiration zutage tritt. Wenn sich Merleau-Ponty auf ein Geschehen beruft, bei dem man nicht sagen kann, *wer* sieht und malt und *wer* gesehen und gemalt wird, so heißt dies nicht, daß niemand sieht und malt. Der Tod des Subjekts gehört in die Mythologie.

Doch der Anblick, mit dem unser Sehen anhebt, äußert sich in einer Vielfalt bildnerischer Formen. So gibt es den Anblick der Dinge, die zum Genuß oder zum Gebrauch einladen. Es gibt wei-

22 Vgl. den an solchen Stellen allzu verständnisinnigen Kommentar von Gary B. Madison: *The Phenomenology of Merleau-Ponty* (1973), S. 99. An der gleichen Stelle heißt es: »Vision takes place among things, and here there is a single flesh which, paradoxically, is subject and object.« Das Paradox verschwindet, wenn man die Rollen von Sehendem und Gesehenem vertauscht oder gleichsetzt. Wäre die Naturnähe so einfach zurückzugewinnen, so hätte Merleau-Ponty in seinen späten Natur-Vorlesungen nicht soviel Mühe aufgewandt, um das Hervorgehen aus der Natur, den Übergang zur Kultur und das Verhältnis von Natur und Logos bis auf die animalische und embryonale Vorgeschichte zurückzuverfolgen. Vgl. dazu Antje Kapust, »Der sogenannte barbarische Rest der Natur und sein menschlicher Logos«, in: Giuliani, *Merleau-Ponty und die Kulturwissenschaften* (2000).

terhin den Anblick von Szenen, die zum Mitmachen ermuntern, den Anblick von Räumen und Landschaften, die zum Betreten und Umhergehen auffordern oder sich verschließen oder die Tür, die sich öffnet und schließt und die – wie Didi-Huberman im Schlußkapitel seines Buches zeigt – ein Grundmotiv darstellt. Es gibt schließlich den Blick von Tieren und Menschen, der das einemal in sich versunken ist und zum Anschauen anregt, das anderemal aus dem Bild hervorbricht und uns zurückschauen oder zurückschrekken läßt. Ein barockes Stilleben wie die Straßburger *Grande Vanité* von Sebastian Stoskopff präsentiert eine ganze Liste von Einladungen. Da finden wir in kunterbunter Mischung ein Zeichenblatt mit einer Figur, einen Totenschädel, einen springenden Löwen als Sternbild auf einer Weltkugel, Degen und Harnisch eines abwesenden Edelmanns, Buchrücken und aufgeschlagene Noten neben einer Mandoline, ein geöffnetes Wandschränkchen, glitzernde Pokale und anderes mehr. Die symbolische Inschrift, die alles Vergängliche für eitel erklärt, kann nicht umhin, zuvor den Glanz des Vergänglichen zu entfachen. Nur der Blick, der am Anblick der Dinge hängenbleibt, kann der Verführung unterliegen. Blickführung und Blickverführung sind nicht voneinander zu trennen. Der Anblick bietet also eine ganze Skala von Sichtbarkeiten. Das trifft nicht nur auf die figurative Malerei zu, sondern ebenso auf eine Malerei wie die Minimal Art, auf die sich die erwähnte Untersuchung von Didi-Huberman konzentriert. Die Rede von den »Dingen«, die uns anblicken, ist also cum grano salis zu nehmen.

Im Straßburger Palais Rohan findet sich eine Tafel mit einem Zitat von Roger de Piles aus dessen *Cours de peinture par principes* von 1676: »La véritable peinture doit appeler son spectateur... et le spectateur, surpris, doit aller à elle comme pour entrer en conversation.« Damit geraten wir in eine Kommunikation zwischen Produzent und Rezipient, wo die Hermeneutik ihre Sprachwellen schlägt. Doch darüber sollten wir nicht übersehen, daß Bildappell und Überraschung sich diesseits der Kommunikationsschwelle abspielen und sich nicht umkehren lassen wie Positionen im Dialog. Eine Gegenüberraschung wäre keine Erwiderung. Es ist zu beachten, daß Merleau-Ponty den Anblick der Dinge mitsamt der Überkreuzung von Sehen und Gesehenwerden nicht vom Wechselblick herleitet, wo jemand uns anblickt wie in entsprechenden Porträts. Er hütet sich, das Anblicksereignis schlichtweg zu personalisieren.

Dies schließt nicht aus, daß der *Wechselblick* in den späteren Erkundungen des Sichtbaren und des Unsichtbaren eine eigentümliche Rolle spielt, doch läßt er sich nicht ohne weiteres dem Malerblick inokulieren. Im Wechselblick zerteilt sich das Blickereignis in *Eigenblick* und *Fremdblick*, und zwar derart, daß beide Blicke sich verschränken, ohne in einem Dritten zu konvergieren. Dazu gehört das Sich-angeblickt-Fühlen. Im Gegensatz zur An*sicht*, die eine Sache uns gewährt, setzt der fremde An*blick* jemanden voraus, der mich meint, und nicht bloß etwas, das mich angeht. Lacan und nach ihm Didi-Huberman spielen mit dem Doppelsinn der französischen Wendung *me regarde*, die als »blickt mich an« oder als »geht mich an« verstanden werden kann. Dies verlockt dazu, dem Bild eine emphatische Form von Alterität zu unterschieben, als sei das Bild selbst eine Art Gesicht, *visage*. Pascals Fliege, die mich beim Nachdenken stört, geht mich etwas an, aber sie blickt mich nicht an, ähnlich der Bleistift auf meinem Tisch. Der fremde Blick impliziert eine *Selbstverdoppelung im Anderen*, eine Art Doppelgängertum, wie Merleau-Ponty und vor ihm schon Paul Valéry eindringlich betonen (vgl. PM 186, dt. 149).[23] Diese spezifische Verdoppelung des Blicks beginnt bereits mit dem Spiegel, der mich mit der Andersheit meiner selbst und meiner Welt konfrontiert, so daß ich mich selbst und die Dinge mit fremden Augen sehe. Sie setzt sich fort beim Maler, der sich selbst mit ins Bild bringt wie in den berühmten Gemälden von Vermeer und Velázquez. Auch der Wechselblick ist nur insofern als bildhaft zu bezeichnen, als ich mich *im Bild* und *gemäß dem Bild* als mich selbst entdecke.

Dies führt uns zu einer letzten Frage, die auf genau das abzielt, was wir als *Bild-Sein* bezeichnet haben. In der Coda, die den Gang durch die Welt der Bilder beschließt (OE 86f. dt. 314), präsentiert Merleau-Ponty die Vision, das Sehen, als eine Begegnung, in der alle Aspekte des Seins wie auf einer Kreuzung zusammentreffen. In dem Kreislauf, der das Auge mit den Dingen verbindet, scheint es »keinen Bruch« zu geben, da es unmöglich ist, zu sagen, wo die Natur endet und wo der Mensch mit seinem Ausdruck beginnt. »So ist es das stumme Sein, das selbst dazu kommt, seinen eigenen Sinn auszudrücken.« Ein Selbstausdruck dieser Art rührt an die Annah-

23 Das Motiv des Doppelgängers, das für mich zum Kernbestand der Fremderfahrung gehört, fehlt auch bei Didi-Huberman nicht (vgl. 1999, S. 51).

me eines *ipsum esse*, das sich selbst offenbart. Die Malerei wird in einen Ausdruckswirbel hineingezogen. Das Sein bringt sich derart ins Spiel, daß die Weintraube Caravaggios die Weintraube selbst ist. Man möchte einwenden, sie ist es, sie ist es aber auch nicht, wie die Vögel des Zeuxis zu spüren bekamen. Tatsächlich endet die Suche nach einer »ontologischen Formel der Malerei« bei einer bloßen Verschränkung von Sein und Sehen: Das »Vorausgehen dessen, was ist, vor dem, was man sieht und sehen läßt, und dessen, was man sieht und sehen läßt, vor dem, was ist – eben das ist Sehen.« *Ens et visum convertuntur*, eine Vertauschung, die aber, anders als die Einheit von *ens*, *verum*, *bonum* und *pulchrum* in der klassischen Transzendentalienlehre, einer zeitlichen Verschiebung unterliegt. Mit der Vorgängigkeit öffnet sich ein Spalt; dennoch ist es so, daß er sich mit der reziproken und rekursiven Form dieser Vorgängigkeit zu schließen droht, ähnlich wie im Falle der Selbstberührung, die dann letzten Endes nicht mehr von der Fremdberührung zu unterscheiden wäre. Die Blickumkehrung erweckt den Eindruck, die Bilder würden von Seinswellen hinweggeschwemmt. Ein »Sehen, das nicht wir bewirken, sondern das in uns wirkt«, nimmt dem Maler den Pinsel aus der Hand; »seine ureigensten Handlungen, so scheint es ihm, [...] gehen aus den Dingen selbst hervor wie das Zeichenmuster der Sternbilder« (OE 30 f., dt. 286, Üb. verändert). Warum »scheint« es dem Maler so (*il lui semble*)? Warum »scheint« der Blick, den wir auf die Dinge werfen, von ihnen herzukommen, und warum scheint die sichtbare Farbe sich uns aufzudrängen wie mit magischer Kraft (VI 173, dt. 173)?[24] Woher rührt dieser Augenschein, dem wir auch bei Bildtheoretikern der Gegenwart begegnet sind?

Eine uneingeschränkte Emanation der Bilder, die neuplatonische Spekulationen wachruft, widerspräche nicht nur der Tatsache, daß die Malerei nicht anders als die Geometrie oder das Recht auf kontingente Stiftungsereignisse zurückgeht, sie widerspräche auch dem responsiven Charakter des Malens, den Merleau-Ponty oftmals betont, wenngleich abschwächt. In der Begegnung der Malerei mit dem Sein betrachtet er das Tun des Malers als eine permanente *Antwort*. »Auf dem unvordenklichen Grund des Sichtbaren hat sich etwas bewegt, hat sich etwas entzündet, das nun seinen Leib über-

24 Wörtlich spricht Merleau-Ponty an dieser Stelle von einem »Talisman der Farbe«, also von einem zauberhaften Schutz, mit dem diese sich der Zudringlichkeit unseres Blicks erwehrt.

kommt, und alles, was er malt, ist eine Antwort auf diese Anregung, seine Hand ›nur das Instrument eines fernen Willens‹« (OE 86, dt. 314). Mit den letzten Worten, die er Paul Klee entlehnt, schießt der Philosoph abermals über das Ziel hinaus. Antworten ist etwas anderes als die Ausführung eines fremden Willens, etwas anderes auch als das Schreiben unter Diktat, das Max Ernst dem Autor der Voyant-Briefe nachspricht (OE 30, dt. 286) und das – wörtlich genommen – fundamentalistische Züge annähme, die Merleau-Ponty ebenwenig willkommen sein können wie Rimbaud. Was der Antwort vorausgeht, ist kein fremder Wille, sondern Beunruhigung, Widerfahrnis, Pathos oder Appell, und all das kommt nirgendwo anders zur Wirkung als in der nachträglichen Antwort. Der beunruhigte Blick ist kein umgekehrter Blick, sondern ein Blick von anderswoher. Demgemäß betrachte ich den fremden Blick als Movens des eigenen Sehens, nicht als dessen Widerpart. Von hier aus läßt sich eine Theorie der Bildwirkung entwickeln, auf die auch Merleau-Ponty sich hinbewegt. Dabei geht es, wie sich im vorigen Kapitel gezeigt hat, zunächst nicht um eine Wirkung *der Bilder*, sondern um eine Wirkung *durch Bilder hindurch*.

Dies sind keine philosophischen Finessen, die den Maler nichts angehen. Antworten auf etwas, das uns affiziert, oder auf jemanden, der uns anspricht, bedeutet, anderswo beginnen, bei einer fühlbaren Abwesenheit, wie Merleau-Ponty selbst betont (OE 85, dt. 313). Eine solch radikale Fremdheit schließt jedes Schielen mit einer Reversibilität aus. Bilder, mit denen der Maler auf das Zu-Sehende antwortet, quellen nicht aus den Dingen hervor wie aus einer geheimen Quelle, »ureigenste Handlungen« sind und bleiben Handlungen, die aber als responsive Handlungen einen Ereignischarakter aufweisen. Zwischen dem, was den Maler affiziert, und dem, was er antwortet, besteht nicht nur eine unaufhebbare Asymmetrie, dazwischen klafft ein Hiatus. Einerseits beginnt der Maler oder die Malerin *anderswo*, andererseits beginnt er oder sie *selbst* und nicht jemand anders oder etwas anderes an ihrer Stelle. Es bedarf immer wieder kreativer Antworten, die nicht im Sein angelegt sind.[25] Was zu erfinden ist, sind Antworten, in denen Unsichtbares

25 In diesem beschränkten Sinn, der jede Form von Kreationismus ausschließt, würde ich Cornelius Castoriadis recht geben, wenn er Merleau-Ponty von der »Last des ontologischen Erbes« zu befreien sucht. Vgl. seinen Beitrag in Métraux/Waldenfels, *Leibhaftige Vernunft. Spuren von Merleau-Pontys Denken* (1986).

aufleuchtet und Unhörbares erklingt. Beim kreativen Antworten kann das Gewicht mehr auf dem Sichtbar*werden* oder mehr auf dem Sichtbar*machen* liegen, doch eines geht nicht kontinuierlich in das andere über.

Bilder, die Zu-Sehendes sichtbar machen, finden ihren Ort in der schon erwähnten *Zwischensphäre*, die uns *im Bilde sein* läßt. Sie enthält ein ganzes Aufgebot an Sichtweisen, Sehpraktiken, Sehtechniken und Sehmedien, die weder dem Sehenden noch dem Gesehenen zuzurechnen sind. Sie nutzt jene Unmenge von Erfindungen, die unsere Kultur ausmacht, und hier ist auch Platz für die Vielfalt von Bildarten und Bildprozessen, die Merleau-Ponty in seinen grundlegenden Überlegungen ausspart. Da das, was *zu sehen* und auch *zu malen* ist, niemals im Gesehenen und Dargestellten aufgeht, bleibt stets Unsichtbares im Sichtbaren, Undarstellbares im Darstellbaren, so daß das Ausdrucksgeschehen nicht zur Ruhe kommt. Sollte es im Zusammenspiel von Sichtbarem und Unsichtbarem so etwas wie »letzte Wahrheit« geben,[26] so scheint mir diese nicht in der Reversibilität zu liegen, sondern in einer Responsivität, die keiner Kehre bedarf.

26 Siehe die Schlußzeilen des Haupttextes von *Das Sichtbare und das Unsichtbare* (VI 204, dt. 203).

6. Klänge und Töne aus der Ferne

Nicht alles ist Musik, doch Musik ist *auf gewisse Weise* alles. Ähnlich wie Bild und Sprache bildet sie eine Sonderwelt, aber ihre Strahlkraft reicht weit über die Grenzen von Konzertsälen, Konservatorien, Gesangsvereinen und Discos hinaus. Sie findet ihren Nährboden im Reich der Sinne. So vereinen sich Klänge, Töne und Geräusche zu einer Hörwelt von großer Vielfalt. Gehörtes zeichnet sich aus durch eine besondere Mischung aus Nähe und Ferne, aus Vertrautheit und Fremdheit. Klänge dringen aus der Ferne zu uns, sie kommen und gehen. Diese Ferne steht im Bunde mit jener Fremdheit, die unsere kulturell und interkulturell geprägte Lebenswelt durchzieht. Die Lebenswelt stellt sich selbst als Hörwelt dar. Sie tritt als *Hör*welt auf, doch als Hör*welt* ist sie mehr als bloße Hörwelt. Reine Auditivität wäre ein ebensolches Phantom wie die reine Visualität. Es geht also darum, einen spezifisch auditiven, nicht aber einen exklusiv auditiven Weltbezug zu entwickeln.[1] In diesem Sinne können wir von einer Allgegenwart der Klänge ausgehen. Der Allgegenwart verdankt die Musik ihre Strahlkraft, der ihr innewohnenden Fremdheit verdankt sie ihre Anziehungskraft. Diese Kräfte können jederzeit verspielt werden. Der alte Satz »Der Ton macht die Musik« ist mehr als eine bloße Redensart, und politisch gefärbte Alltagswörter wie Zu-stimmung, Ein-klang und Miß-klang sind keineswegs bloß verblaßte Metaphern. Die Wirkkraft der Musik gleicht in mancherlei Hinsicht der Wirkkraft der Bilder.

1. Der hörende Mensch

Der erwachsene Mensch, der sich seiner Sinne und seiner Kräfte mächtig dünkt, neigt dazu, alles, was ihm in der Erfahrung begegnet, als etwas zu fassen, das sich unter Einsatz geeigneter Mittel vorstellen und herstellen läßt. Das gilt auch für die Klänge, die an unser Ohr dringen. Sofern es *etwas* gibt, das sich vor- und herstellen läßt, gibt es auch *jemanden*, der es vor- und herstellt, und sofern alles,

1 Vgl. hierzu das Kapitel »Lebenswelt als Hörwelt« in: *Sinnesschwellen* (1999).

was sich zwischen Hörobjekt und Hörsubjekt abspielt, bestimmten Deutungsregeln und Kausalgesetzen unterliegt, geht es beim Hören immer schon mit rechten Dingen zu. Es gibt nicht oder noch nicht Gehörtes, aber es gibt nichts Unerhörtes, das unsere Sinne aus der Fassung bringen und unsere Kapazitäten übersteigen könnte. Daß Fledermäuse über noch andere Wellenlängen verfügen als wir Menschen, braucht uns nicht weiter zu beunruhigen, wir wissen dies ja und können es berechnen.

Doch Klänge geben sich damit nicht zufrieden, sie rächen sich auf ihre Weise, indem sie sich immer wieder unmerklich in unsere Hörwelt einschleichen, und es gibt Klangkünstler, die das domestizierte Hören durch ungewohnte, auch wilde Laute beunruhigen. Darin gleicht die Klang- und Tonkunst der Philosophie, die aus Verwirrung und Staunen geboren wird und nicht aus methodischen Übungen. Daß es in beiden Fällen einiges zu lernen und auch zu berechnen gibt, ist damit nicht ausgeschlossen. Klangereignisse haben ihre Klanggesetze, sie schlagen sich nieder in Hörgewohnheiten, aber sie erschöpfen sich nicht darin. Sowenig das stets neu zu entfachende Philosophieren in einer erlernbaren Philosophie aufgeht, so wenig geht das Musizieren in einer erlernbaren Musik auf. Die Macht der Musik liegt in ihrem Überfluß, pragmatisch betrachtet ist sie so überflüssig wie das Denken, und doch geht ein eigentümlicher Zwang von ihr aus, wie schon der junge Hund in Kafkas Erzählung erahnt. Der Mensch ist ein Überflußwesen par excellence und kein bloßes Mängelwesen. Von Kindheit an hört er mehr, als er braucht; der von Ernst Bloch monierte »Dilettantismus des Erwachsenseins« beginnt damit, daß er dieses Mehr vergißt wie die blaue Blume im Märchen.

2. Klangwelten

Nehmen wir Klänge als etwas, das uns zu Gehör kommt, so stoßen wir auf eine Vielfalt von Hörbarem. Der *Klang*, den wir schon dem Glas oder dem Hammer entlocken können und der auch vor dem Waffengeklirr nicht haltmacht, zeichnet sich durch eine bestimmte Höhe, Stärke und Farbe vor anderen Klängen aus. Er sondert sich ab vom *Geräusch*, das diffus und unregelmäßig daherkommt wie das Sausen des Windes oder der Lärm der Motoren. Er hebt sich ab von den kunstvoll zusammengefügten *Tönen* eines Musikstücks und von der *Stimme*, in der sich kundtut, wie jemand sich befindet und was jemand meint. Er nimmt in den neueren Klangkünsten selbst die Form eines künstlichen und kunstvoll bearbeiteten *Kunstklanges* an.

Die verschiedenen Klangformen lassen sich jedoch nicht sortieren wie Tiere im Zoo oder wie Pflanzen im Gartenbeet. Das Klangliche durchdringt alles und wandert von einer Klangsorte zur anderen. Die Stimme hat ihren eigentümlichen Tonfall, den Wahrheitsbesessene gern überhören, da ein Satz nicht wahrer wird, wenn man ihn flüstert oder herausschreit. Mit der Wahrhaftigkeit steht es allerdings schon anders, man kann seine Absichten und Gefühle wider Willen verraten. In der Singstimme amalgamiert sich Sinnhaftes mit Sinnlichem, verlockend, fordernd, klagend, so daß man zugleich *hört*, was die Stimme meint, so wie man in chinesischen Ideogrammen bis zu einem gewissen Umfang *sieht*, was sie bezeichnen. Geräusche können mit beruhigender, aber auch mit enervierender Regelmäßigkeit auftreten, und sie können im Lärm die Zumutbarkeitsschwelle überschreiten. Der alltägliche Verkehrslärm begleitet uns wie anschwellende und abebbende Meereswogen, und er verschmilzt mit dem Klanggewirr einer Großstadt zu einem eigentümlichen Klangbild, einem Panakusma gleichsam, das dem Panorama Konkurrenz macht. Das rhythmische Tropfen des Wassers gehört nicht nur zum kunstvollen Naturspiel eines traditionellen japanischen Hauses, es kann auch als eine Klangfolter eingesetzt werden, in der sich die Ausweglosigkeit einer Gefangenschaft kundtut. Schließlich sendet auch die Musik keine reinen Töne aus, wie es Puristen des Hörens gern hätten. Auch wenn sie nicht die spezifische Form einer konkreten Musik annimmt, operiert sie mit Übergangsformen, die sich wie das Glissando oder das Legato an den Rändern der Tonsysteme bewegen. Sie vertraut den Leitinstrumenten eine Stimmführung an. Sie sendet Mitgeräusche aus, denn das Holz der Stradivari behält etwas Hölzernes, und das »Blech, das als Trompete aufwacht«, behält etwas Blechernes. Glasharfe und Hammerklavier erinnern an die Stofflichkeit der Klänge. So ist auch unser Leib kein Astralleib, sondern ein mit Materialität behafteter Leibkörper. Wir sprechen ferner von Vogelstimmen, nicht von Vogelklängen. Wenn Olivier Messiaen sie in seinen Orchesterstücken anklingen läßt, so erinnert er an ein Stück hörbarer Natur inmitten der Kultur. Das allmorgendliche Frühkonzert übermittelt Tonsequenzen, die wie akustische Markenzeichen wirken, und ihre geregelte Abfolge läßt Vogeluhren entstehen, die den Sonnenuhren gleichen. »Es war die Lerche, nicht die Nachtigall«, so Romeo zu Julia in der Morgendämmerung, die Abschied bedeutet.

Diese wenigen Beispiele sprechen für eine vielfältige Hörwelt, wo Klänge und Geräusche sich überlagern, wo Klänge zu Tönen geläutert und Töne in Klänge aufgerauht werden, wo Natürliches sich mit Künstlichem verschränkt, wo die Ordnung der Töne mit dem Pathos der Stimme wetteifert. »Sticht es im Ohre, stichts im Innern dir?«, so der Wächter in Sophokles' *Antigone*, eingedeutscht von Hölderlin, auf die Bühne gebracht von Wanda Golonka. Wir vernehmen ein Klangkonzert, in dem es Dominanzen gibt, aber kein Klangmonopol. Töne und Klänge fallen ein, ehe wir uns dessen »verhören«. Klangpolizisten, die es ebenso gibt wie Ideenpolizisten, haben kein leichtes Spiel. Was ihrer Ordnungssucht entgegenkommt, ist einzig die Klanggewöhnung, die uns Unpassendes überhören läßt und Störendes abwehrt. Die moderne Musik widersetzt sich dem Einfrieren der Hörgewohnheiten, indem sie ihr Spiel treibt mit den Grenzen, die Töne von Geräuschen, Instrumentenstimmen von Singstimmen, Sprachlaute von Schrei- und Atemlauten trennen. Das Ohr, dem solche Proben der Heterophonie zugemutet werden, hört nicht unbedingt anderes, aber es hört anders.

3. Erklingen und Verklingen

Unsere Hörwelt besteht zunächst nicht aus Dingen, die als Substanzen in sich selbst ruhen, sondern aus *Ereignissen*. Ein Klang steht nicht vor uns wie ein Baum, ein Haus oder eine Person. Klänge *er-klingen* und *ver-klingen*, sie schwellen an und verebben und weisen eine eigentümliche Voluminosität auf.[2] Sie tauchen aus einem Klanghintergrund auf; sie treten gebündelt auf als Klangkomplexe und Klangkontraste; sie bilden Klangmuster und breiten sich aus in einem Klangteppich; sie werden von Wänden verstärkt

2 Dies ist ein wichtiges Moment in Helmuth Plessners Ästhesiologie des Hörens. Vgl. *Die Einheit der Sinne* (Ges. Schr., Bd. 3, 1980, S. 231-235). Weitere Details aus Plessners Ästhesiologie habe ich in dem Kapitel »Leibliches Responsorium« der *Antwortregister* (1994) berücksichtigt.

oder verschluckt; um sie herum bildet sich eine räumliche Aura, eine Höratmosphäre. Als Atmosphäre ist die Höratmosphäre intermodal, also auch audiovisuell verfaßt. Es kann also nicht darum gehen, Hörereignisse gegen Blickereignisse auszuspielen.[3]

Unsere alltägliche, wissenschaftlich unterbaute und technisch versierte Weltsicht drängt uns Fragen auf wie: »Was ist es, was dort erklingt? Wo hat es seinen Ort? Wie lange hält es an? Wer produziert es? Auf welche Weise kommt es zustande?« So gelangen wir zu einfachen Beschreibungen wie der folgenden: Der Flötist erzeugt einen Flötenton, indem er eine gespannte Körperhaltung einnimmt, das Mundstück der Flöte an die Lippen setzt, seinen Atem in das Flötenrohr strömen läßt und mit den Fingern Schalllöcher öffnet und schließt. Sitzt der Flötist auf der Orchesterbühne, so sehen wir zwar nicht die Töne, aber wir sehen, wie sie hervorgebracht werden und wer sie hervorbringt, um am Ende dem Gehörten einen Namen zu geben: »Wir haben Aurèle Nicolet gehört.« Fernsehaufnahmen verstärken dieses optische Quidproquo. Was die gehörten Töne und Klänge selbst angeht, so erwecken sie den Anschein von Klangpartikeln, die – ähnlich wie die Bildchen älterer Wahrnehmungstheorien – durch die Lüfte flattern. Sind wir physikalisch aufgeklärt, so treten Schallwellen an deren Stelle, die wir so wenig hören, wie wir Lichtwellen sehen. Damit verlassen wir den Bereich solider Körper, die dingfest zu machen sind, doch immer noch unterschieben wir dem Ereignis etwas, das sich nicht selbst sinnfällig ereignet, sondern innerhalb unserer Erfahrung als bloßer Ereignisträger oder als Ereignisquelle fungiert. Ähnlich wie wir dazu neigen, das Sagen hinter dem Gesagten, das Tun hinter der Tat verschwinden zu lassen, neigen wir dazu, das Lautwerden, in dem der Klang an unser Ohr dringt, zu überhören zugunsten eines Etwas, das wir als Violinstimme, als hohes C, als Leporello-Arie, als Nachtigallengesang, als Flugzeuggeräusch, als Explosion einer Bombe oder als Hilfeschrei identifizieren. Es ist so, als würden

3 Zur »räumlichen Aura« vgl. Gerhard Müller-Hornbach in: Christoph Metzger, *Musik und Architektur* (2003), S. 75, zur Höratmosphäre Gernot Böhme, ebd., S. 102 f. bzw. *Atmosphäre* (2000). Der von Metzger edierte Band enthält zahlreiche Beispiele und Erörterungen, in denen die neuere Klangkunst sich als eine experimentierende Zeit-Raum-Kunst darstellt. Die Frage, ob die Musik eine Zeit- *oder* eine Raumkunst sei, erweist sich als abwegig; es kommt auf Nuancen an, nicht auf Alternativen.

wir nur mit Bekannten telefonieren. Indem wir Klangereignisse geradewegs in bestimmte Tonapparate verlegen oder sie bestimmten Stimmsubjekten zuschreiben, gebärden wir uns wie Protokollanten, die lediglich Gehörtes registrieren.

Entscheidendes geht so verloren. Denn wenn etwas laut wird, so überrascht dies nicht nur den Empfänger, sondern auch den Sender, so wie auch der Sprechende seine eigene Rede nicht völlig in der Hand hat – es sei denn, wir nähern uns einer Situation, in der Redende nur von sich geben, was schon vorher ausgedacht wurde, oder Musizierende nur wiedergeben, was in der Partitur steht. Aus Improvisationen werden dann bloße Anfangs- und Versuchsphasen, die auf die Dauer der Routine weichen. Wenn aber das Lautwerden derart geschieht, daß es jeder gezielten Lautgebung zuvorkommt, so hat es in sich selbst etwas Improvisatorisches, etwas Unvorhersehbares oder richtiger: etwas Unvorhörbares. Wer den Improvisationen des Jazz den Musik-, sprich: Werkcharakter, abspricht, verwandelt das Hören in ein bloßes Wiederhören, das jede Neuerung von sich weist.

4. Hörerfahrung

Klänge und Töne sind trotz ihrer Sinnenfälligkeit keine Dinge, die sich im Raum verorten lassen und die ihren Ort wechseln wie gewöhnliche Raumdinge. Doch ebensowenig sind sie bloße Objekte für ein Subjekt, das sie hört, verarbeitet, wiederholt, erlernt und versteht. Die Hörerfahrung zeigt uns etwas anderes. Unser Hören beginnt damit, daß sich etwas zu Gehör bringt, sich einschleicht, uns anrührt, aufschreckt, verführt, stört und im äußersten Fall einen Hörschock oder einen Hörsturz herbeiführt. Kant, der sich durch den allmorgendlichen Frühchoral der Insassen des benachbarten Gefängnisses belästigt fühlte, ging so weit, der Musik einen Mangel an Urbanität vorzuwerfen angesichts der Tatsache, daß sie sich auf die Nachbarschaft ausbreitet und »so sich gleichsam aufdringt, mithin der Freiheit andrer, außer der musikalischen Gesellschaft, Abbruch tut« (KU B 221). Deutlicher als mit dieser Äußerung, die geradezu nach Rechtshilfe schreit, kann man nicht zum Ausdruck bringen, daß wir unser Gehör nicht in der Hand haben wie einen Telephonhörer, den wir widrigenfalls auflegen. Das aktive Verbum

»hören« täuscht eine Aktivität vor, die es anfangs gar nicht gibt. Klänge und Töne kommen und gehen, sie gehen nicht von uns aus, sie kommen auf uns zu wie fremde Tiere und hüllen uns ein in eine Schallwolke.

In der Tradition der Sinnenlehre pflegt man das Gehör gemeinsam mit dem Gesicht als Fernsinn einzustufen und es den höheren Sinnen zuzurechnen, die weniger animalisch auftreten als die Nahsinne, mit denen uns die Dinge auf den Leib rücken. Doch was ist unter einem Fernsinn zu verstehen? Wieder sind wir versucht, Klänge erst gar nicht zum Klingen kommen zu lassen, indem wir von Klangdingen ausgehen, die sich in einer bestimmten Entfernung befinden wie das heranziehende Gewitter, oder von Klangprozessen, die sich woanders abspielen – »wenn hinten, weit, in der Türkei die Völker auf einander schlagen«. Doch Hören aus der Ferne besagt mehr als die Tatsache, daß wir entfernte Dinge hören, es besagt, daß nicht bloß Gehörtes aus der Ferne kommt, sondern das Hören selbst. Wer unerwartet ein *je-ne-sais-quoi* hört, etwa ein Rascheln im Laub oder ein Klopfen an der Tür, schreckt unwillkürlich zusammen. Die Berufung auf Zauberworte, Sirenenklänge, Sphärenklänge und Engelszungen deutet darauf hin, daß es in unserer Hörwelt nicht ganz geheuer zugeht. Die Tatsache, daß unser Hören aus der Ferne kommt, bedeutet, daß es sich dabei um keinen Akt handelt, den wir selbst beginnen, sondern um ein *Widerfahrnis*, ein *Pathos*, um etwas das uns geschieht, zustößt, zufällt. Wir sind daran beteiligt, aber nicht als Agenten, die das Spiel initiieren und lenken, sondern als *Patienten* im buchstäblichen Sinne dieses Wortes. Freilich bildet dies nur die eine Seite der Medaille. Etwas kommt zu Gehör, indem wir antwortend darauf eingehen. Darin unterscheiden sich unsere lebendigen Sinne von einem bloßen Aufnahmegerät, das auf entsprechende Daten reagiert. Das Pathos geht über in eine *Response*; auf diese Weise verwandelt sich das *Wovon* des Getroffenseins in das *Worauf* eines Antwortens. Dem pathischen Getroffensein von … entspricht das responsive Hören auf …; als *Respondent* kommt der Patient auf das zurück, was im Widerfahrnis seiner Initiative zuvorkommt. Ohne eine solche Antwort wären wir außerstande zur Erfassung, Auffassung, Lokalisierung, Datierung, Deutung und kausalen Erklärung dessen, was uns im Klangereignis geschieht. Nur in der Antwort können wir sagen, was wir hören. Doch dieses Sagen kommt selbst aus dem Hören, so wie das Hören selbst zu einem antwortenden Hören wird. Was uns widerfährt und was wir tun, geht überkreuz, ohne daß je eines sich mit dem anderen deckt. Unsere Erfahrung ist eine gebrochene Erfahrung.

5. Mehrstimmigkeit

Die Hörerfahrung stellt eine spezifische Form der Fremderfahrung dar, die über gesonderte Register läuft. Von der Fremdheit der Stimme, wie sie uns aus der gesprochenen Sprache entgegenschlägt, handelt das nächste Kapitel. Doch selbst das Klangliche, das der Sprache innewohnt, begegnet uns auf noch elementarere Weise im *Gesang*, wo Sprache und Musik sich amalgamieren. Das Melos der Klänge, die Rhythmik der Takte, die Verteilung von Tonstellen und Zäsuren bilden eine akustische Matrix, innerhalb deren Klangsprache und Sprachklang sich zwar nicht decken, aber doch chiasmatisch ineinanderlaufen wie die Bänder eines romanischen Kapitells. Von da aus ist es nur ein kleiner Schritt bis zur *Mehrstimmigkeit der reinen Musik*. Diese berührt sich nicht nur mit den Klängen der Sprache, sondern auch mit der Mehrstimmigkeit des Gesprächs, wenn wir Fälle in Betracht ziehen, wo die Vielfalt der Klänge sich auf verschiedene Spieler verteilt, so etwa beim Zusammenspiel eines Quartetts. Hier bedarf es eines *innermusikalischen Hörens*, das über das Zuhören seitens des Auditoriums weit hinausgeht. Ein Quartett ist nur dann mehr als eine musizierende Vierergruppe, die sich koordinierenden Regeln unterwirft, wenn jeder, auch der erste Geiger, hörend spielt und spielend hört, wenn keiner das Spiel völlig in der Hand hat und jeder das Spiel teilweise aus der Hand gibt. Die Fremdheit der Stimme steigert sich, da der Einzelspieler nicht nur woanders beginnt, wie es bei jedem überraschenden Klangereignis der Fall ist, sondern jeder gleichsam von einem anderen *angespielt* wird wie von einem musikalischen Doppelgänger, einem Schattenspieler. Jeder hört sich selbst im Anderen in Form eines originären *Echos*, das der Spiegelung im Blick des Anderen gleicht. Diese innere Mehrstimmigkeit ist nicht etwa ein Spezialfall, sondern der Regelfall. Denn gleich wie im Monolog jemand mit sich selbst spricht als einem Anderen, so spielt ein Solist mit sich selbst als einem Anderen. Anders als bei der Nymphe Echo, die alles, was sie sagt, dem Anderen nachspricht, kommt diese Fremdheit nicht von außen, sie kommt aus der Mitte des Musizierens.

Unsere vielen Sozial-, Sprach- und Gesprächstheorien würden näher bei der lebendigen Wirklichkeit bleiben, wenn sie sich stärker an Phänomenen wie der Synästhesie und Synergie des gemeinsamen Musizierens orientieren würden, wo es noch keine Rollenaufteilung zwischen Produzent und Rezipient gibt und alle Regelanwendung etwas Improvisatorisches behält.[4] Das Zwischen, das so zustande kommt und neben den Hörkontakten auch Sichtkontakte einschließt, hat selbst Ereignischarakter. Dieser bewahrt die Einzelstimmen davor, zu einer Klangmasse zu verschmelzen oder aber sich im Gleichschritt zu bewegen, wie Machthaber es gern sähen. Man sollte nicht vergessen, daß es auch eine Klangpolitik gibt. Schon Platons Sondierung der Tonarten ist keine bloße Sache der schönen Künste.

6. Klangfluchten

Auch Dinge dauern, auch Farben verblassen, auch der fliegende Pfeil ist hier, indem er zugleich dort ist, wo er sogleich sein wird. Doch um das Sichtbare auf die Höhe des Hörbaren zu bringen, müßte man eine reine Bewegung denken ohne ein ständiges Etwas, das erst nachträglich in Bewegung gerät. Man müßte den Pfeil im Flug erhaschen. Klänge lassen von sich aus keine andere Wahl, als ihre Bewegungen mitzumachen. Es gibt keine Tonplätze, an denen sie sich festsetzen können, sie sind flüchtig durch und durch, als eine besondere Art von Fremdlaut, von *vox peregrina*. Wenn sie zur Ruhe kommen, dann in ihrer eigenen Bewegung. In der Klangwiederholung kehren sie zu sich selbst zurück wie an einen verlassenen Ort, in der Vielschichtigkeit der Klangarchitektur finden sie einen schwebenden Halt, im Klangrhythmus verzögern oder beschleunigen sie ihren Schritt, an sich haltend im Ritardando, sich überstürzend im Fortissimo.

Dies bedeutet, daß Klänge uns nicht in eine reine Seelenlandschaft entführen. Klänge schaffen eigentümliche Zeit-Räume. In

4 Vgl. den sozialphänomenologischen Essay von Alfred Schütz: »Gemeinsam Musizieren« in: ders., *Gesammelte Aufsätze* II (1972).

ihnen findet ein Kommen und Gehen statt, so daß Klänge aus einer bestimmten Richtung, aus der Nähe oder der Ferne zu uns dringen oder uns in eine Klanghaube einschließen wie beim Anlegen eines Kopfhörers oder bei der Umringung von Tonquellen. Die räumlichen Klangwirkungen rühren primär aber nicht daher, daß die Musikbox in einer bestimmten Ecke des Raumes steht oder daß Konzerte in einem akustisch präparierten Raum stattfinden, als gäbe es präparierte Ortsbehälter, die mit Klängen und Tönen gefüllt werden. Das Anschwellen und Abebben, das Sichausbreiten und sich Sichzusammenziehen der Klänge läßt selbst Klangräume entstehen mitsamt einem synästhetischen und synergetischen Umfeld. Dabei kann die Fremdheit und Widerständigkeit einer Fabrikhalle, deren Mauern nicht schon von früheren Kunstproduktionen träumen, neue Klangpotentiale freisetzen, die der Kunst einen Beigeschmack von *art brut* verleihen. Generell ist es so, daß wir Räume hören und nicht bloß etwas im Raum. Schon die Baumeister mittelalterlicher Kathedralen, die auf ihre Weise auch Klangtechniker waren, machten in reichem Maße von Möglichkeiten Gebrauch, die in unserer heutigen Klangtechnik neu entdeckt und technisch verfeinert werden, sei es, daß räumliche Klangformationen im Ort der Klänge und ihrer Bewegung ihren »kompositorischen Nerv« finden, sei es, daß akustisch-räumliche Erfahrungen zum »metaphorischen Gehalt einer musikalischen Idee« werden.[5]

Zum Klangraum gehört schließlich eine genuine Echowirkung, ein Nachklingen, in dem der Klang zu sich selbst erwacht, ähnlich wie wir uns selbst sprechen hören, als käme unsere Stimme von anderswoher. Hörend sind wir nie völlig hier, hörend sind wir nie ganz und gar bei uns selbst. Jedes Hören, nicht erst das des Paranoikers, hat etwas von einer Halluzination. Es gibt eine genuine Fernstimme, deren Fremdheit durch die modernen Phonotechniken verstärkt, aber nicht erzeugt wird.

5 Vgl. die Erläuterungen von Isabel Mundry zur »Choreographie des musikalischen Raumes«, die sich auf eigene Kompositionen wie *Flugsand*, *Ferne Nähe* oder *Geträumte Räume* stützen (in: Metzger 2003, S. 63).

7. Klangkörper und Klangleib

Wir sprechen von Musikinstrumenten und neigen von alters her dazu, auch die Organe des eigenen Leibes und die Sprache als Werkzeuge zu denken, die vom Menschen nach Belieben eingesetzt werden. Dies führt zu einer strikten Trennung zwischen der *Stimme* als dem Laut, in dem ein beseeltes, lebendiges Wesen sich kundtut, und dem bloßen *Schall*, den auch Dinge erzeugen, wenn sie aneinanderstoßen. Doch sind Gitarre, Oboe oder Schlagzeug wirklich bloße Klangwerkzeuge, die man einsetzt, um ein Klangziel zu erreichen? Wäre es so, dann wären Klänge lediglich auf ein technisches Repertoire und eine entsprechende Finger- und Mundfertigkeit angewiesen. Die Pathik des Hörens würde sich auf ein Minimum reduzieren.

Doch die Klangerfahrung lehrt uns etwas anderes, sie weckt Zweifel an einer solch strikten Trennung von inneren Erlebnissen und äußeren Vorgängen. Das gesamte Arsenal von Klangtechniken ist verankert im eigenen Leibkörper, der hier wie in den übrigen Bereichen der Sinne als Urwerkzeug und Urmedium fungiert.[6] Das beginnt abermals mit der Stimme, deren Klangvolumen, Klangfarbe und Tonhöhe von der Spannung und Lockerung der Stimmbänder, dem Öffnen und Schließen der Stimmritze und dem Mitschwingen der Atemluft abhängt. Es setzt sich fort in der Materialität künstlich fabrizierter Instrumente. Schon ein klingendes Instrument ist kein toter Klangkörper. Dessen Materialität wäre völlig unterbestimmt, wollte man sie auf den Stoff reduzieren, aus dem er geformt wird. Das Holz, das Metall, die Saiten der Instrumente *klingen mit*, wenn die Musik erklingt, etwas hallt in ihnen nach. Auf diese Weise haben sie unmittelbar teil am Klangereignis. Klangkörper sind keine dienenden Organe, in ihnen verkörpern sich die Klänge. Was wir zunächst hören, ist nicht der Ton, den wir der Geige zuschreiben, vielmehr hören wir die tönende Geige, die im Hervorbringen der Klänge zur Geige wird.

Zu einer besonderen Art der Transformation kommt es, »wenn das Blech als Trompete aufwacht«. Die Verfremdung des poetischen Ichs, das laut Rimbaud »ein Anderes« ist, greift auf unseren Leib

6 Ich gebrauche hier und auch sonst, wie schon Husserl, Scheler und Plessner es tun, das Doppelwort »Leibkörper«, um anzuzeigen, daß der lebendig fungierende Leib immer schon Momente einer materiellen Körperlichkeit einschließt.

und auf die Instrumente über, so daß diese dem Ich nicht länger als bloße Werkzeuge dienen.[7] Umgekehrt wird unser eigener Leib von den Hörwellen ergriffen. Der Leib hat etwas von einem materiellen Körper, in dem die Klänge sich ausbreiten und verdichten. Wenn Nietzsches Zarathustra verkündet: »Leib bin ich ganz und gar, und nichts außerdem«, so findet dies sein Echo in der alltäglichen Aussage »Ich bin ganz Ohr«. Der hörende Leib ist kein bloßes Registriergerät, sondern ein mitschwingender Resonanzkörper. Hören bedeutet von vornherein mehr als die Tatsache, daß unsere Hörorgane kausalen Einwirkungen unterliegen, es bedeutet leibliches Sichbewegen, Erregung, Aufschrecken, Mitgerissenwerden, Mitgehen. Aisthesis und Kinesis begegnen sich in Form einer Kinästhese, die sich nicht als Bewegungsempfindung versteht, sondern als sich empfindende Bewegung und sich bewegendes Empfinden, also auch als *Hörbewegung*. Im Aufhorchen und Sicheinhören geschieht etwas zwischen dem Gehörten und dem Hörenden, an dem der oder die Hörende beteiligt ist, aber eben nicht als Urheber eines Höraktes, der jedem Hörereignis den Rang ablaufen würde.

Der eigene Leib nimmt Züge eines Fremdkörpers an. Nur so ist zu verstehen, daß wir uns immer wieder selbst überraschen, wenn wir etwa vor der eigenen Stimme oder den eigenen Schritten erschrecken. Nur so erklärt sich, daß der Halluzinierende seine eigenen Laute wie aus dem Munde einer fremden Person hört. Ebendeshalb gehen vom Hörereignis auch therapeutische Effekte aus, mit denen es Versteifungen lockert, Barrieren aufbricht, Unstetigkeit in artikulierte Abläufe, autistische in responsive Bewegungen verwandelt. Wäre der Vibrationssinn nicht am Hören und Ausüben der Musik beteiligt, so bliebe unverständlich, wie die Musik selbst bei Tauben eine therapeutische Wirkung hervorrufen kann. Nur weil das Hören mehr ist als bloßes Hören, verspricht es Wirkungen, die auf das Gesamtverhalten übergreifen und der Lebenswelt

7 Die zumeist nur als Kurzzitat herangezogene Stelle aus Rimbauds zweitem Voyant-Brief vom 15. Mai 1971 lautet vollständig zitiert so: »Denn ICH ist ein Anderes. Wenn das Blech als Trompete aufwacht, ist es nicht selbst daran schuld. Dies ist für mich offensichtlich so. Ich komme dem Anbrechen meines Gedankens zur Hilfe: ich blicke auf ihn, ich höre auf ihn: ich setze zu einem Bogenstrich an: der Zusammenklang braut sich in den Tiefen zusammen, oder er kommt mit einem Satz auf die Bühne.« (eigene Übersetzung) Die »Veranderung« des Ich ist also instrumentell besetzt.

die Gestalt einer Hörwelt verleihen. Dies gilt allerdings nur dann, wenn das Hören nicht selbst wieder instrumentell eingesetzt oder als Droge eingenommen wird.

Klänge, die wir hörend hervorbringen, sind immer auch Fremdklänge. Leibliches Musizieren wird inszeniert, in Gang gesetzt. Dies geschieht nicht, ohne daß Musik in Partituren aufgezeichnet, als Musikstück dargeboten sowie der technischen Reproduktion und Produktion anheimgegeben wird. Doch das *Musizieren* überschreitet die vorgegebene und hervorgebrachte *Musik,* und die Klangerzeugung überschreitet die hervorgebrachten Klänge ebenso, wie das Denken über alles Gedachte hinausgeht.[8] Selbst das Klanglabor sorgt für Überraschungen in Anbetracht dessen, daß eine klangliche, teilweise aleatorisch angelegte Form von Selbstorganisation zum Zuge kommt und der Radius des Klangfeldes sich erweitert. Es ist daran zu erinnern, daß die Phänomenologie der Sinne sich immer schon mit Feldtheorien verbündet hat, um das alte Schema von Wahrnehmungssubjekt und Wahrnehmungsobjekt zu unterlaufen. Allerdings stellt sich die Frage nach dem Überschuß der Klangereignisse auf neue Weise, wenn es nicht mehr darum geht, Partituren auszuarbeiten und aufzuführen, gemäß dem klassischen Abfolgeschema von *inventio, elaboratio* und *executio,* wenn vielmehr »auf der Tonspur des Tonfilms und auf dem Tonband der ›reinen‹ elektronischen Musik eine einzige Fassung irreversibel fixiert erscheint«. Sobald es nur ein unveränderliches Original, also eigentlich ein Unikat gibt, entfällt jeder »interpretatorische Spielraum«. Es bleibt allerdings ein auditiver Spielraum, der in der Visualisierung des Klanges als einem sozusagen »visualisierten Nachfassen« und in der Anfertigung von »Hörpartituren« genutzt wird, wie wir sie bei Karl-Heinz Stockhausen oder bei György Ligeti finden.[9] Wäre das Hören seinerseits unwiderruflich fixiert, so wäre es nichts weiter als eine Registratur ohne Rezeption,

8 Dies ist die Wahrheit hinter der outriert wirkenden, aber von einer eigentümlichen Phänomenologie des Hörens getragenen Abwehr, die Sergiu Celibidache den Tonaufnahmen musikalischer Aufführungen entgegensetzte. Vgl. die Gespräche mit Celibidache und Glenn Gould und die kritisch sondierenden Begleittexte in dem von Mathias Fischer, Dietmar Holland und Bernhard Rzehulka herausgegebenen Band *Gehörgänge* (1986).

9 Vgl. dazu Albrecht Riethmüller, »Musik auf Tonband und im Film: Verlust der Fassung?« in: Buschmeier u. a., *Transkription und Fassung in der Musik des 20. Jahrhunderts* (2008), insbesondere S. 94-100.

ein Resultat ohne Response. Wer nicht auch anders hören kann, hört nicht.

8. Welt der Töne an der Kulturschwelle

Mit Bedacht haben wir bisher nahezu unterschiedslos von Klängen und Tönen gesprochen, da sich mit einer vorschnellen Sortierung der Hörphänomene Klangfilter einschalten, die nicht selbst der Hörerfahrung entstammen. Es gibt eine Genealogie der Musik, wie es laut Nietzsche eine Genealogie der Moral gibt; sie sollte nicht übersprungen werden, als fiele eine Musikkultur vom Himmel. Auch die Musikpädagogik würde ihr Gewicht steigern, wenn sie sich nicht nur als kindgerechte oder laienhafte Vorstufe verstünde, sondern als eine akustische Maieutik, die zu Klanggeburten verhilft und, wenn es gutgeht, Klangforschungen in Gang setzt wie bei dem jungen Hund in Kafkas Erzählung von den »Forschungen eines Hundes«.

Daß wir es bei musikalischen Tönen mit Klängen bevorzugter Art zu tun haben, bedarf kaum der Erwähnung. Töne, die das Alphabet der Musik bilden, gleichen den Sprachlauten darin, daß sie variablen Tonsystemen und Klangordnungen angehören. Selbst dystonale Musikpassagen und atonale Kompositionen halten, wie ihr Name sagt, einen Bezug aufrecht zur Tonalität, wie immer die Tonordnung bestimmt sein mag, und auch Klanginstallationen unterliegen gewissen Ordnungskriterien. Es gibt natürliche Geräusche wie das Heulen des Windes oder das Rauschen des Wassers, natürliche Klänge wie das Klirren des Glases oder das Klappern eines Blechs, und es gibt die Stimmen der Vögel und das Zirpen der Zikaden. Doch gerade weil gegenwärtige Klangexperimente sich an den Grenzen einer musikalisch und kulturell gestalteten Tonwelt bewegen, verweisen sie auf eine konstitutive Differenz, die wir in Anlehnung an die bereits früher erörterte pikturale Differenz *sonore Differenz* nennen können. Anders, aber doch nicht ganz anders, als Kunstbilder es tun, unterscheiden sich Kunstklänge, ob tonal oder nicht, von sich selbst, indem sie nicht nur hörbar werden, sondern vermittels ihrer klanglichen Materialität anderes hörbar machen.

Mit der Einführung musikalischer Töne überschreiten wir die Schwelle zur Kultur. Ein simples Kennzeichen ihres kulturellen

Charakters – sicherlich nicht das einzige – besteht darin, daß man richtig oder falsch, kunstvoll oder kunstlos singen und musizieren kann, ähnlich wie man richtig oder schön spricht und schreibt. Um es mit alten griechischen Namen zu sagen, die Musik kennt eine *Orthophonie* analog der Orthographie und eine *Kalliphonie* im Gegensatz zur Kakophonie. Ebendeshalb ist das Musizieren bis zu einem gewissen Grad lehrbar und erlernbar. Aber bis zu welchem Grad? Wäre es schlechthin erlernbar, so wäre die Tilgung der Fremdheit eine Frage der Zeit, des Talents, der Geduld. Entscheidend ist jedoch nicht, ob die Fremdheit durch lernendes Aneignen je endgültig überwunden wird, sondern ob eine Überwindung der Fremdheit überhaupt erstrebenswert ist. Die Fremdheit steigert sich bei der Konzeption von Klanginstallationen, die mit natürlichen Elementen wie dem Wasser spielen. Die von Bernhard Leitner 1997 angelegte Klangarchitektur *Wasserspiegel* holt den Klang des in die Brigach fallenden Wassers in den Donautempel hinein, der in der wilhelminischen Zeit am Ursprungsort der Donau errichtet wurde. Der so entstandene Naturtempel nähert sich japanischen Tempelgärten, in die das Fließen und Tropfen des Wassers kompositorisch einbezogen wird. Der Klangarchitekt schreibt dazu: »Wasser: ein sich immer veränderndes, aber ebenso gleichbleibendes Klang-Material. In allen Kulturen wiederkehrendes Gestaltungsmittel für Klang-Räume, für das Raum-Hören. Kein Rauschen regt in gleicher Weise das akustische Gehirn permanent an, wie es den Hörenden beruhigt.«[10]

Sollte es eine Genealogie der Musik geben, so hieße dies, daß wir die Schwelle, die natürliche Klänge und Geräusche von kulturellen Tönen und Klängen trennt, nie definitiv überschreiten. Lehrreich ist in dieser Hinsicht wiederum die moderne Musik, die vielfach zwischen Tonkunst und Klangkunst oszilliert. In dem Bestreben, etablierte Hörgewohnheiten zu durchbrechen, spielt sie mit den Grenzen, die Töne von stimmlichen Äußerungen wie Sprechgesang oder Schrei, von materiellen Klängen und zufälligen Geräuschen trennen. Als Hörer, deren Ohr neuen Klängen ausgesetzt ist, wissen wir nicht schon, was uns erwartet. Jede Grenzkunst übt eine verfremdende Wirkung aus. Die Welt der Töne ist keine abgeschlossene

10 Vgl. Bernhard Leitner, »TON-RÄUME, KLANG-ARCHITEKTUREN«, in: Metzger, *Musik und Architektur* (2003), S. 36.

Welt, die wir betreten, indem wir den Staub des Alltags abstreifen; die Herkunft der Töne, von denen Mythen wie die Entstehung der Panflöte aus dem Schilfrohr künden, läßt uns nicht los. Um diesem Übergangscharakter der Musik gerecht zu werden, sollten wir nicht sagen: *wir hören Musik*, sondern: *wir hören etwas als Musik*. Das winzige Als weist darauf hin, daß das, was im Hören auf unser Ohr trifft, nicht schon Musik ist, sondern sich in Musik verwandelt. Diese genuine Fremdheit ist auch durch das beste Expertentum nicht zu überwinden. Wenn junge oder ältere Hörer dem Eintritt in die Welt der Töne mit einer gewissen Schwellenangst begegnen, so sind sie der erstaunlichen Wirkmacht der Musik näher als jemand, der sich auf Kultur abonniert glaubt.

9. Zwischen den Musikkulturen

Die Fremdheit beginnt auch kulturell gesehen im eigenen Hause. Wenn laut Hölderlin »das Eigene so gut gelernt sein muß wie das Fremde«, dann muß man sich in die eigene Musik so gut einhören wie in die fremde. Das *Einhören* ist ähnlich wie das Einlesen eine initiatorische Form des Hörens. Der Glaube, man brauche nur die Ohren zu spitzen oder die Augen zu öffnen, um alle Reichtümer der Kultur zu genießen, gehört zur naiven Schnellebigkeit einer Fast-Food-Gesellschaft oder aber zu den Idiosynkrasien von Kulturbesitzern und Kulturbesessenen, die sich in ihrer Kultur heimisch fühlen wie in einer zweiten Natur. Man kann sich auch zu gut einhören, so gut nämlich, daß man fremde Töne überhört oder zum Verstummen bringt.

Bleiben wir zunächst bei der *intrakulturellen* Fremdheit. Die Fremdheit dringt durch alle Ritzen. Sie widersetzt sich einer Vereinheitlichung und Hierarchisierung der Musikkultur, und schon gar sträubt sie sich gegen eine Einheitsmusik, deren monströse Auswüchse zur kulturellen oder militärischen Verfestigung autoritärer Regierungsformen gehören. Die Fremdheit beginnt innerhalb einer *Tradition*, ohne die es keine Musikkultur gäbe. Jede gelebte und nicht bloß verordnete Tradition kommt aus der Ferne. Die Musik gleicht darin der Sprache, daß sie von Anderen übernommen wird. Jeder wächst auf in einer Welt der Sprache, man wird gleichsam von Anderen gesprochen, bevor man selbst spricht. Das beginnt mit dem eigenen Namen, der als Rufname Züge eines Fremdnamens zeigt. Ähnlich stammt auch die Musik aus dem Hören; *musica ex auditu*, so könnte man eine alte Formulierung abwandeln. Wir wachsen auf in einer Welt der Töne, mag sie reichlich oder kärglich ausgestattet sein. Töne kommen früher als erwartet. Sie drängen sich uns auf, darin hat Kant mit seiner wenig musikfreudigen Äußerung durchaus recht. Das Hineinwachsen in eine Tradition ruft Konflikte hervor, die unvermeidlich sind, es sei denn, die Jüngeren werden zu bloßen Nachahmern der Älteren abgerichtet oder – eine schwarze Vision – es werden Musikklone gezüchtet. Die Fremdheit zwischen den Generationen ist kein beklagenswerter Unglücksfall, sie kann zerstörerisch, aber eben auch befruchtend wirken. Selbst bin ich noch in einem schulischen Bildungsmilieu aufgewachsen, in dem der Jazz als Geschmacksverirrung einer überseeischen Subkultur galt, als »Negerjazz«, wie sich ein nachmals berühmter Musiktheoretiker ausdrückte. Traditionsbildung ist ein Prozeß der Eingewöhnung, der zur Kehrseite ein bestimmtes Maß an Abgewöhnung hat. Dies ist unvermeidlich so. Aber Traditionsbildung gelingt daher nur dann, wenn sie nicht völlig gelingt. Dabei ist es kein Wunder, daß Jüngere für Neues aufgeschlossener sind als Ältere, da sie von der Mühsal eines Umhörens und Umdenkens noch weitgehend verschont sind. Dies führt nicht selten zu Bündnissen quer durch die Generationen. Neu und Alt sind sicherlich keine Qualitätskriterien, aber doch Markenzeichen einer Kultur, die ohne Bruchstellen nicht zu denken ist.

Die Fremdheit der eigenen Kultur steigert sich, wenn wir bedenken, daß es eine Tradition im Singular gar nicht gibt, sondern nur *Traditionen* im Plural. Eine Einheitskultur gliche einer Einheitssprache, sie wäre ein Konstrukt oder ein Oktroi. Die Vielfalt hängt ab von inner- und außermusikalischen Faktoren. Aus unserer westlichen Musikkultur sind Unterschiede der Konfessionen nicht fortzudenken, die Besonderheit sozialer Schichten kommt allüberall hinzu. Für frühere Zeiten machte es einen Unterschied, ob jemand – wie noch Kant oder Nietzsche – Bachsche Choräle im Ohr hatte oder Gesangformen aus der lateinischen Liturgie, ob in seiner Umgebung höfische oder volkstümliche Musik den Ton angab. Die Unterscheidung von E-Musik und U-Musik gehört bereits zu späteren Kanalisationsformen einer ausufernden Musikkultur. Auch innerhalb der Musik lassen sich die Akzente verschieden setzen.

So kann einmal die Musikarchitektur in den Vordergrund treten, die das Mathematische an der Musik betont, das andere Mal der melodische Klangfluß, der dem Sprachfluß nahe kommt, wieder ein anderes Mal die Klangfarbe, die dem Timbre der Stimme verwandt ist. Bach, Beethoven oder Wagner, das sind natürlich keine Alternativen, aber doch verschiedene Dominanzen, die jeweils ein eigenes Hoheitsgebiet ausbilden. So pflegte man Karl Richter nicht ohne Grund nachzusagen, daß er in Bach romantische Töne hineintrage, und man tut Glenn Gould sicher kein Unrecht, wenn man behauptet, daß seine Goldberg-Variationen streckenweise nach Debussy klingen. Es gibt nicht nur wechselnde Vorlieben in der Musik, wie es Lieblingsfarben und Lieblingsmaler gibt, sondern auch einen *Deutungsstreit*, der sich in der Aufführungspraxis besonders bemerkbar macht. Er ist durch Kanonisierung und kritische Urteilsbildung nicht zu schlichten.

Schließlich berührt die Fremdheit den Kern der Traditionsbildung. Diese geht auf *Stiftungen* zurück. Wie alle Stiftungen, seien sie politischer, religiöser, wissenschaftlicher, technischer, philosophischer oder eben künstlerischer Art, haben auch musikalische Stiftungen etwas von einem anonymen Ereignis, das sich niemals gänzlich auf eine persönliche Urheberschaft zurückführen läßt. Auch die Einführung neuer Kompositions- oder Aufführungsweisen beginnt mit Einfällen, sie antwortet auf auditive Herausforderungen, und sie führt schließlich zu einem Andershören, ähnlich wie Neuerungen in der Malerei ein Anderssehen bewirken. Damit sind wir wieder dort, wo wir begonnen haben. Musikalische Erfindungen sind *kreative Antworten*, also Antworten, die wir geben, aber eben doch auch Antworten, die als Antworten anderswoher kommen. Von alters her spricht man von Inspiration oder Eingebung. Dies sollte nicht als Lösung verstanden werden, sondern als Ausdruck des Rätsels, das jeder Neuschöpfung innewohnt. Das Rätselhafte liegt nicht darin, daß nichts erklärt werden kann, sondern darin, daß keine Erklärung hinreichend ist. Dies ist nicht als Mangel zu betrachten, sondern im Gegenteil als die Kehrseite eines Überschusses. Nur weil es einen Voranfang gibt, den niemand einholt, hat die Vergangenheit eine Zukunft, die mehr darstellt als die Verlängerung der Gegenwart und die Erweiterung eigener Entwürfe, mit der wir nur »Selbstgeworfnes fangen«. Fremdheit besagt, daß auch unser Hören mehr bedeutet als ein Wiederhören, in dem uns begegnet, was wir im Grunde schon kennen.

In der Fremdheit der eigenen Kultur ist die *interkulturelle* Fremdheit bereits vorgezeichnet. Völlig neu ist dies auch in der Musik nicht. Schon die Griechen verbinden ihre Tonarten mit Völkerschaften wie den Dorern oder den Lydern, und die griechische Flöte, der Aulos, verrät mit dem Beinamen »phrygisch« ihre asiatische Herkunft. Wir kennen die *alla turca* aus der Mozartzeit oder Dvořáks Gruß *Aus der Neuen Welt.* Zu Beginn des 19. Jahrhunderts entstanden Phonogrammarchive.[11] Inzwischen gibt es eine Ethnomusik, die das Eigenrecht fremder Musikkulturen wahrnimmt. Wenn nun die Fremdheit fremder Kulturen auf Fremdheiten in der eigenen Kultur stößt, so ergeben sich offene Anschlußstellen. Was fremd ist, ist nicht einfach fremd. Dazu ein Beispiel. In seiner Antwort auf die Frage nach dem Ort der japanischen Kultur in der Welt kommt Claude Lévi-Strauss, ein Autor mit großem Sinn für die Musik, der seine Mythologien nach musikalischen Mustern komponierte, auch auf Japans Musik zu sprechen. Sehr nuanciert stellt er fest, daß die fernöstliche Musik eine harmonische Vermischung der Töne vermeidet, dafür aber die Töne im Reinzustand moduliert und daß sie Geräusche wie etwa Insektenrufe einbezieht, so daß der in unserem harmonischen System synchronisierten Vielfalt der Töne ein aus winzigen Tonfolgen gefügtes diachrones Ganzes entspricht.[12] Ein japanischer Komponist der Gegenwart wie Toshio Hosokawa weist in eigener Sache darauf hin, wie sehr er, an traditionelle japanische Häuser gewöhnt, die Hintergrundgeräusche von Regen und Wind vernimmt und wie das häusliche Spiel von Licht und Schatten sich mit einem hintergründigen Schweigen verbindet, wenn er Stücke wie *Landscape* oder *Ferne Landschaft* komponiert oder wenn er in seiner *Elegy* für Violine solo der Stimme eine Inständigkeit verleiht, als könne sie niemals enden.[13]

11 Bei der Einrichtung des heute in Berlin-Dahlem untergebrachten Phonogrammarchivs wirkte neben dem Musikethnologen Ernst Moritz von Hornbostel auch der Psychologe Carl Stumpf mit, dessen Forschungen eine deutliche Nähe zu Husserls Phänomenologie aufweisen. Zur Nutzung phonographischer und photographischer Techniken in der Ethnographie vgl. Därmann, *Fremde Monde der Vernunft. Die ethnologische Provokation der Vernunft* (2005), Kap. 1.

12 C. Lévi-Strauss, »La place de la culture japonaise dans le monde«, in: *Revue d'esthétique* 18 (1990), S. 17.

13 Ich beziehe mich auf Bemerkungen des Komponisten in Metzger, *Musik und*

Der Umgang mit dem kulturell Fremden, der sich hier andeutet, wird von zwei Extremen bedroht. Einerseits droht eine ethnozentrische Abschirmung, die bei einem so gelehrten Musiker wie Ernest Ansermet dazu führt, daß die Tonalität der westlichen Musik geradewegs mit den Strukturen einer natürlichen Hörwelt gleichgesetzt wird und das Ende der Tonalität mit dem Tode Gottes in der Musik zusammenfällt (vgl. 1965, S. 463). Andererseits droht ein Exotismus mit der Folge, daß alles sich in einem globalen Potpourri vermengt. Das Fremde braucht Resonanzflächen des Eigenen, sonst würden Klänge aus der Ferne ungehört verhallen, doch umgekehrt wird das Eigene vom Fremden geweckt. Daß dies nicht ohne Störungen und Verletzungen abläuft, erklärt die Abwehr, mit dem man dem Fremden begegnet, wo immer es dem Vertrauten in die Quere kommt.

10. Unhörbare Stille

Wäre die Luft voller Klänge, wir würden sie nicht hören. Klänge werden hörbar auf dem Hintergrund einer Stille. Stille bedeutet nicht, daß *nichts* gehört wird, sondern vielmehr, daß *nicht etwas* gehört wird. Man hört das Gras wachsen. Unhörbar ist nicht etwas, das sich hinter einem Hörschirm versteckt hält, unhörbar ist das Hörereignis selbst, eine Stille, die sich im Gehörten verbirgt wie das Schweigen im Gesagten. Das Erklingen ist nicht selbst ein Klang, der sich verorten läßt. Habe ich den Klang *im Ohr*, so wie ich das, was ich anblicke, *im Auge* habe? Das In-Sein, das darin zum Ausdruck kommt, kann nur als eine Verkörperung verstanden werden, die eine gewisse Entkörperung einschließt. Was uns widerfährt, ist wie ein Stachel, der in unserem Körper sitzt, aber als Fremdkörper. Die Pausen in der Musik gleichen den Löchern in der Rede, die sich nur stopfen lassen, sofern die Rede sich in Gerede, also in bereits Gesagtes und Weitergesagtes verwandelt. Sie gleichen den weißen Flächen auf der Leinwand, die einen Untergrund durchschimmern lassen, ohne den es keine Figur gäbe, der aber nicht selbst figurabel ist. Wenn es einen Ort des Hörens gibt und nicht bloß des Ge-

Architektur (2003), S. 59 f. sowie auf seine Darbietungen vor dem Berliner Wissenschaftskolleg im Herbst 2008.

hörten, so als Nicht-Ort der Stille. Die Stille ist nicht schlichtweg klanglos. Sie wäre nichts ohne Störlaute, die das gewohnte Hören durchbrechen, und ohne Anklänge, in denen sich Unerhörtes ankündigt, aber hörbar ist sie nur auf eine solch indirekte Weise. So wie die Malerei Unsichtbares im Sichtbaren aufscheinen läßt, so läßt die Musik Unhörbares im Hörbaren anklingen. Hörend überschreiten wir eine Schwelle. Was jenseits der Schwelle ist, ist nur einem dritten Ohr vernehmbar.

7. Lautwerden der Stimme

1. Vielfältigkeit der Stimme

Die Stimme hat keinen festen Wohnsitz in der Erfahrung. Sie taucht hier und dort auf in wechselnden Zusammenhängen, und ebenso vielfältig sind die Praktiken und Disziplinen, die sich ihrer annehmen. Wir werden also zunächst versuchen, das Phänomen der Stimme einzukreisen. Dabei ist von traditionellen Denkmustern auszugehen, die sich allerdings allesamt als problematisch erweisen. Nur wenn diese Problematik bearbeitet wird, besteht die Chance, daß die Stimme sich als Stimme Gehör verschafft.

(1) Die Stimme gehört zunächst einmal in das Gebiet des *Hörbaren*, das uns schon im vorigen Kapitel beschäftigt hat. Wie alle Laute ist sie den Gesetzen der *Akustik* unterworfen. Es gibt eine auditive Physiologie und inzwischen auch eine auditive Neurophysiologie, die sich mit Stimmphänomenen befaßt. Zugleich unterhält die Stimme eine besondere Beziehung zur *Zeit*: sie erklingt und erreicht eine gewisse Dauer. Bedeutet dies, daß – anders als etwa bei der Farbe – die Beziehung zum Raum nur sekundär ist, beschränkt auf die Lokalisierung von Schallquellen oder Tonträgern? Schon hier beginnen die Probleme.

(2) Hörbares ist von verschiedener Art. Folgen wir Aristoteles, so bestimmt sich die Stimme (φωνή) als der »Schall eines beseelten Wesens (ψόφος ἐμψύχου)« (*De anima* II, 8, 420 b 5f.), und dies im Gegensatz zu bloßen Klängen und Geräuschen, wie sie auch von Dingen erzeugt werden und wie sie sich mit Wind und Wetter verbinden. Das Klirren eines Glases oder das Grollen des Donners pflegen wir nicht als Stimmphänomen zu deuten. Wir stoßen hier auf eine erste große Zäsur. Die Stimme erscheint als etwas, worin die Psyche eines Lebewesens *sich selbst äußert*, während Geräusche und Klänge durch *bloße Krafteinwirkung* erzeugt werden. Der Tropfen, der an den Stein anschlägt und ihn auf die Dauer aushöhlt, ist nicht zu verwechseln mit dem Schlagzeug, das von der Hand des Musikanten geführt wird, und der Knall eines platzenden Luftballons ist nicht mit einem Zornesausbruch gleichzusetzen. Wir betreten damit den Doppelbereich der *Psychophysiologie*. Die Differenz, die sich im Hörbaren und somit auch in der Stimme auftut, vertieft

sich zu einer Kluft, wenn im Gefolge von Descartes (*Zweite Meditation*, AT VII, 31 f.) der verlautbarte Sinn einem denkenden Wesen zugewiesen wird, das jederzeit schweigend und lautlos (*tacitus et sine voce*) seinen Gedanken nachzugehen vermag, der Stimmklang dagegen zusammen mit allen gewöhnlichen Klängen und Geräuschen einem ausgedehnten Ding zugeordnet wird. Seelenstimme und Körperklang treten auseinander. Man muß *jemand* sein, um eine Stimme zu haben, *etwas* verursacht nur Geräusche. Selbst das Tier, das bei Aristoteles durchaus noch in den Kreis der Stimmberechtigten einbezogen ist, droht sein Stimmrecht zu verlieren. Maschinen können Geräusche produzieren, aber sie können nicht schreien. Die Mechanisierung des Körpers macht auch vor dem Klangkörper der Stimme nicht halt.

(3) Sofern die Stimme sich mit besonderen Äußerungsweisen verbindet, ergeben sich spezifische Nuancen. Die *Sprechstimme* bringt Sprachlaute hervor, die als Phoneme zum Bereich bedeutsamer Zeichen gehören. Dabei wird den sogenannten Vokalen (gr. φωνηέντα), die als Selbstlaute auftreten, gegenüber den Konsonanten (gr. ἄφωνα oder ἡμίφωνα), die sich an andere Laute anlehnen, eine besondere Nähe zur Stimme zuerkannt. So nennt Herder Vokale die »Türangeln der Sprache«.[1] Zur Sprechstimme gehören aber auch Sprachmelodie und Sprachrhythmus. Die *Gesangstimme* hat nicht nur etwas Melodisches wie die Sprechstimme, sie verbindet sich mit den Klängen der Musik. In Klangfarbe und Tonhöhe nähert sie sich den Stimmen der Instrumente. Schließlich tritt die Stimme als *Rufstimme* auf, deren Exklamationen der Eingebung oder dem Druck des Augenblicks folgen und sich dem Schrei nähern, der gemessen an den Gestalten und Gliederungen der Sprache als unartikuliert erscheint. Doch bei jeder negativen Qualifikation ist Vorsicht geboten. Schreie des Schmerzes, der Angst, des Entsetzens, aber auch Schreie der Lust und der freudigen Überraschung sind dem Lachen und Weinen verwandt, in denen unser Verhalten auf Grenzen der Verfügbarkeit stößt. Die Katastrophenreaktion im Sinne von Kurt Goldstein findet ihren Ausdruck in Katastrophenlauten, die den Sprachfluß unterbrechen und ihn in einen Mahl-

1 Herder, *Abhandlung über den Ursprung der Sprache* (1985), S. 704. Solch traditionelle Einstufungen von Vokal und Konsonant konfrontiert John Durham Peters mit einer »Rache des Konsonanten«, wie sie vom Mikrophon und anderen modernen Stimmedien geübt wird (in: Kolesch/Schrödl 2004, S. 96 f.).

strom von Klängen hineinziehen. Wie neuere Forschungen zeigen, läßt sich schon dem Schreien Neugeborener deren Muttersprache anhören; diese frühen Einflüsse der Sprachumgebung sind einer passiven Vorstufe des Spracherwerbs zuzurechnen. Mit den genannten Nuancen, die allesamt an den Rand der Sprache führen, findet die Stimme Einlaß in Linguistik, Rhetorik, Musik und Ausdruckskunde, und dies auf dem Hintergrund einer *Anthropozoologie*, die das Tierische im Menschen nicht der Humanität opfert.

(4) Hinzu kommt die Disjunktion von *Produktion* und *Rezeption*. Der *eigenen Stimme* tritt die *fremde Stimme* gegenüber. Diese Unterscheidung spielt in einer Sichtweise, die geradewegs von einem Lebensganzen und von symbiotischen Bezügen ausgeht, keine besondere Rolle. Die Heterophonie wird hier durch eine Symphonie des Lebens aufgefangen. Dies ändert sich, wenn der Mensch als sogenanntes Subjekt in den Mittelpunkt rückt. Die Unterscheidung von Sprecher und Hörer bekommt etwas Kanonisches, einschließlich der nahezu spontanen Bevorzugung der Sprecherrolle. Hören bedeutet dann lediglich, daß ein anderer spricht oder den Ton angibt, gesprochen wird so oder so. Die Inbesitznahme der Stimme durch das Subjekt wird damit nicht unterbrochen, sie wird nur vervielfältigt. Dies gilt auch noch für Sprechakttheorien, in denen die Kompetenz des Sprachbenutzers performativ verankert wird.

(5) Schließlich betreten wir das Gebiet der *Phonotechniken* und *Phonomedien*. Phonetische Techniken, die mit Audiotechniken Hand in Hand gehen, weisen zurück auf den Einsatz des eigenen Körpers. Jede Stimmgebung geht einher mit einer entsprechenden Körperhaltung und Körperbewegung, sei es, daß diese spontan erlernt wird wie das Sitzen und Gehen, sei es, daß sie eingeübt wird wie die Artikulationen einer Fremdsprache, wie die Sprachäußerungen des Schauspielers oder die Lautgestaltung des Sängers. So wie die Phonotechniken auf *Urtechniken* des Leibkörpers zurückverweisen, so führen Phonomedien zurück auf das *Urmedium* der Luft, das sich im Ein- und Ausatmen mit der Medialität des Leibes verquickt. Welches Gewicht man den Lauttechniken und Lautmedien zumißt, hängt davon ab, wie man Techniken und Medien generell einschätzt. Nehmen wir ein einfaches Beispiel. Ein Satz wird offensichtlich nicht wahrer, ein Urteil nicht richtiger, wenn man sich laut oder leise, mit oder ohne Mikrophon äußert. Die Phonetik hat es unmittelbar nur mit *Realisierungsbedingungen*, nicht

aber mit Sinn- oder Wahrheitsbedingungen und mit dem Status des Sprechers zu tun, solange man Techniken und Medien als bloße Hilfsmittel betrachtet, die der Sinnbildung, der Selbstbildung und der Wahrheitsfindung dienen. Anders steht es, wenn man davon ausgeht, daß die Erfahrung von Anfang an und in sich selbst technische und mediale Züge aufweist. In diesem Falle würde die Phänomenologie der Erfahrung mit einer Phänomenotechnik Hand in Hand gehen, und dies würde eine genuine Phonotechnik mit einschließen.

(6) Des weiteren ist die Stimme von einer reichhaltigen *Stimmsymbolik* durchdrungen, die der Politik und dem Ethos der Stimme Ausdruck verleiht. Zu nennen ist einmal die Stimme als Verkörperung einer höheren Instanz, sei es die Stimme Gottes, des Volkes, des Gewissens oder der Vernunft. Politische Züge gewinnt die Stimme in institutionellen Praktiken wie Stimmrecht, Stimmabgabe und Stimmenzählung sowie in der konfliktbelasteten Form von Einstimmigkeit und Mehrstimmigkeit, die durch Abstimmungsverfahren festgestellt wird. Die Möglichkeit und Fähigkeit, mit eigener Stimme zu sprechen, rührt an die moralisch-rechtliche Verantwortung. Zu guter Letzt bilden Stimmung, Mißstimmung und Eingestimmtheit den affektiven Hintergrund unseres weltlichen und sozialen Verhaltens.

Im folgenden begnügen wir uns damit, einige heikle Punkte herauszugreifen, die eine Überprüfung traditioneller Annahmen nahelegen. Der Tenor unserer Überlegungen läßt sich auf folgende Weise formulieren: Die Stimme geht nicht der Erfahrung voraus, sie wird *in der Erfahrung* laut. Dabei erweist sie sich als eine *gebrochene, zerteilte, gespaltene Stimme*; sie ist durchtönt von Vor- und Nachklängen, von Einklang und Mißklang, sie ist ein *Echo ihrer selbst.* Dieser originäre Widerhall der Stimme widersetzt sich einer schlichten Monotonie oder Homophonie, die alles in einer einzigen oder gemeinsamen Stimme versammelt; er entzieht sich aber ebensosehr bekannten Oppositionen wie Zeit und Raum, Belebtes und Unbelebtes, Eigenes und Fremdes, Aktion und Passion, Person und Sache, Selbständigkeit und Vertretung, Hörbares und Unhörbares. Die Revisionen, die wir ins Auge fassen, vollziehen sich auf dem Hintergrund einer Phänomenologie des leiblichen Selbst und einer radikalen zeiträumlichen Erfahrung.

2. Stimmerzeugung

Die Charakterisierung der Stimme hängt entscheidend davon ab, welche Zugangsweise wir wählen. Es macht einen Unterschied, ob wir die Stimme primär als etwas verstehen, *das* wir hören, oder als jemandes Stimme, *von der aus* und *auf die* wir hören. Das Hören einer Stimme fällt nicht zusammen mit dem Hören auf eine Stimme. Wählen wir die erste Möglichkeit, so erscheint die Stimme primär als ein akustisches Erzeugnis. Dies hat zur Folge, daß sich, wie schon angedeutet, die Produzentenperspektive in den Vordergrund schiebt.

Der Ansatz beim Hören der Stimme als einem akustischen Etwas findet seine exemplarische Ausgestaltung in der Psychologie von Aristoteles.[2] Den Rahmen für die Behandlung der Stimme (φωνή, lat. *vox*) bildet die Lehre von den verschiedenen Sinnen, und zwar jener Teil, der sich mit der Korrelation von Schall (ψόφος, lat. *sonus*) und Gehör (ἀκοή, lat. *auditus*) beschäftigt. Der Schall, der nicht nur musikalische Klänge, sondern auch Geräusche einschließt, steht für die Gattung, die Stimme gilt als eine ihrer Unterarten. Somit stellt sich die Frage, worin die Stimmäußerung sich von einem generellen Schallphänomen unterscheidet. Die Antwort darauf ist komplex. Wie schon eingangs erwähnt, definiert sich die Stimme als der Schall eines *beseelten Wesens*, wobei der Genitiv sowohl die Verfügung wie die Herkunft anzeigt. Zum anderen bestimmt sie sich als ein *bedeutsamer* Schall (ψόφος σημαντικός),[3] der seine Zeichenbedeutung einer bestehenden Übereinkunft (συνθήκη) verdankt. Hinzu kommen schriftlose Klänge (ἀγράμματοι), die auf natürliche Weise ein bestimmtes Pathos, einen Affekt *kundgeben* (gr. δηλοῦν), worauf der Redner in besonderem Maße zu achten hat (vgl. *Rhetorik* III, 2). Affektbekundungen finden sich auch bei Tieren. Bei der Ausweitung stimmlicher Äußerungen auf die Tier-

2 Zentral sind *De anima* II, 8, ergänzt durch III, 2, sowie *De interpret.* 2. Zur weitläufigen Wirkungsgeschichte der aristotelischen Stimmlehre vgl. den Artikel »Stimme« von Donatella di Cesare in Bd. 10 des *Historischen Wörterbuchs der Philosophie* (1998).

3 In *De interpretatione*, wo sprachliche Ausdrücke zugrunde gelegt werden, spricht Aristoteles durchwegs von einer φωνὴ σημαντική, einem bedeutsamen Laut; die Stimme tritt hier in versprachlichter Form auf. Zu Klang, Ton und Laut in der antiken Tradition vgl. Albrecht Riethmüller, »The Matter of Music Is Sound and Body-Motion«, in: Gumbrecht/Pfeiffer, *Materialities of Communication* (1994).

welt verfährt Aristoteles einigermaßen großzügig; während Fischen das Stimmvermögen abgesprochen wird, wird Vögeln zugestanden, daß sie die Zunge auch zur artikulierten Verständigung (ἑρμενεία) benutzen und dabei voneinander lernen (*De partibus animalium* 660 a 35). Diese Biohermeneutik entspricht der bis heute zu beobachtenden Bildung von »Dialekten« bei Singvögeln. Aristoteles liegt es also fern, zwischen Biologie und Anthropologie eine Barriere zu errichten; die Macht des Lebens macht an Gattungsgrenzen nicht halt.[4] Eine schlichte Kontamination von tierischer und menschlicher Stimme ist gleichwohl nicht zu befürchten, da letztere an der lautlosen Vernunft eines Logos teilhat. Die konkrete Stimmerzeugung bedarf schließlich geeigneter *Stimmorgane* wie Kehlkopf und Atemapparat. Klangliche Eigenschaften wie Tonspannung, Melodie und Sprachklang lassen einen zusätzlichen Vergleich zwischen menschlicher Stimme und musikalischen Tönen zu, mehr allerdings nicht, da Flöte und Leier zu den unbeseelten Dingen zählen, die sich nicht von innen heraus äußern. Schließlich tritt eine Reihe weiterer interessanter Aspekte hinzu: die noch zu erörternde Unterscheidung zwischen potentiellem Schall (ψόφος) und aktuellem Schallen (ψόφησις); die Einschaltung der Luft, die wie das durchscheinende Licht als Medium, wörtlich als ein Zwischen (μεταξύ) zur Hörwahrnehmung beiträgt; das geräuschförmige Husten im Gegensatz zur Lautbildung; die glatte und feste Körperfläche, die den Schall zurückwirft, so daß Erz tönt, nicht aber die Wolle; das Echo, das entsteht, wenn von einer gefäßartig abgeschlossenen Luftmasse die Luft zurückprallt wie ein Ball; schließlich die Eigenbewegung der Luft innerhalb des Ohrs, das als körperlicher Resonanzraum die Gestalt eines brausenden Horns annimmt oder einer Muschel, wie wir sagen würden. Wir nähern uns wie bei Gottfried Keller der Stimme der Natur: »Ein leeres Schneckhäusel, / schau, liegt dort im Gras; / da halte dein Ohr dran, / drin brümmelt dir was!«

Doch so interessant diese Klangaspekte auch sind, sie beziehen sich allesamt auf den hörbaren Schall, nicht speziell auf die Stimme. Dies gilt selbst für das Echo, das als Widerklang unter Dingen behandelt wird, nicht aber als Widerklang der Stimme. Die Stimme gilt als *etwas Hörbares*, dessen spezifische Eigenart sich indessen

4 Vgl. Leander Scholz, »Tierstimme/Menschenstimme: Medien der Kognition«, in: Epping-Jäger/Linz, *Medien/Stimmen* (2003).

nicht *vom Hören her* bestimmt. Ihre Eigenart verdankt sie einzig der kausalen Stimmerzeugung, der zeichenhaften Bedeutung, dem kundgegebenen Affekt und dem Stimmkörper mit seinen Stimmorganen. Hegels dialektische Verarbeitung aristotelischer Motive in der *Enzyklopädie* (§§ 351, 358) schlägt denselben Weg ein, indem sie die Stimme aus der tierischen Selbstbewegung herleitet und den Ton als Äußerung faßt, in der sich die Innerlichkeit kundgibt. Diese Grundorientierung hat zur Folge, daß die *fremde Stimme* nicht eigens vorkommt. Letzten Endes liegt dies daran, daß die Differenz zwischen mir als Sprecher und dir als Sprecher wie auch die Differenz zwischen mir als Sprecher und mir als Hörer nur eine *relative Differenz* bedeutet, da wir – trotz aller empirischen Umstände – grundsätzlich imstande sind, unsere Rollen zu vertauschen. Der Andere erschüttert mich nicht in meinem Eigensten. Was ich von Anderen höre, kann ich übernehmen und mir letzten Endes selbst sagen, da der allgemeine Logos in Verbindung mit faktisch bestehenden Übereinkünften einen gemeinsamen Fundus bildet. Der klassische Dialog ist im Grunde ein *Monolog mit verteilten Rollen*, wie es mutatis mutandis auch noch für die Verstehens- und Verständigungsbemühungen der modernen Hermeneutik und normativ ausgerichteter Diskurstheorien gilt.[5] Wenn Platon im *Theaitet* (201 c) den Zeugen vor Gericht als Beleg für ein Wissen vom Hörensagen (ἐξ ἀκοῆς) heranzieht, so sieht er darin einen Mangel an Autopsie und nicht etwa den Hinweis auf ein Erfahrungszeugnis, das meine eigenen Wissensansprüche in die Schranken weist. Was ich von Anderen höre, weiß ich nur von ihnen; was ich selbst sehe, weiß ich selbst. Die Sachen selbst (so schon *Gorgias* 459 b) korrespondieren mit der Einsicht meiner selbst. Die Prävalenz des Auges würde allerdings ins Schwanken geraten, wenn wir auch im Sehen vom fremden Blick ausgingen und nicht vom schlicht Gesehenen. Doch mit Descartes rücken solche Erwägungen in noch weitere Ferne. Bei ihm tritt nicht nur die fremde Stimme, sondern die Stimme überhaupt in den Hintergrund, da das Ego, wie es in der *Zweiten Meditation* heißt, »schweigend und lautlos (*tacitus et sine voce*)« seinen Gedanken nachgeht. Wenn das Ego dennoch nicht

5 Zu den Grenzen eines symmetrisch angelegten Dialogs vgl. vom Verf. »Der zerstreute Dialog« in: *Deutsch-Französische Gedankengänge* (1995), Schlußkapitel. Allerdings ist, wie schon bei Platon, zu unterscheiden zwischen der dialogischen Praxis und der Idee des Dialogs.

in eine Privatsphäre eingekapselt bleibt, so liegt dies an einem allgemeinen Logos, der mit einer einzigen Stimme spricht und den jeder in seinem eigenen Denken wiederfinden kann. Hinter jeder Hetero*phonie* steht eine Homo*logie*. Die landläufigen Kommunikationstheorien folgen dem gleichen Grundmuster, wenn sie den Austausch von Botschaften zwischen Sender und Empfänger mittels eines Codes regeln.

3. Stimmoffenbarung

Die einheitliche Stimmführung wird unterbrochen, wenn eine höhere Instanz eingreift, deren Äußerung der dialogischen Vergewisserung entrückt ist. In unserer westlichen Tradition ist hierbei an erster Stelle an die *Stimme Gottes* zu denken, die in der jüdisch-christlichen Tradition ihren starken, aber durchaus variablen Rückhalt findet.[6] Aus dem griechischen Denken kennen wir das sokratische Daimonion, das als eine Art Stimme (φωνή τις) auftritt, als eine Stimme allerdings, die abrät, nicht zuredet (*Apol.* 31 a). Die Stimme von oben taucht immer wieder in verschiedener Besetzung auf, vielfach versehen mit einem religiösen Beiklang, so die Stimme des Gewissens, der Natur, der Vernunft, des Gesetzes wie bei Rousseau oder Kant, dazu die dubiose Stimme des Volkes oder des Blutes. Im Bereich der Künste begegnet uns die fremde Stimme in den Musenanrufen und in verschiedensten Arten der Inspiration, die als Anhauch dem Atem der Stimme verwandt ist. Entscheidend ist hierbei, daß durchwegs eine *absolute Differenz*, eine grundlegende *Asymmetrie* im Spiel ist, die einen Rollenwechsel zwischen Hörer und Sprecher ausschließt. Dies gilt nicht nur für die Stimme vom Berg Sinai. Im *Symposion* tritt Diotima als Lehrmeisterin des Eros auf. Sokrates, der sich auf ungewohnte Weise damit begnügt, wiederzugeben, was er gehört hat (*Symp.* 201 d), redet die Priesterin aus Mantinea nicht umsonst mit »O Fremde« (ὦ ξένη) an (*Symp.* 204 c), mit »O Fremdlingin«, wenn wir Hölderlins Sprachgebrauch

6 Der oben zitierte Lexikonartikel »Stimme« beginnt mit dem hebräischen Wortgebrauch. Stéphane Mosès betont unter Berufung auf jüdische Quellen die Bipolarität von Offenbarungsstimme und menschlicher Deutung; siehe *Eros und Gesetz* (2004), S. 89-97.

folgen.[7] Das Gehörte läßt sich nicht restlos in Selbstgesagtes oder Selbstgesehenes verwandeln, wie es das Einsichtsideal verlangt; der Eros ist nicht etwas, das man nach Regeln übt, sondern ein Pathos, ein Widerfahrnis.[8] Auch die mythischen Einlagen, mit denen Platon den diskursiven Logos unterbricht, erinnern an Sagen, von denen man gehört hat. Zu erwähnen ist schließlich die paulinische Formel des Glaubens als *fides ex auditu*. Auch hier heißt es wie bei Platon: ἐξ ἀκοῆς, doch geht es anders weiter: *auditus autem per verbum Christi* (*Röm.* 10,17); das Gehör (ἀκοή) geht über in Gehorsam (ὑπακοή), wörtlich ein »Unterhören«. Daß auch demagogisch geschickte Redner wie Adolf Hitler ihr Stimmtheater von oben her inszenieren, ist nur zu gut bekannt.[9]

Doch religiöse Ausflüge in eine andere Welt oder Überschritte in eine Welt der Andersheit büßen mit der Aufklärung ihre Macht ein. Fremde Stimmen degenerieren zu fragwürdigen Geisterstimmen oder zu Vorboten einer Vernunft, die uns endlich erlaubt, mit eigener Stimme zu reden. Die anfängliche Asymmetrie weicht mit Voranschreiten der Vernunft oder Moral einer zunehmenden Symmetrie. Dahinter stehen die berechtigte Kritik an einer unbefragten Autorität und die Verwandlung der gehorsamen Unterwerfung unter ein fremdes Gesetz in die Bindung an ein selbstgegebenes Gesetz. Von Standardformeln wie »Handle so …!«, die an Hörende appellieren, bleibt nicht mehr zurück als eine dialogische Einkleidung universaler Sollenssätze. Man fragt sich allerdings, warum die Vernunft sich nicht mit Geltungsansprüchen begnügt und uns immer noch anspricht, als müsse sie betteln gehen. In seinem Essay *Von einem neuerdings erhobenen vornehmen Ton in der Philosophie*, in dem er den lautstark auftretenden Gefühlsüberschwang zu dämpfen sucht, hält Kant gleichwohl daran fest, daß die »Stimme der Vernunft« zu jedermann spricht und so auch die Pflicht, von

7 Bei Schleiermacher, einem der Väter der Hermeneutik aus einer Zeit eifriger Geselligkeit, wird daraus die intimere »Freundin«. Vgl. dagegen die Symposium-Interpretation von Gerhard Krüger: *Einsicht und Leidenschaft* (1948), S. 142 sowie eine neuere musikologisch-poetologische Arbeit von Ingrid Allwardt: *Die Stimme der Diotima. Friedrich Hölderlin und Luigi Nono* (2004).

8 Vgl. etwa *Phaidros* 252 b; Schleiermachers Übersetzung von πάθος mit »Zustand« gehört zu den bis heute andauernden Begriffsentschärfungen des 19. Jahrhunderts.

9 Vgl. Cornelia Epping-Jäger: »Stimmgewalt. Die NSDAP als Rednerpartei«, in: Kolesch/Krämer, *Stimme* (2006).

der es heißt, daß jedermann »zittert beim Anhören ihrer ehernen Stimme« (Ausg. Weischedel, III, 392). Die Vermutung, daß es selbst hier, auf dem Gipfel der Aufklärung, einen appellativen Überhang gibt, drängt sich auf, nur fragt es sich, wie man mit ihm umgehen soll.[10]

3. Stimmereignis

Wie könnte eine Revision aussehen, die der fremden Stimme Gehör verschafft, ohne die eigene Stimme zu opfern? Mit der bloßen Umkehrung ist es nicht getan. Sie bedeutet letzten Endes nicht mehr, als daß die Stimmerzeugung in einer Hinterwelt stattfindet. Anders stellt sich die Sache dar, wenn wir von den beiden erwähnten Zugangsweisen die zweite wählen und das Hören *der* Stimme überbieten durch ein Hören *auf die* Stimme, das nicht von oben, sondern *von anderswoher* kommt. Im griechischen Wortgebrauch deutet sich eine Lockerung des Gegenstandsbezug darin an, daß Wahrnehmungsverben bei unmittelbaren Sinnesbezügen nicht den Akkusativ, sondern den Genetiv regieren; das griechische ἀκούειν τινός gleicht unserem »Hören von«. Wir geraten damit, wie schon im vorigen Kapitel, auf die Bahnen von Klangereignissen. Das Stimmereignis entpuppt sich als ein Klangereignis besonderer Art.

Die Stimme klingt an, sie erklingt, klingt fort, verklingt und klingt nach, kurz: sie stellt sich dar als ein *Ereignis*, als etwas, das geschieht. Die »Stimme« tritt ursprünglich nicht in Form eines Nomens auf, sondern als ein »Stimmen«, in Form eines Verbums also, von dem schon Aristoteles bemerkt, daß es die Zeit »mit anzeigt« (*De interpret.* 3). Genauer gesagt, benutzen wir intransitive Verben, die einen Vorgang anzeigen, der nicht in einem Zielobjekt zur Ruhe kommt, sondern anhebt, anschwillt, andauert, verebbt.

Schon Aristoteles nähert sich dieser Prozeßhaftigkeit, wenn er vom nominalen »Schall« auf ein verbales »Schallen« zurückgeht. Indessen entschärft er den Ereignischarakter, indem er das »Zusammenstimmen«, die συμφωνία von Schallen und Hören (*De anima* II, 2. 426 a 27), als eine Spielart der Energeia, also als Aktualisie-

10 Was die Grenzen einer landläufigen Moral der Gesetzesgeltung angeht, so verweise ich auf meine Überlegungen in *Schattenrisse der Moral* (2006).

rung, als *Verwirklichung* bereits angelegter Möglichkeiten denkt.[11] Vorausgesetzt sind klang- und stimmfähige Wesen, die im Gesamtgeschehen eines teleologisch verfaßten Kosmos unter geeigneten Bedingungen Klänge und Laute hervorbringen; dem Hören bleibt strenggenommen nur das Nachhören, wie das vorgeprägte Sehen nur das Nachsehen hat. Doch außerordentliche Ereignisse sind so nicht zu fassen. Sie treten nicht ohne Grund auf, wohl aber ohne zureichenden Grund, indem sie den jeweils bestehenden Möglichkeitsrahmen sprengen. Strenggenommen sind sie un-möglich. Beim Einbruch des Neuen geht die Wirklichkeit ihrer Ermöglichung voraus. Sie schafft sich selbst ihren Boden, so wie die Kunst sich selbst ihr Publikum schafft. Ereignisse, die einen Umschwung herbeiführen, sind im strengen Sinne ortlos (ἄτοπος) wie der jähe Augenblick in Platons *Parmenides* (156 d). Schon der Sprechalltag zeigt, daß wir, wie auch Aristoteles bemerkt, nur unter Anhalten (κατέχων) des Atems sprachliche Laute bilden können (*De anima* II, 8, 421 a 3). Atemeinschnitte gehören zur »Atemsyntax«, die der Vortragskunst und Musikdarbietungen zugrunde liegt. Fehlen sie, so kommt es zu einem monotonen Singsang.[12]

Die Stimme tritt aber als Ereignis besonderer Art auf, nämlich als *Widerfahrnis.* Sie verweist auf *jemanden, dem* etwas widerfährt. Der Hörer kommt mit vor, jedoch nicht im Modus des Wer, sondern des Wem oder Wen, nicht im Nominativ des Autors, sondern im Dativ oder Akkusativ des betroffenen, in einem weiten Sinne zu verstehenden Patienten. Der Anlehnung an das, was mir geschieht, entspricht die grammatische Form des Enklitikon, wie sie beim griechischen Pronomen με (mich) oder μοι (mir) zu finden ist. Streicht man das Ich und vernachlässigt man das Hören der Stim-

11 Vgl. *De anima* II, 2, 425 b 26 ff., dt. *Werke*, Bd. 13, S. 51: »Die Wirklichkeit (Energeia) des Wahrnehmbaren und der Wahrnehmung ist ein und dieselbe, ihr Sein ist aber nicht dasselbe, z. B. der wirkliche Schall und das wirkliche Gehör. Es ist möglich, Gehör zu besitzen und doch nicht zu hören, und was Schall besitzt, schallt nicht immer. Wenn aber, was zu hören vermag, wirkt, und was zu schallen vermag, schallt, dann ist zugleich das wirkliche Gehör und der wirkliche Schall da, und man möchte sagen, das eine sei Hören (ἄκουσις), das andere Schallen (ψόφησις).« Zur Koinzidenz von »Hörung« und »Schallung« vgl. den Kommentar von Wolfgang Welsch, *Aisthesis* (1987), S. 89-98; das Phänomen der Stimme bleibt dort allerdings ganz ausgespart.

12 Vgl. Reinhart Meyer-Kalkus, »Stimme und Atemsyntax in Vortragskunst, Prosa und Musik«, in: *Musik & Ästhetik*, 13. Jg., Heft 51 (2009), S. 73-106.

me, so bleiben bloße Schallwellen zurück. Dennoch läßt sich das Hörereignis, an dem wir auf gewisse Weise beteiligt sind, nicht auf einen *Hörakt* reduzieren, den ich oder ein anderer frei vollzieht. Das Hinhören oder Weghören, das vom registrierenden Hören wohl zu unterscheiden ist (vgl. frz. *écouter* vs. *entendre* oder engl. *to listen* vs. *to hear*), mag als Akt bezeichnet werden, aber dann als ein Akt, der anderswo und ebendeshalb nicht *als Akt* beginnt. Der Hörvorgang ist ein Zwitterwesen aus Ereignis und Akt. Jeder Akt und jede Aktion hat etwas von einem Ereignis. Umgekehrt gilt nicht das gleiche. Ein Ereignis läßt sich unter bestimmten Bedingungen als Akt oder als Aktion verstehen, aber es ist nicht selbst schon ein Akt oder eine Aktion – es sei denn, man ersetzt die Geburt der Hörwelt aus dem Laut durch eine fertige Hörordnung, in der bereits alles seinen Platz hat. Die Sphärenmusik wäre eine solche Ordnung im Großen, Kulturwelten würden solche Ordnungen im kleineren Maßstab der Normalität verwirklichen.

Wenn es also ein Ereignis des Lautwerdens gibt, so ist es nicht von einem Was und einem Wer, von einem Objekt und einem Subjekt her und auch nicht von einem Ganzen her zu denken, sondern als ein zunächst *impersonales* Geschehen, das Spuren hinterläßt wie ein Leuchtfeuer und erst in der Wiederholung Gestalt annimmt. Impersonale Wendungen wie »es raschelt« oder »es klingelt« sind nicht, wie Husserl in seiner *V. Logischen Untersuchung* (Hua XIX/1, 410) noch annimmt, als unbestimmt gerichtete Intentionen zu verstehen, die ihr Ziel im Ungefähren vorwegnehmen, sondern als Anstöße und Anregungen, aus denen Sinn gewonnen wird, der nicht schon vorgegeben ist. Wenn Lichtenberg fordert, man solle sagen »es denkt«, wie man sagt »es blitzt«, so läßt sich dies durchaus auf Stimmäußerungen übertragen. Östliche Sprachen wie das Chinesische oder das Japanische, die den Gebrauch offener Phrasen wie »Musik hören« zulassen, ohne daß Ursache und Umstände näher spezifiziert werden, nähern sich der geforderten Ereignissprache in stärkerem Maße als Satzformen, die Subjekt und Prädikat zu ihrem Kernbestand zählen (siehe Waldenfels 1997, S. 71). Wir neigen dazu, uns an der Orthoästhesie eines normalisierten Hörens zu orientieren, so daß wir wiederhören, was wir schon kennen.[13] In diesem

13 Zu Husserls Unterscheidung von Ortho- und Heteroästhesie vgl. Hua IV, § 18 und Hua XIII, Text 14.

Falle verschwindet das Hörereignis in der Tat hinter dem dinglichen Substrat, dem persönlichen Urheber und dem Hörgehalt.

3. Zeiträumlichkeit der Stimme

Ein weiteres Vorurteil besteht darin, daß man das Lautwerden als etwas *rein Zeitliches* betrachtet, zugehörig einer Seele, die in Erwartung und Erinnerung, in Protention und Retention ihre Fühler nach vorn und nach hinten ausstreckt. Die Verinnerlichung der Stimme, die bis auf Augustinus zurückgeht, ist eine unmittelbare Folge dieser einseitigen Verzeitlichung. Doch was laut wird, *findet hier und jetzt statt.* Es kommt aus einer bestimmten Richtung, wenn es mit einem Male den Schleier der Stille zerreißt; es nähert sich uns, indem es anschwillt wie eine Brandung; es umhüllt uns, wenn es chronisch wird oder sich am Ende zu einer Lautkulisse abschwächt. Der Laut der Stimme schafft sich seinen *Zeit-Raum.* Dieser ist nicht zu verwechseln mit einem Gefüge von Zeit- und Raumstellen. Das Erklingen der Stimme ist *zu kurz,* wenn sie verklingt, nachdem sie kaum erklungen ist, es dauert *zu lang,* wenn es uns enerviert. Fünf Sekunden oder zwei Minuten dauert es erst dann, wenn das Hören auf Gehörtes reduziert und dieses an zeitlichen Parametern gemessen wird. Außerdem befindet sich die Stimme nicht einfach im Raum, etwa dort, wo die Klangquelle, nämlich der Sprechkörper oder das Radio sich befindet; denn das Hörereignis trägt von sich aus zur Gestaltung des Raumes bei, indem es – nach Art eines akustischen Re-entry – darin seine Spuren hinterläßt. Die Architektur einer Kathedrale oder eines Konzertsaales bildet kein bloßes Gehäuse, innerhalb dessen akustische Phänomene auftreten, sie weitet und verengt sich zu einem Hör- und Echoraum, in dem Klänge sich auf bestimmte Weise verteilen und auf bestimmte Weise wiederkehren.[14] Jeder, der ein Musikinstrument spielt, hört zugleich, wie leer oder wie voll der Raum ist, in dem die Töne erklingen, und die gute oder schlechte Akustik eines Vortragsraumes wirkt sich unmittelbar auf das Zuhören aus.

14 Zur Akustik des mittelalterlichen Kirchenraums, der unter anderem durch die Vergrößerung der Nachhallzeit und die weitgehende Ausschaltung hoher Frequenzanteile eine eigentümliche »kirchliche Tonlandschaft« entstehen ließ, vgl. Horst Wenzel, *Hören und Sehen, Schrift und Bild* (1995), S. 105 f.

Außerdem kommt das Lautwerden wie alles, was uns geschieht, was uns zustößt und anrührt, stets zu früh in einer untilgbaren *Vorgängigkeit*. Nur Erwartetes kann rechtzeitig eintreffen, nicht aber Unerwartetes oder gar Unerwartbares. Erst nachträglich gelangen wir dazu, dem überraschenden Lautwerden eine Stimminstanz zu unterlegen, die sich identifizieren, befragen und deuten läßt. Dem genuinen *Vorklang* entspricht ein ebenso genuines *Nachhören*. Wir haben es hier mit einer originären Zeitverschiebung zu tun, mit einer Diastase, vergleichbar der Diachronie oder der Différance bei Levinas und Derrida, durch die das Hören, das von uns ausgeht, unwiderruflich von der Stimme geschieden ist, die auf uns zukommt.[15] *Was* ich höre, ist stets schon ein Echo dessen, *wovon* ich als Hörer getroffen bin.[16] Fehldeutungen, die sich eines *prius posterius* schuldig machen, ergeben sich dann, wenn das, was hinterdrein kommt, gleichsam zurückdatiert wird, so daß der Eindruck entsteht, eigentlich sei gar nichts Neues geschehen. Nehmen wir eine Telephonszene. Sie läßt sich in der Erzählung folgendermaßen wiedergeben: X hat angerufen, Y hat den Hörer abgenommen, X hat dies und das gesagt, Y hat entsprechend geantwortet und schließlich den Hörer wieder aufgelegt. Auf diese Weise werden Stimmereignisse in eine Stimmgeschichte eingebettet, der hermeneutische Zirkel nimmt die Form eines phonetischen Zirkels an, und dem verstehenden Wiederfinden entspricht ein Wiederhören, so daß alles »hörende Hören« sich letzten Endes in ein »gehörtes Hören« zurückverwandelt, vergleichbar dem »gesehenen Sehen«, das sich des »sehenden Sehens« bemächtigt. Doch keine Erzählung kann, auch wenn sie sich auf eine Deutung des Vorgegangenen stützt, ihren eigenen Anfang erzählen, ohne das Erzählereignis zu verleugnen, das heißt, ohne sich in einem schlechten Sinne aufzuheben. Der heikle Charakter des Incipit, dem die moderne Literatur seit langem eine solche Aufmerksamkeit schenkt, berührt auch die Stimme, die aufgrund ihrer Selbstvorgängigkeit ihrer selbst niemals völlig habhaft

15 Der griechische Term διάστασις ist die verbale Fassung von διάστημα oder *intervallum*, einem Begriff, der in antiken Musiktheorie eine zentrale Rolle spielt. Vgl. Albrecht Riethmüller, »Logos und Diastema in der griechischen Musiktheorie«, in: *Archiv für Musikwissenschaft* 47 (1985), S. 18-36.

16 Dieses Echo des Hörens fällt nicht mit dem gehörten Echo zusammen, das sich als Abfolge von »Direktschall« und »Sekundärschall« bestimmen läßt. Vgl. dazu Daniel Schmicking, *Hören und Klang* (2003), S. 292 f.

wird. Ähnlich wie Husserl von einem Vor-Ich oder Merleau-Ponty von einer Vor-Sprache spricht, könnte man von einer Vor-Stimme sprechen, was nicht bloß heißt, daß ihr etwas vorausgeht, sondern daß sie sich selbst unwiderruflich vorausgeht.

Die Berücksichtigung einer originären Form der Zeitverschiebung könnte uns vor Mißdeutungen des Fremden und vor Zweideutigkeiten des Performativen bewahren. Vielfach neigt man dazu, unter der Hand auf ein zeitliches Nacheinander zurückzuschwenken, indem man aus dem Zu-früh ein Früher, aus dem Zu-spät ein Später macht mit der Folge, daß man erneut bei einem Zuerst angelangt, das alles weitere auf den sekundären Platz eines Danach verweist. Die Antwort auf das Fremde gerät dann auf die quasireligiöse Bahnen einer Umwendung und Umkehrung. Der Primat des Eigenen wird ersetzt durch den des Fremden und Anderen; die Vermittlung durch Zeichen, Symbole und Konstrukte weicht einer neuen Unmittelbarkeit; die Präsentation drängt alle Repräsentationen in den Hintergrund. Aus dem Appell wird ein »reiner Appell«, aus der Gabe eine »reine Gebung«, aus dem Empfang eine »Ergebung«, die *réponse* wird überboten durch einen *répons*, der einen »unerhörten Appell« unvermittelt zur Erscheinung bringt. Das Ereignis steigert sich zum »Ereignis der Andersheit«, zur »Präsenz einer Alterität«, zur »Fülle eines Sichzeigens«, das *il arrive* tritt als nacktes »Daß« auf, die Intentionalität kehrt sich um in eine »Gegen-Intentionalität« und so fort.[17] In der gegenwärtigen Bilddebatte kommt es, wie schon gezeigt, zu ähnlichen Tendenzen, wenn der Blick *ins Bild* sich umkehrt in Blick und Begehren *des* Bildes und das Bild immer häufiger als *nomen agentis* auftritt. Diese Konversionsbewegungen verlieren an Boden, wenn wir von der besagten Doppelbewegung ausgehen. Sie impliziert, daß der Anspruch der Stimme nirgends anders zu finden ist als in den Antworten, die er hervorruft. Antworten sind mehr als bloße Blitzideen, so befreiend diese zunächst auch sein mögen.

17 Siehe einerseits die »Phänomenologie der Gebung« von Jean-Luc Marion: *Réduction et donation* (1989) und *Étant donné* (1997), wo die anschauliche »Sättigung« des Phänomens alle Bedingtheit hinter sich läßt, und andererseits Dieter Mersch: *Was sich zeigt* (2002), wo Ideen von Schelling, Heidegger, Levinas, Lyotard, Barthes und auch von mir zu einer recht heterogenen »Logik der Responsivität« zusammengeschweißt werden.

4. Fremdheit der Stimme

Die Fremdheit, die sich in der erwähnten Zeitverschiebung andeutet, widersetzt sich einem Besitzdenken, das meiner eigenen Stimme, die *von innen her* erzeugt wird, eine fremde Stimme gegenüberstellt, die mir *äußerlich* bleibt, weil sie vom Anderen ausgeht.

Beginnen wir mit der Fremdheit der eigenen Stimme. Das *Sich-sprechen-Hören*, von dem Derrida in seiner Dekonstruktion von Stimme und Phänomen ausgeht, bedeutet keineswegs, daß ich bei mir selbst anfange, als wäre ich der Erzeuger oder der Vater der Stimme, so wie der Verfasser für Platon als der Vater seines Buches gilt.[18] Der Ereignischarakter der Stimme macht auch vor der eigenen Stimme nicht halt. Ich werde durch meine eigenen Worte überrascht, wenn meine Rede woanders beginnt, nämlich bei dem, was zum Ausdruck drängt, was gegebenenfalls zur Sprache kommt, aber nicht schon in der Sprache beheimatet ist. Nur die präfabrizierte Rede, die wiedergibt, was schon gegeben ist, verfügt über sich selbst. Sie bleibt angewiesen auf jene von Kleist skizzierte »allmähliche Verfertigung der Gedanken in der Rede«, die keinen festen Boden hat; »denn nicht wir wissen, es ist allererst ein gewisser Zustand unsrer, welcher weiß«. Zwischen mir selbst als Sprechendem und mir selbst als Hörendem klafft ein Spalt, der sich nur dann schließt, wenn der Sprecher sich in einen Sprachfunktionär verwandelt und die Resonanz sich einer bloßen Reproduktion annähert, bei der die Leute etwas »gestern auswendig gelernt und morgen schon wieder vergessen haben«.

Was die Fremdheit der Stimme des Anderen angeht, so erwächst sie aus einem *An-pruch*, der wie der fremde An-blick auf uns zukommt und dem eigenen Sprechen vorauseilt. Das *Sich-sprechen-Hören* verschränkt sich mit einem *Sich-vom-Anderen-angesprochen-Hören*. In ähnlichem Sinne äußert sich der Sozialpsychologe Carl

18 Ich verweise auf meine Replik in: *Deutsch-Französische Gedankengänge* (1995), Kap. 6: »Sich-sprechen-Hören. Zur Aufzeichnung der phänomenologischen Stimme« (engl. 1994). Im Gespräch mit Derrida versuche ich zu zeigen, daß das Phänomen der Stimme nicht mit der von ihm dekonstruierten Metaphysik der Stimme zusammenfällt. Dabei beziehe ich mich auf Autoren wie K. Bühler, R. Jakobson, G. H. Mead, E. Minkowski, J. Piaget, S. Wygotski sowie auf Merleau-Ponty und Levinas, die sich allesamt höchst differenziert zur Stimme geäußert haben.

Friedrich Graumann: »Nicht also die Proto-Reflexivität Wundts des Sich-selber-Hörens konstituiert Bedeutung, sondern das durch die Reaktion des Anderen induzierte Sich-Wahrnehmen. Nicht ›Ich höre mich sprechen‹, sondern ›Als zu dir, der du mich hörst, Sprechender höre ich mich selbst‹.«[19] Um nochmals aus Kleists Essay zu zitieren: »...ein Blick, der uns einen halbausgedrückten Gedanken als begriffen ankündigt, schenkt uns oft den Ausdruck für die ganze andere Hälfte desselben.« Auch bei diesem Zuvorkommen, dessen Schenken einen schönen Doppelsinn verrät, haben wir es nicht mit einem datierbaren Früher zu tun, das sich unter geeigneten Umständen einholen ließe, vielmehr gehe ich mir selbst im Anderen voraus, da das, was ich von mir aus sage und tue, durch den Anderen, schon durch die Art des Zuhörens, hervorgerufen wird. Die *propria vox* ist, was sie ist, als pro-vozierte Stimme. Die Stimme kommt ähnlich wie der fremde Blick aus einer unauslotbaren Ferne. Nehmen wir mit Lacan an, »daß Du mich nie da erblickst, wo ich Dich sehe« (Lacan 1973, S. 118, dt. 109), so dürfen wir ebenso annehmen, »daß Du mich nie da ansprichst, wo ich Deine Stimme höre«. Die Implantation des Anderen in mich, von der Jean Laplanche in seiner allgemeinen Verführungstheorie ausgeht, hat auch einen vokalen Aspekt, was noch nicht heißt: einen verbalen. Eine verbale Botschaft würde bereits einen Verständigungszusammenhang und ein Deutungssystem voraussetzen, also das Entspringen des Selbst aus dem Anderen überspringen.

Schließlich kommt es zu einer *Überlagerung* von eigener und fremder Stimme. Die eigene Stimme erwacht in einem sozialen Feld, wo eine Stimme die andere weckt, aufrüttelt, erschreckt und herausfordert, so daß in der eigenen Stimme fremde Stimmen laut werden und in fremden Stimmen die eigene mit anklingt. Daraus resultiert eine originäre Mehrstimmigkeit, eine innere Dialogizität, die Michail Bachtin in den Mittelpunkt seiner Sprach- und Lite-

19 Siehe den auf Wundt, Mead und Bühler Bezug nehmenden Beitrag zur Sozialität und Sprachlichkeit des Handelns in Graumann/Herrmann 1984, S. 230. Zur zeitlichen Verschiebung von Sprechen und Hören vgl. auch Erika Linz, »Die Reflexivität der Stimmen« in: Epping-Jäger/Linz, *Medien/Stimmen* (2003). Die Zeitverschiebung schwindet aus dem Blick, wenn Helmuth Plessner in seiner *Anthropologie der Sinne* (Ges. Schr., Bd. III, 1980, S. 349 f.) nur die »simple Tatsache« berücksichtigt, »daß wir im Tonbereich produktiv und rezeptiv zugleich sein können«; so bleibt nur eine »rezeptiv-produktive Zweiseitigkeit«.

raturtheorie gerückt hat. Bevor ich mit Anderen spreche, sprechen Andere bereits in mir. Der hybriden Rede entspricht eine hybride Stimme.[20]

Eine besondere Probe aufs Exempel liefert die verbale Halluzination. Die Tatsache, daß jemand Stimmen, die er selbst hervorbringt, als fremde Stimmen hört, setzt voraus, daß wir auch im normalen Falle nicht völlig Herr unserer Stimme sind, da diese uns unaufhörlich entgleitet und jedes namentliche »ich spreche« Züge eines namenlosen »es spricht« annimmt. Pathologische Spaltungen würden völlig aus dem Bereich menschlicher Erfahrung herausfallen, wäre diese nicht selbst schon von Spalten durchzogen, durch die pathische Widerfahrnisse einsickern. »Halluzinationen sind keine Fremdkörper innerhalb der normalen Sinnessphäre. Die Stimmen werden gehört, aber anders als normale Stimmen.«[21] Nur so wird verständlich, daß sich in den Ohren des Kleistschen »Branntweinsäufers« das Geläute der Berliner Glocken in eine Kaskade von Trinkangeboten verwandelt: zunächst würdig und zurückhaltend die Domglocken: »Pommeranzen! Pommeranzen! Pommeranzen!«, sodann zudringlicher und stürmischer das Gebimmel vom Rathausturm: »Kümmel! Kümmel! Kümmel!«, schließlich unaufhaltsam und unwiderstehlich vom Spittelturm herab: »Anisette! Anisette! Anisette!« Alle Versuche, wegzuhören, erweisen sich am Ende als vergeblich. Kommt die verführerische Stimme von innen oder von außen? Moralisten werden das eine behaupten, Behavioristen das andere. Doch der Erzähler hütet sich vor einer solch schlichten

20 Vgl. hierzu vom Verf. *Vielstimmigkeit der Rede* (1999), Kap. 7: »Hybride Formen der Rede«. Ausdrücklich sei betont: Hybride, bei denen *Fremdes im Eigenen* auftritt, sind keine Plagiate, die *Fremdes als* Eigenes anbieten und auf diese Weise am Eigentumsanspruch festhalten, und sie sind auch kein bloßes Mix aus *Eigenem und Fremdem.* Geht man dagegen zurück auf eine Ebene anonymer Sprach-, Klang- oder Bildformen, so finden sich dort weder Zitate noch Plagiate. Herrenlose Sprichwörter, sprachliche Wendungen, Tonfarbe oder Farbauftrag lassen sich strenggenommen weder zitieren noch plagiieren; sie werden verwendet oder nachgemacht, wenn jemand sagt oder tut, was man sagt oder tut. Neuere technologische Formen der Anonymisierung, die in alle Ausdrucksbereiche eingreifen, werfen ebenso wie die Vermarktung von Namen neue Fragen auf, aber keine ganz neuen. Foucaults Frage nach der Rolle des Autors ist nicht mit dessen Abschaffung zu verwechseln.

21 So Erwin Straus, *Vom Sinn der Sinn* (1956), S. 382, ähnlich Daniel Lagache: *Les hallucinations verbales* (in: Lagache 1977).

Alternative; er zeigt, wie der Trinker gegen einen Strudel von Triebwünschen ankämpft und am Ende darin erinnerungslos versinkt. Das Pathologische entpuppt sich als Steigerungsform des Pathischen. Am Ende reißt der Faden zwischen Pathos und Response, so daß der Hörende sich fremden Stimmen ausgeliefert sieht und das Innerste sich nach außen kehrt.

5. Leibkörperlichkeit der Stimme

Die Leibkörperlichkeit der Stimme widersetzt sich einem *psychophysischen Dualismus*, der den Bedeutungs- und Ausdrucksgehalt von seinem körperlichen Substrat abtrennt, als ginge es um eine Scheidung in phonematische Software und phonetische Hardware. In dieser Sichtweise sinkt der Leib herab zu einem instrumentellen Appendix. Der Klang schrumpft zusammen zu einem Klangkörper, der den intendierten und kommunikablen Sinn und das innere Erleben nur streift, ein *flatus vocis*, der jener gepriesenen *viva vox* nichts anhaben kann. Die Leibkörperlichkeit widersetzt sich aber nicht nur einem solchen Dualismus, sie widersetzt sich ebensosehr dem Monismus einer *reinen Selbstvibration des Lebens*, eines Lebens, das nur noch seinen eigenen Schwingungen folgt. Die Verinnerlichung der Stimme, die sich hier abzeichnet, führt einerseits zur Abspaltung seelenloser Klänge und Laute, andererseits zur Aussonderung einer Überstimme, die nicht von dieser Welt ist. All das sind Ausflüchte.

Als Leibkörper vereinigt der Leib in sich *Selbstbezug* mit *Selbstentzug*. Als leibliches Wesen bin ich nur mehr oder weniger bei mir selbst. Die Ferne des Leibes steigert sich bis hin zur Materialität körperlicher Prozesse, die unser Erleben berühren und beeinflussen, ohne daß sie sich reflexiv bewußt machen und willentlich steuern lassen. Die Ferne der Klänge, von der im vorigen Kapitel die Rede war, erhält in der Ferne der eigenen Stimme eine spezifische Färbung. Schon Sprachklang und Sprachrhythmus sind weitaus weniger erlernbar und beherrschbar als Zielmuster und Bedeutungsregeln. Die Stimme klingt zerbrechlich wie Glas, stürmisch wie ein Windstoß, einschmeichelnd wie ein Wellenspiel. Dies sind keine bloßen Metaphern, die von außen herangetragen werden, sie verweisen auf eine »Natur in uns«, die auch unsere Stimme in

Mitleidenschaft zieht. Hinzu kommen vielerlei Grenzphänomene: Fehlleistungen der Stimme wie das »Stammeln und Stottern der Verlegenheit«, in dem die Stimme aus der Fassung gerät und einen inneren Konflikt verrät,[22] Vorgänge wie das Husten, Hüsteln und Keuchen, in denen Atemgeräusche den Stimmklang zurückdrängen, oder auch Körpergeräusche wie das Ohrensausen, in denen der Körper selbst sich wie eine Geräuschwand zwischen Hörenden und Gehörtes schiebt. All dies weist darauf hin, daß die Leibsphäre sich weder, optisch gesehen, als transparentes Medium noch, akustisch gesehen, als reine Membran darstellt. In seiner eigentümlichen Dichte läßt der Leib vieles durchschimmern und anklingen, doch Glanz und Klang sind gebrochen. Ebendeshalb hören wir nicht nur das, was die Stimme uns übermittelt, sondern auch das ihr eigene Rauschen.

6. Natürlichkeit und Künstlichkeit der Stimme

Die Künstlichkeit der Stimme beginnt nicht erst mit dem Einsatz von Werkzeugen und Apparaturen, sie beginnt bereits mit dem Einsatz des eigenen Leibkörpers, der in allen Stücken auch natürlich, aber nie ganz natürlich ist, sondern von Anfang an etwas Künstliches hat.[23] Er fungiert hier wie auch sonst als *Urinstrument* und als *Urmedium*, als ein ursprüngliches Womit und Worin, als ein modales Wie, das unser Verhalten prägt und das aus keinem substantiellen Sachbestand und aus keiner persönlichen Initiative hergeleitet werden kann. Die kontingente Tatsache, daß etwas *gerade so und nicht anders* erscheint, findet weder in dem, *was* sich zeigt, noch in den Intentionen dessen, *dem* es sich zeigt, noch in den Regeln, *denen gemäß* es sich zeigt, ihren zureichenden Grund.

22 Freud spricht darüber in seiner *Psychopathologie des Alltagslebens* (GW IV, 112) im Zusammenhang mit verbalen Versprechern, bei denen wir nicht »ganz dabei« sind.

23 Was den leiblichen Charakter der Stimme und ihre Künstlichkeit betrifft, so verweise ich ergänzend auf meinen Beitrag »Stimme am Leitfaden des Leibes« in: Epping-Jäger/Linz, *Medien/Stimmen* (2003) bzw. auf dessen erweiterte Fassung in der *Phänomenologie der Aufmerksamkeit* (2005), Kap. VII. Zur Medialität der Stimme vgl. ferner den von Doris Kolesch und Jenny Schrödl herausgegebenen Band *Kunst-Stimmen* (2004), der vor allem die Bühnenstimme berücksichtigt; das von Doris Kolesch verfaßte Eingangskapitel lautet: »Natürlich künstlich«.

In Technologien und Medien verkörpern sich die eigenständigen Erfindungen eines *funktionalen Logos*, der alles mögliche zueinander in Beziehung setzt, ohne sich um partikulare Bedeutsamkeiten oder um generelle Geltungsansprüche zu kümmern.

Die anfängliche Körperlosigkeit und Ortlosigkeit der Stimme verleiht den diversen Verkörperungstechniken und ihrem Kampf gegen die Entkörperung ein besonderes Gewicht. Wie Thomas Macho zeigt, stellen »Stimmen ohne Körper« für die Technikgeschichte der Stimme eine permanente Herausforderung dar (in: Kolesch/Krämer 2006), und Doris Kolesch weist darauf hin, daß auch in der Gegenwartskunst die Dissoziation von Körper und Stimme eine besondere Rolle spielt (ebd., S. 48 f.). Würde die Körperlosigkeit sogenannter akusmatischer Stimmen, die von der Sichtbarkeit ihres Trägers abgelöst sind, jeden Körperbezug vermissen lassen, so wäre nicht zu erklären, wieso von diesem geisterhaften Stimmen-Hören eine so unheimliche Wirkung ausgeht.

In der Ausbildung von Phonotechniken und Phonomedien nimmt die Funktionalisierung der Stimme spezifische Formen an.[24] Zunächst wird die Stimme *verstärkt* und *erweitert*, sei es, daß Hörgeräte oder Mikrophone im Nahbereich eingeschaltet werden, sei es, daß durch Telephone eine akustische Telepräsenz hergestellt wird. Während es immer noch jemanden gibt, der durch das Mikrophon oder am Telephon spricht, bewirken Grammophon, Tonband oder Klanglabor, daß das Stimmgeschehen ohne menschlichen Tonerzeuger abrollt. Die natürliche Stimme wird nicht mehr nur verstärkt, sondern durch eine künstliche Stimme *ersetzt*. Dabei kommt es zu einer allmählichen Steigerung künstlicher Effekte von den Aufzeichnungen des Grammophons, das gespeicherte Stimmen nach Belieben wiedererklingen läßt, über die Schnitt- und Löschtechnik des Tonbandes, in dem das Stimmaterial sich verändert, bis hin zum HiFi-Verfahren, bei dem mehrere Kanäle eingesetzt, Aufnahmen verschnitten oder nachträglich Stimmen unterlegt werden. Den Grenzfall der Entkörperung der Stimme bildet eine *künstliche Natürlichkeit*, bei der man dem normalen Hören zuliebe eigens Nebengeräusche einbaut. Das Paradox der Stimmaufzeichnung besteht darin, daß eine singuläre, unwiederholbare Stimmaufführung sich

24 Vgl. hierzu die detaillierten Analysen von Kristin Westphal: *Wirklichkeiten von Stimmen* (2002).

vielmals wiederholt, als wohnten wir einer permanenten Wiederauferstehung der Stimme bei (vgl. Peters in Kolesch/Schrödl 2004, S. 92-94). Wir stoßen hier auf einen neuartigen Pygmalioneffekt. Wird das *Pathos* der Stimme, die uns entgegenschallt, selbst in ein *Poiema*, in ein herstellbares oder herbeiführbares Etwas überführt, so rührt dies an den Lebensnerv. Die Phonotechnik nähert sich darin der Biotechnik. Der Unterschied zwischen einem beseelten Wesen und einem unbeseelten Werkzeug, von dem die klassische Definition der Stimme ausging, würde am Ende ebenso hinfällig wie der Unterschied zwischen Stimme und bloßem Klang oder Geräusch. Doch dann stellt sich die Frage, ob der funktionale Logos sich nicht selbst ontologisiert, sofern er alle Fragen, die über das bloße Know-how hinausgehen, aufsaugt und die Phänomenologie der Erfahrung in einer bloßen Phänomenotechnik aufgehen läßt.[25] Was einer endgültigen Ersetzung des Stimmkörpers durch Stimmmedien entgegensteht, kann man mit Peters als »Archaismus der neuen Medien« bezeichnen: »Die letzten Medien lassen die alten Medien des Gesichts, der Stimme, der Präsenz nicht hinter sich: sie kehren zu ihnen zurück und verstärken sie.« (A. a. O., S. 95 f.) Dennoch behalten körperlose Stimmen etwas Unheimliches, Gespenstiges, gerade weil sie uns an die Fremdheit der eigenen Stimme gemahnen.

7. Symphonien und Heterophonien

Ich ziehe das der Musik entlehnte Wort »Symphonie« heran, um das *Zusammenspiel verschiedener Stimmsorten* zu bezeichnen, von dem schon in den einleitenden Überlegungen die Rede war. Ähnlich wie im Fall von Synästhesie und Synergie schließt ein solches Zusammenspiel nicht aus, daß jeweils bestimmte Teilmomente *dominant* werden.

So gehört das, was die *Sprechstimme* hervorbringt, zur Semantik und Pragmatik des Zeichengebrauchs. Wer einfach bloß »Stimmen

25 Daniel Schmicking schiebt einer solchen Engführung von Natur und Kunst einen Riegel vor, indem er strikt zwischen originalen und replizierten Klängen unterscheidet und letztere den optischen Abbildern an die Seite stellt (2003, §§ 32 f.). Diese Überlegungen behalten selbst dann ihre Bedeutung, wenn man von einer originären Wiederholung ausgeht, die das Hören und Sehen als solches kennzeichnet.

hört«, ist ein Hörspezialist oder aber ein Spintisierender, ein Halluzinierender. Doch das, was die Stimme an Bedeutung und Zweckhaftigkeit vermittelt, verschmilzt mit der Melodie, dem Rhythmus und dem Tempo der Sprache, mit den Phänomenen des Nachdrucks und des Ausdrucks, wie sie in der Rhetorik und Poetik berücksichtigt werden.[26] Mit dem Einsatz paralinguistischer Mittel fügt sich die Stimme ein in das Feld der Körpersprache. Die Sprechstimme ist also eine keineswegs ausschließlich, sondern lediglich *primär bedeutsame* Stimme, und die Bedeutsamkeiten können jederzeit hinter dem Ton der Sprache zurücktreten. Schon das Hören einer Stimme, deren Sprache man nicht versteht, stellt einen interessanten Grenzfall dar, der die sprachliche Merkwelt und gegebenenfalls auch die sprachliche Wirkwelt beträchtlich verändert. Man sieht und hört, wie einer spricht, und errät nur, was der Betreffende sagt. Daß es uns allen als Kleinkindern einmal so ergangen ist in einem Stadium, da wir in einer »Hörstummheit« befangen waren und Phoneme noch als »wilde Laute« auftraten (Jakobson 1969, S. 23, 26), sollten wir nicht vergessen. Wie jegliche Genese, so geht auch die Genese der Sprachlaute niemals völlig in ihren Resultaten auf. Auch als Sprechstimme behält die Stimme etwas von der Rauheit einer *voix sauvage*. Gestaltwerdung, in deren Verlauf Wiederkehrendes sich verkörpert, bedeutet mehr und anderes als eine Programmierung, die mit löschbaren Daten arbeitet. Auch Anomalien wie die Taubheit und Gehörlosigkeit sind nicht als bloße Ausfallserscheinung zu betrachten; denn Gehörlose leben und agieren nicht in einem Weltausschnitt, sondern in einem Weltganzen, in dem jeder Ausfall alle übrigen Verhaltensregister verändert. Gehörlose sehen und sprechen anders, Blinde tasten anders als Normale. Es gibt einen Sprachnormalismus, der chauvinistische Züge annimmt, indem er die Normalität als fait accompli behandelt.[27]

26 Vgl. Reinhart Meyer-Kalkus, *Stimme und Sprechkünste im 20. Jahrhundert* (2001); der Autor berücksichtigt unter anderem die »Audiovision« als ein Hörensehen, das in den Medien-Studien von Michael Chion eine besondere Rolle spielt. Um einen »audiovisuellen Pakt« geht es schließlich auch bei Michael Lommel: *Samuel Beckett. Synästhesie als Medienspiel* (2006); der Autor bewegt sich mit Beckett an den Rändern der Sprache und zwischen den Sinnen und Medien.

27 Zur Leiblichkeit und Lebenswelt Gehörloser vgl. von phänomenologisch-pädagogischer Seite Annette Höhne, *Eine Welt der Stille* (2005). Das, was wir als Sprachnormalismus bezeichnen, wird von der Autorin bis in den institutionellen Alltag hinein verfolgt. Ein erster Gegenschritt ist bereits damit getan, daß man

Die *Singstimme* gliedert sich ein in die Klangsphäre der Musik. Sie ist *primär klanggestaltend*. Doch musikalische Momente wie Stimmhöhe, Lautstärke und Timbre verbinden sich mit Bedeutungs- und Ausdruckselementen. Im Kunstlied, wie es in der deutschen Romantik entstand, steigert sich diese Verbindung bis zur Verschmelzung, so daß Sinnhaftigkeit und Sinnlichkeit der Stimme nicht mehr voneinander abzulösen sind. Im Kirchenlied der Gemeinde nimmt die Stimme bekenntnishafte Züge, im Kampflied militärische und im Arbeitslied, aus dem der Blues hervorgegangen ist, energetische Züge an. Die Ästhetisierung des Politischen, in der Politisches inszeniert wird wie ein Bühnenstück, verbindet sich durchweg mit einer entsprechenden Phonetisierung.

Schließlich läßt sich die *Rufstimme* als *primär expressiv und pathisch* bezeichnen. Dies schließt keineswegs aus, daß Rufe und Schreie, etwa als Hilferuf oder Schmerzensschrei, implizite Auskünfte geben über das, was diese augenblickliche Ausdrucksbewegung auslöst. So kommt es, daß ein Gefangener Zeuge wird einer Folterung Mitgefangener, ohne daß diese Botschaft für ihn bestimmt ist.

Dominanzen im Reich der Stimme bedeuten keine Alleinherrschaft. Immer klingt anderes mit, beiläufig oder unterschwellig. So bleiben die Grenzen zwischen den verschiedenen Stimmregistern beweglich. In der Gegenwartskunst finden wir mannigfaltige Versuche, diese Grenzen zu öffnen oder mit ihnen zu spielen. Dazu gehört in der Musik die Einfügung von Vogelstimmen wie bei Olivier Messiaen, die Einbeziehung von Instrumental- und Außengeräuschen in die Tonabfolge, die synthetische Tonproduktion oder eben auch der instrumentelle Einsatz der Stimme, bei dem Sprechstimme, Gesangstimme und Rufstimme ineinander übergleiten oder sich kontrapunktisch verstärken. Die Schaubühne, die sich inzwischen weitgehend von der Dominanz des Sprechtheaters befreit hat, experimentiert ebenfalls mit der Stimme. So gibt es in Wanda Golonkas Frankfurter Inszenierung einer Performancereihe namens *AnAntigone* eine bestimmte Performance, wo der Schauspieler über etwa fünf Minuten hinweg den Vokal A moduliert, variiert, ihn an- und abschwellen, sich dehnen und schrumpfen läßt.

deutlich zwischen Taubheit als dem auditorischen Befund des Nicht-hören-Könnens und Gehörlosigkeit als dem Kernbestand eines spezifischen Sprach- und Sozialverhaltens unterscheidet. Ähnlich wäre zu unterscheiden zwischen bloßer Stummheit und Stimmlosigkeit.

Dies geschieht in Form eines *cri pur*, weniger eines Urlauts, der aus einer amorphen Tiefe kommt, als vielmehr eines Schwellenlauts, der auf der Schwelle zur Sprache, zum Weinen und Klagen verharrt, ein anhaltender Reizlaut, der jede Response aufschiebt. »Sticht es im Ohre, stichts im Innern dir?«, so lautet der Sophokleisch-Hölderlinsche Begleitvers, der über der Szene schwebt.[28]

Eine Symphonie, die aus einer Vielzahl von Stimmen hervorgeht, läßt nicht nur zu, daß die Dominanz sich lockert, aus dem Widerstreit einzelner Stimmregister entstehen zusätzliche *Heterophonien.*[29] Die Diskrepanz zwischen dem Gesagten und der Weise des Sagens stellt die bekannteste Form eines stimmlichen Mißverhältnisses dar. Sie begegnet uns auf relativ harmlose Weise in der nie völlig gelingenden Synchronisation der Sprechstimme im Film oder in der Wiedergabe von bloß Angelerntem, und sie kann sich steigern bis zum *double bind*, der die Kommunikation unterhöhlt. Solche Mißklänge, die weit über den üblichen Dissens hinausgehen, entgehen all jenen Sprachtheorien, die sich auf Sinn- und Geltungsfragen konzentrieren und den Rest als rhetorisches Beiwerk abtun. Auf diese Weise verkümmert die *Stimme* der Vernunft zur bloßen Metapher. Das Hören verschwindet hinter dem Verstehen, die Lautstärke hinter der Kraft der Argumente. Dagegen steht Zarathustras Mahnung: »Die stillsten Worte sind es, welche den Sturm bringen. Gedanken, die mit Taubenfüßen kommen, lenken die Welt.«[30]

An dieser Stelle sei ein Exempel aus einer fremden Kultur eingeblendet, das an die interkulturellen Aspekte des Stimmphänomens gemahnt. Beim japanischen Bunraku handelt es sich um ein Puppenspiel, das in seiner jetzigen Form auf das 17. Jahrhundert zurückgeht und in dem sich Popularität mit höchstem Kunstverstand paart.[31] In diesen Stücken tritt gesondert auf, was im Alltagsverhalten, aber auch im normalen Schauspiel ineinandergreift. Das Ge-

28 Er stammt aus einer Äußerung des Wächters, der sich dagegen wehrt, daß Kreon die Hiobsbotschaft dem Boten zur Last legt (*Antigone* 317).

29 Vgl. im Gegensatz dazu Platon, der in seinen Gesetzesvorschriften (*Nomoi* 812 d) jede Andersstimmigkeit (ἑτεροφωνία), wie sie etwa zwischen Saitenspiel und Dichterlied aufkommen mag, ausmerzt.

30 Merleau-Ponty greift den Gedanken der Geräuschlosigkeit auf, so daß das »Unsichtbare des Sichtbaren«, dem das Hauptaugenmerk gilt, Unhörbares im Hörbaren streift. Vgl. *Le visible et l'invisible* (1964), S. 300, dt. S. 311.

31 »Bunraku« heißt wörtlich »Kunst-Unterhaltung«.

schehen durchläuft drei separate Register. Die gestischen und mimischen Bewegungen der Puppen werden von einem Marionettenspieler und seinen beiden Gehilfen gesteuert. Die Stimme ist einem Rezitatoren anvertraut, der seitwärts auf einer Drehbühne sitzt und einen alten Text nicht nur aufsagt, sondern förmlich aufführt. Dieser Text enthält gleich den homerischen Epen narrative, dialogische und exklamatorische Elemente, doch letztere beherrschen die Szene. Der Rezitator, der zwischen Brust- und Kopfstimme wechselt, einmal Drohlaute, das andere Mal Angst- oder Lachlaute ausstößt, schlüpft in alle Figuren, in männliche wie in weibliche, in junge wie in alte, indem er seine Stimme vielfältig moduliert. Neben ihm hockt der Shamisen-Spieler, der auf seinem Saiteninstrument den Sprechgesang nicht nur begleitet, sondern zwischen Körperstimme und Instrumentenstimme eine eigene Spannung aufrechterhält. Der Zuschauer ist genötigt, seine Aufmerksamkeit zu verteilen. Dabei gleitet sein Blick ständig hinter die Kulisse. Er sieht nicht nur den Rezitatoren, der den Figuren seine Stimme leiht, er sieht auch die Puppenspieler, die hinter einem halbhohen Vorhang agieren, der Hauptspieler unverkleidet, seine beiden Gehilfen in schwarzer Verhüllung. Man sieht also hier die Gesten und hört von dort her die Stimmen. Die Rollenfiguren erscheinen gleichzeitig auf einer gestischen und einer vokalen Bühne. Die Stimme verkörpert sich, aber in Distanz zum Körper. Daraus entsteht ein Verfremdungseffekt, der den Echocharakter der Stimme eigens betont. Die Stimme der gestikulierenden, der zürnenden oder bittenden Figur schallt zurück von einem anderen Ort. Die Verkörperung der Stimme zeigt deutliche Risse. »Spectacle total, mais divisé«, so Roland Barthes.[32] Die Wirkung dieser zerteilten Schaustellung hat etwas Rätselhaftes. Muß man nicht befürchten, daß die manifeste Künstlichkeit des Geschehens, der Verzicht auf die Schleier der Illusion, jedes Pathos erstickt durch Verwandlung des Widerfahrnisses in ein pures Machwerk? Gewiß kann es dazu kommen, von der aristotelischen Katharsis würde dann nicht viel übrigbleiben. Doch die interkulturelle Lektion würden wir verpassen, wollten wir alsbald auf Echtheit drängen, auf Gefühlsäußerungen, die ganz sind, was sie ausdrük-

32 *L'empire des signes* (1970), S. 63 ff. Der Autor stellt seine kultursemiologische Analyse des Bunraku-Theaters, in der er sich auch auf Brechts Verfremdungseffekte bezieht, unter den Titel: »Les trois écritures«. Weniger einseitig würde man von drei Ereignisreihen oder drei Erfahrungsregistern sprechen.

ken. Das Pathos, das wir erleiden, deckt sich keineswegs mit einem Pathos des Ausdrucks, pathisch und pathetisch sind nicht dasselbe. Dies betrifft auch die Stimmhaftigkeit der Stimme.[33]

8. Unhörbares im Hörbaren

In unseren einleitenden Überlegungen sind wir davon ausgegangen, daß die Stimme dem Bereich des Hörbaren angehört. Doch hier ist eine letzte Revision fällig. Zur Abwertung der Sinne gehört, daß man dem Hörbaren ein Unhörbares entgegensetzt, das allenfalls mit den Ohren der Seele oder des Geistes zu vernehmen ist. Doch problematisch ist dabei bereits die Annahme, es gehe lediglich um ein unhörbares Etwas. Die Stimme, die laut wird, führt uns auf eine andere Spur. Wenn die Stimme unhörbar ist, so als das *Ereignis des Lautwerdens*. Darin gleicht sie dem Blick, der als das Ereignis des Sichtbarwerdens unsichtbar ist. Um die Stimme zu hören, muß ich sie in ein hörbares Etwas verwandeln, so wie ich den Blick in ein sichtbares Etwas verwandeln muß, um ihn zu sehen. Diese Verwandlung geschieht immer wieder, und zwar unvermeidlich, andernfalls könnten wir nicht einmal über die Stimme sprechen, geschweige denn sie deuten, bearbeiten, nachahmen, herstellen. Dennoch geschieht dies alles weiterhin in einer unaufhebbaren Nachträglichkeit. Hörbar ist die Stimme nur *als Widerhall, als Echo*, also in der nachklingenden Wiederholung des Unwiederholbaren, in der Nachwirkung, in der Spur, die sie hinterläßt. Um das Lautwerden der Stimme zu erfassen, bedarf es einer *auditiven Epoché*, die das normale Hören unterbricht und von der gehörten Stimme zurückgeht auf das Worauf des Hörens, das anderswo beginnt.

Das Unhörbare, das hier anklingt, ist dem Schweigen verwandt, das den Hintergrund und Untergrund der Sprache bildet und nicht

33 Zu den Effekten, die das »postdramatische Theater« aus den Spalten und Rissen der Stimme zieht, vgl. Patrick Primavesi, »Gespaltene Stimmen. Klangräume und Gesellschaftskritik im Theater von Schleef, Marthaler und Pollesch«, in: Westphal, *Lernen als Ereignis. Zugänge zu einem theaterpädagogischen Konzept* (2004); der Autor bezieht sich ausführlich auf die Stimmkonzeptionen und Stimmpraktiken von Brecht, Artaud und Barthes. Vgl. ferner die Beiträge von Hans-Thies Lehmann, Helga Finter und Jenny Schrödl in: Kolesch/Schrödl, *Kunst-Stimmen* (2004).

mit bloßer Sprachlosigkeit zu verwechseln ist. Letzteres gilt selbst für die pathologische Form der Aphonie, wörtlich: der Stimmlosigkeit, die als eine Form des Verstummens der Sprachwelt verhaftet bleibt. Gestalttheoretisch betrachtet verhalten Klang und Stille sich zueinander wie Figur und Grund. Die Stille tritt hervor, wenn erwartete Klänge aussetzen und gleichsam ein Loch im Hörfeld aufklafft.[34] Die Stille der Stimme verweist auf eine Abwesenheit in der Anwesenheit. Die *viva vox* ist keine tote Stimme, aber sie lebt in einer Todesnähe. Daher rührt das Unheimliche, das sich im Hören technisch aufgezeichneter Stimmen verbirgt. Diese haben stets etwas von Grabesstimmen, die aus einer unauslotbaren Ferne zu uns dringen. Thomas Macho spricht demgemäß »von einer ›Geburt‹ der Telefonie aus dem Geiste der Nekromantie und Geisterbeschwörung« (in: Kolesch/Krämer 2006, S. 135). So ist es in Prousts *Recherche* die Telephonstimme der Großmutter, die den Erzähler in eine akustische Unterwelt entrückt. Solange das Hören sich nicht auf ein Abhören von Hördaten beschränkt, kommt es im Hören zu einer Art Wiederauferstehung. Akustische Daten lassen sich speichern, nicht aber Stimmen, deren Klang nur über eine Kluft hinweg zu uns dringt. Damit rühren wir an die Grenze einer jeden Phonotechnik.

34 Vgl. hierzu nochmals die phänomenologisch-auditiven Analysen von Daniel Schmicking, *Hören und Klang. Empirisch phänomenologische Untersuchungen* (2003), § 30: Affektion im Hörfeld, speziell S. 181. Der Autor zieht nicht nur Texte von Husserl heran, sondern auch solche von Franz Brentano, Karl Bühler und Carl Stumpf.

8. Leibliche Bewegung im Tanz

Seul, Le danseur sait marcher;
Le chanteur, parler; Le penseur, sourire.
Paul Valéry, *Cahiers*

Quer zu allen kulturhistorischen Varianten stellt sich die Frage nach dem Ort des Tanzes in der leiblichen Erfahrung. Diesen Ort umkreisen die folgenden Überlegungen. Für ein Denken, das auf Klarheit und Stringenz bedacht ist und überall nach Sinn und Regel sucht, scheint das Tanzen etwas allzu Extravagantes. Beginnen wir also bescheidener mit der Bewegung, von der die Tanzbewegung nur eine Spielart darstellt. Wie ein kurzer historischer Überblick zeigt, ist die Beachtung, die das Denken der Bewegung zuteil werden läßt, weder eindeutig noch einhellig, vor allem dann nicht, wenn wir die Selbstbewegung als ausgezeichnete Bewegungsart in den Mittelpunkt rücken. Es ist also ein langer Weg bis zu dem Punkt, wo Denken und Tanzen, Tanzen und Denken sich treffen. Der Schnittpunkt liegt im Bereich des Leibes. Valérys berühmter Essay *Die Seele und der Tanz*, der uns auf unserem Weg begleiten wird, könnte auch mit dem Titel *Der Leib und der Tanz* überschrieben werden.

1. Historische Bewegungsmuster

Für das klassische griechische Denken, das von einem wohlgeordneten Kosmos ausgeht, bildet die Kinesis einen Schlüsselbegriff; selbst die Bestimmung des Seins als Unbewegtes nimmt Bezug auf die Bewegung. Kinesis steht allgemein für Veränderung, sei es der Ortswechsel, das Anderswerden oder die Zu- und Abnahme. Dabei bedeutet Bewegung zu allererst *Selbstbewegung*, nicht Bewegtwerden von außen. Die Selbstbewegung ist ein Wesensmerkmal alles Lebendigen und Natürlichen. Als natürlich gilt, was den Ursprung seiner Bewegung wie auch seiner Ruhe in sich selbst hat, im Gegensatz zu Artefakten, die auf einen äußeren Hersteller oder Benutzer angewiesen sind. So erklärt sich, daß Platon die Seele als »sich selbst bewegend« bestimmt (*Phaidros* 245 c) und daß er Ruhe und Bewegung unter die Grundbestimmungen des Seins aufnimmt

(*Sophistes* 248 e-251 a). Bei Aristoteles bedeutet Kinesis eine Selbstbewegung, die das Lebendige als solches auszeichnet. So ist es nicht verwunderlich, daß später Aristides Quintilianus, der griechische Verfasser einer Schrift über die Musik, die leibliche Bewegung (κίνησις σώματος, *motus corporis*) zum Grundbestand der Musik zählt.[1] Die physische Bewegung, die Aristoteles höchst detailliert erforscht, stellt sich aber nicht nur als Selbstbewegung dar, sondern ebensosehr als aktualisierende *Zielbewegung*. Diese Zielbewegung ist von verschiedenem Rang. Die Kreisbewegung, die den Gestirnen vergönnt ist, gilt als die vollkommenste Bewegung, da sie in ihrer Rückläufigkeit nur ein Minimum an Veränderung mit sich bringt und der inneren Ruhe am nächsten kommt. Alle Bewegung findet schließlich ihre Quelle in Gott als dem ersten und unbewegten Beweger, der »als geliebter« bewegt, ohne selbst bewegt zu werden (*Met.* XII, 1072 b 3). Einen Widerhall dessen vernehmen wir im Schlußvers der *Divina Commedia*: »l'amor che move il sole e l'altre stelle«. Im ersten Beweger verkörpert sich die reine Energeia, eine Aktualität, die durch keine Potentialität, durch kein Noch-nicht-Sein getrübt ist und die als Ordnung stiftende Tätigkeit Denken heißt. Das Denken tritt der Bewegung nicht als ihr anderes gegenüber, sondern diese gipfelt im Denken des Denkens, das selbstgenügsam in sich ruht, ohne sich ewig strebend zu bemühen. Ruhe bedeutet also keinen Mangel an Bewegung, sondern deren Quelle; sie verhindert, daß die allgemeine Bewegung in regellose Einzelbewegungen auseinanderstiebt.

Diese machtvolle kosmische Vision beruht auf Voraussetzungen, die sich auf die Dauer als fraglich erweisen. Doch Spuren davon begegnen uns weiterhin, nicht selten in der Form paradoxer Erfahrungen wie in Kafkas Erzählung *Der Kreisel*. Hier ist es ein Philosoph, der in der »kleinsten Kleinigkeit« eines Kreisels alles Erdenkliche zu fassen erhofft. Anders als die spielenden Kinder begnügt er sich nicht damit, sich schlicht am Drehen des Kreisels zu ergötzen, vielmehr macht er sich daran, den Kreisel im Drehen zu fangen, ohne ihn anzuhalten. Doch die Hoffnung auf ein solches *nunc stans* täuscht. Was er immer wieder in seiner Hand zurückbehält,

1 Vgl. Albrecht Riethmüller, »›The Matter of Music is Sound and Body-Motion‹«, in: Gumbrecht/Pfeiffer, *Materialities of Communication* (1994). Allerdings entspricht der griechische Begriff σῶμα nicht ohne weiteres dem phänomenologischen Leibbegriff, wie wir ihn verwenden.

ist nichts weiter als das »dumme Holzstück«. Was er hat, bewegt sich nicht, was sich bewegt, hat er nicht. Zu »atemlosen Laufen« angetrieben durch das Kindergeschrei, wird der Kreiselfänger selbst zum Kreisel: »er taumelte wie ein Kreisel unter einer ungeschickten Peitsche«. Gehört dies zu jener »Metaphysik im Augenblick ihres Sturzes«, mit der Adorno seine *Negative Dialektik* beschließt?

Die Entzauberung des Kosmos, die den Siegeszug der mathematischen Physik begleitet, entzieht der klassischen Bewegungslehre den Boden. Bei Descartes, dem das Denken der Neuzeit seinen prägnanten Ausdruck verdankt, scheinen alle Paradoxien getilgt. Das Phänomen der Bewegung gerät in das Kreuzfeuer eines dualistischen Denkens, das den Geist beziehungsweise die Seele strikt vom Körper abscheidet. Damit treten auch Bewegung und Bewegtwerden auseinander. Der unbewegte Geist löst im Bereich der Dinge und so auch in der Körpermaschine Bewegungen aus, ohne daß diese in ihm ihr Ziel finden und zu ihm zurückkehren. Dies gilt auch für die Gehbewegung: »Denn allein daraus, daß wir den Willen haben, spazierenzugehen, ergibt es sich, daß unsere Beine sich bewegen und wir gehen.« (*Les passions de l'âme*, Art. 18) Mit der Reduktion der Dinge auf ihre räumliche Ausdehnung beschränken Bewegungen sich auf eine bloße Ortsveränderung, und die Trägheit, die allen Körpern zugeschrieben wird, impliziert, daß Körper sich nicht von selbst bewegen, sondern von anderem bewegt werden (*Zweite Meditation*, AT VII, 26). Bewegungen werden von fremden Kräften erzeugt, nicht von eigenen Zielen geleitet. Das Wort »Sichbewegen« hat strenggenommen keinen Sinn mehr. Gassendis Rekurs auf ein *ambulo ergo sum* erscheint unter diesen Umständen als ein kruder Materialismus, der das Denken der Seele durch Mechanismen des Körpers ersetzt (*Sechste Responsiones*, AT VII, 352). Zwischen *cogito* und *ambulo* gibt es keine Vermittlung. Dies bedeutet auch: Geist und Seele tanzen nicht, der tanzende Körper denkt nicht. In seiner Erzählung *Gehen* treibt Thomas Bernhard diese Doppelheit bis zur pathogenen Spaltung: »Wir können nicht sagen, wir denken, wie wir gehen, wie wir nicht sagen können, wir gehen, wie wir denken, weil wir nicht gehen können, wie wir denken, nicht denken, wie wir gehen.« (1971, S. 85). Das »Gehen« ließe sich mühelos durch ein »Tanzen« ersetzen. Doch wer ist dieses »Wir« oder »Ich«, das beides *sagt*, ohne doch »Gehen und Denken *zu einem totalen Vorgang*« zu machen (ebd., S. 84)? Das vergleichende »Wie« gleicht einem brüchigen Steg, der den Abstand zwischen Denken und Gehen, zwischen Denken und Tanzen nicht überbrückt, sondern im Gegenteil klinische Einbrüche provoziert.

Damit stehen wir bereits in der Gegenwart, wo sich vieles ändert. Großen Anteil hat daran die Phänomenologie, die mit dem Leib als »Umschlagstelle« zwischen Natur und Geist (so Husserl in den *Ideen II,* Hua IV, 286) auch die leibliche Selbstbewegung neu entdeckt. Sie findet Schützenhilfe in einer umweltorientierten Biologie und Ethologie, in den psychosomatischen Ansätzen einer medizinischen Anthropologie und mehr und mehr auch in kulturanthropologischen Studien. Schützenhilfe kommt aber auch von der modernen Physik, in der Kräftefelder an die Stelle des leeren Raumschemas treten und die Instabilität dynamischer Systeme der Gleichförmigkeit der Bewegungen Grenzen setzt. Uns stellt sich die Frage, wie wir die cartesianische Zerstückelung der Bewegung rückgängig machen können, ohne zum Anachronismus einer kosmischen Allbeseelung zurückzukehren. Nietzsche liefert wie so oft das Stichwort. Wenn Zarathustra von sich bekennt: »Ich würde nur an einen Gott glauben, der zu tanzen verstünde« (KSA 4, 49), so fordert er nicht nur die moderne, sondern auch die klassische Tradition in die Schranken. Gleich Platon, seinem intimen Widersacher, erhebt er den Tanz in die höchsten Sphären. Doch was wäre das für ein Gott, der zu tanzen verstünde?

Ich habe nicht vor, die Phänomenologie der leiblichen Bewegung in extenso zu präsentieren.[2] Vielmehr konzentriere ich mich auf solche Gesichtspunkte, die im Hinblick auf die Tanzbewegung unser besonderes Augenmerk erfordern. Der Akzent liegt also auf der leiblichen Bewegung in Raum und Zeit.

2. Selbstbewegung

Wenn wir vom *Sichbewegen* sprechen, so benutzen wir ein reflexives Verb wie »sich freuen« oder »sich irren«, dem im Griechischen das mittlere Genus des Mediums entspricht.

Das Rätsel dieser Formel liegt ähnlich wie beim Sichzeigen und

2 Verwiesen sei auf *Das leibliche Selbst* (2000), Kap. 3, wo auch die Bewegungsanalysen von Husserl, Heidegger, Merleau-Ponty, Straus und verwandten Autoren zur Sprache kommen.

Sichsagen in dem *Sich*, das wir als Reflexivpronomen zu bezeichnen pflegen. Auf wen bezieht sich dieses Pro-nomen zurück, gibt es da überhaupt ein Nomen, das zu vertreten ist? Nehmen wir einen Satz wie »Ich bewege mich«, der einem Satz wie »Ich freue mich« an die Seite zu stellen ist. Solange wir den Satz mit Hilfe der geläufigen Schemata von Subjekt und Objekt, von Aktion und Passion interpretieren, scheint die Besonderheit einzig darin zu liegen, daß das Objekt, auf das ich einwirke, nicht etwas oder jemand ist, sondern ich selbst. Doch Ich und Mich fallen nicht völlig zusammen; zumindest unterscheide ich mich von mir selbst, sofern ich einerseits bewege, andererseits bewegt werde. Descartes begnügt sich damit, Bewegen und Bewegtwerden auf zwei Arten von Substanz zu verteilen, die imstande sind, *entweder* zu bewegen *oder* bewegt zu werden. Eine Alternative, die Descartes nur als nachträgliche Vermischung von Seele und Körper gelten läßt (*Sechste Meditation*, AT VII, 81), bestünde in der Annahme, daß ein leibliches Wesen sich eben dadurch auszeichnet, daß es *sowohl* bewegt *als auch* bewegt wird. Soll diese doppelte Bestimmung nicht auf eine Zuschreibung widersprüchlicher Attribute hinauslaufen, so müssen wir Bewegung anders denken. Eben dazu lädt die grammatische Form des Mediums ein. Betrachten wir eine alltägliche Eigenbewegung wie das Gehen oder eine unalltägliche Bewegung wie das Tanzen, so sehen wir, wie der Gehende oder die Tanzende an der Bewegung beteiligt sind, wie sie in Gang oder in Schwung kommen, wie sie anhalten oder aufhören, ohne doch die Ausführung der Bewegung willentlich und wissentlich hervorzubringen. Handlungen werden inszeniert, nicht produziert, wie schon Husserl in den *Ideen II* bemerkt (Hua IV, 98, 259, 336), und dies trifft ebendeshalb zu, weil das »ich tue« ein »ich bewege mich« einschließt. Würde die leibliche Bewegung produziert, so müßte sich der Gehende abmühen wie ein Roboter, der beim Treppensteigen Stufe für Stufe ein kinetisches Programm absolviert, oder wie ein Tausendfüßler, dem man das Gehen beibringt. Wie schwierig sich dies gestaltet, zeigt sich schon darin, daß es uns gemeinhin schwerfällt, auch nur den Bewegungsablauf eines Vierbeiners wie des Pferdes, den E. Muybridge in den 1880er Jahren in seinen Photoserien minutiös aufgenommen hat, korrekt wiederzugeben. Das Wunder der leiblichen Bewegung liegt gerade darin, daß eine Phantasie sich organisiert, eine Inkohärenz funktioniert, eine Unordnung Wirkungen entfaltet und daß aus einer

»Kakophonie von Ursachen und Wirkungen« eine Gesamtbewegung entsteht.[3] Daß unsere Eigenbewegungen sich einer technischen Steuerung annähern, wenn etwa Marschschritte, Fingergriffe oder Tanzstellungen eingeübt werden, und daß unsere Bewegungen vielfach etwas Mechanisches an sich haben, besagt nicht, daß sie ablaufen wie ein Uhrwerk. Die Tatsache, daß auch die Naturwissenschaften inzwischen mit Modellen der Selbstorganisation arbeiten, vor denen die weitaus grobschlächtigeren mechanischen Modelle verblassen, erleichtert es uns, eine leibliche Selbstbewegung zu denken, ohne neue Barrieren zwischen eigenem Erleben und äußeren Naturvorgängen aufzurichten.

Wenn wir also darauf verzichten, das Sichbewegen in reines Bewegen und reines Bewegtwerden, in Bewegungssubjekt und Bewegungsobjekt zu zerteilen, worauf bezieht sich dann das Reflexivpronomen *sich*? Die Antwort kann nur lauten: Es bezieht sich *auf die Bewegung selbst*. Wenn wir der Bewegung nicht einen Bewegungsträger unterschieben wollen, so sehen wir uns genötigt, von *Bewegungsereignissen* auszugehen, die jemandem widerfahren und in die jemand eingreift, ohne daß diese Ereignisse den impersonalen Charakter eines »es bewegt sich« je völlig abstreifen. Das »es bewegt sich« entspricht dem Lichtenbergschen »es denkt«; dies besagt nicht, daß etwas dem Denken vorausgeht, sondern daß dieses sich selbst vorausgeht. Nietzsche greift diesen Gedanken auf, wenn er sich gegen den »Aberglauben der Logiker« wendet, die eine Notwendigkeit von Subjekt und Objekt, von Tun und Leiden erschleichen, indem sie ganz selbstverständlich von einer Tätigkeit ausgehen: »Denken ist eine Thätigkeit, zu jeder Thätigkeit gehört einer, der thätig ist, folglich…« (KSA 5, 31). Wir können fortfahren: »Sichbewegen ist eine Tätigkeit …, folglich …«

3 Vgl. Paul Valéry, *L'âme et la danse* (*Œuvres*, Bd. 2, S. 161, dt. Bd. 2, S. 100). In diesem dichten Dialog, in dem der Autor mit dem Tanz auch das Verhältnis von Seele und Leib auf neue Weise zur Sprache bringt, fragt der Arzt Eryximachos sich und uns im Anblick einer Tänzerin: »Ne sommes-nous pas une fantaisie organisée? Et notre système vivant n'est-il pas une incohérence qui fonctionne, et un désordre qui agit? […] Quelle cacophonie de causes et d'effets!«

3. Fremdbewegung

Wenn jemand, der sich bewegt, seiner Bewegungen niemals völlig Herr ist, so entfällt auch die Alternative zwischen einer Selbstbewegung, die ihre Ursache in sich hat, und einer Fremdbewegung, bei der die Ursache außerhalb zu suchen ist. Für eine teleologische Betrachtungsweise versteht es sich von selbst, daß auch die Handlung als spontane und willentliche Bewegung von anderem bewegt wird, nämlich von dem Ziel, um dessentwillen sie in Gang gesetzt wird. Was uns angenehm berührt, löst eine Suchbewegung, was uns unangenehm berührt, eine Fluchtbewegung aus. Dies gilt bereits für das tierische Verhalten. Beim Menschen wird diese Doppelbewegung durch die Einsicht in das, was auf die Dauer und im Ganzen gut oder schlecht ist, gesteuert. Diese Bewegung auf das Ziel hin ist aber im Grunde eine verzögerte Kreisbewegung; das Gute macht zugleich unser Eigenstes aus, und so kommt das zielstrebige Wesen im Ziel zu sich selbst. Gehen wir hingegen davon aus, daß wir uns nicht nur auf vorgegebene Ziele hin bewegen, daß vielmehr jede Zielordnung aufgrund ihrer Selektivität mit Kontingenz behaftet ist, so müssen wir unterscheiden zwischen *normalen* Bewegungen, die auf zielgerechten Bahnen verlaufen, und *anomalen* Bewegungen, die durch überraschende Widerfahrnisse aus der Bahn geworfen werden und nirgends einen festen Halt finden. Es gibt gestaute Bewegungen, die auf Unerwartetes stoßen, das alles Suchen durchkreuzt. Sie fallen nicht unter die klassische aristotelische Definition der Bewegung als einer »Verwirklichung oder Vollendung[4] des Möglichen als eines Möglichen« (*Physik* III, 1, 201 a 10), bei der das Wirkliche seinen Ermöglichungsgrund in sich selbst findet, vielmehr konfrontieren sie uns mit Wirkungen, die ihrer Ermöglichung vorauseilen. Das Bewegungspotential erschöpft sich nicht in einem vorgegebenen Bewegungsprogramm. Es ist stets mehr wirklich als möglich und mehr möglich als wirklich.

Die Erschütterung einer vorgegebenen Ordnung, die uns aus dem Schritt bringt, bekundet sich im Pathos des Erstaunens oder des Erschreckens; im extremen Fall steigert das Pathos sich zu einem lähmenden Schock, der uns lähmt, oder es führt zu einer Traumatisierung, die uns an die erlittene Verletzung fesselt. Die jeweilige

4 Gr. ἐντελέχεια, wörtlich: »was sein Telos in sich hat«.

Ordnung kann sich aber auch sachte ändern. Neues taucht auf, indem es zu leichten Abweichungen kommt, zu Seitenschritten, die aus der modernen Poetik und Linguistik als *écarts* bekannt sind.[5] Eine Bewegung, die aus dem Pathos hervorgeht und von anderswoher hervorgerufen wird, bezeichnen wir mit einem Ausdruck der Verhaltenstheorie als Antwort oder Response. Natürlich sind alle behavioristischen Kurzschlüsse fernzuhalten. Wirkungen, die wir als Widerfahrnisse erleiden, sind keine bloßen Kausalwirkungen, die der Ursache nachfolgen. Dieses Nacheinander ergibt sich erst aus der Beobachtungsperspektive, die es erlaubt, den Sichbewegenden als ein bloß Bewegtes zu betrachten. Zur responsiven Selbstbewegung gehört das Tasten und Zögern, auch das Stolpern, das nur dem normalen Blick als reine Fehlleistung gilt. Fehlleistungen, die Freud der Psychopathologie des Alltagslebens zurechnet, tauchen dort auf, wo Bewegungskräfte zum Durchbruch kommen, die uns fremd sind, selbst wenn sie aus unserem eigenen Inneren aufsteigen. Die Fremdheit der Selbstbewegung haftet an deren innersten Antrieben.

4. Zwischenbewegungen

Fremdbewegung und Selbstbewegung stellen nicht nur keine Alternative dar, sie laufen auch vielfältig ineinander, und dies aufgrund einer Zwischenleiblichkeit, die mich und die Anderen in einem gemeinsamen Bewegungsfeld vereint. Die Orientierung an normalisierten Verhaltensweisen lenkt den Blick allzu einseitig auf koordinierte Bewegungen, die einer einheitlichen Regelung unterliegen. Jeder tut das Seine, so daß ein gemeinsames Resultat herauskommt. Wird diese Interaktion automatisiert, so enden wir beim reibungslosen Ablauf einer Fließbandarbeit. Anders steht es mit gemeinsamen Tätigkeiten, deren Zusammenspiel ein gewisses Maß an Improvisation erfordert, so etwa ein informelles Gespräch, wo ein Wort das andere hervorruft, oder das gemeinsame Musizieren, zumal dann, wenn es ohne Dirigenten auskommt wie das Quartettspiel oder selbst ohne Partitur wie der Jazz. Das gemeinsame Musi-

5 Das Wort *écart*, das Valéry unentwegt gebraucht, um Formen und Prozesse des Abweichens und Differierens zu bezeichnen (vgl. das Register der *Cahiers*), bedeutet ursprünglich einen Seitenschritt, der auch als Tanzfigur auftritt.

zieren erfordert, daß jeder hörend spielt und spielend hört; es lebt davon, daß die Einzelstimmen sich überlagern, sich stützen und verstärken, daß eine Stimme in die andere einstimmt und nicht nur mit ihr zusammenstimmt. Ähnliches gilt für Tanzfiguren wie den Pas de deux oder den Gruppentanz, wo ein Schritt den anderen ergibt. Das Ineinander eigener und fremder Bewegungen findet man selbst in Kampfhandlungen, wo einer den Hieb des anderen pariert, als hätte er ihn selbst ausgeführt. Der Bär, von dem Kleist in seinem Essay *Über das Marionettentheater* berichtet, geht noch darüber hinaus. Er übertrifft den menschlichen Fechter darin, daß er nicht nur die Hiebe des Gegners in Windeseile pariert, sondern selbst Finten als Finten errät, »als ob er meine Seele darin lesen könnte«, wie der Erzähler erstaunt bemerkt. Die Unverzüglichkeit der Reaktion ist allerdings erkauft mit einem Maß an Bedenkenlosigkeit, das für die Frage, ob man so oder so reagieren solle, keinen Raum läßt. Was Kleist hier beschreibt, ist eine Grenzerfahrung, die uns im Vor- und Übermenschlichen der Gebrochenheit menschlicher Erfahrung innewerden läßt.[6]

Zwischenbewegungen würden ihren Zwischencharakter verlieren, wenn das Eigene im Gemeinsamen aufginge. Das Zwischen, das sich hier abzeichnet, bildet ein eigenes Kräftefeld. In diesem Zusammenhang ist daran zu erinnern, daß jedes kindliche Lernen stark mimetisch bestimmt und daß auch späteres Lernen nie ganz frei davon ist. Mimesis bedeutet nicht, daß jemand eine fremde Bewegung bloß *nachmacht*, sondern daß er sie *mitmacht*, daß er sich mitreißen läßt, ohne daß wie bei der Massenpsychose das Heterogene im Homogenen versinkt.[7] Im bloßen Nachmachen entsteht dasselbe noch einmal, im Mitmachen entsteht Eigenes aus

6 Ähnliches gilt auch für die »Schwarmintelligenz«, die – wie Kai van Eikels zeigt (in: Brandstetter/Wulf 2007) – an den Orientierungsleistungen von Vogelschwärmen nachweisbar ist und die als Modell für die Beschreibung menschlicher Bewegungen dienen kann. Doch ein Modell bleibt ein Modell. Jede menschliche Handlung hat einen Bewegungscharakter, doch nicht jede Bewegung hat auch einen Handlungscharakter.

7 Vgl. Freuds Rückgriff auf Le Bon in: *Massenpsychologie und Ich-Analyse* (GW XIII, 78). Auch bei der Mitwirkung von Spiegelneuronen wird unterschieden zwischen einer gehemmten Nachahmung, die im Normalfall zwischen fremdem und eigenem Verhalten zu unterschieden erlaubt, und psychiatrischen Erscheinungen der »Echopraxie« oder der »Echokinese«, bei denen diese Hemmung ausfällt (vgl. Staemmler 2009, S. 170-189).

Fremdem. Dies betrifft auch bestimmte Formen der Automimesis wie etwa die Echolalie beim Kinde (vgl. Jakobson 1969, Kap. I). Die Interferenz von Eigenbewegung und Fremdbewegung greift ferner über auf den alltäglichen Umgang mit den Dingen. Wie Erwin Straus (1956, S. 245) bemerkt, fällt der Einzelne seine Entscheidung nicht aus einer objektiven Distanz heraus: »Aus seiner Kommunikation mit den Dingen stellt er fest, ob sie sich *mit* ihm, der sich selbst bewegt, mitbewegen oder nicht. Er urteilt über die Art der Partnerschaft, ohne über die Weise seiner eigenen Bewegung zu reflektieren.« Alles Mitsein hat Züge einer Mitbewegung. Die neurologische Annahme von Spiegelneuronen weist in die gleiche Richtung.

5. Raum und Zeit der Bewegung

Descartes und seine Anhänger beschreiben die Bewegung als bloßen Ortswechsel, als die Vertauschung einer Raumstelle gegen eine andere, die je nach Krafteinwirkung eine bestimmte Zeitdauer in Anspruch nimmt. Solche Bewegungen fügen sich in ein fertiges Raum- und Zeitschema ein, sie lassen sich messen, lokalisieren und datieren. Anders steht es mit der Selbstbewegung; sie trägt selbst zur Raum- und Zeitbildung bei. *Die Selbstbewegung findet statt.* Das Hier als der Ausgangspunkt und das Dort als der Zielpunkt einer Bewegung sind keine beliebigen Raumstellen innerhalb eines homogenen Raumes und keine beliebigen Zeitpunkte auf einer ins Endlose verlaufenden Zeitlinie, sondern bevorzugte Zeit-Orte. Das Hier-Jetzt, das die Situation des Sprechers anzeigt, verweist ebenso auf die Situation des Sichbewegenden.

In eins damit zeichnen sich verschiedene *Bewegungsrichtungen* ab, die den einzelnen Bewegungen eine besondere Qualität verleihen. In diesen Qualitäten spiegelt sich die leibliche Verfassung des Sichbewegenden wider. Für jemanden, der sich auf ein Ziel hin bewegt, der vorankommt oder zurückweicht, sondert sich die Bewegung in *Vor-* und *Rückbewegung.* Diese Doppelheit entspricht keinem bloßen Richtungswechsel, der sich nach Belieben umkehren läßt, vielmehr ändert sich die Bewegungsart je nachdem, ob es voran- oder zurückgeht. Die Symbolik von Fortschritt und Rückschritt bezieht daraus ihre Aussagekraft. Ähnliches gilt für die *Auf-*

stiegs- und *Abstiegsbewegung*, die gegen die Schwerkraft des eigenen Leibes ankämpft oder sie zu nutzen versteht. Alltäglich ist das Auf und Ab der Treppenstufen, das Oben und Unten von Ober- und Unterstadt, von Berg und Tal. Die Aufwärtsbewegung hat nicht nur gegen die Eigenlast des Körpers anzukämpfen, sondern auch gegen die *Ermüdung*, die sich im Erlahmen der Kräfte bemerkbar macht. In der Ermüdung wird uns nicht nur der eigene Leib fremd, sondern dies gilt auch für die Bewegungen, die er vollführt. Der aufrechte Gang, der den Menschen auszeichnet und der in der Absetzung vom Kriecherischen eine ethische Note erhält, ist ebenfalls von Bedeutung; wir müssen uns im *Gleichgewicht* halten und uns vor dem *Fall* hüten. Gehen und Stehen sind auf Bodenhaftung angewiesen. Im äußersten Fall droht der *Absturz*. Absturz bedeutet nicht, daß unsere Bewegung eine Gegenrichtung einschlägt, sondern daß wir in eine richtungslose Tiefe gezogen werden. Der Grund wandelt sich in einen Abgrund, von dem ein Sog ausgeht; uns schwindelt, wir verlieren den Halt. Die Bodenlosigkeit wird in der Angst als Bedrohung erlebt und durch die Angst noch gesteigert. Erwin Straus (1956, S. 270) beschreibt den Sturz als das Gegenbild der lebendigen Bewegung. »Vor dem Sturz verwandelt sich dem vom Schwindel Ergriffenen der Raum. Das räumliche Kontinuum scheint zerrissen. Kein stetiger Übergang führt von der Höhe zur Tiefe. Kein Weg verbindet das Hier mit dem Dort. Ja, es gibt eigentlich kein Hier und Dort mehr. Die Tiefe, aber auch die Höhe, die Weite sind das schlechthin Andere. Eben damit verwandelt sich auch die Stelle, an der der Schwindlige steht. Sie ist kein festes Hier mehr. Der Schwindlige verliert seinen Halt, er kann nicht vor und nicht zurück, er kann nicht weiter und kann sich nicht halten.«

Von der Räumlichkeit der Bewegung läßt sich nicht sprechen, ohne die Zeitlichkeit zu erwähnen. Selbst wer nicht von der Stelle weicht, ist nicht eingewurzelt wie ein Baum, er steht nicht herum wie ein Besen oder eine Schreibmaschine. Das Hier ist nicht nur der *Ausgangspunkt* oder der *Durchgangsort* einer Bewegung, es markiert zugleich den *Aufenthaltsort*. Doch selbst der Aufenthalt geht zurück auf eine Bewegung. »Das Hier ist eine verhaltende Bewegung; es ist mein Aufent-halt, mein Halte-punkt oder meine Halte-stelle; es ist das, was mich hält, wo ich ermüdet halten und mich nieder-lassen kann.« (Straus 1956, S. 275) Die Ruhe gleicht dem Schweigen in der Rede. Sie ist nicht das Gegenteil der Bewegung, sondern deren Unterbrechung und der Grund, von dem die Bewegungsfiguren sich abheben. Wenn wir stehenbleiben, so nicht wie eine Uhr, die läuft oder stillsteht. Die Zeit bleibt im Spiel, sofern jedes Hier von sich selbst durch einen winzigen Spalt geschieden ist, um als Hier in Form eines räumlichen Kontrastes hervorzutreten. Das Hier erhasche ich ebensowenig wie meinen eigenen Schatten. Da das Hier einen Bewegungsort und keinen bloßen Standort bezeichnet, verweist es immerzu auf einstige Orte, wo ich *nicht mehr* bin, und auf künftige Orte, wo ich *noch nicht* bin und *vielleicht nie* sein werde. Das Sichbewegen von hier nach dort gibt den Grundakkord ab für eine Bewegungsgeschichte. Wer hier ist, ist zugleich anderswo. Es gibt kein Ibi ohne Alibi. Selbst der Stillstand bedeutet ein Stillhalten, in dem das sich wiederholende Hier zur Bleibe wird.

Auch das Anderswo ist nicht einförmig. Es staffelt sich nach *Nähe* und *Ferne*. Etwas kann zu nah oder zu fern sein; es kann sich uns aufdrängen oder sich unserem Zugriff entziehen. Anders als meßbare Abstände zwischen den Dingen, die sich in einen geometrischen Raum einfügen, verweisen Nähe und Ferne auf Spielräume der Bewegung, auf ein Sichbewegenkönnen. Jede Bewegung, auch die Tanzbewegung, die dazu führt, daß der Raum sich dehnt und zusammenschrumpft, oszilliert zwischen Annäherung und Entfernung, zwischen Ankunft und Abschied, und beides tritt zugleich auf, da kein Hier sich in ein Überall verwandeln läßt. In diesem Spiel von Nähe und Ferne bekundet sich eine eigentümliche Form der Fremdheit, einschließlich der Möglichkeit, daß Naheliegendes in die Ferne rückt und Vertrautes uns unheimlich anmutet.

Schließlich spielt sich die Bewegung im offenen Feld oder im geschlossenen Raum ab. Die Differenz von *Draußen* und *Drinnen*, die sich für die Außenbeobachtung völlig relativiert, bezieht sich auf eine hier und jetzt stattfindende Bewegung, die freie Bahn hat oder auf Hindernisse stößt. »Der von den Wänden eines Zimmers umschlossene Raum wird zu einem Binnenraum, zu einem Drinnen überhaupt nur für ein Lebewesen, das sich als ganzes zum Ganzen der Welt verhält und das in der Möglichkeit seiner allseitigen Aktion Grenzen errichtet findet [...]« (Straus 1956, S. 250) Die Bewegungen eines Gefangenen in seiner Zelle sind gebremst, er »rennt gegen Wände an«, so wie umgekehrt der Wüstenwanderer, dem die üblichen Anhaltspunkte fehlen, sich in der unendlichen Weite verlieren – oder finden kann.[8] Die Schwelle von drinnen und draußen ist auch der Entstehungsort für eine Raumpathologie, die in der Klaustrophobie und der Agoraphobie polare Formen annimmt. Die Schwelle macht sich vielfältig bemerkbar. Eine Oper wie der *Fidelio* spielt szenisch und musikalisch ganz und gar mit dem Kontrast von Enge und Weite, in dem die Freiheit ihren leiblich-räumlichen Ausdruck findet, der sonst so oft hinter den Kleidern der Ideen und der Ideologien verschwindet. Freiheit bedeutet weder ein inneres Reservat noch eine äußere Spielwiese. So notiert Valéry in den *Cahiers* (Bd. I, S. 340, dt. Bd. 2, S. 421): »Die *Freiheit* ist Kennzeichen, Lohn, Ergebnis kundiger Disziplin. Allein der Tänzer versteht zu gehen; der Sänger zu sprechen; der Denker zu lächeln.«

6. Natürlichkeit und Künstlichkeit der Bewegung

Die klassische Kosmologie ging von natürlichen Bewegungen aus, deren Grundmuster durch das Wesen der Dinge vorgegeben schien. Die alte Formel *agere sequitur esse* ließe sich ergänzen durch den Satz *moveri sequitur esse*. Als unnatürlich erscheint dann die Bewegung, die durch äußere Gewalt aus ihrer Bahn geworfen wird, als widernatürlich jene, die von sich aus das Ziel verfehlt. Gehen wir hingegen davon aus, daß sich dem Menschen die Frage, wer er ist und wo er ist, als eine offene Frage stellt, so ergeben sich nicht nur Spielräume innerhalb der jeweiligen Ordnung, sondern Spielräume der Ordnung selbst. Betroffen davon sind auch die Richtmaße und Ausmaße der menschlichen Mobilität. Sie unterscheidet sich von bloßen Zuckungen oder Ausbrüchen durch die Ausbildung von *Bewegungsweisen*, die immer auch anders sein können, ohne deshalb der völligen Beliebigkeit zu unterliegen. Straus (1956, S. 263) weist mit Recht darauf hin, daß wir beim Erlernen des Geigenspiels keine Einzelbewegungen lernen, sondern eine »neue Bewegungs*weise*«,

8 Dazu Edmond Jabès: »Man kann von der Wüste nicht wie von einer Landschaft sprechen, denn sie ist, trotz ihrer Vielfalt, Abwesenheit von Landschaft. Aus dieser Abwesenheit bezieht sie ihre Wirklichkeit. [...] Man kann nicht behaupten, daß die Wüste eine Strecke sei, denn sie ist zugleich reale Strecke und absolute Nicht-Strecke aufgrund ihrer Abwesenheit von Orientierungspunkten. Ihre Grenzen sind die vier Horizonte; sie sind ihre eigene Teilung, wo diese zum offenen Ort wird; Offenheit des Ortes.« (*Ein Fremder*, 1993, S. 105)

vergleichbar den Tonarten, Farbskalen und Tanzfiguren. Es gibt also ein Wie der Bewegung, das weder in einem finalen Wozu noch in einem kausalen Weil seinen zureichenden Grund findet. Auch Bewegungsweisen werden erfunden. Wir bewegen uns so und nicht anders, aber wir könnten auch anders, insofern ist keine Bewegung rein natürlich.

Bewegungsweisen etablieren sich in Form von *Zwischeninstanzen*, die weder dem Bewegenden noch dem Bewegten, weder einem Bewegungssubjekt noch einem Bewegungsobjekt zugerechnet werden können. Dazu gehört an erster Stelle der *Rhythmus*, der das Gleichmaß des Bewegungsflusses mittels wiederkehrender Bewegungsmuster und metrischer Einheiten artikuliert. Nur so kommt es zu einer unterscheidbaren Abfolge diskreter Bewegungen. Obwohl der Rhythmus den Gesamtbereich der Kinaisthesis durchdringt, ist er in zwei Bereichen besonders heimisch, nämlich im Prozeß des Lebens mit seinem periodischen Wechsel von Tag und Nacht, von Wärme- und Kältezeiten, von Wachsen und Vergehen, und in der Gestaltungskraft der Musik, die von ihren kultischen Ursprüngen her Klanggestalt und Bewegungsgestalt eng miteinander verbindet. Daß der Rhythmus in der Hörwelt eine besondere Rolle spielt, erklärt sich zunächst daraus, daß gehörte Klänge – von rudimentären Lautmalereien abgesehen – keinen Anhalt finden in den Dingen, mit denen sich unsere alltägliche Wahrnehmung beschäftigt. Wie bereits gezeigt wurde, sind Klänge keine Eigenschaften oder Zustände, die an etwas anderem haften, sondern genuine Ereignisse, die ihre Ordnung aus dem Stoff des Hörbaren gewinnen. Klänge *ordnen sich* in Klangfiguren *an*, bevor sie einer Klang- oder Tonquelle *zugeordnet* werden. Tanzfiguren gleichen darin der Musik, selbst wenn sie sich in ein Bühnengeschehen einfügen. Dies soll nicht heißen, daß nicht auch Bild- und Sprachkünste auf Seh- und Sprechereignisse zurückgreifen, die über die bloße Darstellung von etwas hinausgehen; doch offenbar fällt es ihnen schwerer, sich vom Diktat des Gesehenen und Gehörten zu befreien. Eine Mittellage nimmt die moderne Skulptur ein, die – wie etwa die Stahlplatten von Richard Serra – den Raum rhythmisieren und die Betrachtung in eine *Promenade* verwandeln, die keinen privilegierten Gesichtspunkt kennt.[9]

9 Vgl. Richard Serras Ausstellung *Promenade* im Pariser Grand Palais von 2008.

Die Ausbildung von Bewegungsweisen läuft über spezielle *Bewegungstechniken.* Solche Techniken beschränken sich nicht darauf, das Werk der Natur zu ergänzen oder zu vollenden, wie es eine teleologische Sichtweise nahelegt (vgl. Aristoteles, *Physik* II, 8, 199 a 15-17), sie erzeugen selbst bestimmte Bewegungsarten. Das Technische beginnt nicht erst mit der Herstellung separater Werkzeuge, die der Hand- und Fußbewegung eine größere Wirksamkeit verleihen. Der *Leibkörper*, der in der leiblichen Vermittlung nicht aufgeht, sondern als Körper eine eigene Materialität, eine eigene Schwung- und Schwerkraft aufweist, fungiert gewissermaßen als »erstes Werkzeug« (Mauss 1975, S. 206). Der Werkzeugcharakter des eigenen Körpers, den schon Aristoteles betont, wenn er die Hand als das »Organ der Organe«, das heißt auch als das »Werkzeug der Werkzeuge« bezeichnet (*De partibus animalium* 687 a 8 f.), ist allerdings cum grano salis zu nehmen. Stünde hinter dem leiblichen »Werkzeug« wiederum ein Hersteller und Gebraucher, so würden Bewegen und Bewegtwerden erneut auseinandertreten. Die eigenen Beine würden bewegt wie die Räder eines Rollstuhls. Der Vergleich des Körpers mit einem Fahrzeug, den die Seele als Passagier benutzt,[10] weist auf ein Problem hin, das auf dualistische Weise nicht zu lösen ist. Im *Theaitet* (184 c-d) erörtert Platon die Frage, ob die Augen sehen und die Ohren hören oder ob die Seele mittels der Augen sieht, mittels der Ohren hört, indem sie sich ihrer als Werkzeuge bedient. Ähnlich wäre zu fragen, ob die Seele (oder der Geist oder das Ich) mit den Beinen geht oder ob diese gehen. Das Problem liegt in dem »mit«. Wird dieses als Hinweis auf ein bloßes technisches Hilfsmittel verstanden, das der Krücke oder der Brille gleicht, so würde dies eine primäre Erfahrung voraussetzen, die von aller Technik frei wäre, und ein Subjekt, das jeder Technik überlegen wäre. Doch die verschiedenen Bewegungsarten, von denen schon die Rede war, lehren uns etwas anderes. Das Auf und Ab wie auch das Zunehmen von Nähe und Ferne verweisen von sich aus auf ein leibliches Können, das nicht völlig zu unserer freien Verfügung steht. Mit dem »ich kann«, das die Spuren eines anonymen »es geht« an sich trägt, verändert sich das traditionelle

10 Vgl. Aristoteles, *De anima* I, 3; Descartes, *Sechste Meditation*, AT VII, 81. Beide Autoren lehnen dieses Schiffergleichnis ab, der eine unter Berufung auf die Seele als Form des Leibes, der andere mit dem Hinweis auf eine Mischung von Seele und Körper.

»ich denke« und »ich will«, wie auch Husserl zeigt (*Ideen II*, Hua IV, § 60). Die Frage, ob etwas zu hoch oder zu weit ist, hängt ab von den Techniken der Fortbewegung und der Steigbewegung, die mit der Geh-, Lauf- und Klettertechnik beginnen und in der Verkehrstechnik inzwischen ungeahnte Möglichkeiten erschlossen haben. Wenn solche Möglichkeiten vielfach einen Geschwindigkeitsrausch erzeugen, so zeigt dies, daß der Einsatz technischer Mittel nicht seinerseits rein technisch zu bewältigen ist. Es gibt ein eigentümliches Pathos der Technik. Das Gefühl, daß die Beine nicht mehr mittun, gemahnt an die Urtechnik des Körpers, die durch äußere Bewegkräfte niemals völlig zu ersetzen ist. »Und er bewegt sich doch«, möchte man hinzufügen.

Rhythmen und Techniken der Bewegung finden einen leiblichen Halt in *Bewegungsfähigkeiten* und *Bewegungsgewohnheiten*, die uns in Fleisch und Blut übergehen. Bewegungen, die sich wiederholen, habitualisieren sich, so daß es am Ende in der Tat so aussieht, als würden unsere Füße und Beine gehen, als würden unsere Hände und Finger zugreifen und als würde der Leib sich bewegen und nicht wir selbst. Als Fußgänger oder auch als Radfahrer ertappt man sich bisweilen dabei, daß man blindlings den gewohnten Pfaden folgt, als wäre der Körper ein heimlicher Navigator. Gliederpuppen und Automaten scheinen das menschliche Verhalten nur nachzuäffen, doch gleichzeitig halten sie uns einen Spiegel vor, indem sie uns aus den Schlupfwinkeln einer reinen und unbefleckten Innerlichkeit vertreiben. Die Mechanisierung und Automatisierung der Eigenbewegung, die zur Annäherung von Mensch und Maschine führt, ist durch und durch ambivalent. Sie entlastet uns von dem Zwang zur Bewegungskontrolle, sie kann uns aber ebensosehr an das Gewohnte und Normale fesseln. Die künstliche »Feststellung« des »nicht festgestellten Tieres«, die daraus resultiert, hat zur Folge, daß Fremdheitsimpulse, die uns aus unseren Gewohnheiten reißen, sich verringern oder absterben. Kunst und Technik würden sich auf diese Weise in eine zweite Natur zurückverwandeln.

Zu den Zwischeninstanzen gehören schließlich *Bewegungssymbole*, die das Sichbewegen bei aller verbleibenden Materialität einer Deutung zuführen, die auf das Leben und die Welt im ganzen übergreift. Bewegungen, deren Sinn überdeterminiert ist, nehmen einen politischen, ethischen, religiösen Sinn an, auch einen sexuellen Sinn, wie Freud ihn in Flug- oder Steigträumen zutage fördert.

Selbst die philosophische Sprache greift in ihrer Metaphorik immer wieder auf kinetische Elemente zurück. Zu erinnern ist, wie schon angedeutet, an Motive wie Fortschritt und Rückschritt, Auf- und Abstieg, Erhöhung und Abfall, Überheblichkeit und Unterwürfigkeit. Diese Bewegungssymbolik erfährt in der Deutung der Tanzbewegung eine besondere Steigerung.

7. Gebundene und freie Beweglichkeit

Dem Sonderbereich des Tanzes rücken wir näher, wenn wir zwischen gebundener und freigesetzter oder frei schwebender Beweglichkeit unterscheiden. Bewegungen begegnen uns zunächst und zumeist in *gebundener* Form. Sie sind auf unauffällige Weise mit unserem gewöhnlichen Erleben und Verhalten verwoben, etwa in Form der Blickbewegung, des Redeflusses, des Gedankengangs, des Umgangs mit Dingen und Werkzeugen, des Arbeitsganges, der Gemütsbewegung oder der Emotion, der sozialen Annäherung und Distanzierung oder schließlich in Form von Ortsbewegungen wie Botengang, Besuchsfahrt, Fahrt zur Arbeitsstätte oder Ferienreise. Die Bewegung hat hier einen dienenden Charakter; sie dient vornehmlich der Erreichung eines Ziels, der Bedienung eines Geräts oder der Ausführung einer Reparatur. Die Bewegung kann ihre Funktion besser oder schlechter erfüllen je nach Treffsicherheit, Kräfteaufwand oder Geschwindigkeit. Es gibt ausgesprochene Bewegungsberufe wie den Boten, der zur Zeit Goethes noch schlicht Läufer hieß, wie den Chauffeur, den Piloten oder den Kranführer.

Die Bewegung macht sich auf spezifische Weise bemerkbar in anhaftenden *Bewegungsgestalten*. Dazu gehört das Eilige, Hastige, Stürmische, Geruhsame oder Spielerische des Bewegungsablaufes und eben auch eine spezifische Qualität des *Tänzerischen*. Das Tänzerische gleicht dem Musischen, dem Technischen und dem Politischen darin, daß es einer strikten Segmentierung des menschlichen Verhaltens zuwiderläuft. Es steht für ein Wie, nämlich für die Modalitäten und Stilformen der leiblichen Bewegung, die uns Maler wie Watteau in strukturaler Prägnanz vor Augen führen. Dabei winkeln und strecken sich Arme und Beine, ohne daß man weiß, wohin diese Gestikulation führt. Doch das Tänzerische äußert sich zusätzlich in einer gewissen Lockerheit der Bewegung, im

Gegensatz zu strenggefügten und zielstrebigen Bewegungen, wie sie uns auf extreme Weise im militärischen Gleichschritt oder in der körperlichen Fließbandarbeit begegnen. Das Tänzeln stellt eine Gegenform dar zum Marschieren, das im übrigen bei beschleunigtem Marschrhythmus ebenfalls etwas Beschwingtes bekommt. Beim Totentanz, der die Abgründe der lebendigen Bewegung beschwört, wendet sich alles ins Makabre, bis hin zur finsteren Gestalt des Todes als eines »Meisters aus Deutschland«.

Eine Form von *freier* Beweglichkeit weisen jene Bewegungen auf, die sich von der Zweckmäßigkeit der Alltags- und Berufswelt weitgehend oder völlig ablösen und die von uns ausgeführt werden, ohne daß wir etwas intendieren. Darunter fallen nicht nur Betätigungen wie das Spazierengehen, das Herumschlendern, das Flanieren, neuerdings das Joggen, dazu das Schwimmen,[11] das Herumstehen, das Ausruhen, sondern zu dieser Tätigkeitsfamilie gehören auch Spiel, Gesang und eben der Tanz. Allerdings stellt sich die Frage, wie diese Bewegungen positiv zu beschreiben sind. Wenn sie nicht zweckmäßig ablaufen, woran nehmen sie dann Maß? Sind sie etwa maßlos? Was besagt es, daß eine Bewegung um ihrer selbst willen geschieht? Was unterscheidet die Ruhepause vom bloßen Aufhören einer Bewegung?[12] In seiner Auflistung elementarer Körpertechniken rechnet Marcel Mauss (1975, S. 214) das Tanzen zu den Techniken des »aktiven Ausruhens«. Die Freizügigkeit der Bewegung schließt ferner nicht aus, daß die freie Bewegung ihrerseits erlernt, verfeinert, technisiert, professionalisiert und kommerzialisiert wird. Im kleinen Maßstab betrifft dies alterprobte Künste wie die des Seiltanzes oder des Kletterns, im großen Maßstab den heutigen Leistungssport, der streckenweise einer Bewegungsindustrie gleichkommt. Die völlige Professionalisierung scheitert daran, daß außergewöhnliche Bewegungen mit besonderen Risiken ver-

11 Valéry, *Cahiers*, Bd. I, S. 365, dt. Bd. 2, S. 451: »›Sportliche‹ Philosophie ohne Illusionen – der Schwimmer, der Tänzer, *die sich nirgendwohin bewegen*«. Das Baden im flüssigen Element taucht wiederholt bei Valéry auf.

12 Das griechische Wort ἀνάπαυσις, das Ruhe, Rast und Erholung bezeichnet, bedeutet wörtlich, daß man aufhört, daß man eine Pause (παῦλα) einlegt. Für Platon fallen Aufhören der Bewegung und Aufhören des Lebens zusammen (vgl. *Phaidros* 245 c). Andrerseits gibt es Feste, die dem Menschen Ruhe von seinen Mühen verschaffen (*Nomoi* 653 d). Zu den philosophisch allzu wenig beachteten Motiven der Pause und der Zäsur, ohne die es keine neuen Erfahrungen gäbe, vgl. *Bruchlinien der Erfahrung* (2002), S. 215-222.

bunden sind, sei es der drohende Absturz beim Seiltänzer, sei es die mögliche Niederlage im Rennen; hinzu kommt der Umstand, daß sie nicht völlig erlernbar und planbar sind wie ein Arbeitsvorgang, bei dem nur das abzuliefernde Resultat zählt. Entscheidend ist aber, daß die Freisetzung der Beweglichkeit nicht möglich wäre, wenn die gebundene Bewegung sich ganz und gar in der Funktion erschöpfen würde, die sie jeweils ausübt. Für den Tanz bliebe dann nicht viel übrig.

8. Bewegung im Überschwang

Die Wertschätzung des Tanzes hängt entscheidend davon ab, wie man den Überschwang an Bewegung einschätzt, der ihm innewohnt. Der Tanz lebt von den Überschüssen einer Beweglichkeit, die sich nicht in Zwecke und Regeln fassen läßt. Die Tanzbewegung ist *asemantisch,* sie meint und bedeutet nichts, außer in der servilen Form eines »Programmtanzes«, der sich mit der Programmusik vergleichen läßt. Sie ist ferner *apragmatisch,* sie führt zu nichts und bezweckt nichts. Hierin unterscheiden Tanz- und Tonkunst sich von der Bild- und Wortkunst. Bilder und Wörter üben kognitive und praktische Funktionen aus, an die sich die entsprechenden Künste anlehnen können, deren sie sich aber auch erwehren müssen. Ornamente nehmen mit ihren linearen Geflechten und ihren rhythmisch wiederkehrenden Mustern eine interessante Mittellage ein, indem sie mit optischen Gestalten spielen. Doch die Nutz- und Zwecklosigkeit des Tanzes, der nicht einmal als bloßes Beiwerk taugt, bereitet jedem Ordnungsdenken enorme Schwierigkeiten. So erklärt sich die Neigung, Überschüssiges entweder als unbedeutend abzutun oder es als ordnungswidrig einzustufen.

Betrachten wir nochmals die griechischen Klassiker mit ihrem philosophisch fundierten Bildungsprogramm. Innerhalb der platonischen Politeia verbinden sich gymnastische und musische Künste zu einem Propädeutikum, das dem eigentlichen Lernen vorausgeht.[13] Bei Platon, der alle Erfahrungen und Tätigkeiten in

13 Gegen die unter anderem von Georgiades und gelegentlich auch von mir vertretene Ansicht, der griechische Terminus μουσική beziehe sich auf ein Ensemble aus Musik, Tanz und Dichtung, erhebt Albrecht Riethmüller gewichtige Einwände. Vgl. den Abschnitt »Musenkunst versus Musik« in dem Artikel »Musiké

eine umfassende, auf die Idee des Guten hin orientierte Paideia zu integrieren versucht, verwundert es nicht, daß er die Tonarten der Musik, die Klangfarben der Instrumente wie auch die Rhythmen des Tanzes nach ethischen und kosmologischen Maßstäben ausmustert. Er fordert, daß Melos und Fuß dem Logos als der vernünftigen Rede folgen und nicht umgekehrt (*Politeia* 400 a). Die detaillierten Vorschriften, die in den Büchern II und VII der *Nomoi* zu finden sind, beschränken sich denn auch auf religiöse Reigentänze,[14] denen jeder dionysische Taumel ausgetrieben ist. Dahinter steht die Überzeugung, daß alles, was jung ist, »weder seinen Körper noch seine Stimme ruhig zu halten vermöge, sondern stets teils durch Hüpfen und Springen, wie bei Aufführung ergötzlicher und fröhlicher Tänze, teils durch Anstimmung von Tönen aller Art sich zu regen und laut zu werden bestrebe«, während das »mit Lust verbundene Gefühl für Rhythmus und Harmonie« denen vorbehalten ist, die Götter zu »Reigengenossen« haben (*Nomoi* 653 d-e, nach Schleiermacher). Platon ist trotz seiner allzusehr auf Eurhythmie und Harmonie versessenen Erziehungsabsicht zugute zu halten, daß er gerade als Kunstzensor den Ton- und Tanzkünsten einen hohen Rang zubilligt; die wohlgeordnete Bewegung ist als gesteigerte Form der Bewegung von einer bloß normalen Bewegung weit entfernt. Der liberaler gesonnene Aristoteles bleibt hinter dieser Wertschätzung zurück. Innerhalb seiner teleologischen Weltsicht erscheint der ziellose Tanz zunächst als bloßes Spiel, das für Kinder gut ist (παιδιά). Erwachsenen dient er zur bloßen geselligen Unterhaltung, zur Erholung und zur Entspannung mit therapeutischen Nebenwirkungen, so daß ein Bürger im reiferen Alter die Kithara oder gar die Flöte nicht länger in die Hand nehmen sollte (*Politik*

– musica – Musik« in: Finscher, *Die Musik in Geschichte und Gegenwart* (1997), S. 1206-1208. Dies schließt freilich nicht aus, daß in archaischen Gesellschaften die Kultursphären und speziell die Sphären der Einzelkünste weniger scharf voneinander abgesondert sind als etwa im 19. Jahrhundert. Schon die Einbeziehung der Künste in kultische und festliche Zusammenhänge sorgt für eine osmotische Durchlässigkeit, die keines forcierten Totalitätsstrebens bedarf.

14 Das griechische Wort ὄρχησις leitet sich her von ὄρχος (= Reihe, z. B. eine Baumreihe). Daß unser Wort »Orchester« auf die ὀρχήστρα, also auf den Tanzplatz als den Platz der Chortänze und Chorgesänge zurückgeht, erinnert an eine ursprüngliche Verwandtschaft von Musik und Tanz. Vgl. Thrasybulos Georgiades, *Musik und Tanz bei den Griechen* (1958).

VIII, 5-6).[15] Man mag diese politische Enthaltsamkeit einer List der Kunst zuschreiben, die dafür sorgt, daß die Macht der Musik sich nicht völlig in eine Musik der Macht überführen läßt.[16]

In der europäischen Neuzeit wird alles, was sich nicht den kognitiven, praktischen und technischen Weltbezügen zuschlagen läßt, in die Ausdruckssphäre eines Subjekts verlegt, welches dazu neigt, sich selbst sowohl zu überschätzen wie zu unterschätzen. Die Fragwürdigkeit dieser Reduktion trifft auch noch den so genannten Ausdruckstanz. Im Hintergrund steht die zweideutige Einschätzung aller Überschußphänomene. Negativ betrachtet, erscheint dies alles als *überflüssige* Zutat, als nutz- und zwecklos; wenn es nützt, so höchstens darin, daß es uns auf indirekte Weise schadlos hält. Positiv gesehen, bedeutet es dagegen ein *überfließendes* Mehr, eine Überfülle. Diese Ambivalenz entspricht der Auffassung vom Menschen als einem Wesen, das zugleich die Züge eines Mängel- und eines Überflußwesens aufweist. Nicht umsonst spielt der Tanz bei all jenen Philosophen eine Rolle, die für eine Hyperbolik empfänglich sind, deren Wirk- und Strahlkraft sich nicht in ein rundes Ganzes einfügt, also bei Platon oder bei Nietzsche und bei Valéry, der an beide anknüpft.

Der Tanz ist zweck- und regellos, gemessen an den Zwecken und Regeln des gewöhnlichen Lebens. Anhänger einer Hochkultur neigen deshalb dazu, ihn mit allem, was sich nicht durch kulturelle Werke hervortut, der bloßen Alltäglichkeit zu überantworten. Doch die Unalltäglichkeit ist so alt wie die Alltäglichkeit selbst. In Übereinstimmung mit dem Paläontologen André Leroi-Gourhan läßt sich behaupten: Schon die schlichtesten Betätigungen und Verrichtungen weisen ungeachtet ihrer spezifischen Funktion einen *Überschuß an Form* auf, so daß alle Bewegungen sich durch einen bestimmten Bewegungsstil auszeichnen.[17] Wenn Merleau-Ponty in

15 Zur aristotelischen »Musiksoziologie«, in der die Freistellung des erwachsenen Bürgers von einer als banausisch erachteten Handwerkskunst eine besondere Rolle spielt, vgl. Albrecht Riethmüller, »Musik zwischen Hellenismus und Spätantike«, in: Riethmüller/Zaminer, *Die Musik des Altertums* (1989), S. 216 ff.

16 Ich beziehe mich auf einen Beitrag von Silke Leopold zu »Tanz und Macht im Ancien Régime« (in: Brandstetter/Wulf 2007), wo Ludwig XIV. nicht gerade als Philosophenkönig, aber doch als Tanzkönig in Erscheinung tritt.

17 Der Überschuß von Formen und Symbolen gegenüber der bloßen Funktion ist eine Grundthese, die André Leroi-Gourhan mit Vehemenz vertritt und durch reiche Funde belegt. Vgl. *Hand und Wort* (1984), speziell, S. 371-386. Valéry unter-

seiner *Prosa der Welt* (frz. S. 83 f., dt. 80) im Anschluß an Malraux bemerkt: »Schon die Wahrnehmung stilisiert«, so könnte man hinzufügen: »Schon die Bewegung stilisiert«. Der Autor deutet selbst derartiges an, wenn er fortfährt: »Eine Frau, die vorbeigeht, ist für mich nicht zuerst ein körperlicher Umriß, eine angemalte Gliederpuppe,[18] ein Schauspiel an einem bestimmten Ort, sondern sie ist [...] ein Leib, der mit seiner eigenen Stärke und Schwäche, in ihrem Gang oder im Klappern ihres Absatzes auf dem harten Boden ganz und gar gegenwärtig ist.«

Hinzu kommt schließlich ein *Überschuß an Affekten*. Keine Bewegung ohne Bewegungslust oder Bewegungsunlust. Die Bewegungsunlust kann sich bis zur Trägheit, die Bewegungslust bis zum Bewegungsrausch steigern. In seiner *Philosophie des Tanzes* geht Valéry von einem Kraftüberschuß des Tanzes aus, der von der bloßen Lust über die Trunkenheit bis zu einer Art Erschöpfungsekstase führen kann (*Œuvres*, Bd. II, S. 1391, dt. Bd. 6, S. 243). Rauschhafte Zustände werden im besonderen Maße durch die Drehbewegung hervorgerufen. Der Tanz, in dem Tänzer und Tänzerin nicht mehr eine bestimmte Bewegungsrichtung einschlagen, sondern sich um ihre eigene Achse drehen, erzeugt Schwindelgefühle, die eine drogenförmige Wirkung ausstrahlen. Wie Werner Röcke und Hans Rudolf Velten (in: Brandstetter/Wulf 2007) anhand des mittelalterlichen Veitstanzes aufzeigen, kann der Tanzrausch sich bis zu einer Tanzwut steigern, in der religiöse und pathologische Anteile eine schwer zu entwirrende Verbindung eingehen. Ähnliche Affektsteigerungen gehen von stakkatoartigen musikalischen Rhythmen aus, die fern aller ausschwingenden Melodik dazu führen, daß der Tänzer beharrlich auf der Stelle tritt und auf den Boden stampft. Die Verbindung von Melos, Rhythmus und Pathos, die sich in solchen Bewegungsformen andeutet, gehört nicht umsonst zu den ältesten Bestandteilen einer lebensweltlich ausgerichteten Ton- und Bewegungslehre, die auch den Tanz umfaßt.

scheidet zwischen »reinem Bewegungstanz« und dem »Bedeutungstanz« als einer »skandierten Aktion«; das letztgenannte Genre ist »nach seinem Abstand (*écart*) zur realistischen Aktion« zu bewerten (*Cahiers*, Bd. II, S. 965, dt. Bd. 6, S. 71 f.).

18 Eine Anspielung auf Descartes, *Zweite Meditation*, AT VII, 32.

9. Bewegungselemente des Tanzes

Der Tanz, dem wir uns von der leiblichen Bewegung her angenähert haben, präsentiert sich als ein facettenreiches und hochkomplexes Geschehen. Doch bei dem Versuch, dieses Geschehen im Detail zu beschreiben und es von verwandten Phänomenen abzugrenzen, stoßen wir auf spezifische Bewegungselemente, die zum Abc des Tanzes gehören.

Tanzposition. – Die Tanzposition, von der unsere Betrachtung ausgeht, bezeichnet ein Hier und Jetzt, dies jedoch nicht im Sinne eines bloßen Raums und einer bloßen Zeit, *worin* Tanzbewegungen abrollen, sei es ein Tanzsaal, eine Tanzstunde oder ein Tanzfest. Der Tanz *findet statt* im wörtlichen Sinne des Wortes, er verortet und verzeitigt sich, er schafft sich seinen eigenen Zeit-Raum. Karl Bühlers Origo als ein sprachlich verfaßtes Hier-Jetzt-Ich-System verweist auch auf eine Origo der Bewegung, die im Tanz eine spezifische Form annimmt. Zentrale Tanzfiguren sind die alte kosmische Visionen wachrufende *Kreisbewegung,* die bei sich selbst verharrt, und die *rückläufige Bewegung,* die ohne Anfang und Ende ist. Einer Zielmarkierung bedarf es nicht, da diese Bewegung immer schon dort ist, wo sie hinstrebt. Würde das Hier und Jetzt jedoch den Kontakt mit einem Dort und Dann einbüßen, so würde es sich einem Überall und Nirgends, einem Immerzu und Niemals annähern. Damit schwände auch die Individualität dahin: Jemand wäre so gut wie Niemand. »Ich war kein Mensch mehr«, wie es in Goethes *Werther* heißt.[19] Im Schwinden und Verschwinden von Dingen, Räumen und Personen nimmt der Tanz die Form einer Evasion an. Hier öffnen sich Türen für Elevationen und Rauschzustände, wie sie uns im Dionysoskult und im Derwischtanz begegnen. Der Schwindel, den jede anhaltende Drehbewegung unwillkürlich hervorruft, wird ins Extrem getrieben.

Tanzschritte. – Jeder Bewegungsablauf artikuliert sich in Einzelschritten, doch der Tanz begnügt sich damit nicht. Mit den normalen Orientierungen unserer Bewegungen und mit den Richtungsunterschieden, die der gewohnten Hierarchisierung unterliegen, treibt er sein Spiel. Die Tanzbewegung schreitet nicht stetig voran

19 Vgl. den Beitrag von Walter Salmen zu Tanz und Tänzen in Goethes *Faust* in: Aurnhammer/Schnitzler, *Der Tanz in den Künsten 1770-1914* (2009).

von hier nach dort wie bei jemandem, der seinen Weg verfolgt. In ständigem Wechsel springt sie vor und zurück, ohne auf den Fortschritt zu achten. Sie geht auf und ab (so insbesondere in der *saltatio*, dem Hüpftanz), ohne den Aufstieg zu befördern oder den Abstieg zu vermeiden; sie läuft geradeaus und seitwärts, ohne das übliche Richtmaß einzuhalten; sie kehrt sich nach rechts und nach links, aber ohne nach rechts und links zu schauen und das Rechtmäßige vom Linkischen und Unbotmäßigen abzusondern. Der Tanz ist auf seine Weise *richtungslos;* er spielt mit verschiedenen Möglichkeiten, er kehrt die Dinge um, er kommt nirgends an.

Tanzkräfte. – Der Tanz erlaubt sich nicht nur einen ständigen Richtungswechsel, er ist auch gewissermaßen *bodenlos.* Er treibt sein Spiel mit der *Leichtigkeit,* indem er sich der Beschwingtheit, dem Flug, dem Schwebezustand hingibt, und er spielt zugleich mit der *Schwerkraft,* mit der Erdenschwere des Körpers. Es ist genau diese Polarität von Leichtigkeit und Schwere, die den tanzenden Leib auszeichnet, und sie hat eine lange Geschichte.[20] Die Bevorzugung der Leichtigkeit reicht vom »Leichtwerden (κουφίζεσθαι)« der beflügelten Seele in Platons *Phaidros* (248 c) über Zarathustras »Tanz- und Spottlied auf den Geist der Schwere« (KSA 4, 140) bis hin zum Kontrast von Klarheit und Leichtigkeit, den Valérys Dialog *L'âme et la danse* ins Spiel bringt. Angesichts der unbeschreiblichen Leichtigkeit einer Tänzerin äußert Sokrates sein helles Erstaunen: »Herkules in eine Schwalbe verändert – gibt es diesen Mythos?« (Frz. S. 161, dt. S. 100) Und angesichts des tristen Zustandes eines »unbewegten und hellsichtigen Beobachters« fragt Phaidros, wie es wäre, wenn dieser wie durch ein Wunder »von einer plötzlichen Leidenschaft für den Tanz« erfaßt würde? »Wenn er aufhören wollte, klar zu sein, um leicht zu werden; und wenn er im Versuche, von sich selbst abzuweichen, Wert darauf legen würde, die Freiheit des Urteils zu vertauschen mit der Freiheit der Bewegung?« (Frz. S. 169, dt. S. 109) Der tanzende Leib entzieht sich einer festen räumlichen Zuordnung. Er hat etwas Elementares, er verbindet sich mit Wind, Luft und Erde gleich der Flamme, die den reinen Augenblick verkörpert. So nochmals Sokrates: »Die Flamme ist der Akt dieses Augenblicks, der sich zwischen Erde und Himmel befindet. O meine

20 Vgl. dazu die Beiträge von Isabella Gil und Renate Schlesinger in: Brandstetter/Wulf, *Tanz als Anthropologie* (2007).

Freunde, alles, was aus dem Zustand der Schwere in den Zustand der Feinheit übergeht, durchquert den Augenblick des Feuers und des Lichts.« (Frz. S. 171, dt. S. 111, Üb. verändert) Der moderne Tanz legt es nahe, Valérys Essay, dessen Leichtigkeitsideal noch weitgehend an den Pirouetten des klassischen Balletts Maß nimmt, auf den Titel *Le corps et la dance* umzustellen; doch einer radikalen Umstellung bedarf es nicht, da die Seele sich bei Nietzsche und so auch bei Valéry als eine ganz und gar verkörperte Seele erweist.

Tanzaufführung. – Eine Tanzaufführung bedeutet weitaus mehr als den subjektiven Ausdruck eines Tänzers oder einer Tänzerin. Im Tanzen, einem *Sichtanzen,* das dem Sichbewegen entspricht, tanzt sich der Tanz gewissermaßen selbst. Dieser Bewegungsüberschuß entgeht einer Notation, die sich darauf beschränkt, Aufführungen als Fälle ein und desselben Tanzwerks zu identifizieren.[21] Die Selbstaufführung und Selbstdarstellung ähnelt der Leuchtkraft der Farben mit ihren originären Reflexen und der Klangkraft der Töne mit ihren originären Echowirkungen. Ohne diese sinnkräftige Eigendynamik würde die neu entdeckte »Performanz« sich schnell wieder einem »Vollzug« annähern, für den es bestallte »Vollzieher« und »Vollzugsorgane« gibt.[22]

Tanzgruppen und Tanzpartner. – Das Tanzen gewinnt im *Tanzen mit …* seine soziale Dimension, doch die Geselligkeit des Tanzes entwickelt sich ebenfalls aus dem Tanzgeschehen selbst, desgleichen die Ungeselligkeit. Schon das Aufspielen zum Tanz hat wie im *Figaro* etwas Zweideutiges: »Se vuol ballare, Signor Contino.« Die tänzerische Ausbildung von Gruppenmustern unterscheidet sich erheblich von den funktionalen Zuordnungen einer Kooperation, die sich letzten Endes maschinell herstellen läßt wie im Falle einer Fließbandproduktion; sie unterscheidet sich aber auch von der geregelten Koordination einzelner Äußerungen im Diskurs. Der Tanz

21 Darin stößt die Symboltheorie, die Nelson Goodman in den *Sprachen der Kunst* (1973) entwickelt (siehe Kap. 4, speziell für den Tanz Abschnitt 8), an ihre deutliche Grenze; indem sie Bewegungsweisen auf ihre syntaktische Struktur reduziert, verfehlt sie deren Bewegtheit. Für musikalische Partituren gilt ähnliches. Goodmans Sprachen der Kunst sind nicht mehr als künstliche Sprachen der Kunst. Ihnen entgeht, was Doris Kolesch in ihren Bemerkungen zum Theatergeschehen das »Imperfekt als Figur des Unabschließbaren« nennt (in: Huber 2005, S. 198).

22 Ich verweise auf eine theaternahe Erörterung dieses Themas in: B. Waldenfels, *Philosophische Salons. Frankfurter Dialoge II* (2004), S. 43-70: »Performanz: Inszenierung von Rede und Handlung«.

entpuppt sich als ein offenes Zwischen mit beweglichen Anschlüssen. So besteht das *Tanzduo* nicht einfach darin, daß zwei Personen miteinander tanzen, es erzeugt vielmehr ein selektives Gruppenmuster, bei dem das Spiel mit Nähe und Ferne, der Wechsel von Annäherung und Abstandnahme eine besondere Rolle spielt, und dies nicht ohne erotische und militante Beiklänge. Die rituelle Berührung bleibt eine leibliche Berührung, selbst wenn sie sich auf Andeutungen beschränkt. Wie auch sonst dauert in der Sublimierung das Sublimierte fort. Sublimierung heißt nicht Tilgung. Daher droht der Übersublimierung der Absturz in eine krude Realität, die den symbolischen Mehrwert verspielt.[23] Auch der *Solotanz* ist weniger schlicht, als er zunächst erscheinen mag. Er gleicht dem Selbstgespräch. Die Ichspaltung dessen, der zu sich spricht, wiederholt sich im Tanz in Form einer Bewegungsspaltung, die nur auf dem Höhepunkt der Bewegung, etwa in der Pirouette, augenblicksweise überwunden wird. Wer *sich leiblich bewegt,* ist niemals völlig Herr seiner Bewegungen, man ist bewegend und bewegt in eins. Diese Bewegungsspaltung wäre nur dann dauerhaft überwunden, wenn der Tanz die Form eines Perpetuum mobile annähme, ohne Anläufe und Abtritte und ohne Schwankungen. Mit der Erreichung eines vollendeten Gleichgewichts würde Herkules sich nicht in eine Schwalbe verwandeln, sondern in ein Standbild.

Tanztheater. – Die Tanzaufführung gewinnt eine zusätzliche Dimension im *Tanzen vor …*, im Tanz vor Gott wie bei der Bajadere, im Tanzen Salomes vor Herodias, im Bauchtanz oder im Striptease. Schließlich wird der Tanz einem (zumeist zahlenden) Publikum dargeboten. Zur Mitwirkung des Publikums gehört das Schillern zwischen der Rolle des Spektateurs und des Voyeurs. Zur Rolle des Zuschauers und Zuhörers wäre noch einiges mehr zu sagen. Ist leibliches Zuschauen und Zuhören denkbar ohne eine zumindest minimale Form des Mitmachens, der Mitbewegung, des Mittanzens? Das Tanztheater stößt hier auf Probleme, die das Theater im ganzen betreffen.

23 Marcel Mauss, der in seiner Untersuchung der Körpertechniken dem Tanz einen wichtigen Platz einräumt, rechnet den »eng umschlungenen Tanz« seiner Zeit zu den »Abscheulichkeiten der modernen europäischen Zivilisation« (1975, S. 215). Moderater könnte man von einer Übernähe sprechen, die dem sozialen Kontakt etwas Kurzschlüssiges verleiht, wie wir es auch von Gewaltausbrüchen her kennen.

10. Kinetische Epoché

Über alle Details hinaus stellt sich die Frage, wie es den genannten Elementen gelingt, sich aus der Normalität des Bewegungsalltags herausheben und sich zu einer ganzen Welt des Tanzes zusammenzuschließen, die der Welt der Farben, der Töne und der Worte ebenbürtig ist. Eine Phänomenologie des Tanzes, die den Tanz als eine spezifische Form der Weltbildung, Sinnstiftung und Selbstfindung betrachtet, wird auch den Tanz nicht als etwas Selbstverständliches nehmen, sondern nach seiner Herkunft fragen. Dies führt uns zu einer spezifischen Form dessen, was Husserl als phänomenologische Reduktion oder phänomenologische Epoché eingeführt hat. Entscheidend ist dabei nicht die Suche nach einem sicheren Fundament, sondern die verfremdende Wirkung, die von einer solchen Epoché ausgeht. In der Sprache des Tanzes formuliert besagt dies, daß man aus der Reihe tanzt. Insofern verdanken die im einzelnen aufgeführten Elemente ihr eigentümliches Gewicht einer Art von *kinetischer Epoché*. Ich verstehe darunter keine bloße Urteilsenthaltung nach dem Vorbild der antiken Skepsis, sondern ein Anhalten der gewohnten Bewegung, eine Suspendierung von Bewegungszielen und Bewegungsumständen, eine Erfindung von Gegenbewegungen, auch eine Überschreitung der vorgegebenen Bewegungsgrenzen. Alles in allem handelt es sich um eine Verfremdung der vertrauten Beweglichkeit und in eins damit um eine Verfremdung der Lebenswelt. Der interkulturelle Austausch trägt das Seine dazu bei.

Die Bewegungsenthaltung kann *spontan* erfolgen, im Stocken des normalen Laufs der Dinge, im Zurücksinken der gewohnten Horizonte, so etwa, wenn jemand vor Freude, im Eifer oder in panischer Angst außer sich gerät. In solchen Fällen laufen die Bewegungen unkoordiniert ab. Jemand schlägt wie wild um sich, springt vor Freude in die Luft oder rennt unruhig hin und her – lauter nutzlose Bewegungen, mit denen man keinem Ziel näher kommt. Es sind diese ungeregelten Bewegungen, die Platon in seinem Erziehungsprogramm zu zügeln versucht. Das Aussetzen der gewohnten Bewegungen kann aber auch *künstlich* herbeigeführt werden mittels einer Ausblendung der lebenspraktischen Horizonte. Das fiktionale So-tun-als-ob bedeutet eine Lockerungsübung, die den ersten Ansätzen einer figuralen Malerei gleicht. Man sieht etwas, das so aussieht wie etwas anderes, das man kennt, und das doch nicht so ist. Fiktionen kommen uns niemals ganz geheuer vor, weil das Als-ob in den verschiedensten Farben schillert. Des weiteren gibt es die Möglichkeit, leibliche Bewegungen durch Ausschaltung verbaler Deutungselemente mit einer Überprägnanz auszustatten. Dies gilt bereits für die Pantomime und in besonderem Maße für die Darstellungstechniken des Stummfilmes. Ein Stummfilm ist ja nicht bloß ein Film, in dem nicht gesprochen wird, sondern ein Film, in dem die körperliche Bewegung überdeterminiert ist wie bei einem Blinden, dessen Tastsinn das fehlende Augenlicht wettzumachen hat, wie bei einer Maske, die uns mit einer Stimme ohne Gesicht konfrontiert, oder wie bei einem Telephongespräch, bei dem der Hörer nicht auf die »Partitur« der menschlichen Züge zurückgreifen kann.[24] Bewegungen, die nicht von Anfang an mit einem »Ideenkleid« bedeckt sind, sehen anders aus, verraten mehr von sich; sie haben auch etwas Unheimliches, da wir nicht gleich wissen, woran wir sind.

Die kinetische Epoché, auf die es uns hier ankommt, kann also verschiedene Formen annehmen, beiläufige und nachhaltige. Über eine bloße Lockerung und Zerfaserung des Weltbezugs geht sie dann hinaus, wenn sie mit den Gewohnheiten des Common sense bricht. Eben davon profitiert auch der Tanz. Die Unterbrechung des normalen Bewegungsablaufes öffnet den Raum für eine Tanzpraxis, die den sicheren Boden verläßt. Wer tanzt, steht niemals mit beiden Füßen auf dem Boden der Wirklichkeit. Husserls Forderung, die Philosophie müsse »bodenlos anfangen« (Hua VI, 185), mag immer noch fundamentalistisch klingen; sie verliert diesen Klang, wenn man sie tänzerisch umsetzt in ein Abtasten des Bodens und eine Ausführung tastender Bewegungen.

24 Vgl. das im Schlußkapitel erwähnte Telephongespräch des Erzählers mit der Großmutter in Prousts *Recherche*, das ähnlich wie der Stummfilm aus einer Frühphase der Technikentwicklung stammt. Der Glaube, es ginge in solchen Fällen lediglich darum, bisherige Lücken der Technik aufzufüllen, gehört zu den Naivitäten eines Technikglaubens, der die sowohl formende wie deformierende Kraft der Technik unterschätzt. Wer im Laufe der Zeit dazulernt und auf die Dauer mehr vermag als bisher, erwirbt ein Anderskönnen, das sich niemals auf ein reines Besserkönnen reduziert. Ebendeshalb gibt es in allen Künsten und Techniken Archaisches, das nicht einfach zurückgeblieben ist, sondern künftige Möglichkeiten bewahrt.

11. Tanzfiguren

Der Tanz, der sich zur Tanzkunst erhebt, bemüht sich um eine Ausformung der erwähnten Elemente und um eine Freisetzung neuer Potentiale. Die Tanzkunst ist eine *Techne*, eine *Ars* in dem weiten herkömmlichen Sinne, bei dem noch nicht strikt zwischen schönen Künsten und nützlichen Techniken unterschieden wurde. Sie erfindet Bewegungsgestalten und entwickelt Bewegungstechniken, beginnend mit rudimentären Körpertechniken. Erfunden wird das *Wie der Tanzbewegung*. Es muß erfunden werden, da es im menschlichen Bereich eben keine rein natürlichen Bewegungen gibt – wie Platon es gern gesehen hätte. Der Überschuß an Bewegungskräften, der sich immer wieder explosiv und exzentrisch entlädt, ist so alt wie die Menschheit. Stets übersteigt die erfundene Form das funktional Erforderliche. So lautet die bereits erwähnte Leitidee von André Leroi-Gourhan. Dieser Autor rechnet Tanz und Akrobatik, die sich in den Kunststücken des Seiltanzes berühren, zur uralten Erfindung eines imaginären Universums, in dem körperliches Gewicht und Gleichgewicht außer Kraft treten. In solchen Formen von Bewegungsenthaltung entdeckt er das Bestreben, »etwas zu schaffen, das den alltäglichen Zyklus der Positionen im Raum zerbricht«; der Akrobat schafft im Wachzustand, was in den Flugträumen infolge der muskulären Ruhelage spontan zustande kommt (*Hand und Wort*, 1984, S. 355 f.) Auch das Interesse an Zirkusszenen bei Malern wie Seurat oder Picasso oder bei Autoren wie Kafka geht weit über ein folkloristisches Interesse hinaus. Tanzfiguren gleichen Ton- und Satzarten, die sich mittels einer geeigneten Syntax in Kompositionen umsetzen lassen. So entstehen Tanzfiguren wie Quadrille, Menuett, Tango oder Walzer. Sie sind in Tanzschulen erlernbar, gleichzeitig eröffnen sie eine Welt aus Rhythmen, die in eins geht mit einer Welt der Klänge. Doch dies gehört bereits in das Feld historisch variabler Tanzkulturen, deren Berücksichtigung den Rahmen der vorliegenden Grundbetrachtung sprengen würde.[25]

25 Verwiesen sei auf zwei bereits zitierte Bände, in die auch meine eigenen Überlegungen eingegangen sind: auf den von Achim Aurnhauser und Günter Schnitzler herausgegebenen Band *Der Tanz in den Künsten* (2009), der sich auf den Zeitabschnitt 1770-1914 konzentriert, sowie auf den von Gabriele Brandstetter und Christoph Wulf edierten Band *Tanz als Anthropologie* (2007), der sich dem Tanz als einem Menschheitsphänomen widmet.

12. Eingebundener und freier Tanz

Die Entregelung der gewöhnlichen Erfahrung schließt nicht aus, daß der Tanz auf die Dauer eigene Formen und Regeln entstehen läßt. Dennoch bleibt es verwunderlich, daß der Tanz auf der einen Seite etwas Traditionelles, ja selbst Archaisches hat, bedenkt man, wie sehr er in Lebensformen und Institutionen eingebunden ist, daß es aber auf der anderen Seite freigesetzte Tanzbewegungen gibt, die bis zur Modernität und Hypermodernität eines Körpertheaters reichen. Der Doppelcharakter einer gebundenen und freien Beweglichkeit, der die leibliche Bewegung generell auszeichnet, kehrt hier wieder. Doch der Übergang vom 18. zum 19. Jahrhundert scheint in dieser Beziehung einen Umbruch herbeigeführt zu haben.

Der institutionelle Rahmen, von dem wir ausgehen, hat zunächst einen *kultischen* Charakter. Der Tanz ist mit kosmischem oder religiösem Sinn aufgeladen und nimmt rituelle oder zeremonielle Formen an. Der symbolische Überschuß der leiblichen Bewegung befähigt diese dazu, religiöse Weltordnungen in Szene zu setzen. Dies gilt für den erotisch-religiösen Tempeltanz ebenso wie für den ekstatischen Derwischtanz, für den dämonisch aufgeladenen Veitstanz ebenso wie für den Totentanz, der mit seinen endzeitlichen Visionen die Todesferne beschwört. Deutlich ist auch hier die Nähe zur schon erwähnten Rückläufigkeit der Kreisbewegung, die das Immergleiche betont, etwa in der Anspielung auf die Kreisbahnen der Gestirne. Hinzu kommen appellative Tänze, die sich an eine höhere Macht wenden, etwa in der Form von Bittänzen wie bei der Echternacher Springprozession, in der das Vor und Zurück einen merkwürdigen Ton angibt. Davon zu unterscheiden sind *gesellige* Tänze, Volkstänze, Festtänze, höfische Tänze und der sogenannte Gesellschaftstanz, der auch in der Blütezeit des Bürgertums nicht jedermanns Sache war.[26] Hierbei geht es darum, einen sozialen Zusammenhalt herzustellen, darzustellen und aufrechtzuerhalten. Heute sind es vorwiegend informelle Tanzforen wie die Discos, in denen die Bewegungslust sich entfaltet, auch austobt. Generell betrachtet bildet der Tanz, ob festlich oder nicht, eine unalltägliche

26 So war das Tanzvergnügen nicht die Sache des arbeitsasketischen Studenten Max Weber, der sich auf humorvolle, aber entschiedene Weise über die »Strampelfähigkeit« des mit Unrecht sogenannten »schwachen Geschlechts« mokiert (Marianne Weber 1926, S. 115).

Enklave im Alltagsleben, das er unterbricht und zugleich erhöht. Er überschreitet die alltäglichen und auch die professionellem Zweckzusammenhänge, aber gleich dem Kultbild oder der Kirchenmusik ist auch er in einen kulturellen Rahmen eingebunden.

So wenigstens stellt sich die Sache in einer weitläufigen kulturellen Perspektive dar. Doch was heute noch an den verschiedensten Orten der Welt davon bleibt, wäre zu fragen. Problematisch erscheint mir jedenfalls das Bestreben, das Ungeregelte selbst noch zu regeln, das Überschüssige selbst noch zu nutzen. Daraus ergibt sich eine fatale Alternative. Auf der einen Seite hätten wir Tanzmaschinen, einen Tanzdrill mit dem Zug zur Übernormalisierung, auf der anderen Seite die Bedeutungslosigkeit eines mehr oder weniger beliebigen Herumtanzens. Der Tanz geriete zwischen die Klippen einer rationalistischen Verfestigung und einer vitalistischen Verflüssigung. Eine Alternative bietet der *freie Tanz*, der Grenzen überschreitet, ohne sie zu mißachten. Daraus ergeben sich Möglichkeiten eines Spiels an den Grenzen von Normalem und Anomalem, einer gezielten Abweichung von normalen und übernormierten Bewegungsabläufen. Die Grundelemente des Tanzes, von denen wir gesprochen haben, würden so neu formiert.

Ich denke hierbei an die Erfindungen der modernen Tanzkunst, in denen die kinetische Epoché auf professionelle und vielfach auf recht radikale Weise praktiziert wird. Das Tänzerische, von dem wir zu Beginn sprachen, läßt sich ganz allgemein als eine Qualität beschreiben, die gleich dem Malerischen und Musikalischen die Lebenswelt durchdringt. Die Tanzkunst setzt dagegen die *Beweglichkeit als solche* in Szene, so wie die Bild- und Tonkunst die Sichtbarkeit als solche sichtbar und die Hörbarkeit als solche hörbar macht. Sie äußert sich in Form einer *potenzierten Beweglichkeit*, in der die Bewegung selbst in thematischer Form bearbeitet wird. In diesem Sinne gleicht die Erfindung von Tanzfiguren der Schaffung eines Bildraumes oder eines Ton- und Klangsystems.[27] Dazu gehört nicht nur die übliche stilistische Vielfalt, die wir aus allen Künsten kennen, sondern auch eine Gattungsvielfalt, die vom klassischen Ballett mit seiner Bewegungsgrammatik über den Ausdruckstanz bis zu den Experimenten des dramatischen und szenischen Tanzens reicht. Die

27 In seinem Essay über die *Philosophie des Tanzes* betrachtet Valéry den Tanz als eine »allgemeine Poesie vom Handeln des Lebewesens«, die in den übrigen Künsten ihre Äquivalente findet (*Œuvres*, Bd. II, S. 1400-1402, dt. Bd. 6, S. 254-256).

Bewegung wird umstrukturiert, sie wird Gleichgewichtsstörungen ausgesetzt, aus ihren semantischen oder pragmatischen Kontexten herausgelöst und mit einer neuen Schwerkraft ausgestattet.

Dazu einige wenige Beispiele. Bei Merce Cunningham, dem New Yorker Altmeister des modernen Tanzes, wird die Bewegung in Bewegungspartikel zerlegt, deren Kombinatorik den Farb- und Formenkontrasten der malerischen Minimal Art verwandt ist, oder es werden wie in John Cages Musikpartituren aleatorische Mittel eingesetzt, um den Ereignischarakter gesteuerter Bewegungen zu verstärken. Bei William Forsythe werden wir Zeuge einer Verrenkung der Körperglieder und einer Verzerrung der Gesichtsmienen, die zu unmöglichen Bewegungen führen, so in einem Szenenstück *You made me a monster,* das 2006 in München zu sehen war. Wanda Golonka reiht in ihrer *AnAntigone*, einer Frankfurter Inszenierung von 2003, Miniaturszenen aneinander, die aus Wortfetzen, Musikeinlagen, Schattenspielen und Raumbewegungen gemischt sind und ein szenisches Mosaik entstehen lassen, das »im Zeichen der Teilung« steht.[28] Schließen möchte ich mit einem Beispiel, das dem Zenit der klassischen Moderne entstammt und eindringlich zeigt, wie der Tanz auf andere Künste übergreifen kann, ohne seine Eigenart zu verleugnen. Es handelt sich um Auguste Rodin. 1906, in hohen Jahren, wohnte dieser Künstler, der sein Leben lang zumeist in hartem Stein und in harter Bronze gearbeitet hatte, einer Aufführung kambodschanischer Tänzerinnen bei, denen er von Paris bis nach Marseille nachreiste. Diese seine »letzte Passion« inspirierte ihn zu einer lockeren Folge farbiger Zeichnungen, in denen er die Tanzbewegungen und Tanzgestalten in flagranti zu erhaschen sucht. Er läßt das jeweilige Modell nicht aus den Augen, blickt nicht auf das Zeichenpapier, um den Elan seiner Anschauung nicht zu bremsen. Dazu sein eigener Kommentar: »Mon but était de tester à quel point mes mains sentent déjà ce que voient mes yeux.«[29]

28 So lautet der Kommentar von Nikolaus Müller-Schöll; er bezieht sich damit auf den theatralischen Prozeß, der sich in einem geteilten Raum, in einer geteilten Gemeinschaft und in einer »Koexistenz von Darstellung und Betrachtung« abspielt (in: Kruschkova 2005, S. 149). Vgl. ferner die Bemerkungen der zuständigen Dramaturgin Susanne Traub in: Primavesi/Schmitt, *AufBrüche. Theaterarbeit zwischen Text und Situation* (2004), S. 75 ff.

29 Die Zeichnungen waren im Sommer 2006 im Pariser Rodin-Museum ausgestellt.

Die gesehene Tanzbewegung setzt sich geradezu blindlings um in eine malende Tanzbewegung, kein Wunder, daß die Strichführung der Zeichnungen selbst etwas Tänzerisches hat. Es gibt also eine Qualität des Tänzerischen, die über spezielle Tanzbewegungen hinausgeht, indem sie ein Wechselspiel der Sinne, aber auch ein Wechselspiel der Künste ermöglicht. Ordnungen kommen ins Wanken, wenn unsere Bewegungen aus der Reihe tanzen. Der Tanz bedeutet dann mehr als eine Bewegungsart unter anderen, in ihm erfährt die leibliche Bewegung eine Steigerung und Erprobung. Dies betrifft auch die Lebensbewegung mit all ihren Höhen und Tiefen.

9. Theater als Schauplatz des Fremden

1. Fremdheit

Daß das Theater ein Schauplatz ist, sagt schon sein alter Name, aber ein Schauplatz des Fremden?[1] Das kann sehr viel bedeuten oder sehr wenig. Verstehen wir unter dem Fremden lediglich das Unbekannte und noch nicht Verstandene, so dürfen wir damit rechnen, daß wir den Spielsaal belehrt verlassen. Das Theater wird zur höheren Lehranstalt. Verstehen wir darunter das Exotische, so fühlen wir uns in eine andere Welt versetzt, aus der wir ergötzt, erleichtert oder auch enttäuscht in unsere alte Welt zurückkehren. Den »Zauber des Exotismus«, der sich auch in der eigenen Nation einnisten kann, betrachtet Nietzsche als etwas für »empfindsame Eckensteher« (KSA 13, 494). Heute geht es vielfach weniger empfindsam zu, doch es bleibt die Flucht in das ganz Andere als große Versuchung. Radikal Fremdes, das an die Wurzeln der Dinge und an das Innerste unser selbst rührt, besagt jedenfalls mehr als das bloß Unbekannte oder Fremdländische. Es läßt sich weder erlernen wie eine fremde Sprache, noch taugt es zur bloßen Befriedigung unserer Neugierde. Es beginnt hier und jetzt, als Ferne in der nächsten Nähe. Es äußert sich darin, daß etwas nicht stimmt, daß etwas vom Gewohnten abweicht und daß der Boden des Selbstverständlichen zu schwanken beginnt. Das Fremde zeigt sich, indem es sich unserem Zugriff entzieht. Es wirkt, bevor wir uns dessen versehen. Es setzt ein als ein Pathos, das uns ergreift, bewegt, verwundert, verwundet, erschreckt und mitreißt. In Gestalt von Schrecken und Mitleid gehört es zu den Wirkungen, die von alters her der Tragödie zugeschrieben werden.

Hierbei handelt es sich um keine bloßen Gefühle, die wir in uns

1 Der Hauptteil dieses Kapitels wurde verfaßt für das Programmheft und zur Eröffnung des »Young Directors Project«, das August 2007 im Rahmen der Salzburger Festspiele stattfand und zu dem mich der Theaterleiter Thomas Oberender und die Kuratorin Martine Dennewald als »artfremden Experten« einluden. Die in Abschnitt 10 beigefügten Szenenkommentare, die sich auf die vier Stücke des »Projekts« beziehen, erschienen in knapperer Form in den *Salzburger Nachrichten* vom 3., 7., 14. und 18. August 2007; sie werden hier in einer erweiterten, bislang unveröffentlichten Fassung vorgelegt.

tragen wie private Besitztümer, sondern um Einbrüche, die den Schutzwall der Eigensphäre durchstoßen. Gegen das Fremde haben wir kein Heilmittel außer der Antwort, mit der wir uns auf das Überraschende und Ungewohnte einlassen. Es gibt relativ Fremdes, mit dem wir mehr oder weniger fertig werden, sei es ein Problem, das wir lösen, eine Fertigkeit, die wir uns aneignen, oder fremdes Eigentum, das wir anerkennen. Doch radikal Fremdes bedeutet mehr als das. Es rührt an unser Selbst wie die rätselhafte Frage der Sphinx, die Ödipus eine Antwort abverlangt; es stört die öffentliche Ordnung der Dinge wie die Pest, die über Theben kommt; es zerreißt menschliche Bindungen wie das Bestattungsverbot des Kreon, das von Antigone ein Mithassen verlangt, weil die Staatsgesetze es befehlen. Fremdheit und Feindschaft wohnen hier und auch sonst eng beieinander. Selbst die Verwechslungsspiele der Komödie, bei denen etwa Amphitryon und Jupiter Alkmene gegenüber ihre Rollen vertauschen, weisen darauf hin, daß jeder von uns zugleich ein anderer ist und daß in jedem Erkennen ein Verkennen steckt. Verlorenes wird nie so wiedergefunden, wie es verlassen wurde.

Solche uralten, immer wieder neu aufgegriffenen Figuren, die zum Grundbestand unseres kollektiven Imaginären gehören, zeigen, wie sehr die Fremdheit von Anfang an in die okzidentale Theaterwelt eingeschrieben ist, und dies ließe sich jederzeit durch interkulturelle Varianten ergänzen. Ein Schauplatz des Fremden ist das Theater eben nicht nur, weil es Fremdes zur Darstellung bringt, sondern weil es selbst aus der Fremde kommt. Das Bühnengeschehen umkreist etwas, das sich der direkten Darstellung entzieht. Nicht erst der Traum findet, wie Freud zeigt, auf einem »anderen Schauplatz« statt, sondern schon der Schauplatz des Theaters hat etwas Doppelbödiges. Der Mythos gehört zur Aura eines Logos, der als Antwort aus der Ferne kommt. Selbst Aristoteles, der so entschieden den Weg der Wissenschaft einschlägt, erinnert an Platons Diktum von dem Ursprung der Philosophie aus dem Staunen, wenn er den Philosophen, diesen Liebhaber der Weisheit, einen Philomythen nennt, einen Liebhaber von Mythen, da auch der Philosoph es mit dem Verwunderlichen zu tun hat. Der Auftritt des Fremden bringt es jederzeit und überall mit sich, daß Eigenes zu schillern beginnt und die Vernunft sich verschattet. Wir sind nicht Herr im eigenen Hause, das gilt auch für das Schauspielhaus.

Allerdings ruft das Beunruhigende, das vom Fremden ausgeht,

ständig Abwehrkräfte wach. Wie jedes kulturelle Unternehmen ist auch das Theater nicht gefeit gegen seine eigene Normalisierung, die ihm den Stachel des Fremden raubt. Diese Normalisierung kann religiöse, moralische, politische oder ästhetische Züge annehmen, indem das Theater als religiöse Weihestätte, als moralische Anstalt, als politisches Forum, als ästhetische Spielwiese oder als Unterhaltungsprogramm dient. Nichts steht dem entgegen, daß sich religiöse, politische, alltägliche oder auch juridische Elemente einmischen wie schon in der antiken Tragödie, die etwa im blutigen Familiendrama der *Orestie* zugleich den Abschied von der Blutrache und die Einsetzung des Areopags feiert; doch solange das Theater seinen eigenen Gesetzen treu bleibt, kann diese Einmischung nur in einer verfremdeten Form geschehen, die sich jeder direkten Indienstnahme verweigert.

2. Aufführung

Das Fremde tritt auf, wenn der Vorhang aufgeht, aber es ist schon vorher gegenwärtig als das erwartete Unerwartete, das kommt – oder eben nicht kommt, das sich jedenfalls nur umrißhaft antizipieren läßt. Der Vorhang kann sichtbar angebracht werden oder unsichtbar bleiben wie ein Schleier, der über Dingen und Personen liegt und sich lüftet, wenn diese aus ihrer gewohnten Rolle fallen. Wo Theater gespielt wird, sei es auf der Bühne oder auf der Straße, geht es nie ganz mit rechten Dingen zu. Nicht nur die Zuschauer, auch die Schauspieler überqueren mit Beginn der Aufführung eine Schwelle, wie wenn wir aufwachen oder einschlafen. Das Aufwachen hat stets etwas von einem Aufschrecken, da es jenseits der Schwelle nie ganz geheuer ist. Das Schlafen kann sich ins Wachen, das Wachen ins Schlafen einschleichen. Die Aktionen auf der Bühne haben etwas Schlafwandlerisches, da die Kräfte, von denen sie bewegt werden, sich nie völlig beherrschen lassen. Was wir kennen und beherrschen, bewegt uns nicht, es bringt uns nicht aus der Fassung. Wie aber fassen wir das, was uns wirklich bewegt?

Der Blick hinter die Kulissen gleicht dem Blick hinter den Spiegel; er löst das Rätsel der Sichtbarkeit nicht, sondern verstärkt es nur. Öffnet sich der Vorhang, der den Blick auf die Bühne freigibt, also jemals völlig wie beim Augenaufschlag, oder bleibt ein Blinzeln zurück? Die Inszenierung, die das Schauspiel in Gang setzt und in Gang hält, stellt eine besondere Art von Aufmerksamkeitskunst dar, eine Kunst, die uns hinsehen und hinhören läßt und unsere Aufmerksamkeit wachhält; doch die Überraschung, die darin liegt, daß uns das eine Mal dieses, das andere Mal jenes auffällt, lebt davon, daß sich das Sichtbarwerden nicht im Sichtbarmachen, das Sehen nicht im Gesehenen erschöpft. Andernfalls würden wir nur sehen und hören, was wir schon kennen; es gäbe nur Reprisen, keine Premieren, und das Schau-spiel würde sich auf ein pures Schau-werk reduzieren. Macht man einen deutlichen Unterschied zwischen Inszenierung beziehungsweise Aufzeichnung und Aufführung, wie es die Verfechter eines performativen Theaters zu tun pflegen, so muß man annehmen, daß jede Aufführung etwas von einer Premiere hat.

3. Bühnenraum und Bühnenzeit

Die Fremdheit greift über auf alle Komponenten, die das Bühnengeschehen bestimmen. Damit ist die Bühne kein Ort wie jeder andere, den man auf dem Stadtplan verzeichnen könnte, und der eigentümliche Gang der Aufführung läßt sich ebensowenig nach der Uhr messen wie das Tempo einer musikalischen Darbietung. Bei den Griechen hieß die Bühne σκηνή, was ursprünglich »Schattenort« bedeutet. Inszenierungen, die etwas »in Szene setzen«, zeichnen einen bestimmten Zeit-Ort vor, der sich in jeder Aufführung neu aktualisiert. Jede Aufführung hat, wie Jens Roselt dies in seiner *Phänomenologie des Theaters* nennt, ihre »markanten Momente«, in denen sich Unvorhergesehenes ereignet. Oftmals geschieht dies auf Seitenwegen, durch leichte Tonverschiebungen, unspektakulär. Man sieht, hört und spielt auf neue Weise, auch und gerade, wenn es noch einmal geschieht. Keine Veränderung ohne Wiederholung, keine Wiederholung ohne Veränderung.

Theater findet statt, wenn und wo Theater gespielt wird. Ohne die produktive Kraft des Spiels hätten wir nichts als Theaterkulissen, die einem leeren Bildrahmen glichen. Umgekehrt formiert eine Straßenecke, ein Gerichtssaal oder ein Hörsaal sich als Bühne, sobald das Wie der Darstellung und die Art des Auftretens die Ziele und Regeln des Tuns verblassen läßt. Doch was im Alltag mehr oder weniger beiläufig, halb spontan, halb absichtsvoll geschieht, wird im Theater zum Teil einer imaginären Bühnenwelt. Verwandelt in Theaterfiguren existieren Menschen nicht nur, sie treten auf in leibhaftiger Gestalt, sei es in kriegerischer Rüstung oder im Clownsgewand, sei es, daß sie Krüge umwerfen oder den Dolch zücken. Selbst Sonne und Donner verwandeln sich in Rampenlicht oder Theaterdonner. Über alles breitet sich eine theatralische Firnis, die es uns ähnlich wie im Traum erlaubt, Unerlaubtes ungestraft zu tun und mit Gefahren zu spielen.

Das Bühnengeschehen wird nicht von außen abgegrenzt, es kreist sich selbst ein, doch anders als bei der festen Umgrenzung eines Tempelbezirks sind seine Umrisse beweglich wie Schattenbilder. Gerade das moderne Theater spielt mit seinen eigenen Grenzen, um den Prozeß der Theatralisierung offenzuhalten. Eine Form des Theaters, die sich dem Fremden aussetzt, ohne in eine imaginäre Fremde zu fliehen, könnte man im Gegensatz zum Illusionstheater als Kontrasttheater bezeichnen. Es bedient sich verschiedener Formen der Verfremdung. Was sich im Theater abspielt, spielt zugleich hier und anderswo. Auf dem Theater gibt es keine reine Echtzeit, die so etwas wie einen reinen Echtort voraussetzen würde. Würde man jedoch soweit gehen, die Differenz zwischen Darstellungsort und dargestelltem Ort, zwischen Darstellungszeit und dargestellter Zeit zu tilgen, so würde man dem Theater den Garaus machen. Wäre schlechthin alles Theater, so wäre nichts mehr Theater. Der Prozeß der Entgrenzung, der darauf abzielt, die Kunst im Leben aufgehen zu lassen, würde ein *sacrificium artis* darbringen, das dem ominösen *sacrificium intellectus* in nichts nachstünde.

4. Maskenspiel

Schauspieler, die sich auf der Bühne bewegen, betreten eine eigentümliche Welt, an deren Schaffung sie selbst beteiligt sind. Die Bretter der Bühne betritt man nicht, ohne sich und anderen fremd zu werden. Ähnlich wie das Dichter-Ich bei Rimbaud ist auch das Bühnen-Ich *ein Anderes*. Wie das Blech als Trompete aufwacht, so betritt der leibhaftige Schauspieler mit einem Sprung die Bühne, und die Bühnen-Welt ist gleich der Traum- oder Märchenwelt eine *Welt der Andersheit*. Das Schauspiel, in dessen archaischen Frühformen Masken ein rituelles Eigenleben führen, trägt seit eh und je die Züge eines Maskenspiels, auch wenn die Gesichter nicht hinter einer künstlichen Maske verschwinden oder durch ein künstliches Make-up zurechtgemacht werden. Dieses Spiel mit wechselnden Gesichtern scheint wie alles Spiel dem Ernst des Lebens zu widerstreiten. Wer spricht noch mit eigener Stimme? Wer blickt dem Anderen noch in die Augen? Ist also alles nur Spiel? Was aber wäre der Ernst ohne Spiel? Schon Platon sieht im Spiel des Ernstes Bruder, und für Nietzsche zeigt sich die Reife eines Menschen darin, daß er zum Ernst des kindlichen Spiels zurückfindet. Ohne das Spielerische würde jeder Möglichkeitssinn verkümmern, zurückbleiben würden nur Tatsachenmenschen, die sich an das Wirkliche klammern wie an eine Rettungsplanke. Schauspieler treiben die Symbiose von Ernst und Spiel aber noch einen Schritt weiter. Sie vollführen einen Balanceakt besonderer Art. Wäre es ihnen ganz und gar Ernst mit dem, was sie auf der Bühne treiben, so würden sie Abend für Abend vor Eifersucht brennen oder vor Angst umkommen; wäre es ihnen gar nicht Ernst mit ihrem Tun, so bliebe es bei einem Getue, das niemanden berührt. Schauspieler verkörpern fremde Figuren in sich, ohne deren Fremdheit zu tilgen. Die theatralische Verfremdung des Lebens setzt voraus, daß das Theater mit Möglichkeiten und Unmöglichkeiten spielt wie mit dem Feuer; alles andere wäre vielleicht vergnüglich, doch jedenfalls harmlos.

5. Sprech- und Körpertheater

Die bildungsbeflissene Literarisierung des Theaters führt bis heute dazu, daß man sich auf das bloße Sprech- und Texttheater zurückzieht. Die Inszenierung sinkt dann, wie schon im sechsten Kapitel der aristotelischen *Poetik*, herab zum sinnlichen Zubehör, das die Augen des Zuschauers und die Hand des Bühnenbildners weitaus mehr beschäftigt als den Geist der Dichtung, der letzten Endes ohne Schauspielerei auskommt. Man sieht und hört, was man auch oder sogar besser nachlesen kann. Daß umgekehrt die Neigung besteht, die Worte zum bloßen Begleittext herabzuwürdigen, stimmt sicherlich, aber ein Extrem macht das andere nicht besser. Wer sich am bloßen Sprechtheater orientiert, verkennt dabei, wie körperlich sich all unser Sprechen und Hören vollzieht, sobald es über den bloßen Informationsaustausch hinausgeht. Ohne Melos und Rhythmus der Rede, ohne das Spiel der Gesten, ohne den Faltenwurf und das Farbenspiel der Kleider, ohne die Mitwirkung der Dinge, ohne fremde Provokationen und ohne sichtbare Rituale würde das Sagen sich auf Gesagtes, das Hören sich auf Gehörtes reduzieren, das man »getrost nach Hause trägt«. Es stünde nichts auf dem Spiel – als steckte nicht in jedem *segodnja vecerom*, in jedem *heute Abend*, das Stanislawskij seine Schüler aufführen, nicht bloß hersagen ließ, der Keim zu einer abendfüllenden Szene. Doch genau so, wie es einen expressiven Überschuß gibt, der sich nicht in Bedeutungen und Regeln erschöpft, gibt es auch eine körperliche Mobilität, die Spielräume erprobt, ohne sich auf festen Bahnen zu bewegen. Jede Bewegung hat etwas Tänzerisches. Das Sprech- und Handlungstheater trägt von Hause aus die Spuren eines Tanztheaters an sich, auch wenn das Tänzerische sich nicht in ausdrückliche Tanzbewegungen umsetzt. Nietzsche, der als Philosoph den Tanz neu entdeckt hat, holt in seiner *Geburt der Tragödie aus dem Geiste der Musik* – bei aller Wagnerianisierung – einiges zurück, was dem Bildungstheater abhanden gekommen ist.

6. Zusammenspiel der Sinne

Das Theater zeichnet sich dadurch aus, daß es alle Sinne gleichzeitig anspricht. Daraus entstehen Fremdheitseffekte besonderer Art. Das Zusammenspiel, auch das Widerspiel der Sinne bildet in unserer gewöhnlichen Erfahrung keine Ausnahme, sondern die Regel. Dem Theater bleibt es jedoch vorbehalten, dieses Zusammenspiel eigens zu inszenieren, indem es Sichtbares hörbar, Hörbares sichtbar und beides fühlbar macht. Dies geschieht auf einer Bühne, die sich im Spiel verengt und erweitert, die von Licht- und Schatteneffekten belebt wird, die sich mit dem Vorhang öffnet und schließt wie unser Auge. Der Körper spielt auch hier immerzu mit. Wir begegnen einfachen Körperbewegungen und Körperlagen wie dem Gehen, Sitzen oder Liegen und gelegentlichen Körperentgleisungen wie dem Stolpern und Fallen, die auf ähnliche Weise einstudiert werden wie das Fingerspiel des Musikanten oder die Sprungtechnik des Athleten. Es bedarf nicht der Utopie eines Gesamtkunstwerks, um das Theater als eine Austauschstätte zu würdigen, an der sich mit den spezifischen Sinnen auch die spezifischen Künste ein Stelldichein geben.

7. Bühnentechniken

Das Spiel der Sinne setzt sich fort in entsprechenden Bühnentechniken. Sie sind so alt wie der berühmte *Deus ex machina*, der seinen fragwürdigen Ruhm dem Umstand verdankt, daß er nicht nur auf die Bühne gehievt wurde, sondern eine Handlungsverwicklung von außen her löste. Die traditionellen Reserven gegenüber dem technischen Zubehör erklären sich aus einem Ideal der Natürlichkeit, das Künstlichkeit nur als zweite Natur oder als fremde Hilfsmittel gelten läßt und daher bestrebt ist, künstliche Eingriffe soweit wie möglich zu beschränken oder zu kaschieren. Doch technische Eingriffe beginnen bereits mit elementaren Körpertechniken, die wie der Körper selbst niemals völlig natürlich sind. Der eigene Leib zeigt in seiner Materialität, seiner Eigengewichtigkeit und Verletzlichkeit Züge eines Fremdkörpers, der uns niemals völlig gehört.

Zur Bühnentechnik gehört seit langem das Opernglas, das die Schauspieler (oder die Mitzuschauer) in die Nähe rückt wie ferne Sterne. Auf diese Weise verschiebt sich der Blickpunkt des Zuschauers. Während die Simultanbühne es dem Blick erlaubte, von einem Schauplatz zum anderen zu wandern, schafft die Guckkastenbühne eine Abfolge von Blickfeldern, die unser Auge dem Kamerablick annähern. Der Blickwinkel liegt fest. Die künstliche Beleuchtung, die nur in der Freilichtaufführung entbehrlich ist, gliedert das Blickfeld, indem sie Lichtakzente setzt. Gestalten tauchen auf und tauchen ab, doch Spielfläche und Zuschauerraum bleiben strikt getrennt wie In- und Ausland. Das ändert sich mit Einführung der Raumbühne, die kein fertiges Gehäuse mehr bereitstellt, sondern mit inszeniert wird. Betreten die Zuschauer selbst die Bühne oder wandern sie gar durch das Schauspielhaus wie in der bereits erwähnten Serie von Performanzen, die Wanda Golonka unter dem Titel *AnAntigone* in Frankfurt am Main inszeniert hat, so schieben sich Schau- und Bewegungsplatz ineinander. Zuschauer entdecken in sich selbst jenes »innere Ausland«, das für Freud ein Kennzeichen des Unbewußten ist.

Die Abkehr von der frontalen Blickeinstellung ruft ähnlich wie in der modernen Bildkunst spezifische Fremdheitseffekte hervor. Der neuerliche Einsatz von Videos, Tonbändern und Leinwänden trägt zur weiteren Verfremdung bei. Großes wird verkleinert, Kleines vergrößert; Nahes rückt fern, Fernes rückt nahe. Stimmen überlagern sich, Blicke kreuzen sich. Wir sehen und hören mit eigenen und zugleich mit fremden Augen und Ohren wie in unserem technisch durchtränkten Alltag. Doch das ist noch nicht alles, die technische Verfremdung wird uns ihrerseits vor Augen geführt und zu Gehör gebracht. Die Phänomenologie des Theaters wird ergänzt durch eine Phänomenotechnik des Theaters, in der über das Gesehene und Gehörte hinaus die Sicht- und Hörweisen selbst zur Darstellung kommen. Der gleiche Platon, der in seinem Höhlengleichnis die geschlossene Welt eines Lichtspieltheaters vorwegnimmt, macht sich über die Hörbegierigen lustig, die gleichsam ihre eigenen Ohren vermieten, um nur keine von den vielen Choraufführungen zu verpassen (*Politeia* 475 d). Dieser Philosoph, der die Sachen selbst dem bloßen Augenschein zu entrücken sucht, begreift mehr von den fremdartigen Reizen und Techniken der Sinne, von Augenschmaus und Sirenenklängen als manch einer, der sich in ihnen zu Hause fühlt. Kritik, die sich gegen die Verführungskraft der Sinne zur Wehr setzt, macht hellsichtig und hellhörig, da sie wohl oder übel in deren Bannkreis gerät. Man kann darin eine List der Sinne entdecken, die raffinierter ist als die bekannte List der Vernunft.

8. Aktion und Rezeption

Die Rede von einem *Schau*spiel legt die Vermutung nahe, auf der Bühne spiele sich etwas ab, das wir in göttlicher Ruhe und aus erhabener Ferne betrachten. Nimmt man umgekehrt die Rede vom *actor* oder vom *acteur* beim Wort, so scheint sich das Theater in einen Erstraum der Aktivität und einen Zweitraum der Rezeptivität zu zerteilen. Auf der Bühne wird agiert, im Zuschauerraum rezipiert und applaudiert, bevor Theaterkritiker ihr abschließendes Urteil fällen. Doch diese schlichte Rollenverteilung verkennt den pathischen Charakter, der all unserem Reden und Tun innewohnt. Alles beginnt damit, daß sich auf der Bühne etwas ereignet, das alle Anwesenden berührt und in das alle verwickelt sind, jedoch auf je besondere Weise. Das aktuelle Wir des Theaterpublikums entsteht nicht aus einem Konsens oder einem Kontrakt, sondern aus einer Ko-affektion, die ihrerseits heterogene Antworten zuläßt.

Das beginnt mit den Schauspielern. Wenn Schauspieler sich bei allem Raffinement nicht immer wieder von Fremdem anrühren und von ihrem eigenen Spiel überraschen lassen, können sie auch ihre Zuschauer nicht berühren und mitreißen. Die Zuschauer werden ihrerseits zu Mitspielern, sofern sie sich von dem bewegen lassen, was die Schauspieler bewegt. Zwischen Schauspielern und Zuschauern spielt sich etwas ab, was sich nicht auf das Diesseits und Jenseits der Bühnenrampe oder des Orchestergrabens verteilen läßt. Die Trennungszone bildet eine mehr oder weniger durchlässige Schwelle, keine strikte Grenze, gleich welche Form sie annimmt.

Eben deshalb gibt es Übergangsinstanzen wie den antiken Chor, der als eine Art Drittinstanz fungiert, indem er mitten auf der Bühne eine Distanz markiert und die Rolle des Zeugen, des Klägers oder des Kommentators übernimmt; und es gibt Übergangsäußerungen wie jene »aparten« Bemerkungen, mittels deren der Schauspieler mit dem Publikum konspiriert. Das Theater nähert sich schließlich einem Theater ohne Regisseur und ohne Autor, wenn die schauspielerische Darstellung an Undarstellbares rührt, das sich nicht vorstellen und herstellen, sondern nur indirekt zeigen läßt. Ließe es sich direkt fassen, so würde es mit dem Erschreckenden auch das Erstaunliche verlieren.

9. Experimente zwischen Schock und Routine

Theater, das sich als Schauplatz des Fremden bestimmt, ist im Grunde stets ein Experimental-Theater. Ähnlich wie Nietzsches Experimental-Philosophie steht es vor der Frage: »Wie viel Wahrheit *erträgt*, wie viel Wahrheit *wagt* ein Geist?« (KSA 6, 259) Experimente, die es mit Wahrheit zu tun haben, bedeuten mehr als ein ästhetisches Spiel mit Möglichkeiten und mehr als ein pragmatisches Abtasten von Erfolgschancen. Theater, das geltende Ordnungen in Frage stellt, kann sich nicht in klassische Gewänder hüllen, so publikumswirksam diese auch sein mögen. Es bleibt fremden Ansprüchen verpflichtet, die von sich aus zur Darstellung drängen und kreative Antworten erheischen. Dies betrifft alle, die am Bühnengeschehen beteiligt sind, also auch die mitspielenden Zuschauer.

Einfälle können ansteckend wirken, sie können sich ausbreiten wie Fermente. Doch alles Experimentieren unterliegt einer Gratwanderung, die zwischen Normaltheater und Schocktheater verläuft. Bühnenexperimente stellen die Routine des Altgewohnten, auch die Routine wiederkehrender Festspiele in Frage. Im Extremfall nähern sie sich dem Schock, der uns gewaltsam aus dem Gewohnten herausreißt, der uns erblinden, ertauben, verstummen und erstarren läßt, da der Anprall des Unvorhersehbaren durch kein Medium gedämpft oder gefiltert wird.

Schon Platon beschreibt in Buch VII seiner *Politeia* den Szenenwechsel, der vom »nächtlichen Tag« des Höhlendaseins zum »wahren Tag« der Ideenschau und wieder zurück in die Alltagshöhle führt, als ein doppeltes Erblinden. Erst gehen uns die Augen über, dann gehen sie uns unter; das Licht ist zu hell für das Auge, das an die Dunkelheit gewöhnt ist, die Dunkelheit zu dunkel für das Auge, das an das Licht gewöhnt ist. Aufklärung läuft nicht über eine Einbahnstraße. In seinem Traktat *Die Leidenschaften der Seele* (Art. 73) erwähnt Descartes das *étonnement*, die Verblüffung, die über das Erstaunen hinausführt, indem sie den Körper »unbeweglich wie eine Statue« zurückläßt. Verwandt mit dem Schock ist die Traumatisierung, die jede Antwort blockiert und alle Abwehrkräfte zum Erliegen bringt. Hinzu kommt der Skandal, der uns Anstoß nehmen läßt. Keine Theatergeschichte ohne Schocks, Verletzungen und Skandale.

Doch Schocks, die an die leiblichen Grundfesten unserer Erfahrung rühren, nützen sich ab wie eine überstarke Droge, sobald sie zur Regel werden. Das gilt selbst für den Namen Auschwitz. Experimente werden zu Events, wenn ihnen die »Reibung mit der Wirklichkeit« abhanden kommt. Der »Automatismus der Kühnheit«, den Paul Valéry einer neuerungssüchtigen Avantgarde vorhält (*Œuvres*, Bd. II, S. 1321), berauscht sich an seinen eigenen Wirkungen. Experimente zeitigen nur dann eine nachhaltige Wirkung, wenn sie sich der Bewährungsprobe aussetzen. Sie bewähren sich in der Wiederholung des unwiederholbar Singulären, in der Umarbeitung des Gewohnten und Tradierten und in der Freisetzung von Überschüssen, die sich der ökonomischen, politischen und auch der kulturellen Verwertung entziehen.

Das Undarstellbare im Theater, das dem Unsichtbaren in der Bildkunst und dem Unhörbaren in der Tonkunst entspricht, wirkt wie ein geheimer Attraktor, dessen Zugkraft neue Kräftefelder entstehen läßt. Fremdheitsexperimente, richten sich nicht gegen das Lernen und Können, sie betonen jedoch das Unlernbare im Lernen, das Unmögliche inmitten unserer Möglichkeiten, sie zehren von dem Paradox einer Darstellung des Undarstellbaren. Theater sinkt herab zum bloßen Theater, wenn es nicht immer wieder gegen sich selbst anspielt; eine solche Widerspenstigkeit braucht die Mitwirkung der Zuschauer.

10. Salzburger Theaterexperimente

Zertanzte Familie

Die flämische Spiel- und Tanzgruppe Peeping Tom, die sich mit einem Stück namens *Le Salon* vorstellt, hat etwas von einer zerfledderten Großfamilie. Drei Generationen sind auf engem Raum vereint. Der Raum spielt mit, indem er ständig umgeräumt, eingeräumt und ausgeräumt wird. Die Familiengeschichte ist an den Dingen abzulesen. Da finden sich Bilder, die von der Wand fallen, ein Piano, das seine Tasten verliert, Bücher, die herumliegen wie Fallobst, ein zerwühltes Bett, das keine Ruhe gibt. Das Heim wäre ein Altersheim, das in ein Pflegeheim übergeht, wäre da nicht das Kommen und Gehen der Jüngeren und das Kind mit seinen Spielsachen. Die Geschichte beginnt damit, daß die alte Frau von einem Pfleger abgeholt wird, sie endet damit, daß dem alten Mann dasselbe geschieht, das Kind stirbt vor der Zeit. Also ein nochmaliges Jammerlied auf den Zerfall der gutbürgerlichen Familie, auf den Zukunftsschwund der Alten, die Bindungsscheu der Jüngeren und die Ortlosigkeit der Jüngsten, eine Wiederholung von Zerfallsklischees? Vielleicht wäre es so ohne den Tanz, der alles in Bewegung hält. Der Tanz zeigt nicht bloß, daß es so ist, er zeigt, daß es auch anders sein könnte. Im Tanz geht es drunter und drüber wie in den alten Spielmustern einer verkehrten Welt. Es reicht nicht, sich auf den Boden der Tatsachen zu stellen, bisweilen muß man sich und die Welt auf den Kopf stellen. Musils Möglichkeitssinn findet im Tanz einen Verbündeten.

Die Bühnenfamilie, in deren Alltag unser Blick eindringt, zerfällt nicht in bloße Bestandteile, sie wird förmlich zertanzt und erhält sich so am Leben. Der Tanz verwandelt sie in ein Monstrum mit vielen Köpfen, Armen und Beinen. Der allgemeine Körpertanz wird kontrapunktiert durch den Stimmtanz einer Sopranistin; sie kommt abgetakelt daher, doch ihr Gesang quillt über von alten und neuen Melodien. Die Virtuosität der Tanzsprache, die sich an keine Rechtschreibregel hält, steckt alle an. Bei der Aufführung des Familiendramas werden verschiedene Register gezogen. Dies stellt uns vor die Frage, auf welche Weise das narrative Element sich mit dem tänzerischen Element verbindet?

Daß es zu einer solchen Vereinigung kommt, ist keineswegs selbstverständlich. Das narrative Element betrifft all das, was in Worten wiedergegeben, zu einer Geschichte verknüpft oder in einem Bericht zusammengefaßt werden kann. Wir hätten es dann etwa mit der Umbruchsituation einer europäischen Mittelklassenfamilie des ausgehenden 20. Jahrhunderts zu tun. Im Gegensatz dazu besteht das tänzerische Element aus Körperbewegungen. Wie aber passen Wörter und Bewegungen zusammen? Wörter haben eine Bedeutung, die sich in Aussagen, Aufforderungen oder Wünschen konkretisiert, und solche Äußerungen können sich als wahr oder falsch, ehrlich oder lügnerisch, freundlich oder böswillig herausstellen. Körperbewegungen, die von zielgerichteten Handlungen wohl zu unterscheiden sind, haben dagegen einen zeitlichen Rhythmus, sie schaffen sich einen Spielraum, sie unterliegen einem Richtungswechsel, oder es geht drunter und drüber. Das Bewegungsalphabet besteht nicht aus Buchstaben und Silben, sondern aus Basisbewegungen wie Stehen und Liegen oder Sichdrehen und Sichwinden. Auf die Frage, wie verbale und motorische Äußerungen zusammengehen, gibt unsere Aufführung mehrere Antworten.

Zunächst tauchen vereinzelte Satzäußerungen auf. Der alte Mann gesteht in ratloser Verwirrung: »I am wet.« Er bietet den Schmuck seiner Frau feil: »Zehn Euro«. Er beantwortet die Fangfragen der ärztlichen Untersuchung mehr schlecht als recht. Doch das sind Satzfetzen, Bedeutungsinseln, die keinen Dialog einleiten und kaum eine Antwort erwarten lassen. Die Worte tanzen umher, sie berühren etwas, ohne daran zu haften. Hinzu kommt die Singstimme der Sopranistin, die falsch singen, aber nichts Falsches singen kann. Jede Stimmäußerung verbindet sinnhafte Artikulation mit expressiver Bewegung, und dabei kann sie sich mehr dem einen oder dem anderen Pol nähern. In der traditionellen Musikkultur reicht die Skala vom Sprechgesang des Chorals bis zum Klangfarbenspiel der Koloratur. Bei unserer Salonsängerin, die wechselnde Stimmplatten auflegt, reicht sie vom Song bis zum Sound. Der Gesang wird nicht als bloße Untermalung eingesetzt, sondern als Bewegungsverstärkung. Doch schließlich entfaltet die Körperbewegung eine eigene Ausdruckskraft in der körperlichen Umsetzung von Sinn. Was mir besonders auffiel, war die Fertigkeit, Metaphern wörtlich zu nehmen. Diese Fertigkeit wird wie viele andere Fertigkeiten gewiß nicht reflektiert eingesetzt, als würden Tausendfüßler einen Gehkurs absolvieren, sie gehört zur Weisheit des Körpers, der sich im Tanz als geheimer Selbstinterpret betätigt. So erhalten verblaßte Metaphern ihre Farbe zurück. Das *falling in love* setzt sich um in ein grandioses Duett: die Partner stürzen ineinander, das Kind kreist zwischen ihnen wie eine Wechselgabe, sie können voneinander nicht lassen, kleben aneinander bis zum Umfallen. An anderer Stelle sieht man, wie einer sich dem anderen »unterwirft«, ihm »unterliegt«, als wäre er eine Trittmatte. Man erlebt, wie der jungen Frau »Dinge an den Kopf geworfen« werden, wie sie mit »Vorwürfen überhäuft« wird. Man verfolgt die Bemühungen eines Tänzers, »auf die Beine zu kommen«, »Tritt zu fassen«, einen »Standpunkt« zu gewinnen oder »Stehvermögen« zu entwickeln. Alltägliche Redewendungen leuchten auf in einem neuartigen Licht, wenn man sie tänzerisch beim Wort nimmt. Ähnliche Effekte bringt die Traumsprache hervor oder auch die verschrobene Sprache Schizophrener, wie Freud sie aufgezeichnet und analysiert hat: »Die Augen sind nicht richtig, sie sind verdreht [...], er ist ein Heuchler, ein *Augenverdreher*, er hat ihr die Augen verdreht, jetzt hat sie verdrehte Augen, es sind nicht mehr ihre Augen, sie sieht die Welt jetzt mit anderen Augen.«

Die Frage nach dem Zusammenhang von narrativem Sinn und tänzerischer Bewegung verweist auf den Leib oder den Körper. Dieser ist allgegenwärtig, aber auf eine spezielle Weise. Er fungiert als »Umschlagstelle«, wo Kraft in Sinn, Sinn in Kraft verwandelt wird und ein permanenter Gestaltwechsel stattfindet. Der tanzende Leib *bewegt sich*, er ist also zugleich bewegend und bewegt oder mitbewegt wie das Kind, er ist lebendiger Leib und Körperding in eins. Diese Selbstverdoppelung spottet jedes cartesianischen Dualismus, als würde der Gehende nicht denken, der Denkende nicht gehen. »Daß wir nicht gehen können, *wie* wir denken, und nicht denken können, *wie* wir gehen«, wie der *Gehende* von Thomas Bernhard sich und uns einschärft, weist allerdings auf einen Spalt hin, der jeder Ganzheitsvision widerstreitet. Selbstverdoppelung besagt auch, daß unser Leib nicht aus einem Guß ist. Ebendeshalb kommt das Spiel der Bewegungen nirgends zur Ruhe

Unsere Aufführung entfacht ein Feuerwerk von Körperbewegungen, das vielfach bis an den Rand des Möglichen geht. Da kann es sein, daß ein Körper dem anderen als Sprungmatratze oder als Sokkel dient, daß der Körper umfällt wie ein Stuhl oder zirkuliert wie ein Kreisel. Das Ideal des Leichtwerdens, das in den Pirouetten des klassischen Balletts hervortritt, kehrt sich um in die Bewegung des Schwerwerdens, in dessen Verlauf der tanzende Körper mit seiner eigenen Schwerkraft spielt und seine Materialität entdeckt. Nicht »Herkules, verwandelt in eine Schwalbe«, sondern »eine Schwalbe, verwandelt in Herkules«, so möchte man Valérys Diktum abwandeln. Doch eine schlichte Umkehrung kann dies nicht sein, denn es sind die Leiber des Tänzers und der Tänzerin selbst, die die Fallbewegung ausführen und auffangen. Das Fallen ist kein beobachtbarer Vorgang, es ist immer noch eine Bewegung, die jemandem zustößt, der an den aufrechten Gang gewöhnt ist. Andere Augenblicke gibt es, wo der Körper völlig aus der Rolle fährt, indem er mit reptilienartigen Bewegungen über den nassen Boden gleitet und sich einem Fischkörper annähert. Solche Metamorphosen erinnern an das Tierartige im Menschen. Da ist kein Eigenkörper, der nicht die Züge eines Fremdkörpers annimmt. Dies betrifft auch den Leib des Anderen. Im Kleidertausch, den die beiden Tänzer vollführen, deutet sich ein Körpertausch an. Wer bin ich, wer bist du? Dies erinnert an das Erschrecken Picassos beim Anblick des Gärtners, der seine abgelegten Kleider trägt und ein Stück seiner selbst entführt, wie es übrigens bei jeder ernsthaften Gabe geschieht. Die allgegenwärtige Leiblichkeit hat ferner einen sexuellen Unterton. Sexuelle Gebärden gehen in rhythmischen Gleichklang über, werden zudringlich, enden in einer exhibitionistischen Einsamkeit oder in der Parodie ihrer selbst. Schließlich werden auch die Dinge in den Bewegungstaumel hineingerissen. Eine Kiste dient als Kinderbett. Wasser entfaltet seine elementare Gewalt; es fließt auf die Bühne als Regen aus der Zimmerdecke, als Wasser, das der Alte nicht mehr zu halten vermag, oder als Tränensturzbach. Viele Fragezeichen, darunter das Kind auf der Bühne als lebendiges Fragezeichen.

Das Wundersame dieser Ausführung liegt in der Weise, wie Lebens- und Totentanz sich vermischen, wie Glücks- und Unglückssträhnen sich verflechten. Man sieht und hört alles mit einem lachenden und einem weinenden Auge, weder versöhnt, noch verbittert, aber bewegt. Wie ist so etwas möglich? Würden wir über das Desaster, das dieses Stück uns vor Augen stellt, lachen, so würde nur eine parasitäre Schadenfreude zurückbleiben. Würden wir uns nur bestätigt sehen in dem Gefühl, wie schrecklich die Welt ist, so würden wir das Elend nur verdoppeln. Aber was bleibt sonst? Das Erregen von Schauder und Mitleid und die Katharsis als Reinigung der Affekte? Oder das Erwecken und Wachhalten der Gefühle? Sokrates beschließt das Symposium, nachdem die meisten schon die Trunkenheit des Weines mit der des Schlafes vertauscht haben, mit der Frage, ob nicht ein und derselbe Dichter zugleich Komödien und Tragödien zu schreiben habe. Dieses Zugleich bleibt rätselhaft. Vielleicht läßt sich die Frage nur Zug um Zug und auf spezifische Weise beantworten, etwa so, daß der Tanz uns auf seine Weise in Bewegung und am Leben hält. Verstummt diese Frage, so besteht die Gefahr, daß Tanzbewegungen sich in Körperdrill oder in Körperakrobatik erschöpfen. Doch so wie Freud dem Traum nicht bloß blinde Intuitionen und eine endlose Bilderfolge zugesteht, sondern produktive Traumgedanken, so würden wir dem Tanz gern ähnliche Tanzgedanken zugestehen.

Pasolinis Streifzüge durch die Großstadtwüste

»Ich laufe auf der Via Appia umher wie ein herrenloser Hund«, so Pasolinis Bekenntnis, *Come un cane senza padrone*, so der entsprechende Titel der szenischen Erzählung, mit der die Gruppe Motus aus Rimini am Young Directors Project teilnimmt. Der große rebellische Buch- und Filmautor ist allgegenwärtig: in den gespielten Gesten, in den kommentierenden Worten, in dem irrlichternden Leinwandblick auf die römischen Vorstadtlandschaften und in dem Alfa Romeo, der auf der Bühne lauert wie ein hungriges Tier. Das Automobil erinnert an Streiffahrten durch die Großstadtwüste und so auch an die letzte Fahrt, über deren tödlichen Ausgang bis heute gerätselt wird. Dem Romanfragment *Petrolio*, das dem Stück zugrunde liegt, wohnt eine unheimliche Vorahnung inne, die sich auf die Aufführung überträgt und ihr einen doppelbödigen Charakter verleiht.

»Ich lebe in den Dingen«, bekennt Pasolini von sich. Dieser phänomenologische Impuls entspricht dem Status eines »Forschungstheaters«, eines *teatro di ricerca*, den die Gruppe für sich in Anspruch nimmt. Forschen bedeutet in diesem Falle, daß man sich in ungeahnte Hintergründe und Abgründe der Erfahrung vorwagt, ähnlich wie in Kafkas *Forschungen eines Hundes* der junge Hund die Musik als etwas Unerhörtes entdeckt. Zur Verfremdung des Gewohnten, die sich nicht mit landläufigen Erklärungen zufriedengibt, paßt die fragmentierte Art der Darstellung, die in mancherlei Hinsicht an die Rollenaufteilung im japanischen Bunraku, einem traditionellen Puppenspiel, erinnert. Die Verteilung des Geschehens auf drei Leinwände, auf die Stimme der Rezitatorin und auf ein leibhaftiges Schauspielerpaar schafft eine innerszenische Fremdheit, die den Brechungen unserer Erfahrung entspricht. Man muß vier- oder fünffach hinsehen und hinhören, ohne daß es möglich wäre, alles auf einmal zu erfassen.

Was sich auf der Bühne zeigt, sind sehr konkrete Dinge und Personen: ein homosexuelles Paar, karg an Worten, reich an sexuellen Praktiken, dazu Straßen, Felder, Schutthalden und Wohnkasernen der römischen Vororte, Autos, die irgendwohin fahren auf Straßen, die irgendwohin führen, und am Rande der Szene Kinder, die sich auf selbsterfundenen Spielplätzen herumtreiben. Wir laufen ständig Gefahr zu sehen, was wir schon kennen oder jederzeit kennenlernen könnten, und notfalls ergänzen wir das Gesehene durch äußere Informationen, darunter Anekdoten aus Pasolinis Leben. Man spricht im italienischen Film in der Tat von »Realismus«. Doch für Filmautoren wie Pasolini bedeutet dies etwas anderes als den Rückgang auf bloße Tatsachen, die wir registrieren und festhalten wie ein Monitor; es bedeutet, daß jedes Reale mehr ist als das, was der Fall ist, daß es als Wirkliches auf uns wirkt, so daß über Wirkliches sprechen immer auch heißt, über uns selbst und über andere sprechen. Ähnlich wie das »Reale« im Sinne von Lacan entspricht es einem Begehren, das über alle individuellen Imaginationen und kulturellen Symbole hinaus an Fremdes rührt, das in seiner Fremdheit unerreichbar ist. Diese Fremdheit betrifft auch die Dinge, aber sie erreicht ihre letzte Steigerung im Anderen als einem leibhaftigen Doppelgänger, dessen gleichzeitige Nähe und Ferne uns narrt wie der eigene Schatten.

Die Vielfalt des Bühnengeschehens drängt sich zusammen in

Leitmotiven, die allesamt überdeterminiert sind wie Traumfragmente und stets eine Tag- und eine Nachtseite aufweisen. Dies gilt bereits für das Titelmotiv des Hundes. Hunde sind nicht einfach Hunde. Thomas Manns Novelle *Herr und Hund* illustriert, daß eine Symbiose von Mensch und Tier durchaus nichts Seltenes ist, selbst wenn die Beziehung »Hund mit Herrn« als Herrschaftsverhältnis niemals unproblematisch ist. Doch streunende Hunde, die einem nachlaufen und die man nicht los wird, sind etwas anderes. Sie sind kein Bestandteil, sondern ein Ausstoß der Zivilisation. Es sind dedomestizierte Haustiere, die ihr Heim verloren oder nie eines gefunden haben. Ihr Ort ist das Zwielicht, ein Ort zwischen Hund und Wolf, *entre chien et loup*. Sie bevölkern die anonymen, unansehnlichen Ränder unserer Großstädte wie unerbetene Gäste. In dem Titel »Hund ohne Herrn« wird der Mensch daher nicht lediglich mit einem Hund verglichen, vielmehr tritt ein sozialpathologischer Wechselbezug zutage. In den tierischen Randfiguren spiegelt sich das Geschick jener menschlichen Randfiguren, denen Pasolini sich besonders nahe fühlte, und zwar nicht nur als menschlicher Außenseiter, sondern auch als *auteur maudit*.

Das Kerngeschehen bildet eine dramatische Episode. Sie spielt sich ab zwischen Carlo, einem älteren Ingenieur, der als *padrona* in der Nähe der Machtzentren lebt, und Carmelo, einem jüngeren Bediensteten, einem *servo*, der aus der Anonymität der Vorstadt stammt. Der Ältere wird eines Tages von einem unbekannten Gefühl erschüttert, das ihn mit einem Male selbst an seiner Männlichkeit zweifeln läßt. Aus dem »Herrn«, der sich bedienen läßt, wird ein »Hund«, der einen Herrn sucht oder besser gesagt eine »Hündin«, da sein männlicher Körper sich in einen weiblichen verwandelt. Die verquere Liebes- und Leidensgeschichte, die sich anspinnt, ist ganz und gar beherrscht von dem Motiv des Leibes oder des Körpers. Was auf italienisch schlicht *corpo* heißt, hat den doppelten Status eines *Leibkörpers*. Dieser tritt zum einen auf als *eigener* oder *fremder Leib*, also als gelebter und mithin auch als begehrender, begehrter und geschlechtlicher Leib, zum anderen aber tritt er auf als *anonymer Körper*, der den Gesetzen der Materialität unterliegt. Er ist nie reiner Leib und nie reines Körperding, doch kann er sich dem Extrem einer »körperlosen Seele« oder eines »seelenlosen Körpers« annähern. Letzteres geschieht in der Degradierung des Anderen zu einem bloßen Lustobjekt. In dem Spiel von Macht und Ohmacht, von Lust und Gewalt sind die Rollen ungleich verteilt: Besessenheit und Unterwürfigkeit auf der weiblichen, Körpermanipulation und Regie auf der männlichen Seite. Die Szene wird drastisch durchgespielt, ohne daß sich ein symbolischer Schleier darüber legt. Doch das verschwommene Bild der Kamera und der zurückhaltende Ton der Vorleserin schaffen eine Distanz, die jedem Voyeurismus den Boden entzieht. Das Wort »Pornographie« könnte höchstens einem Zensor einfallen, der das Schauspiel in protokollarisch verwertbare Daten verwandelt.

Der Vertauschung der Rollen von Herrn und Diener beschränkt sich nicht auf das private Verhältnis zwischen zwei Einzelwesen. Die gesellschaftliche Instanz des Dritten ist indirekt gegenwärtig. In der Typik der Körpersprache und des Körpergesprächs bekundet sich die Macht einer Medien- und Konsumpolitik, deren zerstörerische und verführerische Wirkung Pasolini gleich einem Schirokko über das Italien der siebziger Jahre hereinbrechen sieht. Die Sprache des Körpers ist ausdruckskräftiger, als jede sprachliche Umschreibung es je sein könnte, und sie sagt auch mehr aus als Pasolinis politische Parolen und Tiraden, die in ihrem Haß auf den Staat nicht frei sind von Klischees einer apolitischen Kulturkritik. Eine ähnliche Ausdruckskraft erreicht die Körpersprache in der Evokation des familiären Hintergrunds. Wenn Carlo in dem erstickenden Klammergriff von Carmelo Spuren einer mütterlichen Umarmung entdeckt, so sind Protektion und Aggression, Liebesgewalt und Gewaltliebe kaum noch zu unterscheiden. Doch eine Instanz des Dritten, die dem Körper eingeschrieben ist, hebt Konflikte und Zweideutigkeiten nicht auf. Weder Hegels Kampf zwischen Herrn und Knecht, der auf eine Versöhnung im Geiste hinausläuft, noch auch sadomasochistische Perversionen, die einer Wechselwirtschaft der Lüste folgen, treffen das zwischenleibliche Geschehen, das sich aus einer genuinen Fremdheit speist. Der machterprobte Ingenieur liefert sich einem »Fremden« aus, der durchaus sein Mörder sein könnte. Der »Hund« sucht nicht einfach einen Herrn, sondern im Herrn sucht er den fremden Anderen. Für Levinas ist die Besessenheit durch den Anderen der hyperbolische Ausdruck einer Unerbittlichkeit, die vom fremden Anspruch ausgeht; etwas davon prägt auch diese Suche nach dem »Herrn«: »Ich möchte nicht allein sein, Ich habe einen unendlichen Hunger auf Liebe«, so heißt es bei Pasolini. Unendlich ist ein Hunger, der sich weder durch bezahlte

Lustleistungen noch aus eigener Macht stillen läßt. Umgekehrt liegt dem »Herrn« nichts daran, die Herrschaftsrolle zu festigen. Der junge Bedienstete fordert am Ende auf diskrete Weise seinen Lohn ein, wehrt sich aber gegen ein Zuviel. Eine gewisse Ironie bewahrt ihn vor dem kaltblütigen Kalkül der Macht. So verschwindet er, wie er gekommen ist, und kehrt zurück in die Anonymität seiner Vorstadt, »um wie jede Nacht den Schlaf seines Körpers zu schlafen«.

Aufs Ganze gesehen schillert die Parole »Ohne Herrn« zwischen Heimatsuche und Herrschaftsverzicht, zwischen Nostalgie und Anarchie. Dafür steht ein weiteres Motiv, das uns schon in einem der ersten Großstadtpoeme, in T. S. Eliots *Waste Land*, begegnet: die Wüste. Sie, die keine Straßennamen, keine Wahrzeichen und keine Eigentümer kennt und sich nicht globalisieren läßt, solange sie Wüste bleibt, bildet das allgemeine Ambiente. Zunächst ist es die Stadtwüste, mit der die Wildnis in die Städte eindringt und dort, wie schon von Rousseau prophezeit, die schillernde Figur eines »Wilden in den Städten« erzeugt. Am Ende ist es die gewöhnliche Sandwüste, in der sich der seiner Macht überdrüssige Ingenieur verflüchtigt wie in einem flüchtigen Element. Die Wüste, das *deserto* als Nicht-Ort der Verlassenheit, bekommt den Hintersinn eines Nicht-Ortes der Leere, die ähnlich wie die Dunkelheit eine gesteigerte Erfahrung ermöglicht. Verwandt ist sie dem Schweigen, in dem die übliche Rede verstummt und die Dinge sich wandeln, verwandt ist sie auch dem Tod, den Pasolini oft genug beschwört. Nicht umsonst verstummt am Ende auch die Stimme der Erzählerin. Es zeigt sich mehr, als sich sagen läßt.

Sprechtheater aus dem Kopfhörer

Das Frankfurter Duo Auftrag und Lorey hat für das Young Directors Project ein Stück entworfen, das mit den üblichen Theaterrequisiten spielt wie mit Dominosteinen, deren Konfiguration sich von Spiel zu Spiel ändert. Man wird den verschiedenen Abweichungen vom normalen Theater am ehesten gerecht, wenn man schaut, was da vor sich geht. Sonst besteht die Gefahr einer Überwucherung durch Theorien. Was man sich dabei denkt, sollte man dem entnehmen, was man sieht und hört.

Der halbironische Titel *Wiedersehen macht Freude* verweist auf einen theatralischen Subtext. Dieser besteht aus Interviews, die der

Frage nachgehen, was man in Grenzsituationen tut, in denen man nicht ganz bei sich ist, in denen man neben sich selbst steht oder außer sich gerät. Man weiß nicht recht, wo einem der Kopf steht. Was aber bedeutet dann Wiedersehen? Es könnte bedeuten, daß man nach vorübergehendem Verlust des Vertrauten und Gewohnten mit freudiger Erleichterung dorthin zurückkehrt, von wo man ausgegangen ist. Doch kann man zurückkehren, als bliebe alles beim alten? Der zeitliche Prozeß bewirkt, daß man Verlorenes nie so wiederfindet, wie man es verlassen hat. Wiedersehen bedeutet immer auch Anderssehen mit all den Risiken, die dem Neuen innewohnen. Kierkegaard spielt in seinem Essay *Die Wiederholung* mit der Möglichkeit einer reinen Wiederholung; wie zu erwarten, scheitert das Experiment. Das Berliner Theater mag dieselben Stücke spielen wie einst in der Studentenzeit, man sieht sie nun mit anderen Augen. Schließlich hat das Déjà-vu-Erlebnis etwas Unheimliches im Sinne Freuds. Man kehrt dorthin zurück, wo man noch nie war. Das gilt für die Urfremdheit der eigenen Geburt wie für alle späteren Einbrüche des Fremden. Die Pointe der Wiederholung liegt in einer Wiederholung des Unwiederholbaren.

Die Verfremdung des Alltäglichen, die daraus entspringt, spiegelt sich wider in den tastenden Antworten, die für die Aufführung hörgerecht arrangiert wurden und die nun in variabler Gestalt über die Kopfhörer zu den zwölf Schauspielern und über deren Stimme zu den zwölf Zuschauern gelangen. Schauspieler und Zuschauer verteilen sich paarweise über die Bühnenfläche, die sie füllen wie die Felder eines Brettspiels. Jeder besetzt einen Platz, niemand befindet sich an seinem Platz. Die Ausgangsfrage »Wo bin ich?« überträgt sich auf die Spielsituation.

Das Theater, das als Sprechtheater angekündigt wird, entpuppt sich von Beginn an als ein Hörtheater. Der Zuschauer hört aus dem Munde des Schauspielers, was dieser aus dem Kopfhörer zu hören bekommt, und das Tonband des Kopfhörers basiert wiederum auf Aufzeichnungen dessen, was die Interviewer von den Befragten zu hören bekamen. Die Tatsache, daß die Wiedergabe des Gehörten immerzu medial gebrochen ist, kann nicht darüber hinwegtäuschen, daß wir alle hörend sprechen lernen, daß also das Hören buchstäblich tonangebend ist. Dies wiederholt sich auf der höheren Ebene des religiösen und poetischen Sprechens, wenn gemäß der alten Formel *fides ex auditu* der Glaube aus dem Hören kommt oder wenn Homer seine Epen von den Musen soufflieren läßt. Entscheidend ist dabei nicht der wechselnde traditionale Gehalt, sondern die immer wieder neu zu formulierende Urtatsache, daß unsere Rede, unsere Sicht, unser Begehren von anderswoher kommen. Wer sich gegen die Macht des Gehörs wehrt, tut der Fremdheit des Anderen wie auch der eigenen Fremdheit Gewalt an.

Die mehrfach gebrochene Hörfolge kondensiert sich in der Stimme. Die Stimme ist zunächst kein bestimmtes Etwas, das wir identifizieren, sie erklingt. Das genuine Hörereignis besteht darin, daß etwas hörbar wird. Als gehörte Stimme kommt die Stimme aus der Ferne. Sie trifft unser Ohr, bevor sie jemandem zugeschrieben wird. Daher behält sie einen Kern von Anonymität, selbst wenn es die eigene Stimme ist, die gleich einem Echo zu uns gelangt. Die Verkörperung der Stimme hebt diese Fremdheit nicht auf, da der eigene Leib selbst Züge eines Fremdkörpers an sich trägt. Auf der Bühne, auf die sich unser Augenmerk richtet, sitzt der Schauspieler oder die Schauspielerin dem Zuschauer leibhaftig gegenüber, getrennt nur durch die symbolische Barriere einer aufgehängten Glasplatte. In die Rede der Schauspieler mischen sich mimische und gestische Elemente. Mundwinkel zucken, Backen blähen sich auf oder ziehen sich zusammen, die Hand fährt über das Gesicht. Merkwürdige Tics treten auf, auch ein gelegentliches Weinen, in dem das Gesicht sich verschleiert, oder ein plötzliches Lächeln, wie wenn die Sonne durchbricht. Es mag sein, daß selbst das Ausdrucksverhalten aus dem Kopfhörer geboten wird, dennoch wirkt das Lächeln nicht eingefroren wie das berühmte Lächeln der Monroe; wir haben ein *smiling* vor uns ohne *keep smiling*. Der Ausdruck ist gespielt, aber nicht nur gespielt. Klischees werden mimisch zitiert, aber nicht einfach übernommen.

Die Fremdheit des Schauspielers wird verstärkt durch einen wiederholten Platztausch, der mit einem Stimmtausch Hand in Hand geht. Es ist, als ob einer die Stimme dort ablegt, wo eine andere sie aufnimmt. Die Choreographie wechselt zwischen Einzelstimme, Wechselstimme, Kollektivstimme und Stimmüberlagerung. So entsteht das eine Mal ein wohlgegliederter Klangraum, in dem die Stimmen sich voneinander absetzen, das andere Mal eine diffuse Klangkulisse, in der Stimmen sich geräuschartig ausbreiten. Das Auditorium entsteht in immer wieder neuen Varianten. Der Zuschauer hört und sieht nicht nur frontal, sondern auch seitwärts und rückwärts, da rundum nichts als Bühne ist. Ein ungewohntes Eintauchen in den Hörraum, der die Perspektiven des Sehraumes sprengt. So führt der Zuschauer aus, was er aus den fernen Interviews vernimmt. Er tritt seinerseits neben sich und hinter sich. Sein Stuhl wird zu einem imaginären Drehstuhl.

Auch die Konfrontation von Schauspielern und Zuschauern unterliegt einer merkwürdigen Verfremdung. Der Zuschauer, der als Zuhörer agiert, gerät in eine Schieflage, die sich von der normalen Kommunikation deutlich abhebt. Er sitzt zwischen zwei Stühlen. So wie der Schauspieler nicht Urheber der Worte und Gesten ist, die er wiedergibt, so ist der Zuhörer nicht Adressat der Rede, die er vernimmt. Doch so wie der eine kein bloßer Bote ist, sondern eine Art Mitsprecher, so ist der andere kein bloßer Registrator, sondern eine Art Mithörer. Die beidseitige Beteiligung ist eine indirekte. Letzten Endes ist es die leibhaftige Nähe, die verhindert, daß sprachliche Laute ins Blaue hinein gesprochen werden, daß man aneinander vorbei spricht und hört, als sitze jeder für sich in einer schwarzen Box. Dabei ergeht es dem Zuschauer ähnlich, wie es bei Calvino Herrn Palomar ergeht, der angesichts der unbekleideten Strandschönheit nicht recht weiß, wo und wie er hinschauen soll, um nicht entweder den Anschein der Zudringlichkeit oder den der Gleichgültigkeit zu erwecken. Um den Bann des Peinlichen zu brechen, bedarf es einer besonderen Form der Diskretion, eines Sehens, als sähe man nicht. Das einbrechende Schweigen macht die Sache nicht leichter. Wie ertragen zwei Personen, die einander gegenübersitzen, das gemeinsame Schweigen, ohne daß sich ein verlegenes Schweigen ausbreitet? Man könnte an Kierkegaards indirekte Mitteilung denken, an eine Weise der Kommunikation, die das Inkommunikable ausspart, es aber andeutet. Von dem kanonischen Rollenwechsel normaler Kommunikationstheorien sind wir jedenfalls weit entfernt. Vielleicht wüßten Zuschauer und Zuschauerin gern, wie sie auf die Schauspielerin oder den Schauspieler wirken, doch sie werden es nie erfahren, es sei denn, die Show geht in eine Talkshow über; aber selbst diese hätte ihre blinden Flecken. Was sich auf der Bühne abspielt, ist ein Ferngespräch in nächster, greifbarer Nähe. Wie aber fängt man an und wie hört man auf, wenn ein gemeinsamer Boden fehlt? Gehört das Lächeln zu Beginn und am Ende der einzelnen Sitzung, falls es auftritt, noch zur Bühnensprache, oder überqueren wir damit bereits die Bühnenschwelle, die Wirklichkeit von Fiktion trennt? Wie aber etabliert sich eine Bühne, ohne daß ein Vorhang auf- und zugeht? Mit solchen Fragen rühren wir an das Verhältnis von Wirklichkeit und Fiktion. Die mimetische Differenz zwischen Darstellung und Dargestelltem, die sich hier bemerkbar macht, ist unabdingbar. Wäre alles Theater, so wäre das Theater nichts Besonderes.

Die Satzbrocken, die aus dem Kopfhörer rieseln wie eine ferne Botschaft, liefern eigentlich nur Stichworte; da ist von zwanghaften Tics, von Blickspaltungen, Doppelgängertum oder dem Wunsch nach einem anderen Körper die Rede. Auch das Gehirn kommt zu Wort; doch da es weniger noch als das Herz eine Stimme hat, auf die wir hören können, wird es durch die Stimme des Frankfurter Chefneurologen vertreten. Es wäre schön, ihn in die Umfrage einzuschließen und ihn zu fragen, ob die im Feuern der Neuronen vermißte Freiheit nicht gerade dort zu suchen ist, wo wir auf fremde Stimmen hören, auf fremde Ansprüche antworten, wie es uns dieses Hörtheater vorexerziert. Doch Äußerungen auf der Bühne sollte man nicht ernster nehmen als diese selbst. Wichtiger als all solche Stichworte scheint mir die theatralische Realisierung dessen, wozu die anfängliche Befragung anregt. Dies gilt auch für das Leitthema des Hörens. Das Hörereignis geht über einzelne Hörproben ebenso hinaus wie das Sehen über das Gesehene. Stimme und Blick sind performative Ereignisse, die uns aufmerken lassen. Ebendeshalb sind sie bühnenfähig und bühnenträchtig.

Letzten Endes ließe sich das vorliegende Stück einem »Minimal Theatre« zurechnen, vergleichbar der bekannten »Minimal Art«, in der das Flimmern von Farbkontrasten, das Umspringen und Abirren einer Linie oder die Aushöhlung eines Körpers neue Blickmöglichkeiten eröffnet. Das theatralische Ereignis wird auf elementare Weise durchbuchstabiert. Diese Art von Mikrotheatralik kann das traditionelle Großtheater sicher nicht ersetzen, sie kann es aber sehr wohl befruchten oder von seinem Sockel herunterholen.

Gespielte Schreckensszenen aus Auschwitz

Wie läßt sich Erschreckendes spielen, ohne daß der Schrecken bloß gespielt ist? Dieser Frage stellt sich das Rotterdamer Theatertrio Hotel Modern. Das Stück, mit dem das diesjährige Young Directors Project abschließt, trägt den lapidaren Titel *Lager*. Ein Tag aus dem Lager Auschwitz, ein Tag wie jeder Tag aus der Sicht der Todesverwalter, ein Tag wie kein anderer aus der Sicht der Opfer, für die jeder Tag der letzte sein kann.

Der Todesschrecken wird förmlich in Szene gesetzt. In Modellform sehen wir vor uns den Ort des Lagers, der maßstabgerecht nachgebaut wurde. Darin finden wir Puppenfiguren, die von den Schauspielern hin und her bewegt werden, die in Gruppen oder als Einzelne auftreten, die Wächter in Uniform und die Häftlinge in Sträflingskleidung, Täter und Opfer getrennt durch eine Kleiderbarriere. Tagsüber laufen typische Szenen ab, deren Grauen durch das Reglement der Lagerordnung noch gesteigert wird: das Eintreffen der Todeswaggons, Henkersmahlzeiten, Hinrichtungen, Säuberung der Todesstätten, Bau und Bedienung der Gasöfen, Einsammeln der Überbleibsel, eine Häftlingskapelle, die zum Totentanz aufspielt, schunkelnde Uniformierte auf einem Bankett. Mit dem Einbruch der Nacht, die sich wie ein schwarzes Tuch über das Lager legt, lassen wir die Insassen in ihren Schlafkojen zurück. Bedrohliche Geräusche begleiten das Geschehen. Zwischendurch hören wir nicht nur das Horst-Wessel-Lied, das mit seinen stampfenden Rhythmen zum Todeseinsatz ruft, sondern auch den Radetzkymarsch als musikalisches Beutegut aus Österreich; Joseph Roths Requiem auf das Kaiserreich findet darin seine makabre Fortsetzung.

Der direkte Anblick des Schreckens erweist sich für direkt und indirekt Beteiligte als unerträglich, so etwa für den einstigen Dachauhäftling, der noch in späten Jahren bei bestimmten Schienengeräuschen innerlich zusammenzuckt. Auf andere wirkt der stetig sich wiederholende Anblick des Schreckens abstumpfend. Wir alle verspüren die Neigung, diesem Anblick zu entfliehen: »Ich kann das nicht mehr sehen.« Verantwortungsbewußte Nachfahren werden einen historischen oder kulturellen Kontext schaffen, indem sie das Schreckliche durch Erklärungen und Deutungen abmildern: »So etwas pflegt sich unter bestimmten Umständen zu ereignen.« Dazu wird man der moralischen und politischen Verurteilung das Wort reden, mit der entschiedenen Konsequenz: »Nie wieder Auschwitz.« So unerläßlich und wichtig dies alles sein mag, gutes Gewissen und Erinnerung können ebenso zum Ruhekissen werden wie Vergessen und Verdrängen. Die kulturelle Verarbeitung führt schließlich dazu, daß das Schreckliche in die Schreckensgalerien wandert wie die Folterinstrumente, die auf der Salzburger Festung und anderswo zu besichtigen sind. Aber kann ausgerechnet das Puppenspiel etwas gegen eine gutwillige, verharmlosende oder gar böswillige Vergangenheitsbewältigung ausrichten? Hat das Spiel mit Puppen nicht von sich aus etwas kindlich Verspieltes, das zur Verniedlichung beiträgt?

Doch handelt es sich so einfach um ein Puppenspiel? Nur zögernd wird man das, was hier geschieht, diesem traditionellen Genre zurechnen, obwohl dies ja nicht völlig falsch wäre. Es kommt jedenfalls darauf an, mit welchen Mitteln der Schrecken in Szene gesetzt wird. Hier bedarf es nicht nur der Kunst, sie ist geradezu aufgerufen, neue Wege zu finden, wie man mit dem Schrecklichen umgeht. Unsere niederländische Gruppe, die aus zwei Schauspielerinnen und einem Puppenbauer besteht, hat sich schon früher an ähnlichen Themen versucht, so an den Schlachtfeldern des Ersten Weltkriegs, am terroristischen Blitzschlag vom 11. September oder an der toten Wartezeit Asylsuchender. Außerdem ist nicht zu leugnen, daß wir Schreckliches täglich »live« am Bildschirm erleben, doch was heißt hier »erleben«, und wie »lebendig« ist all das, was mit der Regelmäßigkeit eines Wetterberichts auf uns einströmt? Die niederländischen Schausteller lösen sich von der scheinbaren Greifbarkeit einer solchen Ereignisnähe, indem sie nicht »live« arbeiten, sondern eine theatralischen »Animation« versuchen. Dieses Wort, das im Englischen auch den Trickfilm benennt, bedeutet wörtlich »Belebung« oder »Beseelung«. Puppen, die belebt werden, sind weder lebend noch tot. Sie bewegen sich am Rande der Atemlosigkeit. In ihrem künstlichen Zwischenstatus, der sie weder einfach ins Leben versetzt noch einfach aus dem Bereich des Lebens verbannt, kommen sie dem mörderischen Geschehen näher als naturgetreue Abbilder, in denen die Fraglichkeit des Lebens allzu leicht überspielt wird.

Mit ihrem Wechsel von Verkleinerung und Vergrößerung, von Nahsicht und Fernaufnahme drängt die Aufführung unsere Erfahrung aus den gewohnten Bahnen. Was wir sehen, paßt nicht in einen einheitlichen oder natürlichen Blickwinkel. Übernähe wechselt mit Überferne. Diese Sprengung des Erfahrungsrahmens hat einen intermedialen Hintergrund; die räumlich-körperliche Darstellung verquickt sich mit einer filmischen Projektion. Was die Schausteller auf der Bühne im Kleinformat vorführen, begegnet uns gleichzeitig im Großformat auf der Leinwand. Dieser Doppelblick, der sich dem Zuschauer aufdrängt, schließt einen Richtungswechsel ein. Der Blick auf die flache Bühne, der eine Erweiterung des eigenen Blickfelds bewirkt, kehrt sich um, wenn das Gesehene uns aus der Leinwand entgegenblickt. Die Bühne können wir betreten, in die Leinwand kann unser Blick höchstens eintauchen. Nähe und Ferne gehen überkreuz in Form einer greifbaren Ferne und einer unfaßlichen Nähe; denn es ist dasselbe Geschehen, das uns hier und dort erwartet. Daraus erwächst eine merkwürdige Form gestauter Empathie, eine direkte Ein- oder Einsfühlung wird unterbunden. Hinzu kommt ein wiederholter Wechsel von der Totalperspektive zur Brennpunktbildung. Aus den Häftlingsgruppen, die angeordnet sind wie Bataillone, treten Einzelgesichter hervor, befreit von ihrem anonymen Kontext. Diese Wirkung wird unterstützt durch den Umstand, daß alle Puppengesichter handgefertigt sind. So deuten sich bei aller Typik individuelle Züge an. Wir haben es also mit keinem schlichten Zustand der Anonymität zu tun, der sich statistisch verrechnen und bürokratisch verwalten ließe, sondern mit einem Prozeß der Anonymisierung. Nur wer ein Gesicht hat, kann es verlieren, nur wer einen Namen hat, kann ins Namenlose versinken. Diese Anonymisierung hat zugleich einen Solidarisierungseffekt; einer leidet wie der andere, eine wie die andere.

Marinonetten gelten als Figuren, deren Glieder an Drähten gezogen werden, so daß ihre Bewegungen etwas durch und durch Künstliches an sich haben. Daß diese Künstlichkeit der Natürlichkeit nicht einfachhin entgegensteht, hat schon Kleist und mit ihm die Romantik entdeckt. Doch hier geht es um etwas anderes. Wir sehen, wie Drahtzieher am Werk sind. Wir sehen aber zugleich, was eine Figur der anderen antut, was mit den manipulierten Figuren geschieht, wie sie sich krümmen und winden. Der Blick des Zuschauers wandert hin und her zwischen Tätern und Opfern.

Hinzu kommt die Mitsprache der Dinge, die zu Schreckensdingen werden. Eine besondere Rolle spielen die Kleider. Da gibt es die Zivilkleider, die bei der Einlieferung getragen werden, korrekt bis zur Krawatte, als könnte Korrektheit die Henker umstimmen; da gibt es die gestreiften Häftlingskleider, die den Opfern übergestülpt werden wie Tierfelle; da gibt es die entwürdigende Entkleidung; da gibt es schließlich die Kleiderkollektionen der Ermordeten die zusammen mit Koffern, Spielsachen und einem siebenarmigen Leuchter als Spuren ausgelöschten Lebens zurückbleiben. Der alte vergilsche Satz »*sunt lacrimae rerum*: Die Dinge haben ihre Tränen« gewinnt einen neuen Sinn, desgleichen, trotz aller religiösen Fetischisierung, das alte Wort »Reliquie«.

Kennen wir nicht längst all das, was uns dieses Stück vor Augen führt? Gewiß, aber kennen wir es nicht allzu gut? Das Stück über das »Lager« erteilt uns keine historische, auch keine moralische Lektion. In seiner völligen Wortlosigkeit bleibt ihm nur die Sprache der Gesten, der Dinge und der Orte. Dies macht es uns schwerer, singuläre Leiden und singuläre Gewalt mit kulturellen Etiketten zu versehen. Kain erschlug seinen Bruder Abel? Ein Brudermord. Was aber alles in dem Wort »erschlagen« steckt, klingt in einer der Tötungsszenen an mit der rhythmischen Gewalt eines Todeshammers. Die drastische Umsetzung in die Sprache der Sinne geht über Worte hinaus. Bleibt uns also nichts als das Schweigen? Damit würden wir die Opfer totschweigen, wir würden sie noch einmal töten. Es bedarf der Sprache, um anzudeuten und wachzuhalten, was sich der Sprache entzieht. Doch indem unser Sprechen mehr verrät, als es sagt, nähert es sich jenem wortlosen Spiel mit Puppen, Dingen und Videos, das mehr ist als bloßes Spiel.

10. Mimetische Differenz und pathische Impulse

Die folgenden Überlegungen beschränken sich darauf, wichtige Schnittstellen zu markieren, an denen das Theatergeschehen den selbstgesetzten Rahmen überschreitet. Dieser Überschritt betrifft sowohl das, was zur Darstellung drängt und zur Darstellung kommt, wie die Adressaten der Darbietung. Der Überschritt spielt sich auf der Bühne ab in Form einer Mimesis, die selbst Züge eines Pathos annimmt. Die Fremdheit des Schauspiels, von der im vorigen Kapitel die Rede war, gewinnt im Zusammenwirken von Mimesis und Pathos einen besonderen Akzent. Eine pathisch und responsiv angelegte Phänomenologie trifft hier auf neuere Tendenzen eines postdramatischen und performativen Theaters, die bei Hans-Thies Lehmann und Erika Fischer-Lichte ihren programmatischen Ausdruck gefunden haben.[1]

1. Ort der Bühne

Die Bühne ist ein markierter Ort, und was sich dort abspielt, ist ein ebenso markiertes Geschehen. Ohne Grenzziehungen, die einen Innen- und einen Außenbereich entstehen lassen, gäbe es schlechterdings nichts, was auf buchstäblich spektakuläre Weise hervortreten und beunruhigen könnte. Selbst wenn sich kein Vorhang hebt, entsteht eine Bühne, die jeder, auch der Schauspieler, nur über eine Schwelle hinweg betritt. Auch das Spiel der Lichter ist keine Sache bloßer Beleuchtung, in ihm deutet sich an, daß etwas ans Licht tritt. Und gibt es nicht Töne und Geräusche, die laut werden, und eine spürbare Atmosphäre, die alles und alle umhüllt? Schon eine rudimentäre Beschreibung läßt erahnen, wie sehr die Art der Grenzziehung, die ein Bühnengeschehen entstehen läßt, von Epoche zu Epoche, von Kultur zu Kultur, von Generation zu

1 Ich nenne stellvertretend für vieles Hans-Thies Lehmann, *Postdramatisches Theater* (1999) und Erika Fischer-Lichte, *Ästhetik des Performativen* (2004). Der vorliegende Text wurde für den von Patrick Primavesi und Olaf A. Schmitt herausgegebenen Band *AufBrüche* (2004) verfaßt, der Hans-Thies Lehmann zum 60. Geburtstag gewidmet ist.

Generation variiert. Die von den Griechen stammende Charakterisierung des Geschehens als Theater, als Schaustätte und Schauspiel, stellt bereits eine Deutung dar, die ihre religiös-mythischen, ihre philosophischen und auch ihre politischen Wurzeln hat. Sie gehört zur Geburt des Theaters, aber Geburt woraus? Die *Geburt der Tragödie aus dem Geist der Musik* bedeutet einen interpretativen Einschnitt, aber nicht den einzig möglichen.

Unsere überkommene Auffassung von Theater läuft nahezu zwangsläufig auf zwei Grundunterscheidungen hinaus, auf die Unterscheidung zwischen Schauspiel und Ernst sowie auf die zwischen Schauspieler und Zuschauer. Bei rigider Abgrenzung führt dies zu der Annahme, es gehe im Theater *nur* um Theater, gemessen an dem, worum es eigentlich geht. Demgegenüber stellt eine Formel wie *Wir alle spielen Theater*, die Erving Goffman in seiner vielbeachteten Schrift verwendet, mit einem Zug die beiden anfänglichen Unterscheidungen in Frage. Auf gewisse Weise ist *alles* Theater, auf gewisse Weise spielen wir *alle* mit. Es kommt dann allerdings darauf an, wie man diese gewisse Weise versteht. Versteht man darunter eine totale Entgrenzung, so verliert die fragliche Sache ihre Konturen und versinkt in einem Meer der Unbestimmtheit. Demgegenüber läßt ein Spiel mit und an den Grenzen von Leben und Kunst Nuancen zu, die sich der Alternative einer allzu verengten oder allzu erweiterten Theaterkonzeption entziehen und neue Perspektiven eröffnen. Um derartige Möglichkeiten zu skizzieren, greife ich zwei Gesichtspunkte heraus, die von besonderer philosophischer Brisanz sind.

2. Mimetische Differenz

Die Unterscheidung von Schauspiel und Lebensernst verbindet sich durchweg mit der Entgegensetzung von Wirklichkeit auf der einen, von Spiel, Schein, Fiktion und Als-ob auf der anderen Seite. Demgegenüber plädiere ich dafür, von einer *mimetischen Differenz* auszugehen. Diese wird hier im spezifischen Sinn einer theatralischen Mimesis verstanden, in der mimische und szenische, aber natürlich auch visuelle, auditive und motorisch-rhythmische Momente beschlossen sind. Dabei ist daran zu erinnern, daß die Mimesis dem klassisch-griechischen Verständnis zufolge in der Darstellung lebendiger Bewegungen kulminiert, so daß der Maler griechisch ζώγραφος, also wörtlich Lebenszeichner heißt und in der Gestalt des Pygmalion seine höchsten Triumphe feiert. Diese mimetische Differenz ist von der pikturalen oder ikonischen Differenz, die in Kapitel 2 behandelt wurde, nicht weit entfernt, und sie führt zu ähnlichen Konsequenzen. Was sich *im Bild* zeigt, ist nicht selbst Bild oder Teil des Bildes, andernfalls würde das Bild als Bild verschwinden, und wir hätten lediglich zwei Dinge vor uns. Ähnlich läßt sich behaupten, daß das, was *auf der Bühne zur Aufführung gelangt*, kein bloßes Zubehör der Bühne ist, andernfalls wäre der Mord auf der Bühne nicht mehr von einem Mord auf der Straße zu unterscheiden. Die vieldiskutierte Ästhetisierung des Politischen gehört zu den unliebsamen Vermischungen.

Wird Mimesis in dem weiten Sinne verstanden, dem zufolge sie sich als kreative Mimesis von der bloß reproduktiven Nachahmung deutlich abhebt (siehe oben, S. 89), so ist sie weit mehr als eine Zutat zur gewöhnlichen Erfahrung, sie erweist sich als unersetzlich. Sie ist in der Erfahrung selbst am Werk, bevor es Bühneneinrichtungen oder gar professionelle Schaubühnen gibt. Die Phänomenologie der Erfahrung geht üblicherweise davon aus, daß sich jeweils etwas *als etwas* zeigt, und zwar jemandem, der oder die wiederum *als jemand* auftritt. Das winzige und unscheinbare Als schiebt sich gleich einer Drehscheibe zwischen Erfahrenes und Erfahrenden; es zeigt an, daß etwas *so und nicht anders* erfahren wird. Das Wie des Erscheinens, das darin zum Ausdruck kommt, findet weder in einem Was noch in einem Wer, also weder in einem objektiven Sachgehalt noch in einer subjektiven Intention, noch auch in einer übergreifenden Regelung seinen hinreichenden Grund. So öffnet sich ein Spalt, in dem die wechselnden Erfindungen von Techniken, Medien und Praktiken ihr Spiel treiben. Das Theatralische fände dann seine Eigenart darin, daß es ausdrücklich mit der Möglichkeit spielt, was hier und jetzt geschieht, *könne auch anders geschehen*. Dazu trägt der Doppelcharakter des Leibkörpers ganz wesentlich bei. Kein Sprechen ohne Atemvorgänge, kein Gehen und Stehen ohne physiologische Motorik. Im Stottern oder im Stolpern, in dem sich der leibkörperliche Zusammenhalt lockert, zeigt sich, daß die Einheit des Leibes eine vielfältig gebrochene Einheit darstellt. Dem Darstellen, das sich auf den Darstellungsvorgang selbst kapriziert, wohnt etwas Spielerisches, aber auch Abwegiges inne, sofern es den

Wirklichkeitssinn destabilisiert und Erfahrungsordnungen suspendiert. Es bietet sich daher an, die phänomenologische Epoché, die den Boden einer fertig gegebenen Welt und den Rahmen bestehender Einverständnisse erschüttert, in die spezifische Form einer *theatralischen Epoché* zu überführen, die in der ikonischen oder der auditiven Epoché ihre Entsprechung hat.

Dies besagt freilich nicht, daß sich der Welt des Alltags und der Institutionen eine fiktive Welt entgegenstellt oder daß die faktische Wirklichkeit sich einer idealen Wirklichkeit annähert. Das Theater, das vom Gewohnten abweicht, ist keine Weihestätte, keine moralische Anstalt, kein politisches Forum, aber ebendeshalb rührt es an die Genealogie von Religion, Moral oder Politik. Dies setzt voraus, daß das Bühnengeschehen auf *prätheatralische* Formen der Erfahrung zurückgreift, ähnlich wie laut Husserl die Geometrie mit ihren idealen Limesgestalten von vorgeometrischen Formen wie Tischkanten, Flächenmustern eines Feldes oder von der Rundung der Sonnenscheibe ausgeht (Hua VI, § 9). Prätheatralische Formen begegnen uns, angefangen mit den Frühformen kindlicher Erfahrungsspiele, im Mienenspiel, im Sichkleiden und Sichverkleiden, im Ausprobieren von Handgriffen, im Durchspielen von Szenarien, im Rollentausch, im Versatzspiel von Erinnerung und Erwartung, in der ironischen Anspielung oder der zitathaften Brechung einer Äußerung, überall dort also, wo die Weise der Darstellung oder Darbietung über die sachgerechte Vorstellung, die zielgerichtete Herstellung und eine normenorientierte Verständigung hinausgeht. Das Als-ob tritt nur dann in einen Gegensatz zur Wirklichkeit, wenn der Wirklichkeitssinn den Möglichkeitssinn erstickt und die Normalität alle Anomalien überschattet. Die Floskel »nur Theater« bildet den genauen Gegensatz zu einer Wirklichkeit, die »nur Wirklichkeit« ist. Beide Extremformen haben ihre pathologischen Schlagseiten, etwa im Hysteriker, der sich nur aufspielt, und im Neurotiker, der sich an fest Geregeltes anklammert.

Die *Theatralik* selbst bestünde dann darin, daß die Darstellungsmittel ihrerseits erprobt, variiert, bearbeitet und als solche in Szene gesetzt werden, so wie der Maler Farben und Linien freisetzt und mit ihnen experimentiert. Der potenzierten Sichtbarkeit im künstlerischen Bild und der potenzierten Hörbarkeit im musikalischen Klang entspräche eine potenzierte Darstellbarkeit in theatralischen Szenen, in denen die mimetische Differenz nicht nur fungiert, sondern selbst thematisch wird. Dies würde besagen, daß ein Illusionstheater, das Schein als Wirklichkeit ausgibt und Surrogate produziert, seinen Beruf verfehlt.

3. Pathische Impulse

Die zweite große Unterscheidung, die ins Wanken kommt, wenn das Theater seine Wirkkraft ausspielt, ist die zwischen *aktiven, produktiven* Schauspielern und *passiv reagierenden, rezeptiven* Zuschauern. Der Schauspieler, der sogenannte *actor*, der bei den Griechen noch ὑποκριτής, also wörtlich Antworter heißt,[2] wäre so besehen jemand, der in erster Linie agiert, und wenn er leidet und unterliegt, dann gäbe es eine andere Instanz, die tätig wird, ein Gott aus der Maschine oder sonstwoher, ein Schicksal oder was sonst den Ton angibt. Dem Zuschauer bliebe dann nur das Zusehen, das bei entsprechender Identifikation mit dem Bühnenheld oder der Bühnenheldin in ein Mitfühlen überginge.

Man könnte einwenden, daß es schon im praktischen Leben so einfach nicht zugeht. Wer zuschaut, wie jemand drangsaliert wird, ist so wenig ein bloßer Zuschauer, daß er wegen unterlassener Hilfeleistung zur Rechenschaft gezogen werden kann. Man wird zum Zeugen, ob man will oder nicht. Der Chor der antiken Tragödie hat neben anderen Funktionen auch etwas von einer solchen Zwischenrolle Halbbeteiligter. Der Beobachter, den man heutzutage so eilends ins Spiel bringt, nähert sich dagegen einem Monitor, der nur Operationen vollzieht, ohne zu handeln oder gar zu leiden. Doch bleiben wir beim Bühnengeschehen. Im Rückblick auf Grundmotive des als »prädramatisch« gekennzeichneten antiken Theaters und mit deren Reprise in den Experimenten eines »postdramatischen Theaters« der Gegenwart entwirft Hans-Thies Lehmann ein Bild, das vom üblichen Sprech- und Handlungstheater beträchtlich abweicht.[3] Der Autor erinnert daran, daß dem Prot-

2 Im ägyptischen Totenkult gibt es Figuren, die stellvertretend für den Verstorbenen Arbeitsdienste leisten und die Uschebtis heißen, was ebenfalls so etwas wie Antworter bedeutet.

3 Vgl. im folgenden Hans-Thies Lehmann, »Prädramatische und postdramatische Theater-Stimmen. Zur Erfahrung der Stimme in der Live-Performance« in: Kolesch/Schrödl 2004, S. 49-56.

agonisten als dem ersten Schauspieler von Anfang an ein Deuteragonist als zweiter Schauspieler gegenübertritt, nämlich in Gestalt des *Boten* (gr. ἄγγελος), dessen Botschaft den sogenannten Helden in die Rolle des Hörenden versetzt. Nicht das dialogische Miteinander gibt also den Ton an, sondern eine Sequenz aus Anspruch und Antwort, die ich selbst als »Dialogverschiebung« bezeichne (*Bruchlinien der Erfahrung*, 2002, S. 226). Hinzu kommt die »Verdoppelung der Rede« in eine »innerszenische Adressierung«, die sich auf der Bühne abspielt, und eine »innertheatralische Adressierung«, die auf die Zuschauer überspringt. Der Zuschauer wird ebenfalls in eine Doppelrolle hineingetrieben. »Es ist ihm gegeben und aufgegeben, zwischen der Rolle des Mit-Sprechenden und des Mit-Hörenden zu oszillieren«, sich also sowohl mit dem Boten wie mit dem Empfänger der Botschaft zu identifizieren. Sofern alle Beteiligten, die Schauspieler, der Chor und schließlich die Zuschauer *Zeugen* eines Ereignisses werden, dringt in die ästhetische Wahrnehmung ein *ethisches Motiv* ein, das am Hier und Jetzt hängt, so daß die Live-Stimme im Theater, wie auch vor Gericht, ein unvergleichliches Gewicht erhält. Zum Zeugen werden bedeutet, daß wir nicht nur etwas nach eigenem Belieben feststellen, sondern genötigt sind, für etwas einzustehen. Lehmann zitiert in diesem Zusammenhang John Durham Peters: »Witnessing places mortal bodies in time. To witness always involves risk, potentially to have your life changed. [...] That simply seeing can mark your bodily fate is a suggestive way of getting beyond the idea of mere spectatorship.« (A. a. O., S. 49) In diesem Sinne, der über das bloße Sehen hinausgeht, gehört die Zeugenschaft zu den Grundmotiven einer responsiven Phänomenologie und auch zu einer entsprechenden Phänomenologie des Theaters.

Was sich auf diese Weise in den Vordergrund drängt, bezeichne ich als *pathischen Impuls*. Am Anfang steht nicht jemand, *der* oder *die* von sich aus handelt, sondern jemand, *dem* oder *der* etwas geschieht. Am Anfang steht ein Patient und kein Akteur. Es gibt einen Geschehensüberschuß in allem Handeln wie auch in allem Sprechen.[4] Was sich ereignet, kann unter bestimmten Bedingun-

4 Ebendeshalb spielt die Rhythmik, die sich unterhalb der Schwelle von Zielsetzung und Regelbefolgung bewegt, auch bei der Theateraufführung eine solch bedeutende Rolle. Vgl. dazu Clemens Risi: »Rhythmen der Aufführung«, in: Fischer-Lichte/Risi/Roselt 2004.

gen *als Handlung* verstanden werden, es ist aber mehr und anderes als das. Jede Handlung, auch jede Sprechhandlung trägt Züge einer Fremdhandlung, sofern sie anderswo beginnt, bei dem, was uns reizt, uns anzieht oder abstößt, stört oder beflügelt und unser Handeln in Gang setzt. Die mimetische Differenz zwischen dem Darzustellenden und dem Darstellenden ruht also nicht in sich selbst, sie weist über sich hinaus. Was zur Darstellung *drängt* und nicht schon einem Darstellungsrepertoire angehört, ist auf gewisse Weise *undarstellbar*. Zu dieser Einsicht bedarf es keiner besonderen Weise des Erhabenen und keines speziellen Darstellungsverbots. Das Undarstellbare ist nicht jenseits der Darstellung zu finden, sondern in ihr. Undarstellbar ist genau das, *wovon* der Darstellende getroffen ist und *worauf* er mit seinen Darstellungskünsten antwortet.[5] Die mimetische Differenz zerdehnt sich und nimmt die Form einer *Diastase* an, in der das Pathos als das, was uns widerfährt, und die Response als das, was von uns selbst ausgeht, auseinandertreten, geschieden durch einen zeit-räumlichen Hiatus. Was uns geschieht, kommt stets zu früh, unsere Antwort kommt stets zu spät. Wer im voraus weiß, was und wie ihm geschieht, verharrt im Bereich des Vertrauten und Gewohnten. Auch das Gewohnte kann seine Wonnen haben, aber festen Halt und sicheren Schutz bietet es nicht, und je mehr auf dem Spiel steht, um so weniger haben wir uns in der Hand. Hans-Thies Lehmann greift diese Gedanken auf, indem er die theatralische »Darstellbarkeit« mit einem »Entzug der Darstellung« in Verbindung bringt: »Die Theatergestalt hat eine Realität immer nur der *Ankunft*, nicht der Anwesenheit.« (1999, S. 443)

Das Pathische beschränkt sich keineswegs auf die Situation des sogenannten Zuschauers. Der Schauspieler, der auf das antwortet, was ihm die Bühnensituation immer wieder abverlangt, überrascht als erstes sich selbst, und nur wer sich selbst überrascht, ist imstande, andere mitzureißen. Dies bedeutet keineswegs, daß es hier mit rein natürlichen Dingen zugeht, die erfundene und bearbeitete Darstellung behält stets etwas Künstliches. Doch verwandelt man das Pathos, das als solches weder erlernbar noch kontrollierbar ist, in ein Können, so kommt eine gekünstelte Pathetik heraus, bei

5 Diese Möglichkeit liegt gänzlich außerhalb des Blickfeldes von Jacques Rancière, wenn er in der *Politik der Bilder* (2005) in Kritik an Lyotard das Undarstellbare innerhalb des »repräsentativen Regimes« ansiedelt, um ihm eine »anti-repräsentative Kunst« als »Kunst ohne Undarstellbares« entgegenzusetzen (vgl. S. 157 f.).

der jemand so tut, als könne er nicht anders. An dem Geschehen, das sich auf der Bühne abspielt, sind Schauspieler, Dramaturgen, Regisseure, Bühnenarbeiter und eben auch Zuschauer allesamt beteiligt, allerdings auf verschiedene Weise. Dies gilt auch dann, wenn die Zuschauer nicht auf die Bühne klettern, mitsingen und mitspielen wie in populären afrikanischen Theaterfesten oder wenn die Schauspieler sich nicht unter die Zuschauer mischen oder aus dem Zuschauerraum auftauchen. Diese und ähnliche Praktiken sind Winke, die auf das besagte Zwischengeschehen hindeuten, sie werden zu Tricks, wenn sie den Hinweischarakter einbüßen. Die neu entdeckte Verbindung zwischen Bühne und Publikum kann man also durchaus als eine Form der Zwischenhandlung, der Interaktion betrachten, doch diese gründet nicht in einer gemeinsamen Gesinnung oder in einem geregelten Einverständnis, sondern in der bereits erwähnten *Ko-affektion*, die ihrerseits ein gemeinsames Hier und Jetzt hervorbringt.[6]

Was seit Jahrhunderten unter dem Stichwort der Katharsis beschworen wird, spricht für eine Geburt des Theaters aus dem Pathos. Die kathartische Wirkung wäre von daher neu zu bedenken, nicht als Reinigung *der* Gefühle, auch nicht als Reinigung *von* Gefühlen, wie die zwiefache Übersetzung der Tragödienbestimmung aus der aristotelischen *Poetik* lautet, sondern als eine Steigerungsform des Pathos, als ein besonderer Umgang mit dem, was uns zustößt und zufällt, darunter eben das, was unseren Schauder und unser Mitleid erregt. E-motionen sind Motionen, Bewegungen, in die man gerät, keine Zustände, die man hat, und ähnliches gilt für Af-fekte, in denen uns buchstäblich etwas angetan wird. Die Macht des Pathos bedeutet also etwas anderes als die Verwaltung und Einrichtung subjektiver Gefühlshaushalte, die dazu dienen, die neuzeitliche Entzauberung der natürlichen und sozialen Welt durch eine künstlich aufgeheizte Nestwärme zu kompensieren.

Neuerdings unterscheidet man, wie bereits angedeutet, zwischen einer Inszenierung, in der das Bühnengeschehen vorgezeichnet ist, und den wechselnden Aufführungen, in denen es sich immer wieder neu und augenblickshaft verkörpert, gestaltet, materialisiert – und auch abnutzt.[7] Diese Unterscheidung aufgreifend, können wir

6 Vgl. dazu Erika Fischer-Lichte, *Die Entdeckung des Zuschauers* (1997) sowie Jens Roselt, *Phänomenologie des Theaters* (2008), Kapitel 9 und 10.

7 Vgl. dazu den von Erika Fischer-Lichte, Clemens Risi und Jens Roselt herausge-

feststellen: Das Pathos, das immer wieder neu geschieht, selbst wenn sich vieles daran wiederholt, läßt sich nicht vorweg inszenieren, es ist immer wieder neu aufzuführen, so wie Essen und Trinken sich nicht in der wiederholten Beachtung von Tischsitten und Küchenrezepten erschöpfen. Was auf der Theaterbühne geschieht, kann – mit Husserl zu reden – in die Lebenswelt einströmen, es kann dort Veränderungen, auch Irritationen hervorrufen, erzwingen läßt sich dies nicht. Offensichtlich berührt sich an dieser Stelle das Prätheatralische mit einer Form des *Hypertheatralischen*. Theater, das nicht bei sich selbst beginnt, übersteigt sich selbst, es ist mehr als bloßes Theater. Werden die fremden Ursprünge vergessen, so bleibt nur Routine, die es mit der Ausführung von Kulturprogrammen oder der Befriedigung von Publikumswünschen getan sein läßt.

gebenen Band *Kunst der Aufführung – Aufführung der Kunst* (2004). Ich verweise insbesondere auf die Einleitungsthesen von Erika Fischer-Lichte sowie auf den Beitrag von Jens Roselt: »Erfahrung im Verzug«, in dem die Phänomenologie der Erfahrung, die mir vorschwebt, in präziser Weise auf das Ereignis theatralischer Aufführungen bezogen wird; in der *Phänomenologie des Theaters* setzt sich dies auf breiter Linie fort.

11. Überraschte Wahrnehmung im Kino

1. Ouvertüre: Szenen des Staunens

Statt einen direkten Sprung ins Exotische zu vollführen, vielleicht auch ins Technisch-Exotische, ziehe ich es vor, mit drei Szenen des Staunens zu beginnen, die zeigen, daß unsere eigene Tradition so einheimisch nicht ist, wie Traditionalisten und Posttraditionalisten es vielfach vermuten lassen. Es gibt auch *domestic flies*, die für Überraschungen sorgen.

Das erste wohlbekannte und vielzitierte Exempel stammt aus den Urkunden der abendländischen Philosophie. Für Platon und Aristoteles beginnt das, was seitdem »Philosophie« heißt, mit einem Staunen, das von merkwürdigen Phänomenen ausgelöst wird. So lesen wir in Platons *Theaitet* (155 d) »Dies ist der Zustand (πάθος) eines gar sehr die Weisheit liebenden Mannes, das Erstaunen (θαυμάζειν); ja es gibt keinen andern Anfang der Philosophie als diesen, und wer gesagt hat, Iris sei die Tochter des Thaumas, scheint die Abstammung nicht übel getroffen zu haben.«[1] Harmlos ist dieser Zustand nicht. Und er verbindet sich, wie Theaitet gesteht, mit Schwindelgefühlen, die immer dann eintreten, wenn der Boden schwankt und die Orientierungsachsen aus dem Lot geraten.[2] In den Licht- und Schattenspielen des Höhlengleichnisses, das viele Historiker nicht ohne Grund zu den Urtexten der Kinematographie rechnen, setzt sich der Philosophierende sowohl beim Ausstieg aus der Höhle wie beim erneuten Einstieg in die Höhle einer unvermeidlichen Blendung aus. Das Licht, in dem sich diese Wanderung von einer Welt in die andere vollzieht, läßt sich nicht ein- und ausschalten wie eine Lampe. Auch bei Aristoteles, der die Philosophie eindeutiger als Platon auf die Bahnen eines begründe-

1 Übersetzung Schleiermacher. Platon spielt auf Hesiods *Theogonie* an, wenn er Iris, die Götterbotin, mit dem Thauma als dem personifizierten Staunen in Verbindung bringt.

2 Bisweilen »schwindelt mir« (σκοτοδινῶ), bekennt Theaitet von sich, wörtlich: »mir wird finster vor Augen, und ich wirble und drehe mich im Kreise herum«. Diese kosmisch sich ausbreitende Erschütterung wandelt sich in der Moderne in eine psychophysische Erschütterung, in der das Subjekt seine Grenzen erfährt. Vgl. Michael Hagners Studie über »Metamorphosen des Schwindels und der Aufmerksamkeit im 19. Jahrhundert« in: Assmann/Assmann 2001.

ten Wissens lenkt, beginnt die Suche nach dem Wissen mit dem Staunen, zunächst mit dem Staunen über Alltägliches, das auf der Hand und vor den Füßen liegt, dann allmählich aufsteigend zu größeren und wichtigeren Dingen wie dem Kreislauf der Gestirne. Aber auch hier finden wir einen Nachhall der platonischen Herkunftserzählung. In Buch I der *Metaphysik* heißt es: »Der Mythenliebhaber (φιλόμυθος) ist gewissermaßen ein Weisheitsliebhaber (φιλόσοφος); denn der Mythos besteht aus verwunderlichen Dingen (θαυμάσια).« Der Philosoph wohnt in der Nähe von Dichtung und Religion wie später wieder bei Hölderlin. Dies ist keineswegs selbstverständlich. Hegel, der die Weisheitsliebe in Wissenschaft zu verwandeln unternimmt, sieht den Anfang der Philosophie im Zweifel, nicht in der Verwunderung. Der moderne Weg zum Wissen führt durch das Säurebad der Kritik. So unentbehrlich die Kritik sein mag, es fragt sich doch, ob nicht ein gehöriges Maß an entdeckerischer und befeuernder Sinnlichkeit weggeätzt wird, wenn die Kritik überhandnimmt.

Unser zweites Exempel stammt aus einem dichterischen Grenzgang zwischen Okzident und Orient, auf dem eine erstaunliche Ferne in der nächsten Nähe wiederentdeckt wird. In Goethes *West-östlichem Divan*, und zwar im Buch Suleika, findet sich ein Gedicht, das so einsetzt: »Hochbeglückt in deiner Liebe / Schelt ich nicht Gelegenheit ...«, und das so endet: »Unmöglich scheint immer die Rose, / Unbegreiflich die Nachtigall.« Das Staunen erwächst aus Gelegenheiten, die sich finden und uns finden, indem sie uns aus dem Gewohnten herausreißen. Da ist der exotische Bulbul mit seinem »seeleregenden Gesang«, da sind ferne Rosengärten, aus denen der Wohlgeruch aufsteigt: »Knospend müssen tausend Rosen / Erst in Gluten untergehn. / Um ein Fläschchen zu besitzen / Das den Ruch auf ewig hält, / Schlank wie deine Fingerspitzen, / Da bedarf es einer Welt.« Die kosmisch-erotische Verwandlung der Sinne macht Unmögliches, sie macht Unerhörtes, Ungesehenes, Ungerochenes möglich.

Schließlich ein zeitgenössisches Zeugnis. Ludwig Wittgenstein wendet sich in seinen *Vermischten Bemerkungen* (1984, S. 457) gegen die pseudowissenschaftliche Austreibung des Staunens, die dem Alltag seine Außeralltäglichkeit nimmt. Bei dem französischen Religionsphilosophen Ernest Renan heißt es: »Geburt, Krankheit, Tod, Wahn, Starrkrampf, Schlaf und Träume lösten ein unendliches Staunen aus, und selbst heute ist es nur wenigen gegeben, klar zu sehen, daß diese Phänomene ihre Ursache in unserer natürlichen Ausstattung haben.« Darauf antwortet Wittgenstein mit feiner Ironie: »Im Gegenteil, es besteht gar kein Grund, sich über diese Dinge zu wundern, weil sie so alltäglich sind. Wenn sich der primitive Mensch über sie wundern *muß*, wieviel mehr der Hund und der Affe. Oder nimmt man an, daß die Menschen quasi plötzlich aufgewacht sind, und diese Dinge, die immer schon da waren, nun plötzlich bemerken und begreiflicherweise erstaunt waren? [...] Zum Staunen muß der Mensch – und vielleicht Völker – aufwachen. Die Wissenschaft ist ein Mittel, um ihn wieder einzuschläfern.« Was Wittgenstein ins Auge faßt, ist das Aufwachen aus einem »dogmatischen Schlummer«, in den die wissenschaftlich aufgeklärte Vernunft zurückfällt, wenn sie ihre eigene Herkunft vergißt und wir, wie Husserl Galilei vorwirft (Hua VI, 52), »für wahres Sein nehmen, was Methode ist«.

Diese Szenen des Staunens ließen sich durch biblische Szenen der Berufung und buddhistische Szenen der Erleuchtung ergänzen; Überraschungen gibt es auch dort, wenngleich von anderer Art. Doch bei aller Verschiedenheit zeigen sie, daß das Staunen nicht vom Himmel fällt: Es braucht einen Boden; die Beispiele zeigen aber auch, daß das Staunen nicht inszeniert wird wie der neueste Hit: es überrascht uns. Dies führt zu Fragen wie den folgenden: Staunen wir eher über das, was wir kennen, oder über das, was wir nicht kennen? Können wir über Selbstgemachtes und schließlich über uns selbst staunen? Gibt es besondere Orte des Staunens, und gehört das Kino als Lichtspielhaus mit seinen Bewegungsaufzeichnungen dazu? Können Entdeckungsorte sich auch in Fluchtorte verwandeln? Im folgenden sollen einige Gesichtspunkte des Staunens skizziert werden, ausgehend von Überraschungen (in) der Wahrnehmung, die uns auf spezifische Sinnesschwellen und auf Zonen des Unsichtbaren im Sichtbaren stoßen lassen.[3]

3 Im folgenden beziehe ich mich auf vier Filme, die den für mich recht lehrreichen Arnoldshainer Filmgesprächen von 2000 zugrunde lagen: *RAIDERS OF THE LOST ARK* (St. Spielberg, 1980); *YEELEN – DAS LICHT* (S. Cissé, 1987); *FORREST GUMP* (R. Zemeckis, 1993); *MATRIX* (S. u. L. Wachowski, 1999). Elementare Überlegungen zum Verhältnis von Phänomenologie der Wahrnehmung und Phänomenologie des Films finden sich schon in einem frühen Essay von Maurice Merleau-Ponty: »Das Kino und die neue Psychologie« (1945), wiederabgedruckt in *Sens et non-sens* (1996, dt. 2000).

2. Abweichung vom Erwarteten

Die Abweichung gehört zu den generellen Figuren unseres Erfahrungslebens. Die Erfahrung spielt sich innerhalb einer bestimmten Welt ab, die sich zugleich als eine Mitwelt darstellt, an der andere partizipieren. Innerhalb dieser Welt erscheint etwas *als dieses*, allgemein *als solches*, also in bestimmter Gestalt, mit bestimmter Bedeutung, zugehörig einem bestimmten Ort und einer bestimmten Zeit. Gleichzeitig erscheint der oder die andere *als jemand* in verschiedenartigen Rollen, in wechselnder Nähe und Ferne. Da gibt es also – wie in unseren Filmbeispielen – Krüge, Truhen, Zauberpfähle, Opfertiere, Hakenkreuze, Schlangen, Löwen, Parkbänke, Zelte, Wolkenkratzer, Reitpferde, Flugzeuge, Sonnenlicht, künstliche Strahlen und vieles mehr. Alles, was uns so begegnet, findet sich normalerweise eingebettet in bestimmte Erfahrungshorizonte, die uns bei aller partiellen Offenheit Bestimmtes erwarten lassen. Der Biß der Schlange, die kühlende und reinigende Wirkung des Wasserfalls, der Schuß aus der Pistole, der lächelnde Empfang – all dies ist vorgezeichnet in dem, was uns begegnet. Nicht erst im Film, schon in der alltäglichen Erfahrung sehen wir die Dinge in Bewegung, und sie nehmen Sinn an, indem sie unsere Sinne in eine bestimmte Richtung lenken. Insofern können wir mit Erwin Straus von einem »Sinn der Sinne« sprechen, der sich in Form einer Kinästhese, in einem Wechselspiel von sensorischen und motorischen Vorgängen entfaltet. Als Überraschung erweist sich, was die Erfahrung durchbricht, was von unseren Erwartungen und von dem normalen Gang der Dinge abweicht. Doch so wenig etwas in sich selbst neu ist, so wenig ist etwas überraschend an sich selbst. Wie Altes und Neues bilden Erwartung und Überraschung einen Kontrast. Etwas erscheint *nicht* so wie erwartet, *sondern* als etwas anderes. Da die Erwartungshorizonte nach Lebensumständen, Berufseinstellung oder Kulturzugehörigkeit variieren, kann »dasselbe« je nach Bezugsrahmen eine gewöhnliche oder eine außergewöhnliche Gestalt annehmen. So sind Unfall- und Kriegsopfer für den Bereitschaftsdienst, für das Lazarettpersonal oder für den Nachrichtendienst statistisch zu errechnende Normalfälle, während nahe Angehörige und Freunde auf höchst unliebsame Weise durch diese Ereignisse aus der Bahn geworfen werden. Kurz, Überraschungen sind stets Überraschungen *für jemanden, gemessen an einem bestimmten Normalitätspegel.*

Was die Überraschungen selbst angeht, so kann man unterscheiden zwischen *normalen* und *anomalen* Überraschungen. Als normale Überraschungen bezeichne ich solche, die sich innerhalb des gewohnten Rahmens bewegen und bei denen es trotz gewisser Unstimmigkeiten mit rechten Dingen zugeht. Hierher gehören Sinnestäuschungen, in denen uns ein X für ein U vorgemacht wird. Die Tatsache, daß wir Sinnestäuschungen durchschauen können, weist darauf hin, daß sie prinzipiell vermeidbar wären. Zu den normalen Überraschungen gehören auch Verwechslungen des Wochentages, die uns vor geschlossenen Museumstüren oder auf leeren Bahnsteigen warten lassen. Schließlich gibt es kleine Überraschungen, die sich im Spielraum des Üblichen halten, so etwa eine halbstündige Zugverspätung – im Gegensatz zur Lahmlegung einer ganzen Strecke, die auf Sturmschäden oder Schienenopfer schließen läßt. Als eigentliche Überraschungen betrachten wir anomale Fälle, wo die Grenzen des Normalen überschritten werden und die Frage nach dem Warum nicht vorweg zu entscheiden ist. Der Unterschied zwischen normalen und anomalen Überraschungen wirkt sich auch auf die Rezeptivität von Lese- oder Schaustücken aus. Bloße Überraschungseffekte nutzen sich bei wiederholtem Einsatz ab, bis sie völlig verschwinden. In allen Fällen, wo das Hauptinteresse der Lösung eines Rätsels gilt, wie etwa bei einer gewöhnlichen Kriminalgeschichte, erlischt die Überraschung, wenn der Ausgang feststeht. Deshalb hüten wir uns, dem anderen das Ende einer Geschichte zu verraten, weil dies die Spannung verringert, und deshalb lesen wir Detektivgeschichten gewöhnlich nur einmal, es sei denn, der Entdeckungsablauf gewinnt ein gehöriges Eigengewicht wie etwa in Poes Erzählung *Der entwendete Brief* oder in Dostojewskis *Raskolnikow*; in solchen Fällen wird sich das Interesse bei wiederholter Lektüre geradezu steigern.

Nehmen wir die ältesten Zeugnisse der westlichen Theaterkunst, nämlich die griechische Tragödie, so sehen wir, wie wenig die Überraschung an neuen Tatsachen hängt. Das griechische Publikum kannte die Mythen längst, aus denen die Tragödie einer Antigone oder eines Ödipus erwuchs, und noch heute steht der Inhalt am Kopf des griechischen Textes. Auch Kinder können ein Märchen nicht oft genug hören, wenn es sie anspricht und fesselt. Überraschendes, das Ängste und Wünsche in uns weckt und auf das wir mit Entsetzen und Mitleid reagieren, beschränkt sich nicht auf das, was wir ein für allemal kennenlernen. Generell gilt dies für jede Abweichung, die sich nicht innerhalb einer Ordnung abspielt als eine bloße Spielart neben anderen, sondern vielmehr die Grenzen der jeweiligen Ordnung überschreitet. Hier gibt es nicht *etwas, das abweicht* (wie im Falle der Ersetzung einer Farbe durch die andere), hier *entsteht etwas allererst, indem es abweicht.* Dies gilt für jede ordnungsverändernde Schöpfung im Bereich der Sprache, der Bilder, der Institutionen und auch der Forschung. In diesem Sinne ist alles, was uns auf radikale Weise überrascht, unfaßbar, unsichtbar, unsagbar; in ihm zeigt sich eine radikale Form der Fremdheit. Was abweicht, zeigt sich in der Abweichung und nirgends sonst. Alle weiteren Bestimmungen kommen hinterdrein.

Wir können weiterhin verschiedene Abweichungszonen unterscheiden, die sich an bestimmte Ordnungsbereiche anschließen. An erster Stelle gibt es *intrakulturelle Abweichungen*, die dem Fremden in der eigenen Kultur entsprechen. Diese Abweichungen können minimal und doch wirkungsvoll sein, indem sie der Normalität ihre Selbstverständlichkeit nehmen. Ich denke beispielsweise an den Titelhelden von *FORREST GUMP*, den wir kennenlernen, wie er auf der Wartebank einer kleinstädtischen Bushaltestelle Platz nimmt. Es fällt auf, daß er allzu korrekt gescheitelt und allzu zugeknöpft daherkommt, seinen Namen verkündend wie einen Warentitel. Sein Leben – wir lernen es aus Rückblenden kennen, die durch keine Erinnerungszweifel getrübt sind – ist voller Abweichungen: der IQ von 75, den er mit Hilfe der Ermutigungen und Beteuerungen der Mutter unterläuft; die Gehbehinderung, die sich unversehens in ein Laufwunder verwandelt: Wettlaufen beim Football, Dauerlaufen als unfreiwilliger Laufguru. Wir entdecken Unstimmigkeiten inmitten der Stimmigkeit gleich einer Laufmasche im Gewebe, ein sanftes Aussteigen, das man als präödipal bezeichnen könnte. Deshalb gleitet alles immer wieder ins Infantile ab. Der Titelheld tritt auf als Alltagsheld, der den Heroen der Geschichte den »Allerwertesten« zeigt, ein *ingénu*, der seine Unbefangenheit nicht nur spielt und ihr deshalb auf besondere Weise ausgeliefert ist. Die Möglichkeiten zur Identifizierung, die sich dem Zuschauer anbieten, eröffnen sich zumeist nur indirekt; sie bieten gleichsam eine Identifizierung mit dem Anderssein an, es sei denn, der Zuschauer oder die Zuschauerin zieht es vor, leicht wie jene Feder, mit der uns der Film begrüßt und entläßt, ins Reich der Wunscherfüllung davonzuschweben.

Neben den intrakulturellen gibt es *interkulturelle Abweichungen* die uns mit Fremdem außerhalb oder an den Rändern der eigenen Kultur konfrontieren. In dem malischen Film *YEELEN* geht es nicht bloß anders zu, sondern wir begegnen Dingen, Szenen und Gestalten, die so, wie sie dort auftauchen, in unserer Welt keinen Platz finden; sie tragen kultische Namen wie »Komo« oder »Flügel der Kore«, die sich nur zitieren, aber nicht übersetzen lassen. Da gibt es den »Zauberpfahl«, den der Vater durch das Land tragen läßt wie ein Suchgerät, das dem Sohn Verderben bringt; da hockt auf dem Baum ein Hyänenwesen, das die Dracula-Zähne zeigt und weissagt; die alte Frau schüttet Milch über ihr Haupt als eine kostbare Gabe an die »Mütter«; die Sonnenscheibe überstrahlt alles, weit entfernt von Helios mit seinem Gespann; wir wohnen vertraulichen Gesprächen bei, die jede Intimität meiden; auf der Familie lastet ein Fluch, der jede Verständigung vereitelt. Wir sollten nicht übertreiben. Diese vorkoloniale Urvergangenheit, die der Regisseur Souleymane Cissé ausgegraben hat wie ein keineswegs nur archivarisch interessierter Kulturarchäologe, ist nicht *ganz* anders. Vieles, was wir auf dieser Initiationsreise miterleben, weckt in uns ein Echo. Dennoch sind es nicht nur Dinge unserer Welt, die abweichen, sondern wir geraten in eine abweichende Welt, eine Fremde besonderer Art. Wenn wir staunen, so nicht bloß in erstaunlichen Augenblicken, sondern auf Schritt und Tritt.

Was nun den Abweichungsmodus angeht, so gibt es nicht nur die *Verformung*, durch die Bekanntes verfremdet wird, so wenn etwa in Spielbergs *RAIDERS OF THE LOST ARK* Goldköpfe sich in Sprengsätze verwandeln oder die wiedergefundene »Bundeslade« einen apokalyptischen Feuerbrand entfacht. Es gibt auch die *Steigerung* bis hin ins Extrem. Aus unseren Märchen kennen wir die Möglichkeit, daß Menschen zu einer winzigen Gestalt zusammenschrumpfen wie der Däumling oder umgekehrt ins Riesenhafte anwachsen. Wichtig für den Film ist das Tempo, das sich durch Einstellung und Bewegung der Filmkamera leicht regulieren läßt. Das Tempo kann sich verlangsamen zu einem *Moderato cantabile*, so daß Ereignisse tropfenweise vom Himmel fallen, das Tempo kann sich umgekehrt steigern, so daß Ereignisse sich überstürzen und das Auge in einen Bildertaumel gerät, der alle Bekanntheiten wegschwemmt. Viele Partien in dem Film *MATRIX* laufen ab wie eine Spule, die man geschwind vor- und zurückspult, so daß die Kinesis die Aisthesis hinter sich herschleppt wie ein lästiges Kleid. Schließlich bleibt die wechselnde *Intensität* der Affekte. Affekte sind immer im Spiel, wenn etwas unser Auge, unser Ohr oder unsere Haut berührt. Diese Affekte können sich ins Schockartige steigern, in einen Thrill, wie wir dies aus Gruselkabinetts und Horrorfilmen kennen, mit deren Tricks Spielbergs Schatzsuche reichlich durchsetzt ist. Einen Schock verursacht etwas, auf das wir nicht gefaßt sind und das uns überrascht, selbst wenn wir mit ihm rechnen. Der Film scheint besonders geeignet, nicht nur schockartige, sondern auch andersartige Abweichungen zu realisieren. Was sich in einem beweglichen Bild als Bilderfolge zeigt, ist nämlich von vornherein offener strukturiert als das, was in der Rede identifiziert wird, und als ein Wand- oder Standbild, das sich nur mittels des Blicks vom Fleck bewegt. Auf Grund seiner Kinetik ist der Film eine Übergangskunst par excellence. Der Blick wandert nicht, er wird gleichsam befördert.[4]

Die Frage, welche Ausmaße die Abweichung annimmt, stellt uns vor ein besonderes Problem. Wir können uns Situationen nähern, *wo nur eines möglich ist* und wir einer Monotonie zustreben, die jede Überraschung im Keim erstickt – wie wir es von verschlafenen Kleinstadtsonntagen kennen, die ein derart lähmendes Klima um sich verbreiten, daß jedes Klappern eines Fensterladens oder jedes Zurückziehen einer Gardine wie eine Sensation empfunden wird. Wo alles gleich ist, weicht nichts mehr von anderem ab. Umgekehrt erlischt die Überraschung ebenfalls, *wenn alles möglich ist* und für jede abenteuerliche Situation ein technologisches Wundermittel bereitsteht. Hier wird die Überraschung zum Prinzip, so daß nichts mehr bleibt, wovon sie sich abstoßen könnte. Ist alles Mögliche zu erwarten, so kommt nichts unerwartet. In dieser Hinsicht gräbt die Sensationsgier der Sensation selbst das Wasser ab. Der Omnipotenz des Sehens nähern wir uns, wenn in Abenteuerfilmen Unwahrscheinlichkeit sich an Unwahrscheinlichkeit reiht und daraus eine

4 Unterscheiden wir zwischen *Beobachtung* als einer Wahrnehmung »mit vorsätzlicher Veränderung unseres Zustandes« und *Versuch* als einer Wahrnehmung »mit vorsätzlichen Veränderungen des Gegenstandes«, wie es Marcus Herz in seinen medizinanthropologischen Studien tut (siehe Hagners Beitrag »Psychophysiologie und Selbsterfahrung. Metamorphosen des Schwindels und der Aufmerksamkeit im 19. Jahrhundert« in: Assmann/Assmann 2001, S. 250), so führt der Film eindeutig auf die Bahnen eines experimentierenden Sehens, das sich dem Betrachter aufdrängt.

eigentümliche »Kinowahrscheinlichkeit« erwächst, so etwa bei den Verfolgungsjagden in Spielbergs *SUCHE NACH DEM VERLORENEN SCHATZ*. Wenn der findige Hacker Neo in *MATRIX* verkündet: »I'll show you a world, where everything is possible. The choice is up to you«, so verkündet er eine Welt, aus der am Ende alles Staunen ausgetrieben wäre. Natürlich sind solch extreme Möglichkeiten nur als Grenzerfahrungen realisierbar. Ein gänzlich überraschungsloses Universum, in dem nur eines oder aber alles zugleich möglich wäre, wäre ein geschlossenes System à la Laplace oder aber ein differenzloses Chaos. Eine Zahlenreihe wie 7777 ergibt in allen Kombinationen dasselbe.

Wenn Überraschung einen bestimmten Erwartungsstand und bestimmte Bezugsgrößen voraussetzt, so bedeutet dies, daß wir im Falle filmischer Überraschungen unterscheiden müssen zwischen der auf der Leinwand gezeigten Überraschung, der Überraschung für die Produzentengruppe und schließlich der Überraschung beim Kinopublikum. Kann es auf seiten der Produzenten Überraschungen geben? Gewiß nehmen die Überraschungen ab, je mehr die Produktion seriellen Schablonen folgt oder sich einem codierten Prozeß annähert. Das Unberechenbare taucht dann nur noch auf als Störfaktor, und erstaunlich bleibt höchstens das technische Geschick. Ein Regisseur wie Cissé wirkt solchen Präformationen entgegen, indem er Laienschauspieler einsetzt und sich bei seinen Dreharbeiten von Licht und Wind abhängig macht; so wird der Film auch ein Ereignis für ihn selbst. Doch wir können generell feststellen, daß es in der Filmarbeit, wie in der Malerei, ein neu sehendes Sehen gibt, das über das wiedererkennende Sehen hinausgeht. Auf diese Weise überrascht der Blick sich selbst, ähnlich wie die Rede überall dort, wo sie über Repetitionen und Routineäußerungen hinausgeht, sich selbst überrascht. Nur ein Blick, der seiner selbst völlig Herr wäre, wäre gegen Überraschungen gefeit. Diese Einsicht gilt *mutatis mutandis* auch für das Auge des Zuschauers. Doch hierbei ist abermals zu unterscheiden nach Generationen, Milieus oder Kulturen, die jeweils durch einen verschiedenen Erwartungshorizont geprägt sind. Die Interkulturalität zeigt sich nicht nur in der Filmproduktion, sondern ebenso in der Rezeption. Erstaunlichkeit ist und bleibt eine kontextuelle Qualität.

3. Eintauchen in eine Gegenwelt

Die Abweichung nimmt eine radikale Form an, wenn wir von einer alten zu einer neuen oder von der eigenen zu einer fremdartigen Ordnung überwechseln. Bei diesem Übergang tritt eines in den Vordergrund, während anderes in den Hintergrund sinkt, ohne deswegen im Nichts zu verschwinden. Auf elementare und künstlich zurechtgemachte Weise begegnet uns dies in Kippfiguren und Vexierbildern, bei denen ein Aspektwechsel stattfindet. Der Übergang vollzieht sich nach Art eines Wachtraumes, eines »menschlichen Traums für Wachende«, wie schon Platon die Welt künstlicher Bilder nennt (*Sophistes* 266 c), in der die Grenzen zwischen Fiktion und Wirklichkeit verschwimmen. Wir wundern uns über das, was uns begegnet. Die Fremdheit, die aus der Abweichung von einem Hintergrund des Vertrauten erwächst, steigert sich ins Abgründige und Untergründige, wenn wir in eine Welt eintauchen, die nicht nur von der vertrauten Welt verschieden ist, sondern einer anderen Logik gehorcht. Dies gilt für die Welt des Traums, des Rausches, des Wahns, letzterer im engeren klinischen Sinne verstanden, es gilt aber auch für die platonische Mania, die uns im Eros oder in der Poesie außer uns geraten läßt. Auch das Unbewußte der Psychoanalyse findet hier seinen Ort, als Un-bewußtes, das sich der bewußten Erfassung und Lenkung entzieht; dabei wird das Bewußtsein alteriert und nicht schlichtweg negiert, wie der Terminus »Unbewußtes« suggeriert. Wir stoßen hier auf einen *intrakulturellen Untergrund des Fremden*, auf ein »rohes« oder »wildes Sein«, wie Maurice Merleau-Ponty es wiederholt formuliert, indem er die *pensée sauvage* von Claude Lévi-Strauss und die *art brut* von Jean Dubuffet anklingen läßt. Die anfängliche Verwunderung schlägt um in *Verzauberung*. Da ist nicht nur *etwas, über das* wir uns wundern, sondern wir werden *durch etwas* eingesponnen und hingerissen. Der wilde Zauber, dessen Faszination schon Platon so eindringlich beschwört und den er sowohl herbeiredet wie auch abwehrt, führt dazu, daß wir nicht nur etwas *im Bilde* sehen, sondern daß wir Bilder sehen, *als seien sie die Sache selbst*. Die ikonische oder pikturale Differenz zwischen dem, was ins Bild tritt, und dem Bildmedium wird gleichsam vergessen – oder vollends zum Verschwinden gebracht in einer referenzlosen Simulation, wie Jean Baudrillard sie mehr suggeriert als demonstriert. Eine Demonstration wäre in diesen Fällen schwerlich möglich; denn »mit der wirklichen Welt haben wir auch die scheinbare Welt abgeschafft«, so Nietzsche in seiner *Götzen-Dämmerung* (KSA 6, 81). Wir könnten nicht einmal von einem Eintauchen in eine Gegenwelt sprechen, wenn der Kontrast zwischen der eigenen oder der normalen Welt und ihrem Gegenpart dahinschwände. Mit der eigenen Welt hätten wir auch die fremde Welt abgeschafft.

Mit diesen Überlegungen betreten wir einen schmalen Grat, wo die Andersheit und Fremdheit der Vernunft leicht in pure Irrationalität umschlägt, in ein ἄλογον also, das den Logos nicht nur erschüttert, sondern entmachtet. Was hier auf dem Spiel steht, sind nicht nur bestimmte Ausnahmezustände, in die wir geraten wie in eine Krankheit, sondern Grenzzonen und Sinnränder des Lebens. Es geht um den Eintritt ins Leben und um den Austritt aus dem Leben, um die Triebkraft, die Weckung und Weitergabe des Lebens, es geht also um Geburt und Tod, Wachen und Schlafen, um Jugend und Alter, Gesundheit und Krankheit, Erotik und Fortpflanzung. In archaischen Kulturen, in lockerer Form aber auch in unseren modernen Gesellschaften, werden all jene Phänomene von *rites de passage* begleitet, die uns den Weg über eine Schwelle hinweg erleichtern. Wir betreten jene Bereiche außeralltäglicher Begebenheiten, wo die Rationalitätsfelder, auch die Felder einer ausdifferenzierten Rationalität, ausfransen und wo die religiösen und künstlerischen Virtuosen des Außer-ordentlichen ihren (Nicht-)Ort haben.[5] Der Absturz ins Irrationale droht dann, wenn das Eintauchen in eine Gegenwelt, das jeder von uns Nacht für Nacht vollzieht, puren Umkehreffekten gehorcht nach der Devise: Das Nächtliche statt des Täglichen, die Seele als Widersacher des Geistes, das Fremde an Stelle des Eigenen. Dies hätte zur Folge, daß die Schwellen, von denen aus die Differenz zwischen verschiedenen Welten vernehmbar und sagbar wird, überschwemmt werden und in einem »unergründlichen Meer der Unendlichkeit« versinken (Platon, *Politikos* 273 d-e). Der Versuch, die Andersheit dieser Welt gegen eine andere Welt zu vertauschen, bedeutet eine ständige

5 Vgl. hierzu, abgesehen von Max Webers und Émile Durkheims religionswissenschaftlichen Studien, die Behandlung »ethnischer Symbole« durch den Paläontologen André Leroi-Gourhan: *Hand und Wort* (1984). Natürlich haben Kunst und Religion auch ihre Normalität und Alltäglichkeit, doch die Grenzen zum Außeralltäglichen sind hier offener als anderswo.

Versuchung, die vom Überdruß an der alltäglichen Welt nicht unwesentlich gefördert wird.

Daß der Einstieg in die verdunkelte Filmhöhle und der Zustrom von Bildern, die ohne unser Zutun ihr mitreißendes Eigenleben führen, die Verzauberung noch verstärkt, steht außer Zweifel. Fern allem technischen Raffinement hat schon der kindliche Blick in den Guckkasten etwas von der Verzauberung eines Blicks, der vom Gesehenen eingenommen und gefesselt wird. Die Zweideutigkeit, die in dem Wort »Fesselung« liegt, weist hin auf jenen schillernden Charakter, der unserer Erfahrung selbst innewohnt und der kinematographisch genutzt und gesteigert werden kann. Dabei gibt es beträchtliche Unterschiede. Schon die Filme, auf die wir uns hier beziehen, sprechen eine verschiedene Bildersprache. Die Initiationsreise, auf die uns der malinesische Film *YEELEN* mitnimmt, geleitet uns in eine fremde Welt, ausgehend von dem, was gesehen und doch vielfach übersehen wird: die rissigen Erdschollen, über die wir arglos hinwegschreiten, die Füße und Beine, die sich vom Boden erheben wie die von Statuen; das leichte Kräuseln eines Lächelns auf dem Gesicht des Sohnes, weit entfernt von jedem *keep smiling*; das allgegenwärtige Licht, das jedes Sonnengleichnis überbietet und überstrahlt. Ähnlich schreibt Heike Kühn in einer Besprechung dieses Films: »Wenn etwas befremdet, dann die archaische Ehrfurcht vor den Dingen und Nahrungsmitteln, die sich unvermittelt in Attribute des Kultes verwandeln können, weil Menschen und Götter dieselben Speisen und Bedürfnisse teilen.«[6] Der ausdrückliche, gesprächsweise geäußerte Wunsch des Regisseurs, den »fremden Blick weißer Gelehrter und Techniker zu durchbrechen« und »den Riten ihren Reiz, ihre Schönheit zurückzugeben«,[7] reicht sicherlich nicht aus, um zu verhindern, daß der Blick des Europäers einer exotistischen Selbstvergessenheit nachgibt und im Fremden lediglich das Nichteigene wiederfindet; doch eine solche Ausflucht wird durch die behutsame Gangart des Films erschwert. Diese unaufdringliche Ethno-Exotik sollte man nicht ohne weiteres gegen jene Techno-Exotik ausspielen, die durch den Film *MATRIX* entfes-

6 Heike Kühn, »Verschwinden im Licht. Souleymane Cissés Film Yeelen«, in: *Frankfurter Rundschau* vom 8.3.1989.

7 Souleymane Cissé im Interview zum Film, in: *Cahiers du Cinéma*, No. 402, Dez. 1987, zitiert nach dem Festivalkatalog 18. Internationales Forum des Jungen Films, Berlin 1988.

selt wird. Der kundige und eifrige Internet-Reisende wird auch hier Entdeckungen machen und Zauberstücke gustieren wie auf einem technologischen Jahrmarkt. Doch wenn Neo, der Hacker, schlicht verkündet: »Es ist alles nicht real«, so wird technisch-ideologischer Nebel ausgestreut, es sei denn, man hört darin einen ironischen Unterton mit wie bei René Magrittes »Ceci n'est pas une pipe«. Steven Spielberg, der uns in seinem Film *RAIDERS OF THE LOST ARK* einen »Gang in eine nie gesehene Unterwelt« verspricht, äußert sich rühmend über einen seiner Kameramänner: »Wenn Dougie sein Auge am Schirm einer Kamera hat, ist er in einer anderen Welt. Er ist im Lande der Kinophantasie und bemerkt nicht, daß er nur ein einfacher Sterblicher ist.«[8] In diesen Worten deutet sich eine Symbiose von menschlichem Auge und Kamera-Auge an, die es erlaubt, etwas »im Film« zu sehen und nicht nur mittels des Films, als sei dieser ein äußeres Werkzeug. Doch wenn der phantasievolle Regisseur fortfährt: »Er ist das perfekte Publikum«, so schließt er dieses in eine Kinowelt ein wie in eine Zauberhöhle. Aus dem Zauberschlaf, der sich in dieser Höhle ausbreitet, kann es nur ein fades Erwachen geben; denn die Dinge sind schließlich doch nicht so, wie uns vorgegaukelt wurde.

Der Eintritt in eine »andere Welt« läßt seinen Übergangscharakter erkennen, wenn wir – ähnlich wie im Fall von Romananfängen – auf das *Incipit* achten. *FORREST GUMP* spielt in einer amerikanischen Kleinstadt. Der Titelheld nimmt Platz auf einer Bank an einer Bushaltestelle, also mitten im Alltag; der Zuschauer kann sich ohne Mühe vorstellen, daß er sich selbst daneben setzt und den Erzählungen des jungen Mannes lauscht; ein größerer Sprung wird von ihm nicht verlangt. In *YEELEN* werden wir gleich einem ethnographischen Feldforscher auf ein fremdes Terrain versetzt. Da ist ein Junge, der eine Ziege an ein Holzgerät anbindet, und in merkwürdigem Kontrast dazu ein brennender Hahn an einem Opferpfahl. Der Zuschauer ist keineswegs von Anfang an »im Bilde«; stünde er dabei, er wüßte nicht, was er zu tun hätte. *RAIDERS OF THE LOST ARK* führt uns an merkwürdig zufällige Schauplätze wie Peru, Nepal oder Ägypten. Der Film setzt ein mit einer Dschungelszene, wo alsbald Revolver aufblitzen und Pfeile in der Baumrinde stek-

8 Steven Spiegelberg, »Zwischen Tailspin Tommy und James Bond. Die Entstehung des RAIDERS OF THE LOST ARK«, in: A. Goldau/H. H. Prinzler, *Spielberg* (1985), S. 104.

ken, ohne daß der Zuschauer zunächst weiß, worum es geht, doch für Nervenkitzel ist von Anfang an gesorgt. Dieser abenteuerliche Rahmen wird dann ergänzt durch den institutionellen Rahmen einer kindergartennahen Archäologie-Vorlesung, bei der es um irgendeinen Fund geht, im Film selbst ist es dann die »Bundeslade«, die gesucht wird. Der Schatzsucher mit Peitsche verwandelt sich vorübergehend in einen Professor mit Krawatte; der Professor sieht nicht aus wie ein Abenteurer, der Abenteurer nicht wie ein Professor. Daß er dennoch beides ist, schafft eine augenzwinkernde Distanz, die durch viele Filmzitate verstärkt wird. Man tritt in eine andere Welt ein, aber es könnte ebensogut noch eine andere sein. Dies ändert sich mit *MATRIX*. Diese Cyber-Welt betritt man durch ein O, ein rundes Zeichen, das als Zeichen Durchlaß gewährt und sich in Zahlen- und Buchstabenkolonnen fortsetzt; zum Glück für den Zuschauer werden diese immer wieder szenisch decodiert. Im übrigen gilt: »Laßt alle Hoffnung auf Realität fahren, die ihr hier eintretet.« Daß diese Welt der »Cyberspace-Ritter« mit ihren »elektronischen Astralleibern« eine Menge figurativer, szenischer und auch zitatförmiger Versatzstücke enthält, ist unvermeidlich; andernfalls würde der Film dem Zuschauer eine digitale Gehirnwäsche zumuten, bei der ihm Hören und Sehen buchstäblich vergehen würden. Die Schwelle hinüber in eine andere Welt verschwindet nicht völlig. Doch ähnlich wie der Vorgang der Abweichung bleibt auch die Schwelle unsichtbar, da sie das Hier vom Dort sondert, ohne selbst hier oder dort zu sein.

4. Umschlag ins Unvertraute

Die Abweichung überrascht uns dadurch, daß die jeweiligen Ereignisse ihre gewohnten Bahnen verlassen, die Richtung wechseln oder auf eine andere Ebene übergehen. Eine solche Abweichung kann sich in epischer Gemächlichkeit vollziehen wie das Altern einer Person, einer Tradition, einer Institution. In diesem Falle haben wir es mit gleitenden Übergängen zu tun, wie wenn Rot sich in Gelb, Grün sich in Blau verwandelt, ohne daß es einen Punkt gibt, wo der Farbzeiger überspringt wie bei einer digital gesteuerten Uhr. Der alte Satz *natura non facit saltus* würde filmtechnisch besagen: Der Lebensfilm rollt ab ohne Schnitte. Überraschungen resultieren aus dem vergleichenden Rückblick, wenn wir uns fragen, was aus diesem oder jenem, aus mir oder aus dir geworden ist. Doch wie wir wissen, bildet diese epische Sichtweise, die ruhigen Zeitläuften besonders angemessen ist, nur die eine Seite der Medaille. Die andere Seite sieht dramatischer aus, es gibt Peripetien, kritische Augenblikke, wo Vertrautes in Unvertrautes umschlägt und sich verfremdet. Solche kritischen Momente, wo der Faden reißt, bezeichne ich als *Schlüsselereignisse*, das heißt als Ereignisse, die uns neue Welten des Sehens, Denkens, Handelns erschließen und gleichzeitig andere mögliche Welten verschließen. Es gibt keine unendliche Erweiterung des Gesichtsfeldes oder des Bewegungsspielraumes, wohl aber gibt es Neustiftungen, wie Husserl dies nennt. Schlüsselereignisse sind überdeterminiert wie Traumbilder, wie alltägliche Fehlleistungen oder neurotische Symptome; sie enthalten ein Übermaß an Bedeutung. Zu denken ist hierbei an persönliche Ereignisse wie Geburt und Tod und an die Kette von Wiedergeburten, in denen das Leben sich erneuert; zu denken ist ferner an kollektive Ereignisse und Ereignisketten wie Revolution, Reformation, Sezession oder Krieg, in denen kollektive Strukturen zusammenbrechen und durch andere ersetzt werden. In archaischen Kulturen werden die Übergänge begleitet von den schon erwähnten *Übergangsriten*. Die Gefahren und Ängste, die sich auf dem Weg ins Unvertraute einstellen, werden durch kollektive Praktiken und Deutungen nicht beseitigt, aber aufgefangen. Dies gilt für die Initiationsriten, die in *YEELEN* den Hintergrund bilden für den Konflikt zwischen Vater und Sohn, der aber am Ende dennoch explodiert. Rituelle Gegenstände werden zu tödlichen Waffen. Der brennende und verblutende Hahn, mit dem das Filmgeschehen einsetzt, deutet hin auf den Zusammenhang von Ritual und Tod, und er erinnert an den Doppelsinn von »Opfer«; Opfergabe und Opfertod, *sacrificium* und *victima* berühren sich. In modernen Gesellschaften werden diese Übergangsriten oft ins Triviale und Harmlose abgedrängt, und vollends gehen sie in eine andere Gattung über, wenn erfahrbare Übergänge durch eine gedächtnisfreie Umprogrammierung ersetzt werden. Die oft nur wohlmeinenden, aber in diesem Falle auch hilfreichen Sprüche, die Forrest Gump auf seiner Lebensreise begleiten: »Du bist nicht anders als andere«, »Stupid is as stupid does«, »Lauf Forrest!« oder das Trivialsymbol des Lebens als Pralinenschachtel: »Man weiß nie, was man kriegt«, all diese Sprüche sind wie Übergangs-

Slogans, mit denen die Schrecken des Unvertrauten abgemildert werden. Auch Revolver oder Peitsche, die von Abenteuer-Helden herumgetragen werden wie kämpferische Embleme, gehören in das Arsenal von Übergangsobjekten im Sinne von D. W. Winnicott. Allerdings bekommen sie eine aggressive Note, als würden mittelalterliche Martyrer-Gestalten den Spieß der Folterwerkzeuge umdrehen. Überraschungen, die bei aller Gefährdung auch Erneuerung verheißen, verlieren ihre Wirkung, wenn man sich mit Sprüchen, Klischees oder Programmen gegen sie wappnet; doch dies gehört bereits zu den Abwehrmaßnahmen, von denen am Ende die Rede sein wird. Was den Übergang selbst angeht, so fragt es sich, wie man ihn darstellen kann, ohne ihn an diesem oder an jenem Ufer festzumachen und ihn auf diese Weise zu entschärfen. In der Literatur, etwa bei Flaubert, Proust oder auch bei Marguerite Duras[9] begegnet man dem Kunstmittel des *blanc*, einer Ausspartechnik, die den Übergang selbst nur indirekt anzeigt: in vorausgehenden Beunruhigungen und Erwartungen oder aber im Nachzittern, in der Nachfreude, in Reue und Enttäuschung. Die Plötzlichkeit des Übergangs bleibt im Dämmerlicht verborgen – oder sie flieht in die blendende Überhelle wie in dem Film *YEELEN*, wo der tödliche Zweikampf zwischen Vater und Sohn, angedeutet durch kraftvolle Tiergestalten und Blickkämpfe, in einem Meer von Licht versinkt. Der Faden der Geschichte setzt sich fort in den Hinterbliebenen und Fortlebenden: in der Mutter und ihrem Sohn, der keinen Vatermord, aber einen tödlichen Väterkonflikt hinter sich hat. Doch wäre das Leben nicht weiterhin gefährdet, so bedürfte es nicht jenes lebensbeschwörenden Vogeleies, das die Mutter dem Sohn in die Hand gibt – ein unblutiger Refrain auf das Bluten des Opfertieres zu Beginn der Geschichte.

5. Überraschung als Widerfahrnis

Überraschung in all ihren Formen des Abweichens, Eintauchens oder Umschlagens bleibt gebunden an eine Erfahrung, die wir machen, und dies nun nicht im Sinne eines Herstellens künstlicher

9 Vgl. Heike Kühn, »Film der Bilder – Film der Worte. Marguerite Duras: *AURÉLIA STEINER*«, in: E. Karp/D. Kiesel/K. Visarius, *Once upon a time. Film und Gedächtnis* (1998).

Erfahrungen, sondern im Sinne eines Durchmachens, Durchleidens, Durchlaufens von Erfahrungen. In diesem Sinne spreche ich von Widerfahrnissen. Gemeint ist das, was uns *überkommt*, was uns *überfällt*, was als *sur-prise* unserem Zugriff zuvorkommt und in der Über-raschung[10] schneller ist als unsere Reaktion; gemeint ist alles, was uns zustößt, ausgestattet mit einer gewissen Schlagkraft (vgl. engl. *striking*, frz. *frappant* oder gr. ἐκπλήττειν, verwandt dem Schlag: πλήγη); gemeint ist schließlich das, was uns *zufällt*, mit einer Unvorhersehbarkeit, die all unsere Vorsicht und Vorsorge in ihre Schranken weist. Sich gegen alle Überraschungen wappnen hieße sich gegen das Leben selbst wappnen. Ein Widerfahrnis, das in den alten Sprachen als Pathos oder als Affekt (wörtlich: An-tun) bezeichnet wird, kann nicht als *Akt* begriffen werden, den wir uns zuschreiben, sondern nur als *Ereignis*, das uns auf wechselnde Weise betrifft. Wenn Picasso von sich bekennt: »Ich suche nicht, ich finde«, so klingt dies recht selbstbewußt, wenn nicht anmaßend; doch dahinter steht etwas anderes. Das Finden läßt sich nicht auf Findigkeit und Erfindungskraft reduzieren, es bringt vielmehr etwas ins Spiel, das nicht allein auf unser Vermögen zurückgeht und sich deshalb auch nicht lernen läßt.

Es gibt alltägliche und stets auch mehr als alltägliche Phänomene, an denen dieses Wunder des Findens ablesbar ist. Die Wahrnehmung beginnt damit, daß uns etwas *auffällt*; dieser Initiationsvorgang läßt sich nicht durch Aufmerksamkeitsleistungen oder gar durch Beobachtungsmethoden ersetzen. Ebenso wie die Wiedererinnerung wird die Aufmerksamkeit geweckt; dem Eintauchen, von dem schon die Rede war, geht ein Auftauchen voraus. Ähnliches gilt für das Denken. Produktives Denken beginnt damit, daß uns nicht nur etwas auffällt, oft etwas Unstimmiges, sondern das uns gleichzeitig etwas *einfällt*. Gedanken kommen nicht, wenn *wir* wollen, sondern wenn *sie* wollen. Das »es denkt«, mit dem schon Lichtenberg und Nietzsche spielen, weist in ebendiese Richtung. Die Überraschung geht nicht auf ein Subjekt zurück, das ein Objekt entdeckt, vorstellt oder herstellt, sondern sie spielt sich zwischen uns und den Dingen ab als ein Ereignis des *Betroffenseins*, des *Berührtwerdens*. Die Skala dieser Affizierbarkeit reicht von der Verwunderung bis zum Entset-

10 Laut Kluge bedeutet das Wort »Überraschung«, das erstmals im 16. Jahrhundert als kriegerischer Ausdruck verzeichnet ist, soviel wie »rasch über jemanden her sein«.

zen, und dies mit allen Zeichen leiblicher Verwirrung. Hören und Sehen vergehen uns, uns stockt der Atem, wir sind wie geblendet, es verschlägt uns das Wort. Das Überraschtwerden bedeutet ein Passiv besonderer Art, keine bloße Umkehrung des Aktivs, die uns zum Spielball fremder Einwirkungen machen würde, sondern ein Medium im Sinne der griechischen Grammatik, ein Erfaßt- und Ergriffenwerden, in dem Eigenes und Fremdes, Selbstaffektion und Fremdaffektion sich miteinander verschlingen.

Daraus folgt, daß Überraschungen immer erst nachträglich faßbar sind, und dies gilt in besonderem Maße für traumatisierende Erfahrungen, die nur in ihren Nachwirkungen erkennbar werden. Wir kommen immer zu früh oder zu spät, um die Überraschung *in flagranti* zu erfassen. Darin gleicht das Widerfahrnis dem Tod, von dem Epikur zu Recht bemerkt, daß er nicht etwas ist, das wir als gegenwärtiges Ereignis vor Augen haben. Doch darauf folgt nicht, daß man ihn auf sophistische Weise wegdisputieren kann. Wie alles Überraschende, und wie ich hinzufügen möchte: wie alles Fremde, ist der Tod nicht etwas, und dennoch ist er nicht Nichts. Ähnliches gilt für das Medium des Lichts. Was der afrikanische Film so eindrucksvoll vorführt und was zu den ältesten Motiven abendländischer Lichtmetaphysik gehört, das ist die Tatsache, daß wir *im Lichte* sehen, bevor wir Licht- und Schattenreflexe entdekken, sie malerisch einsetzen oder sie schließlich durch künstliche Beleuchtung herstellen. Dies bedeutet nicht, daß am Anfang ein rein natürliches Licht stünde, das heutzutage durch ein mehr und mehr künstliches Licht abgelöst wird. Der Umgang mit dem Licht ist von Anfang an nicht rein natürlich; schon der Rückgang in die Höhle verwandelt den Tag in Nacht und drosselt die Lichtzufuhr. Außerdem ist das Licht von vornherein beides, das *Medium, worin wir sehen*, und eine *Lichtquelle, die wir sehen*, so der Sonnenball am Himmel. Der Film *YEELEN* spielt mit beiden Motiven; das Licht ist allgegenwärtig und taucht gleichzeitig am Horizont auf als ein luminoses Ikon. Hinzu kommen die Lichteffekte, die von der Kamera hervorgebracht werden, zum Beispiel die Nutzung des morgendlichen Frühlichts, das die Konturen verstärkt. Wenn wir die Überraschung als Widerfahrnis betrachten, als ein Ereignis des Sichtbar- oder Hörbarwerdens, stellt sich die Frage, wie der Blick als Sehereignis, die Stimme als Hörereignis dargestellt werden können, ohne daß beide sich in gewohnte Formen des Gesehenen und

Gehörten zurückziehen. Der von Herz Frank gedrehte Kurzfilm *ZEHN MINUTEN ÄLTER* kulminiert ganz und gar im Sichtbarmachen des Sehens. Auf der Leinwand finden wir nichts weiter als neugierige, abwartende, belustigte, überraschte, entsetzte Augenpaare und Gesichter von Kindern, ihr Blick antwortet auf Gesehenes, das sich auf einer Leinwand abspielt, die wir als Zuschauer gleichsam im Rücken haben wie das Gaukelspiel in Platons Höhle. Wir wohnen dem *Sehen des Gesehenen* bei, wir werden von der Überraschung überrascht, und eine Kamera, die uns beim Zuschauen filmen würde, würde mit Sicherheit mimetische Sehreflexe in unseren eigenen Gesichtern ausmachen. Was dem Regisseur auf diese Weise gelingt, ist ein Blick hinter den Spiegel des gesehenen Spektakels. Wir sehen den fremden Blick an einem Ort, wo er nicht ist; denn der Ort des Sehens zeichnet sich immerfort als blinder Fleck in das Gesichtsfeld ein. Sehen und Gesehenes kommen niemals zur Deckung. Das Sehen mitsamt dem, worauf das Sehen antwortet, wodurch es stimuliert und überrascht wird, bleibt selbst unsichtbar, so wie das Lautwerden der Stimme unhörbar bleibt. Das, worauf wir sehend und hörend antworten, sehen und hören wir nicht.

6. Überraschungseffekte und Reaktionsweisen

Überraschungen sind ambivalent; es gibt gute und böse Überraschungen, doch diese Unterscheidung steht nicht am Anfang. Kriterien kommen immer schon zu spät. Überraschungen sind wir als leibliche Wesen ausgesetzt wie dem Wind und dem Wetter, und dieses Ausgesetztsein schließt eine Verletzlichkeit ein. Die Verletzlichkeit, aber auch schon die Verunsicherung, die von neuen Erfahrungen ausgeht, führt zu *Abwehrmaßnahmen*. So entsteht das »Bedürfniss nach Bekanntem, der Wille unter allem Fremden, Ungewöhnlichen, Fragwürdigen Etwas aufzudecken, das uns nicht mehr beunruhigt« (Nietzsche, *Fröhliche Wissenschaft*, KSA 3, 594).

Ausblendungen sind lebensnotwendig, sie sind im übrigen dem Sehen und Hören immanent. Alles sehen und hören wollen, alles uneingeschränkt auf sich zukommen lassen hieße, gar nichts sehen und hören. Doch solche Abblendungen sind etwas anderes als *Abwehrmaßnahmen*, die das Überraschende nicht bloß einer Selektion unterwerfen, sondern es auf Schon-Bekanntes oder Nochzu-Erkennendes reduzieren. Eine erste Form der Abwehr bedeutet die *Abschirmung*, die auf der Ebene sinnlicher Erfahrung ein Wegsehen oder Weghören exerziert. Diese Abschirmung zeichnet sich schon im Gesichtsausdruck ab, etwa als blasiertes Gehabe, das mit den halbgesenkten Augenlidern dem, was zu sehen ist, keinen Blick gönnt. Filter sorgen dafür, daß nur Bekanntes durchsickert. Die augenblickliche Abwehr steigert sich zur generellen *Entschärfung*, wenn sie einer Maxime folgt wie dem bekannten: »Nichts Neues unter der Sonne.« Was übrigbleibt, sind nur *relative* Überraschungen, vergleichbar einer relativen Form von Fremdheit. Den Bezugspunkt für diese Relativierung lieferte in früheren Zeiten ein bestimmter Entwicklungsstand, nämlich die Entwicklung des einzelnen, eines Kollektivs, einer Kultur. Für das Kind, für die sogenannten Primitiven oder für Zurückgebliebene mochte überraschend sein, was für uns Erwachsene, Zivilisierte und Normale seine natürliche Erklärung findet. In dem erwähnten Wortwechsel zwischen Renan und Wittgenstein wird dies bestens illustriert. Heutzutage bemißt sich die Relativierung weitgehend am Stand der Technik. Als überraschend erscheint, was die Kapazitätsgrenzen unserer Rechenmaschinen überschreitet; Unberechenbarkeit reduziert sich damit auf Noch-nicht-Berechenbares, auf das, was »Computer noch nicht tun können«. Generell verwandelt sich das, *wodurch* wir überrascht werden, in *etwas*, das wir auf die Dauer durchaus vor- und herstellen können. Prognosen verbinden sich mit Projekten, die Vorsicht geht in Vorsorge über. Beides ist als solches unentbehrlich, aber es führt zu einer Verarmung des Lebens, wenn Normalisierung sich bis zu einem Normalismus steigert, der jede Beunruhigung durch das Anomale, Überraschende und Fremdartige zu verbannen trachtet. Als letzte Ausflucht bleibt schließlich noch die *Umkehrung*, der Kopfsprung in das Reich des »ganz Anderen«, jener schon erwähnte Exotismus, der die Überraschung um der Überraschung willen sucht und ihr damit abermals den Stachel raubt. Diesen relativen Formen der Überraschung tritt eine *radikale Überraschung* gegenüber, die ebenso wie die radikale Fremdheit zur Sache selbst gehört. Was sich der Vorschau und der Vorsorge entzieht, ist mehr als etwas, das auf die Dauer unserem Kennen und Können offensteht. Die eingangs aufgeworfene Frage, ob wir eher über etwas staunen, das wir kennen, oder über das, was wir nicht kennen, möchte ich wie folgt beantworten: Das Erstaunliche, Überraschende, Fremde wohnt im Herzen der Ordnung. Mit Leibniz zu reden gibt es ein »Wunder der Vernunft«. Der Spalt oder Riß, der Überraschendes und Erstaunliches von Vertrautem und Bewährtem trennt, geht mitten durch unsere Erfahrung hindurch; er hält sie lebendig und entzieht sich dem Wechselspiel von Enteignung und Aneignung, das stets um das Eigene kreist. Überraschend ist nicht einfach etwas, auf das wir unsere Erwartungen richten, vielmehr gibt es Unerwartetes im Erwarten und über alle gezielte Erwartung und Enttäuschung hinaus.

Kehren wir abschließend noch einmal zu unseren Filmbeispielen zurück. Forrest Gump ist gewiß nicht jemand, der die Augen aufreißt vor Überraschung. Er läßt Wunder mit der gleichen Gemütsruhe über sich ergehen, wie er Pralinen aus der Schachtel klaubt. Man könnte Wittgensteins Überlegung auch hier anwenden. Wenn sich ein normaler Bürger über diese Wundererfolge als Footballspieler, als Kriegsteilnehmer oder als Wanderguru wundern *müßte*, um wieviel mehr träfe dies auf jemanden zu, der durch seinen IQ von 75 für eine Sonderschule prädestiniert ist? Vielleicht zeigt diese zeitgenössische Fabel, daß jemand auch dann unser Staunen erweckt, wenn er nicht über das staunt, was seine Mitbürger staunen macht, da ihm der Handschlag des amerikanischen Präsidenten nicht mehr oder gar weniger gilt als die Berührung mit seinem schwarzen Freund und da Krabben für ihn das Erstaunlichste auf der Welt sind. Selbst wenn – wie so oft in Hollywood – die Decke der Konventionen am Ende alles zudeckt, so schlägt sie doch Falten. Falten sind vielleicht die sanfteste Form der Abweichung, man muß sie nur bemerken.

12. Fremdspeise und Tafelkünste

Anders als Bild und Klang und anders als selbst der Tanz gehören Speise und Trank nicht zum Repertoire klassischer Sinneslehren und zum Kern der Sinnbildung, allenfalls gehören sie zur Infrastruktur von Sinn und Vernunft. Um sich davon zu überzeugen, eine welch geringfügige Rolle sie in der traditionellen Philosophie spielen, genügt ein Blick in das *Historische Wörterbuch der Philosophie*, wo zwischen Esse commune und Essentialismus, zwischen Humor und Hybris, zwischen Mahayana und Maieutik kein Platz bleibt für das Essen, den Hunger oder das Mahl. Der Geschmack wird zwar ausführlich behandelt, aber als bloßes Sprungbrett für die neuere Ästhetik, und der Hunger stellt sich dar als ein primäres Bedürfnis, das wir mit den Anthropoiden teilen. Schwieriger ist die Frage zu beantworten, woran es liegen mag, daß die Tradition in dieser Hinsicht so wenig hergibt. Man könnte geradewegs dazu übergehen, das Versäumte nachzuholen, indem man wie in ähnlichen Fällen auf die reichhaltigen Funde einer Kulturgeschichte zurückgreift. Doch die Frage nach dem spezifischen Ort von Essen und Trinken innerhalb der Erfahrung und nach deren Bedeutung für das Denken selbst bliebe damit unbeantwortet. Eine Philosophie, die sich wie die Phänomenologie ausdrücklich als eine Philosophie der Erfahrung begreift, steht hier vor einer Aufgabe, die ihr keine Kulturwissenschaft und auch keine Kulturphilosophie abnehmen kann.

1. Traditionelle Speise- und Getränkemenüs

Auf den ersten Anhieb lassen sich für die mangelnde Berücksichtigung von Speise und Trank durch die Philosophie drei Motive ins Feld führen, die teils hemmend, teils ausschließend wirken, so daß die entsprechenden Schwellen der Problematisierung nicht wirklich überschritten werden. Hemmnisse haben allerdings einen zweideutigen Charakter, da sie dazu nötigen, von dem zu sprechen, was beiseite geschoben oder herabgesetzt werden soll. Die Verführung durch die Phänomene trägt zusätzlich dazu bei, daß es immer wieder zu überraschenden Funden kommt, auch dort, wo die Schulweisheit es sich nicht träumen läßt.

Ein erstes Hemmnis bildet das Motiv der *Lebensnotwendigkeit*. Essen und Trinken gehören zu dem, ohne das ein Lebewesen nicht leben kann. Ähnlich wie die physiologischen Körpermechanismen, die das Sitzen, Gehen und auch das Sprechen ermöglichen, fallen sie in den Bereich eines *sine qua non*, nicht in den Bereich dessen, was in sich gut und erstrebenswert ist.[1] Die Gewinnung und Herstellung von Lebensmitteln reiht sich daher unter die elementaren Betätigungen ein, die der Befriedigung ebenso elementarer Bedürfnisse dienen. In Platons Polis, die aus dem allgemeinen Bedürfnis, auch aus dem Hilfsbedürfnis erwächst,[2] nimmt naturgemäß der Ackersmann, der für die lebensnotwendige Nahrung sorgt, den ersten Platz unter den Berufsständen ein. Doch der Bereich des Notwendigen läßt sich nicht so ohne weiteres eingrenzen, da die Wünsche, auch die Eß- und Trinkgelüste, über das Unentbehrliche hinausschweifen, indem sie in allem das Angenehme suchen und nicht nur das Bekömmliche. Von Anfang an ist der Mensch geneigt, dem *Überflüssigen*, *Übermäßigen*, *Luxuriösen* Raum zu geben. So wird die »gesunde Stadt« alsbald überwuchert von den Auswüchsen einer »aufgeschwemmten Stadt«. Allerdings huldigt Platon keinem schlichten Primitivismus. Glaukon, einer der Gesprächspartner des Sokrates, bezeichnet den kargen Urstaat als eine »Stadt von Schweinen«, die lediglich abgefüttert werden.[3] Tatsächlich läßt die Überschreitung der Grenzen des Notwendigen nicht nur das Bedürfnis nach Köchen, Putzmachern, Ammen und Ärzten entstehen, sondern ohne sie gäbe es auch keine Dichter, Tonkünstler Tänzer und Schauspieler – und sicher auch keine Philosophen; denn Staunen ist nicht gerade lebenserhaltend, sondern eher lebensstörend. So

1 Vgl. zu dieser Unterscheidung erstmalig *Phaidon* 98 b-99 b. Wie so oft hängen auch hier Entdeckung und Verdeckung aufs engste zusammen.

2 Vgl. die Gründungsgeschichte in Buch II der *Politeia*: 369 b-373 d.

3 Bereits dies ist eine Rückdeutung, denn einige Zeilen weiter wird das Schwein als ein unnützes Tier bezeichnet, das im Gegensatz zum Ochsen nicht als Zugtier zu gebrauchen ist und somit in der Urstadt noch gar nichts zu suchen hat. Wenn Kant bemerkt, Rousseau habe nicht gewollt, daß man auf den Naturzustand zurück*gehe*, sondern daß man auf ihn zurück*sehe* (*Anthropologie*, VI, 681), so läßt sich ähnliches schon von Platon sagen.

sind denn Zukost und Nachtisch[4] kulinarische Embleme einer Kultur, die sich nicht mit dem Lebensnotwendigen bescheidet. Aristoteles unterscheidet später in seiner *Metaphysik* (I, 1-2) deutlich zwischen den Künsten, die auf das Lebensnotwendige abgestellt sind, und einem Wissen, das um seiner selbst willen erstrebt wird. Noch Marx hat mit der Abfolge von Reich der Notwendigkeit und Reich der Freiheit hier angeknüpft.[5] Doch diese kulturelle Überhöhung verhindert nicht, daß das Essen und Trinken als solches dem Tierischen zugehört; es wird erst durch vernünftige Steuerung vermenschlicht. In erhöhtem Maße gilt dies für die Wächter in Platons Stadt, denen von Kindheit an eine Art von sinnlicher Beschneidung zugemutet wird, die verhindern soll, daß etwas sich wie Bleikugeln (mit denen Fischer ihre Angeln beschwerten) an die Gaumenlust und andere Lüste hängt (*Politeia* 519 a-b). Später wird ihnen eine frugale, feldgraue Kost verordnet, bei der geschmacksfördernde Gewürze (ἡδύσματα) ebenso fehlen wie kulinarische Künsteleien, ganz zu schweigen von den Exzessen der Trunkenheit, die dazu führen würden, daß der Wächter selbst eines Wächters bedarf (*Politeia* 403 c-404 e). Im Gegensatz zur Kochkunst als einer Scheinkunst, die »das Angenehme zu treffen sucht ohne das Beste« (*Gorgias* 465 a), sorgt die Medizin dafür, daß das rechte Maß eingehalten und die verantwortliche Lebensführung nicht durch Völlerei und Trunksucht untergraben wird. Demgemäß unterscheidet noch Kant in seiner *Anthropologie* zwischen Üppigkeit (*luxus*) als einem Übermaß mit Geschmack und Schwelgerei (*luxuries*) als einem Übermaß ohne Geschmack (VI, 578). Der Sinn des Schmeckens wird sublimiert zum ästhetischen Geschmack. Was die gewöhnliche »Abfütterung« angeht, so hält Kant es mit diätetischen Grundsätzen, so daß Vorsätze und Angewohnheiten den nachlassenden Appetit wettmachen (VI, 383-385).

Als ein zweites Hindernis, das sich einer gebührenden Einschät-

4 Zukost, im Plural ὄψα: alles, was – wie etwa Fleisch und Fisch – zum Brot gegessen wird, wörtlich das »Gekochte« (von gr. ἕψειν, davon daher auch ὀψοποιία: die »Kochkunst«). Nachtisch, im Plural τραγήματα: bestehend aus Nüssen, Mandeln, Zuckergebäck und ähnlichem.

5 Zur Fragwürdigkeit dieses Zweistufenmodells, in dem Überfluß auf Mangel folgt und in dem der übliche Kontrast von Zivilisierten und Primitiven seinen Rückhalt findet, verweise ich auf das Kapitel »Zwischen Not und Überfluß. Metaökonomische Überlegungen zum Marxismus«, in: *Der Stachel des Fremden* (1990).

zung von Essen und Trinken in den Weg stellt, erweist sich das zentrale Motiv der *Selbsterhaltung.*[6] Eine Pflanze verwelkt, ein Tier verhungert, wenn es an der notwendigen Nahrung fehlt. In seiner physiologisch unterbauten Psychologie setzt Aristoteles das *Ernährungsvermögen* (θρεπτικόν) als das erste, grundlegende Seelenvermögen an, das als vegetative Seele schon den Pflanzen zukommt (*De anima* II, 3-4).[7] Dieses Vermögen sorgt nicht nur für die Ernährung, mit der ein individuelles Lebewesen wächst und sich selbst am Leben erhält, sondern auch für die Zeugung gleichartiger Wesen, mit der die Art sich erhält. Hunger und Liebe bilden miteinander die Urtriebe des Lebens.[8] Dabei läßt Aristoteles keinen Zweifel daran, daß Selbsterhaltung auf Fremdhilfe angewiesen ist. Die Eltern, zumal die Mütter, sind für das Kind Ursache des Daseins, der Ernährung[9] und der Erziehung. Dennoch bleibt es bei einer *erweiterten Selbsterhaltung.* »Denn die Eltern lieben ihre Kinder als Teil ihrer selbst (ὡς ἑαυτῶν τι ὄντα), die Kinder ihre Eltern als von ihnen her kommend (ὡς ἀπ' ἐκείνων τι ὄντα)«; durch die Ablösung werden die Kinder für die Eltern »wie ein anderes Selbst (οἷον ἕτεροι αὐτοί)« (*Nik. Ethik* VIII, 14). Kinder sind sozusagen naturwüchsige Freunde, im Gegensatz zu den gewählten Freunden, die ebenfalls als »anderes Selbst« bezeichnet werden (vgl. ebd., IX, 9).

Diese kosmisch verankerte Selbsterhaltung verliert ihren kommunikativen Rückhalt, wenn in der Neuzeit die individuelle Selbsterhaltung (*conservatio sui*) für jeden einzelnen das erste Gut darstellt (Hobbes, *De homine* 11, 6). In Kants Überlegungen zum *Mutmaßlichen Anfang der Menschengeschichte* ist es der Naturinstinkt, der mittels Geruch und Geschmack einige Dinge als Nahrung erlaubt, andere verbietet; der »Instinkt zur Nahrung, durch welchen die Natur jedes Individuum erhält«, wird ergänzt durch den »Instinkt zum Geschlecht, wodurch sie für die Erhaltung jeder Art sorgt« (VI, 87,

6 Das griechische Wort σωτηρία, das sich von σῶς: »heil, gesund« (lat. *sanus*) herleitet, ist weniger reaktiv als das lateinische Wort *conservatio*, das auf eine Erhaltung des Bestehenden Bezug nimmt.

7 Der Begriff der Ernährung (τροφή) wird von Aristoteles sehr weit gebraucht; so heißt es selbst vom Wasser, daß es das Feuer nährt (*De anima* II, 4, 416 a 27).

8 Vgl. dazu den Kommentar von W. Theiler zu Aristoteles, *Über die Seele* (Werke, Bd. 13), S. 114. Die teleologische Konzeption des Lebens, gleich ob als ζωή oder als βίος, läßt für ein »nacktes Leben« keinen Raum.

9 Das griechische Verb τρέφειν: ursprünglich »fest« oder »dick machen«, bedeutet zugleich »nähren«, »aufziehen« und »erziehen« im elementaren Sinne.

89). Die Hilfe, die Andere leisten, wird selbst zum Notbehelf: Wir brauchen einander.

Als drittes Motiv bleiben die *Tafelfreuden*, bei denen das Essen und Trinken nun doch über die unentbehrliche Nahrungszufuhr hinauszielt. Zwischen denen, die gemeinsam zu Tische sitzen, knüpft sich ein soziales Band eigener Art. Selbst die Bewohner von Platons Urstadt werden »mit ihren Kindern schmausen, auf Streu von Taxus und Myrten gelagert, Wein dazu trinkend und bekränzt den Göttern lobsingend, und werden sehr vergnüglich einander beiwohnen« (*Politeia* 372 b-c, Üb. Schleiermacher). Die schlichten bukolischen Gelage im Grünen finden ihre Steigerung in urbanen Festmählern. Sie erklimmen in Platons *Symposion* ungeahnte Gipfel eines gemeinsamen Philosophierens, wo das Trinken allerdings von den Reden an den Rand gedrängt wird, wenn wir von den abschließenden Eskapaden des trunkenen Alkibiades absehen. Gipfel dieser Art ragen heraus aus alltäglich geübten Tischsitten, die stets Gefahr laufen, in der bloßen Gewohnheit zu versanden. Wenn Aristoteles auf die Seltenheit wahrer Freundschaft zu sprechen kommt, so bemerkt er, daß wechselseitige Vertrautheit sich erst dann einstellt, wenn man das sprichwörtliche Salz miteinander gegessen hat (*Nik. Ethik* VIII, 4, 1156 b 27 f.). Umgekehrt vermag er dem geselligen Leben von Kultgemeinschaften und Vereinen nicht viel abzugewinnen, da sie wie etwa das Erntedankfest nur dem Vergnügen und der Erholung dienen. Zusammenkünfte, die dem Augenblick verhaftet bleiben, werden dem Leben der politischen Gemeinschaft untergeordnet, da diese sich auf das Gesamtleben erstreckt (ebd., VIII, 11, 1160 a 19-28). Es fällt offenbar schwer, den gemeinsamen Genuß von Speise und Trank als Ausdruck einer allgemeinen Zielordnung zu betrachten. Dies würde in der Tat voraussetzen, daß die erwähnten Opferriten ein eigenes Gewicht erhalten und mehr bedeuten als äußere Riten, die ihre ethische Bindekraft von anderswoher beziehen, etwa aus der Verständigung darüber, was gut und böse, gerecht und ungerecht ist (vgl. *Politik* I, 2). Was wiederum Kant angeht, so verfolgt er die »Geselligkeit« bis in den Bereich der Sinne hinein. Dabei schneidet der Geschmack besser ab als der Geruch, weil beim Essen und Trinken jeder seine Schüsseln oder Bouteillen wählen kann, ohne seine Tischgenossen zu behelligen, wie etwa der Raucher es tut (*Anthropologie*, VI, 452). Daß Kant den Freuden der Tafel nicht abgeneigt war, ist wohlbekannt.[10] Doch die Geselligkeit, die sich um den Tisch herum ausbreitet, wird nicht durch das gemeinsame Mahl gestiftet. Die leibliche Befriedigung liefert nur das »Vehikel« für das gesellige Vergnügen, bei dem Tugend sich mit Wohlleben vereint, aber nicht durch dieses zu ersetzen ist (VI, 618). Tugenden, die bei Tische erwartet werden, sind Umgangstugenden, die der Tugend ihre Anmut verleihen, selbst aber nicht mehr bedeuten als *Beiwerke* (Parerga) der Tugend (vgl. *Met. der Sitten*, Tugendlehre, § 48). Man kann es auch so sagen: Tischsitten sind nicht verallgemeinerungsfähig; sie lassen sich kultivieren, aber nicht moralisieren.

2. Inferiorität von Essen und Trinken

Unsere anfängliche Problemskizze kann nicht darüber hinwegtäuschen, daß es vielerlei Nuancen gibt, etwa zwischen Platon und Aristoteles, zwischen Descartes, Hobbes und Kant, und sie zeigt, wie bei der Lektüre der klassischen Texte immer wieder Randmotive auftauchen, die der Haupttendenz zuwiderlaufen. Doch zweifellos gibt es eine Tendenz, die auf eine Geringschätzung von Essen und Trinken hinausläuft. Das Essen und Trinken hat es aristotelisch gesprochen mit dem *Menschen als Lebewesen*, kantisch gesprochen mit dem *Tier am Menschen,*[11] cartesianisch gesprochen gar mit dem *Mechanischen im Menschen* zu tun. Dazu einige Kostproben.

Götter essen und trinken nicht. In der Abrechnung mit seinen mythotheologischen Vorgängern bezeichnet Aristoteles die Annahme, alle Wesen, die nicht Nektar und Ambrosia gekostet haben, seien sterblich, als schier unverständlich. »Kosten nämlich die Götter von Nektar und Ambrosia der Lust wegen, so sind diese nicht Ursache ihres Seins; kosten sie aber von Nektar und Ambrosia des Seins wegen, wie sollten sie dann ewig sein, da sie doch der Nahrung

10 Ich verweise auf eine Studie von Iris Därmann: »Kants Kritik der Tischgesellschaft und sein Konzept der Hospitalität«, in: dies., *Figuren des Politischen* (2009).

11 Vgl. Kant, *Metaphysik der Sitten*, A 112. Der Mensch ist tierischer als jedes Tier, wenn er sich der bloßen Körperlust ergibt. In Buch IX der *Politeia* schildert Platon das Leben jener, die sich bar aller Vernunft und Tugend in »Schmausereien« ergehen, in grellen Farben: »Nach Art des Viehes immer auf den Boden sehend und zur Erde und zu den Tischen gebückt nähren sie sich und bespringen sich einander auf der Weide …« (586 a-b, Üb. Schleiermacher).

bedürfen?« (*Met.* III, 4, 1000 a 15-18). Essen und Trinken haben in der Metaphysik, also im Bereich ewiger Wesenheiten und letzter Ziele, nichts zu suchen.

Bei Descartes ist es nicht Gott, sondern das denkende Ich, das alles Essen und Trinken von sich weist. Ausdrücklich versichert der Philosoph in seinen Antworten auf Gassendi, das Sichnähren sei ebenso wie das Empfinden und Gehen einzig dem Körper zuzuordnen und nicht etwa der Seele als dem Sitz des Denkens (AT VII, 351). Der Satz »Ich esse und trinke« hat strenggenommen keinen Sinn, außer in der Sprache des Alltags, in der Seele und Körper sich vermischen, ohne innerlich zusammenzugehören. *Das Cogito ißt und trinkt nicht*, oder in neuerer Diktion: *Das Bewußtsein (das Gehirn) ißt und trinkt nicht.*

Bei Kant verwandelt sich Descartes' ontotheologische Kluft in eine Doppelexistenz des Menschen. *Als Vernunftwesen esse und trinke ich nicht, wohl aber als Sinnenwesen.* Damit wird die Art und Weise des Essens und Trinkens dem Vernunftgesetz unterworfen. Die Kultivierung von Essen und Trinken bedeutet selbst eine moralische Forderung, die dazu führt, daß das Tierische im Menschen sich der Humanität fügt. Dennoch bleibt das Essen und Trinken etwas Zweitrangiges und Niedrigeres, gemessen an einem von moralischen Maximen geleiteten Handeln. Dazu paßt die Einreihung von Geschmacks- und Geruchssinn unter die niederen Sinne, die uns stärker affizieren, als daß sie uns etwas lehren. Insgesamt sind alle Sinne solche der »Organempfindung, gleichsam so vieler äußerer, von der Natur für das Tier zum Unterscheiden der Gegenstände zubereiteten, Eingänge« (*Anthropologie*, VI, 447).

Die Rangordnung der Seelenvermögen und der entsprechenden Sinne bringt es mit sich, daß die Nobilitierung von Essen und Trinken einen mythologischen, symbolischen oder bloß metaphorischen Anstrich erhält.[12] Sokrates erinnert in der Mittagshitze beim Zirpen der Zikaden an die Geschichte von jenen Menschen, die – entzückt vom Gesang der Musen – Speise und Trank vergaßen und zu sterben drohten; zum Lohne wurden sie in das Geschlecht der Zikaden verwandelt, das von Geburt an keiner Nahrung bedarf, um ohne

12 Ich verstehe Metapher hier im Sinne einer Bedeutungsübertragung, die Geistiges mit den Mitteln des Sinnlichen, Unsichtbares mit den Mitteln des Sichtbaren erschließt. Daß die lebendige Metapher im Sinne von Paul Ricœur sich nicht in der »bloßen Metapher« erschöpft, ist damit nicht ausgeschlossen.

Speise (ἄσιτον), ohne Trank (ἄποτον) sogleich seinen Gesang anzustimmen (*Phaidros* 259 b-c). Aber auch die mythische Vorstellung von Götterspeise und Göttertrank kehrt in der Philosophie wieder in Gestalt einer göttlichen Vernunftnahrung, deren die Seele in der wiederholten Schau des Wahren teilhaftig wird (*Phaidros* 247 d). In der augustinischen Theologie wird daraus eine Gottesnahrung, die dem Gläubigen im *frui Deo*, im Gottesgenuß, vergönnt ist.[13] Das biblische »Hungern und Dürsten nach der Gerechtigkeit« läßt sich dann nur noch metaphorisch deuten als Übertragung der Heftigkeit körperlicher Bedürfnisse auf ein geistiges oder geistliches Verlangen.[14] Was Kant angeht, so bleibt in den Grenzen der reinen Vernunft vom christlichen Opfermahl nicht viel mehr übrig als ein moralisches Memento. Die Kommunion, die »durch die Förmlichkeit eines gemeinschaftlichen Genusses an derselben Tafel geschehen kann«, bedeutet, selbst wenn sie das Gedächtnis an ein Stiftungsereignis wachhält, ein bloßes Mittel, um die sittliche Gesinnung brüderlicher Liebe zu beleben (*Religionsschrift*, IV, 876). Weit in die Ferne gerückt ist, was kosmotheologisch in den Versen von Hölderlin anklingt: »Brot ist der Erde Frucht, doch ists vom Lichte gesegnet, / Und vom donnernden Gott kommet die Freude des Weins.« Auch alltägliche Ausdrücke wie »Hunger auf Liebe«, »Wissensdurst«, »beißender Spott« oder »seinen Ärger herunterschlucken« nehmen einen bloß metaphorischen Charakter an, wenn das Essen und Trinken in der kruden Körperlichkeit versinkt. Das Essen und Trinken dient auf diese Weise nur als äußeres Vehikel für das Verständnis eines schwer zugänglichen Innenlebens. Die sexuelle Einfärbung alimentärer Ausdrücke wie »Ich könnte dich fressen vor Liebe«, auf die Freud aufmerksam macht,[15]

13 Im Pietismus und im Zeitalter der Empfindsamkeit taucht der Genuß Gottes in mannigfachen Wendungen wieder auf. Vgl. hierzu und zur kantischen Kritik daran den Artikel »Genuß« von Gerhard Biller und Reinhard Meyer im *Historischen Wörterbuch der Philosophie*, Bd. 3 (1974).

14 Vgl. dagegen die größere Leibnähe bei Pascal: »Tag für Tag zu essen oder zu schlafen wird uns nicht langweilig, denn der Hunger und auch die Müdigkeit kehren wieder, sonst würde man sich dabei langweilen. So langweilt man sich ohne Hunger nach geistigen Dingen – Hunger nach der Gerechtigkeit; achte Seligpreisung.« (*Pensées*, Frg. 941 Lafuma, 264 Brunschvicg, Übersetzung E. Wasmuth)

15 Vgl. »Aus der Geschichte einer infantilen Neurose« (GW XII, 141); Störphänomene wie Anorexie oder Sucht nach Süßigkeiten werden mit der Frühphase einer

ließe sich dann abtun als eine Vermischung elementarer Triebsphären.

3. Leibhaftiges Essen und Trinken

Die Geringschätzung von Essen und Trinken ändert sich, sobald wir dieses als ein leibliches und zwischenleibliches Geschehen betrachten, das seine eigenen Ordnungen gebiert und das in allen Stücken überdeterminiert ist wie Trauminhalte, Körpersymptome und traumatische Ereignisse. Nur ein Essen und Trinken, das in sich selbst mehr ist als bloßes Essen und Trinken, hat teil an der Ordnung der Dinge, an der Bildung des Selbst und an der Herkunft des Selbst aus dem Anderen.

Eine Phänomenologie des Essens und Trinkens, die bislang nur in Umrissen existiert, wird sich hüten, Essen und Trinken mit Prozessen der Nahrungszufuhr, der Verdauung und der Ausscheidung gleichzusetzen. Sie wird sich ebensosehr hüten, Speise und Trank auf Nahrungsmittel zu reduzieren, die sich nach ihrem Nährwert bemessen, und sie mit Lebensmitteln zu verwechseln, die man auf dem Markt kauft und verkauft. Kalorien sind Meßwerte wie Gewicht und Temperatur, sie gehören zur mathematischen Matrix der alimentären Erfahrung, erfahren lassen sie sich nur indirekt. Für eine Phänomenologie des Essens und Trinkens stellt sich die Frage, wie physiologische, ökonomische, soziokulturelle und religiöse Faktoren in der gelebten Erfahrung zusammenwirken. Nietzsches provokativer Rückgriff auf die Physiologie mag als Ansporn dienen, doch die Durcharbeitung der Phänomene erspart er uns nicht.

Die Komplexität der alimentären Erfahrung zeigt sich schon in den klassischen Texten, von denen wir ausgegangen sind. So macht Platon von Anfang an deutlich, daß Essen und Trinken keine Vorgänge sind, die bloßen Kausalgesetzen gehorchen, daß vielmehr die Seele dessen, der hungert oder dürstet, »auf etwas aus ist«, und zwar jeweils »auf etwas so oder so Beschaffenes« wie zum Beispiel ein warmes oder kaltes Getränk (*Politeia* 437 b-438 b). In all unserem Begehren geht es jeweils um etwas, das wir nicht selbst sind.[16] Fer-

kannibalischen oder oralen Sexualorganisation in Verbindung gebracht. Mehr dazu bei Iris Därmann: *Fremde Monde der Vernunft* (2005), S. 227-234.

16 Es ist bemerkenswert, daß die einfache Formel »auf etwas aus sein« (εἶναι τινός,

ner gehört es zum Essen und Trinken, daß unser Geschmackssinn, wie rudimentär auch immer, zwischen Genießbarem und Ungenießbarem zu unterscheiden weiß. Schon Aristoteles legt dar, wie das Streben *nach etwas* mit der Wahrnehmung *von etwas* Hand in Hand geht, so daß das Wahrnehmen der Nahrung, zuvörderst das Ertasten, für das Streben nach Nahrung eine unersetzliche Rolle spielt (*De anima* II, 3, 414 b 1-10). Die heutige Physiologie spricht präziser von »Geschmacksknospen«, die sich weit verstreut im Mund- und Rachenraum befinden und auf Grundqualitäten wie bitter und süß, sauer und salzig reagieren. Platon betont außerdem, daß dem Begehren ein ursprüngliches Gedächtnis innewohnt. Wer dürstet, begehrt das Gegenteil von dem, was ihm augenblicklich widerfährt, nämlich eine künftige »Anfüllung«, die der gegenwärtigen »Entleerung« ein Ende macht. Wie aber soll die Seele an die »Anfüllung« rühren, wenn nicht mittels eines Gedächtnisses, das einen früheren Zustand der Fülle festhält?[17] Daß unsere Einbildungskraft das Eß- und Trinkbegehren anstachelt und beflügelt, gehört schließlich zu den Gemeinplätzen einer Anthropologie der Sinne. Wäre es anders, so gäbe es keine Eß- und Trinkvisionen wie das Schlaraffenland. Wie sehr hierbei Perzeptionen und Appetitionen ineinander spielen, bringt Kleist uns in seiner bereits zitierten Anekdote auf lebendige Weise zu Gehör. Seinem »Branntweinsäufer« verwandeln sich die Klänge der Berliner Glocken in eine Kaskade von Trinkbefehlen, von dem behäbigen »Pommeranzen! Pommeranzen! Pommeranzen!« über das drängende »Kümmel! Kümmel! Kümmel!« bis hin zu dem atemlos sich überstürzenden »Anisette! Anisette! Anisette«, das etwas von einer Sterbeglocke hat.

Wir sehen also, wie Intentionalität, Wahrnehmung, Gedächtnis, Phantasie und Begehren dem Essen und Trinken ihr vielfältiges Gepräge geben. Doch reicht dies aus? Was geschieht mit dem Rest, der recht eigentlich den Vollzug des Essens und Trinkens ausmacht und ihn nicht nur vorbereitet oder umspielt? Essen und Trinken beschränken sich offensichtlich nicht auf intentionale Akte, die einen spezifischen Sinn anvisieren, oder auf Aktionen, die spezifischen

438 a-b), die den Keim für die spätere Intentionalitätslehre enthält, geradezu gastro-nomisch vom Essen und Trinken her entwickelt wird.

17 Vgl. *Philebos* 35 a-c. Wir stoßen in diesem späten Dialog auf die Spuren der Anamnesislehre, die von Anfang an nicht rein kognitiv, sondern immer schon affektiv und erotisch angelegt war (vgl. *Phaidon* 73 d).

Regeln folgen. Die Klingen der phänomenologischen oder auch der analytischen Philosophie werden stumpf, wenn sie ohne Umschweife auf alimentäre Phänomene angesetzt werden. Faßt man die Sättigung als Erfüllung alimentärer Intentionen beziehungsweise als Befolgung alimentärer Regeln, begleitet von entsprechenden Körper- und Gehirnprozessen, so löst sich das Essen und Trinken auf in *disjecta membra*, in das, was wir selber wollen, in das, was wir tun sollen, und in das, was ohne unser Zutun geschieht. Wie in ähnlichen Fällen stünden wir vor einem geistigen oder kulturellen Überbau, der ein soziales Regelwerk beherbergt und sich auf einer Naturbasis erhebt. Die Hierarchisierung, auf die wir immer wieder gestoßen sind, würde fortdauern. Sie verschwindet auch dann nicht, wenn man die Verhältnisse umkehrt nach dem Motto: »Erst kommt das Fressen, dann die Moral«.

Hierarchisierende und dualistische Tendenzen lassen sich aufhalten, wenn wir von einem leiblichen Essen und Trinken ausgehen und auch von einem leibhaften Hungern, das in Knut Hamsuns bekanntem Roman auf unerbittliche Weise Gestalt angenommen hat bis hin zu den extremen Formen eines »frohen Wahnwitzes des Hungers« (2009, S. 125). Der Leib fungiert, mit Husserl zu reden, als »Umschlagstelle«, wo Geist und Natur bzw. Kultur und Natur, aber auch Eigenes und Fremdes fortwährend ineinander übergehen. Auch bei Iris Därmann spielt in dem groß angelegten und provokativen Versuch, Ethnologie, Psychoanalyse und Phänomenologie an einen Tisch zu bringen, der Leib eine besondere Rolle, nämlich in Form einer *Einverleibung*, die sich auf der Schwelle von Eigenem und Fremdem bewegt und dem Oralen eine besondere Bedeutung verleiht.[18] Der folgende Versuch, der dem genannten Werk mannigfache Anregungen verdankt, ist sparsamer angelegt. Er geht aus von einer *Fremdheit des eigenen Leibes*, die in der Fremdspeise eine Art *pars pro toto* findet. Die einzelnen Fremdheitsmotive eignen sich zur Korrektur der traditionellen Engpässe, auf die wir gestoßen sind, aber auch zur Verstärkung gegenläufiger Motive, an denen es in der großen Tradition nicht fehlt.

18 Vgl. Därmann, *Fremde Monde der Vernunft* (2005), darin vor allem die Behandlung von Marcel Mauss und Sigmund Freud in Kapitel 2 und 3.

Beginnen wir mit der Lebensnotwendigkeit. Die schlichte Berufung auf elementare Bedürfnisse und notwendige Mittel zum Erhalt des Lebens erweist sich als fragwürdig, wenn wir uns auf die Wirkungsweise von Geschmack und Genuß besinnen. Im *Geschmack* liegt ein Überschuß, der den Kreislauf von Appetit und Sättigung, von Leere und Erfüllung und auch den von Merken und Wirken a limine sprengt. Der Geschmack von Speise und Trank erschöpft sich ebensowenig in deren Nährwert, wie die Liebe in einem Fortpflanzungswert aufgeht. Wenn Aristoteles die Lust generell als etwas betrachtet, das zum Zielstreben *hinzutritt*,[19] so dürfte dies auch für den Geschmack von Speise und Trank gelten. In bezug auf den Eros spricht auch Aristoteles bisweilen in platonischer Manier von einem *Überschuß* oder *Übermaß* (ὑπερβολή).[20] Was Speise und Trank angeht, so stießen wir wiederholt auf Zutaten, die mehr mit Üppigkeit und Überfluß zu tun haben als mit dem Notwendigen. Spezifischer noch ist das bereits erwähnte Moment der *Würze*. Der griechische Ausdruck ἥδυσμα meint wörtlich das, was die Speise schmackhaft macht, wozu es nur einer geringen Dosis bedarf (vgl. *Nik. Ethik* IX, 10, 1170 b 29). Er taucht auch in der aristotelischen Ernährungslehre auf, die den Sockel seiner Psychophysiologie bildet. Beim Hunger richtet sich das Begehren auf Trockenes und Warmes, beim Durst auf Feuchtes und Kaltes.[21] Die

19 Vgl. *Nik. Ethik* X, 4, 1174 b 31-33: »Die Lust vollendet die Tätigkeit, aber nicht als eine ihr innewohnende Haltung, sondern als eine hinzutretende Vollendung, wie die Blüte bei Heranwachsenden.« Der Überschuß ist hier allerdings selbst noch teleologisch gedacht als eine Art Epiteleologie.

20 Vgl. *Nik. Ethik* VIII, 7, 1158 a 12; es geht an dieser Stelle um die Liebe zum einzelnen. In einem der aus der aristotelischen Schule stammenden *Problemata Physica*, das den Geschlechtsverkehr behandelt, wird unterschieden zwischen notwendigen Begierden wie Trinken und Essen und der Begierde nach Geschlechtsverkehr, die aus einem Überfluß (an Säften) stammt; ersterer schämt man sich nicht, wohl aber der letzteren (Werke, Bd. 19, S. 57). Wie nicht nur diese Stelle zeigt, haftet dem Hyperbolischen etwas Zweideutiges an, ganz zu schweigen vom tadelnswerten Übermaß als einem Verfehlen der Tugendmitte (*Nik. Ethik* II) oder als einem Zuviel an Freunden (IX, 10, 1170 b 23).

21 Diese Elementenlehre hat ihre Spuren auch in der Geschlechterkosmologie hinterlassen (vgl. das erwähnte Problema über den Geschlechtsverkehr). Der genetisch nur mit großer Mühe aufzuklärende Zusammenhang zwischen Nahrungs- und Geschlechtssphäre deutet sich in solchen physiologischen Spekulationen an.

Sinne tragen nur akzidentiell zur Wahrnehmung der Nahrung bei; denn die Nahrung hat als Nahrung weder Farbe noch Ton, noch Geruch. Doch eine Ausnahme gibt es: den Geschmack, genauer: den Nahrungssaft (gr. χυμός, hergeleitet von χεῖν: »gießen«), der ertastet wird. Von dem Geschmacksstoff, der in der Gaumenlust verspürt wird, heißt es: Er ist gleichsam die Würze der erwähnten Nährstoffe (*De anima* II, 3, 414 b 13 f.). Zur Würze gehört das Salz, das in der lateinischen Version *sal* auch den Witz bedeutet. In einem Ausspruch wie »Ihr seid das Salz der Erde« nimmt es missionarische Ausmaße an, und auf alltäglichere Weise begegnet es uns im bereits erwähnten Salzessen als einem Signet der Freundschaft. Warum gerade Salz? Salz, das nicht satt macht, das aber, abgesehen von der Zufuhr mineralischer Substanzen, der Speise eine schmackhafte Würze verleiht, hat mehr mit dem Ereignis des gemeinsamen *Essens* zu tun als mit dem *Gegessenen*, das jeder für sich verzehrt und verdaut. Die Unterscheidung zwischen Sagen und Gesagtem findet hier ihren kulinarischen Widerhall. So wie das Sagen immerzu über das Gesagte hinausschießt, bekundet sich im Geschmack ein sinnlicher Überschuß, der nie völlig ins Nahrhafte umzusetzen ist, obwohl er zur Ernährung beiträgt. In jedweder Speise und in jedwedem Trank finden sich Spuren von Nektar und Ambrosia, so wie auf jedem Mahl der Abglanz eines Festmahls liegt, selbst wenn es gewöhnlich weitaus karger zugeht als auf den Diners, die Proust in den üppigen Farben flämischer Meister erstrahlen läßt. Was den Trank betrifft, so ist zu erinnern an das Bouquet des Weines, der gekostet und nicht bloß getrunken sein will. Eß- und Trinkkultur zehren von solchen Überschüssen, die so alt sind wie die Menschheit. Sie lassen erhebliche Variationen zu, wenn etwa afrikanische Gesellschaften Pottasche statt Salz verwenden oder wenn die Eskimos sich mit dem Trinken von Meerwasser und dem Verzehr von Algen begnügen. Gewürze gehören einem eigenartigen Bereich kulinarischer Kunst an. Dazu bemerkt André Leroi-Gourhan: »Die Verbindung von Thymian mit Salz und Muskat läßt sich nicht in Bewegungen übersetzen, ja nicht einmal in Worte.«[22] Entscheidend ist, daß diese Geschmacksbildung zu den physischen Grundlagen unserer Kultur gehört. Dies gilt auch schon für die sogenannte

22 Vgl. André Leroi-Gourhan, *Hand und Wort* (1984), S. 364; der paläontologische Autor betrachtet Geschmackssinn, Geruchssinn, Gastronomie und Küche insgesamt aus kulturtheoretischer Perspektive.

primitive Kultur und die sogenannte primitive Kunst. »Eine Zusammenstellung von Düften, ein gastronomisches Mahl können als Kunstwerke bezeichnet werden«, wo immer sie auftreten.[23] Der Zerfall der Geschmackskultur, wie er sich in der Zunahme des Fast food andeutet, ist ein Zeichen des Niedergangs – oder eben der Not. Verhungernden und Verdurstenden vergeht der Geschmack. Demgegenüber gehören die sogenannten rohen Anfänge zu den Projektionen einer Kultur, die an sich selbst zweifelt und sich in Gegenbilder flüchtet.

Verwandt mit dem Geschmack ist der *Genuß*. Genießen bedeutet mehr als ein unmittelbares Zulangen, mehr auch als ein zielbewußtes Streben; es erfordert eine gewisse Verzögerung, innerhalb deren das Schmackhafte seine Anziehungs- und auch seine Abstoßungskräfte entfalten kann. Fastenriten, die es in allen Kulturen gibt, sind in erster Linie nicht als Kostverachtung, sondern als Kostverstärkung zu betrachten, die sich einer besonderen Art von *alimentärer Epoché* bedient. Die Erinnerung des Begehrens, die Platon ins Spiel bringt, eröffnet Horizonte, die vor- und zurückweisen. Doch das Auskosten lebt weder von der Erinnerung noch von der Erwartung, sondern von dem, was in der Gegenwart anschwillt. Das auskostende Genießen ist kein intentionaler Akt, mit dem jemand sich auf etwas Gegenwärtiges, Vergangenes oder Zukünftiges richtet. Verwandt mit dem Auskosten ist das *Sich-nähren-von …*, das *Leben von …*, das alles Vorstellen und Herstellen, alles Bedeuten und Begehren übersteigt.[24] Das, *wovon* wir uns nähren, kommt uns nahe wie nur irgend etwas. Doch Kant macht es sich zu einfach, wenn er die höheren Sinne durch die »oberflächliche« Wahrnehmung, die niederen Sinne durch den Genuß als »innigste Einnehmung« gekennzeichnet sieht (*Anthropologie*, VI, 451) und wenn er den Genuß gleich dem Gefühl in eine subjektive Innerlichkeit verlegt. Die übliche Subjektivierung dessen, was sich der Objektivation und somit einer allgemeinen Nachprüfbarkeit verweigert, verkennt die Ferne,

23 Vgl. Franz Boas, »Primitive Kunst« (engl. 1927), zitiert nach Prussat/Till, *»Neger im Louvre«. Texte zu Kunstethnographie und moderner Kunst* (2001), S. 86; der ethnologische Autor beruft sich unter anderem auf die formale Ästhetik von Alois Riegl.

24 Vgl. dazu die außergewöhnlichen Passagen, die Emmanuel Levinas in Kapitel 2 von *Totalität und Unendlichkeit* dem Genuß widmet, darunter auch dem Genuß der Nahrung.

aus der das kommt, was uns innerlich berührt. Der leibliche Sitz der Gefühle, von dem das folgende Kapitel handelt, findet seine Ergänzung im leiblichen Sitz der Genüsse. Was wir genießen, bleibt uns fremd als etwas, *von dem* wir zehren, ohne es aufzuzehren oder zu besitzen. Geläufige Kategorien der Güterlehre greifen zu kurz, da sie das, wovon wir uns nähren, vorweg schon als etwas behandeln, das man sich aneignet, indem man es produziert, konsumiert, konserviert und kapitalisiert. Auch die bei Platon noch anzutreffende Deutung des Begehrens, also auch des Hungerns und Dürstens, als eines Wechsels von Entleerung und Erfüllung (*Philebos* 35 a) trifft nur einen winzigen Aspekt der Sache. Im Genuß fließt nicht etwas hinein und heraus wie bei einem lecken Faß, das sich ohne Ende füllt und entleert (*Gorgias* 493 b), Genießender und Genossenes verändern sich im Genießen. Bei der Erörterung der Frage, ob ein Lebewesen sich von Gleichem oder von Ungleichem nährt, stößt Aristoteles auf ebendieses Problem. Er entscheidet sich für eine mittlere Lösung. In der Verdauung der Speise wird Ungleiches durch Angleichung, durch Assimilation, in Gleiches verwandelt (*De anima* II, 3). *Verwandlung*, modern gesprochen: Stoffwechsel, bedeutet aber mehr als Anfüllung. Zugleich stellt sich die Frage, ob die Assimilation nicht stets Momente einer *nicht zu assimilierenden Fremdheit* behält, da angeglichen wird, was nicht gleich ist, und da etwas genießbar wird, was nicht einfach genießbar ist. In diesem Sinne wird jede Speise zubereitet, nicht nur die gekochte, sondern auch die rohe. Die Unterscheidung von Rohem und Gekochtem, die Claude Lévi-Strauss seiner Theorie der Eßkultur zugrunde legt, bezeichnet keine Wasserscheide, sondern eine Schwelle, an der die Legierung von Natur und Kultur kulinarisch variiert. So haftet an jeder Speise, die wir genießen, ein »kleines Stück Natur«, ein ungenießbares Stück Natur, das deren Herkunft verrät, seien es ein Paar Tropfen Salzwasser an der Austernschale oder ein Stück knorriges Rebholz und das vergilbte Laub an der Weintraube (Proust, *Recherche*, II, S. 416, dt. III, S. 161). Doch selbst das, wovon wir uns nähren, gleicht der Luft, die wir ein- und ausatmen; wir können sie anhalten, aber nicht nach Belieben speichern. Man genießt nicht auf Vorrat. Die Entelechie, die Aristoteles überall ins Spiel bringt, wo Lebendiges sich regt, stößt hier ebenso an ihre Grenzen, wie unsere modernen Auffassungen von Sinnbildung und Regelbefolgung es tun. Kulinarische Normalität entsteht durch Normalisierung, sie ist nicht fix und fertig gegeben, und wie alle Normalität bleibt sie umstritten.

Ein weiteres Motiv, das eine Phänomenologie des Essens und Trinkens zu berücksichtigen hat, ist das der *Gabe*. Bekanntlich bedurfte es erheblicher Anstrengungen, um dieses Motiv philosophisch hoffähig zu machen.[25] In unserem Zusammenhang besagt dies, daß das Essen und Trinken ähnlich wie Reden und Handeln als ein Geschehen zu betrachten ist, das es von Anfang an mit dem/der Anderen und mit Anderen zu tun hat. Doch dies allein genügt nicht. Die Fremdheit einer Gabe, die von anderswoher kommt, verliert sich, sobald man das Geben in ein reziprokes Verhältnis von Geben und Nehmen einfügt und es auf die Bahnen eines Tauschs von Äquivalenten lenkt. In der platonischen Urstadt treten Produzenten auf, die nicht nur Nahrung produzieren, sondern Überschüsse durch Handelsleute auf dem Markt feilbieten lassen. Die arbeitsteilige Herstellung von Gütern und deren Zirkulation besagen, daß die Beteiligten »einander mitteilen, was jeder gefertigt hat« (*Politeia* 371 b), indem sie Geld als symbolisches Tauschmittel benutzen. Einzig die Tagelöhner, Arbeitssöldner, Lohnarbeiter oder wie immer man das griechische Wort μισθωτός übersetzen mag, geben etwas von sich selbst her, nämlich den Gebrauch ihrer Kraft (371 e). Es bildet sich eine Gemeinschaft, deren Gerechtigkeit darin besteht, daß jeder das Seine tut und im Austausch der Güter soviel bekommt, wie er gibt, und soviel gibt, wie er bekommt. Das Geben (διδόναι) verwandelt sich in ein *Teilgeben* (μεταδιδόναι), das Nehmen (λαμβάνειν) in ein *Teilnehmen* (μεταλαμβάνειν), hinter dem ein vielgliedriges Ganzes steht. Speise und Trank sind idealiter betrachtet gemeinsame Speise und gemeinsamer Trank. Die Eintracht ist allerdings bedroht durch das unersättliche Mehrhabenwollen (πλεονεξία) jedes einzelnen. Lediglich im Hintergrund des Mythos taucht eine freigiebige Natur auf, die gibt, ohne zu nehmen. Im kindlichen Zeitalter des Kronos, das Platon im *Politikos* ausmalt, gab es noch keinen Ackerbau; die Menschen sam-

25 Zu verweisen ist auf das, was sich bei Autoren wie Mauss, Levinas, Lacan, Derrida und in deren Gefolge getan hat, so zuletzt in der grundlegenden Untersuchung von Marcel Hénaff: *Der Preis der Wahrheit* (2009). Ich selbst habe im *Antwortregister* vom Antwortgeben her einen Zugang zu diesem Thema gesucht, das seine klassische Vorgeschichte hat, aber eine zumeist verkannte.

melten die Früchte, »die ihnen die Erde von selbst gab«,[26] und die Lebewesen dienten einander noch nicht als Speise (271 e-272 a). Ähnlich im Goldenen Zeitalter Ovids, wo die Menschen sich mit den Speisen begnügten, die »ohne Zwang gewachsen waren«, wo »Ströme von Milch, Ströme von Nektar flossen und gelber Honig von der grünen Steineiche tropfte«. Das Zeitalter des Zeus macht diesem kindlichen Spuk ein Ende: keine »sich von selbst (automatisch) darbietende Nahrung« mehr, statt dessen »Gaben der Götter« wie das Feuer und die Künste, mit deren Gebrauch der Mensch für sich selbst zu sorgen lernt (*Politikos* 274 c-d).

Die Frage ist nur, ob dieser Umschlag von Hilflosigkeit in Selbsthilfe, von Fremderhaltung in Selbsterhaltung nicht seinerseits zu den zivilisatorischen Mythen gehört. Diese Mythisierung bestünde darin, daß man die individuelle und kollektive *Vorgeschichte*, die stets *zu früh* kommt, umdichtet in eine bloße *Frühgeschichte*, die lediglich *früher* einsetzt und die man schrittweise hinter sich läßt. Es handelt sich um eine Umdeutung; denn was die Gabe wohl oder übel auszeichnet, das ist eine Zuvorkommendheit, die niemals völlig einzuholen ist. Dies gilt für die Frühgeschichte des Säuglings, des *nourrisson*, der nicht nur von etwas, sondern zugleich von jemandem lebt, von der Mutter, die mit der Nahrung ein Stück ihrer selbst gibt (oder nicht gibt), und diese Urgabe fügt sich ein in ein Geflecht von Gaben.[27] Doch darüber hinaus gibt es eine das ganze Leben durchziehende Geste des Gebens, die jeweils über das Gegebene hinauszielt. Gegebenes kann ich mir unter geeigneten Umständen auch selbst zuteilen, nicht so das Geben, das ich gleich dem Versprechen entgegennehme. Wäre es anders, so könnte man eine Gabe quittieren wie eine Zahlung, und der Dank wäre nicht mehr als eine Floskel, die das soziale Getriebe ölt. Der Überschuß des Gebens spiegelt sich auch in den Tischsitten wider, so wenn es etwa in Japan üblich ist, daß jeder dem oder der Anderen ein-

26 Wörtlich »heraufgab«, »emporreichte« (gr. ἀναδιδόναι). Dieses vertikale Geben gehört einer anderen Dimension an als das horizontale Geben und Nehmen. Dazu paßt, daß in der mythischen Sprache die Erde als Mutter Erde eine geschlechtliche Konnotation aufweist.

27 Zu den reichen Materialien, die nicht nur Freuds Analyse der frühkindlichen Sexualentwicklung, sondern radikaler noch Laplanches allgemeine Verführungstheorie zum libidinösen Charakter der Ernährung beigesteuert hat, verweise ich abermals auf die Abhandlung von Iris Därmann (2005).

gießt. Dies setzt voraus, daß man einander besondere Aufmerksamkeit schenkt; auf diese Weise ist beim Essen und Trinken jeder zugleich beim Anderen wie in einem gekonnten Quartettspiel. In diesem Sinne wäre die Speise, die jemand zu sich nimmt, stets eine halbfremde Speise, so wie laut Michail Bachtin jedes Wort, das ich in den Mund nehme, ein »halbfremdes Wort« ist, das auf fremde Worte antwortet und sie weiterträgt, selbst wenn ich mit mir selbst spreche.

Das letzte Fremdheitsmotiv, auf das wir unser Augenmerk richten wollen, betrifft das Mahl und speziell seine Eigenschaft als *Gastmahl*. Dieses Motiv eröffnet überaus weitläufige Perspektiven, so daß einige Aperçus genügen mögen. Ein Mahl ist keine bloße Abfolge oder Ansammlung von Einzelakten, sondern ein Ereignis, das hier und jetzt und wiederholt stattfindet. In diesem Sinne gibt es *Mahlzeiten* wie etwa die klassisch-römische Abfolge von *ientaculum*, *prandium* und *cena*, es gibt *Eß- und Trinkstätten* wie Eßzimmer, Speisesaal oder Trinkstube, ferner Speisegänge, Speise- und Trinkgeräte, Küchenrezepte, Eß- und Trinkvorschriften und anderes mehr. Ein Mahl nimmt stets Bezug auf Andere, so wie auch ein Selbstgespräch mit Anderen und mit sich selbst als einem Anderen geführt wird. Es findet in einer gemeinsamen Welt statt.

Doch darüber hinaus wohnt jeder Tischgesellschaft eine gewisse Fremdheit inne. Diese beginnt mit der *Tischordnung* im weiteren Sinne. Wie jede Ordnung geht auch sie auf Stiftungen und Erfindungen zurück, die wie im Falle von Kleidung, Wohnung und Sprache weithin anonym bleiben. Der einzelne ißt und trinkt, *wie man* ißt und trinkt; dieses Wie und dieses Man kann wie auch sonst homogenere oder diffusere Formen annehmen. Es ist jeweils ein *Drittes* im Spiel, das so etwas wie Tischgenossenschaft ermöglicht. Das Dritte kann in besonderen Fällen durch einen personalen Dritten repräsentiert sein, so etwa in der Förmlichkeit des antiken Symposarchen, des *magister bibendi*, der den Wein kostet, verteilt und mischt, oder in Form des georgischen Tamada, eines traditionellen Tafelherrn (inzwischen auch in weiblicher Form zulässig), der durch gezielte Aufforderung zu Tischreden oder Trinksprüchen dafür sorgt, daß die Gesellschaft nicht auseinanderbricht, die Geselligkeit nicht verflacht und das Gelage nicht in eine Sauferei ausartet.

Doch der Ordnung des Dritten steht auch hier die Fremdheit

des Anderen gegenüber. Eine Tischordnung, die so ist, wie sie geworden ist, die aber auch anders sein könnte, kann nicht anders als exklusiv und selektiv auftreten. Dies besagt nicht nur, daß nicht alle einbezogen sind, sondern auch, daß niemand ganz und gar in seiner Singularität einbezogen ist. Die Fremdheit beginnt bei Tische, wie jedes Kind weiß, dem beigebracht wird, sich auf eigentümliche Weise zu benehmen. Wie jede Ordnung bewegt sich auch die Tischordnung zwischen den Extremen von Zwanghaftigkeit und Beliebigkeit, sie ist mehr oder weniger offen. Doch darüber hinaus gibt es den Platz für Abwesende. Der mancherorts anzutreffende Brauch, für Verstorbene einen Sitz freizuhalten, macht diese Leere spürbar. Abwesend sind aber auch Gäste, die kommen könnten. Keine Tischgesellschaft ist vollständig, es gibt stets *Überzählige*, selbst wenn man sich wie Kant an die Faustregel hält, bei der Auswahl der Tischgesellschaft nie die Zahl der Grazien zu unterschreiten und nie die Zahl der neun Musen zu überschreiten (*Anthropologie*, VI, 617). Die *Gastlichkeit*, die jedem Mahl Züge eines Gastmahls, jeder Speise Züge einer Fremdspeise aufprägt, bedeutet keinen Sonderfall, sondern eine permanente Beunruhigung, die auch durch das *Gastrecht* nicht völlig aus der Welt zu schaffen ist. Kant erinnert an den Araber, »bei dem der Fremde, sobald er jenem nur einen Genuß (einen Trunk Wasser) in seinem Zelt hat ablocken können, auch auf seine Sicherheit rechnen kann«, oder daran, daß »der russischen Kaiserin *Salz* und *Brot* von den aus Moskau ihr entgegenkommenden Deputierten gereicht wurde, und sie durch den Genuß desselben sich auch vor aller Nachstellung durchs Gastrecht gesichert halten konnte« (VI, 619). Worauf beruht diese Sicherheit? Wie steht es mit den Verhungernden und Verdurstenden, die längst mehr sind als bloße Randgestalten? Bedenkt man, wie nah Fremdheit und Feindschaft beieinander wohnen, wie schnell die Gabe der Speise sich in Gift und das Nehmen sich in ein Wegnehmen verwandeln kann, so wird man sich hüten, Tischsitten als bloße Sitten abzutun.

13. Der leibliche Sitz der Gefühle

Gefühle haben nicht nur ihren Ort, sie haben auch ihre Zeit. In der Gegenwart kann man von einer vielfältigen Renaissance der Gefühle sprechen. Das betrifft einmal die Philosophie selbst, zumal die Ethik. Jede Gesetzesmoral stößt an ihre Grenzen, wenn es nicht nur um Rechtsgründe geht, sondern um Beweggründe, die ohne Selbstgefühl und Fremdgefühl keinen Ansatzpunkt finden. Die Selbstbildung, wie sie in den verschiedenen Sozialisierungstheorien und auch in der Psychoanalyse behandelt wird, vollzieht sich nicht als bloßer Rollenerwerb und Rollenwechsel, sondern als ein krisenanfälliger Prozeß, der von affektiven Bindungen und Trennungen geprägt ist. Das Lernen, mit dem es die Pädagogik zu tun hat, verliert seinen Rückhalt, wenn es auf Desinteresse und Lustlosigkeit stößt. In der Neurobiologie hat die Bedeutung jener Hirnzonen zugenommen, die mit der Realisierung von Gefühlen verbunden sind; das Gehirn ist demnach kein bloßer datenverarbeitender Apparat, sondern ein lebendiges Organ, unter dessen Mithilfe der leibliche Organismus auswählt und bewertet, was wichtig ist. Schließlich zeigt der interkulturelle Vergleich, in welchem Maße die einseitige Bevorzugung von Verstand und Willen, die den okzidentalen Rationalismus auszeichnet, einer typischen Welt- und Lebenseinstellung entstammt, übrigens auch einer höchst maskulinen Einstellung, wie in den mannigfaltigen Studien zur Geschlechterdifferenz betont wird.[1] Die folgenden Überlegungen, denen eine historische Orientierungsskizze vorausgeht, zielen ab auf eine phänomenologische Neubestimmung der Gefühle, die vom pathischen Charakter der Erfahrung ihren Ausgang nimmt und in der Leiblichkeit der Erfahrung ihre Nahrung findet. Die Künste sind davon auf indirekte Weise betroffen. Dabei kommt es nicht so sehr darauf an, daß Gefühle in den verschiedenen Künsten ihren spezifischen Ausdruck finden, als vielmehr darauf, daß die Künste insgesamt pathische Impulse aufnehmen und verarbeiten.

1 Vgl. unter dieser Perspektive Carola Meier-Seethaler, *Gefühle und Urteilskraft. Ein Plädoyer für die emotionale Vernunft* (1997).

1. Verdrängung und Wiederkehr der Gefühle

Gefühle haben in der Moderne einen schweren Stand. Natürlich weiß jeder, daß es sie gibt, doch wie gibt es sie und wo? Die Bewertung schwankt zwischen Herabsetzung und Überschwang. Wer sich auf das Gefühl als »sein inwendiges Orakel« beruft, »tritt die Wurzel der Humanität mit Füßen«, so Hegel in der Vorrede zur *Phänomenologie des Geistes* (Werke 3, 64f.): »Das Widermenschliche, das Tierische besteht darin, im Gefühle stehenzubleiben und nur durch dieses sich mitteilen zu können.« Gefühle ja, aber bloß als unentfalteter, dumpfer und wortloser Anfang. Zur gleichen Zeit stimmt Faust Gretchen gegenüber, nicht ohne Hintergedanken, das Hohe Lied der Gefühle an: »Nenn's Glück! Herz! Liebe! Gott! / Ich habe keinen Namen / Dafür! Gefühl ist Alles; / Name ist Schall und Rauch, / Umnebelnd Himmelsglut.« Wenn Bewertungen so gegensätzlich ausfallen, liegt der Verdacht nahe, es bestehe da eine geheime Komplizenschaft; man tadelt oder preist über alle Maßen, was man nicht so leicht verschmerzt. Aber schon Heinrich Heine gießt Wasser in den Wein der deutschen Gefühle. In einem Text, den er 1854 kurz vor seinem Tod verfaßte, heißt es: »Charakteristisch ist es, daß unsern deutschen Schelmen immer eine gewisse Sentimentalität anklebt. Sie sind keine kalten Verstandesspitzbuben, sondern Schufte von Gefühl. Sie haben Gemüth, sie nehmen den wärmsten Antheil am Schicksal derer, die sie bestohlen, und man kann sie nicht los werden.« (*Sämtliche Schriften*, Bd. 6/I, S. 446)

In dem lang andauernden Hin und Her von Auf- und Abwertung spiegelt sich die neuzeitliche *Subjektivierung der Gefühle*. Sie bildet das genaue Gegenstück zur Entzauberung des Kosmos. Als bloßer Inbegriff kausal erklärbarer und beherrschbarer Mechanismen ist die Natur fortan nicht nur sinnfrei, sondern auch gefühlsfrei. Das ewige Schweigen der unendlichen Räume mag ein Schaudern auslösen, doch dies ist ein bloßes Restgefühl, das den Betrachter auf sich selbst zurückwirft. Wie Husserl in seiner *Krisis*-Schrift zeigt, wird die Reduktion der kosmischen Lebenswelt auf eine physische Außenwelt wettgemacht durch die »ergänzende Abstraktion« einer psychischen Innenwelt (Hua VI, 231). Zum Bereich der Gefühle gehört fortan all das, was sich nicht kognitiv als sachliche Eigenschaft oder praktisch als Zweckdienlichkeit verbuchen läßt. In ihrer elementaren Form sind Gefühle *private* Zustände eines Subjekts: »Ich habe das

Gefühl, daß …«, wie soll ich wissen, daß du ähnliches fühlst? Die quasiphysikalische Analyse führt zur Annahme *atomarer* Empfindungsdaten, *sensation* genannt, die herumirren und nach Anschluß suchen. Dabei behandeln wir, wie Lichtenberg in den *Sudelbüchern* spöttisch bemerkt, Affekte wie »aufgeklebte Schönpflästergen«, die uns über die Roheit der Empfindungen hinwegtäuschen (*Schriften*, I, 20). Gefühle gelten als *irrational*, keiner Regel gehorchend, solange sie sich selbst überlassen bleiben. Descartes' Trennung von Seele/Geist und Körper gebiert eine *duale* Gefühlssphäre, in der geistige, höhere Gefühlen wie Stolz und Trauer sich von niederen, tierischen Gefühlen wie Wollust oder Ekel absetzen. Auch die Gefühlswelt hat eine Art von *part maudite*. Es gibt zwar auch soziale Gefühle, aber sie wurzeln im Eigenen und lassen sich notfalls gegen Eigengefühle verrechnen. Der »possessive Individualismus« im Sinne von C. B. McPherson macht auch vor den Gefühlen nicht halt. So büßen die Gefühle allmählich ihre Weltläufigkeit ein. Im Gefühl ist jeder anfangs nur bei sich selbst. Darin liegt eine Wahrheit, aber eben nur die halbe, und es ist ebendiese affektive Weltverarmung, gegen die Hegel mit seinen Vermittlungen zu Felde zieht. Natürlich gibt es Gegenläufiges wie Sternes *Sentimental Journey*, wo die Empfindung zum Leitfaden einer überraschungsfreudigen Länderreise wird. Wie so oft treten Literatur und Kunst als Sachwalter einer schwindenden und Vorboten einer kommenden Sache auf. Der *moral sense*, der von Autoren wie Shaftesbury hochgehalten wird, ist dem ästhetischen *taste* verwandt. Auch bei Kant suchen die Gefühle ihren Weg in Form eines verfeinerten Geschmacks, doch dieser steht im Schatten der Natur- und Moralgesetze. Erst recht gilt dies für das moralische Gefühl der Achtung, das von der Vernunft selbst »praktisch-gewirkt« wird (KpV A 134). Immerhin erwächst daraus ein neuartiger Gefühlsadel, der im argumentativen Räderwerk unserer Diskurse und in den Schnittmustern unserer Systeme wenig Beachtung findet.

Eine derartige subjektive Verarmung der Gefühle hat es nicht immer gegeben, und es ist auch nicht dabei geblieben. Im klassischen Denken findet sich das, was griechisch *pathos* oder lateinisch *affectus*, *affectio*, *emotio* und *passio* heißt, vielfältig eingebettet: in die Wahrnehmung, die mit der Empfindung anhebt; in das Streben, das sich von Angenehmem anziehen, von Unangenehmem abstoßen läßt; in die Rede, die auf die Stimmungs- und Interessenlage der Zuhörer Rücksicht nimmt; in den Überschwang der Leidenschaft, in der sich die Welt auf einen einzigen hellen oder dunklen Punkt zusammenzieht. Der Eros, in der *Antigone* besungen als eine unbezwingliche Macht, die »in die Besitztümer einfällt«, ist weit entfernt von einem Gefühlshaushalt, den der einzelne verwaltet. Selbst *concordia* und *consensus*, die zu den Grundfesten des politischen Lebens gehören, enthalten einen leiblich-sinnlichen Unterton, der sich nicht in gemeinsamen Zielsetzungen und Regelungen erschöpft. Gleichwohl rückt auch in der klassischen Philosophie das Pathos in den Schatten des Logos. In der Schule der Stoa, deren Wirkung die Neuzeit in besonderem Maß bestimmt, wird das Pathos gar zum Widersacher des Logos. Sieht man von Platon ab, der noch ein Pathos des Logos kennt, so erscheint das Pathos in sich selbst als ein Alogon, als etwas Irrationales, das sich der Hegemonie des Logos zu beugen hat.

Schon im Umfeld der klassischen Vernunftphilosophie, bei Rousseau, bei Herder oder in der deutschen Romantik, sodann bei Feuerbach, Kierkegaard, Schopenhauer und Nietzsche als den philosophischen Rebellen des 19. Jahrhunderts und vollends in gewissen neuartigen Denkansätzen des 20. Jahrhunderts ändert sich die Sicht der Dinge. Zwar fehlt es bis heute nicht an dem Bestreben, sich im Gefühl eine esoterische Seelenheimat zu schaffen, fern von den Unbilden einer technisch verengten Rationalität. Doch überzeugender sind jene Versuche, die darauf bedacht sind, den Gefühlen einen neuen Ort und vielfach auch einen neuen Namen zu geben. Daran hat die Phänomenologie einen besonderen Anteil.

Husserl befreit die Gefühle aus ihrem subjektiven Verlies, indem er Erlebnisse wie das Sichfreuen *an etwas*, das Sichärgern *über etwas* oder das Leiden *unter etwas* als ein *intentionales Fühlen* begreift, das an der Sinnerschließung und der Selbstbildung seinen genuinen Anteil hat. Wir teilen fremde Gefühle oder verschließen uns gegen sie. Gefühle sind kein Privatbesitz individueller Subjekte, die erst auf dem Verhandlungsweg zueinanderfinden und ihre Besitztümer untereinander austauschen. Erste Ansätze zu einer solchen Revision finden sich schon in der *V. Logischen Untersuchung*. Allerdings begnügt Husserl sich zunächst damit, alles, was sich nicht kognitiv und praktisch in den Dingen verorten läßt, als nichtintentionale Gefühlszustände abzustempeln. Sprachlich bedeutet dies, daß es etwas gibt, das uns als freudig, traurig, angenehm, gefährlich, schrecklich oder langweilig entgegentritt, daß aber Lust und Schmerz uns auf uns selbst zurückwerfen. Den Schmerz habe ich selbst, ihn hat nicht das Messer, an dem ich mich schneide, oder der Dolch, den ein anderer gegen mich zückt. Aber eine negative Definition führt hier wie so oft nicht weiter. Auch Husserl bleibt dabei nicht stehen, wenn er später der sinnlichen Hyle eine eigene Valenz verleiht, wenn er den Empfindungen Empfindnisse gegenüberstellt und Intentionen aus Affektionen hervorquellen läßt. Dennoch wird man kaum sagen können, daß der Zusammenhang zwischen Intentionalität und Affektion bei ihm und auch später bei Levinas oder Henry auf befriedigende Weise geklärt wird. Scheler, der seine Gefühlslehre im ethischen Rahmen seines großen Werkes *Der Formalismus in der Ethik und die materiale Wertethik* entwickelt, läßt den aristotelischen Hylomorphismus von vornherein hinter sich, indem er die *Empfindungen*, die immer noch als Bausteine dienen, durch ein verbal zu bezeichnendes *Empfinden* ersetzt, das sich öffnet und verschließt. Das intentionale Fühlen unterstellt er einem emotionalen Apriori, das sich von der Vorherrschaft des kognitiven und des praktischen Apriori befreit. Problematisch bleibt allerdings der werttheoretische Hintergrund. Der Wert erscheint als ein fühlbares Etwas, und die Werte fügen sich zusammen zu einer Hierarchie der Werte, die alle leiblich-sinnlichen Gefühle seelischen und geistigen Gefühlen unterordnet. Das pathetische Gefühlsgeschehen wird vorschnell auf die Bahnen einer vorgegebenen Gefühlsordnung gelenkt. In der späteren Kosmoanthropologie, wie sie in dem Essay *Die Stellung des Menschen im Kosmos* entfaltet wird, nehmen die Gefühle teil an der gegenläufigen Doppelbewegung von Vergeistigung und Verlebendigung; als blinder »Gefühlsdrang« reichen sie hinab bis in die tiefsten Tiefen des Lebens, als »emotionale Akte« wie Güte, Liebe, Reue oder Ehrfurcht schwingen sie sich auf bis zur höchsten Höhe des Geistes. Die mit spinozistischen und hegelschen Zügen versehene »Selbstvergottung«, die im Menschen ihren Ort hat, verwandelt alle Gefühle letzten Endes in Selbstgefühle (Scheler 1976, S. 70). Der medizinische Anthropologe Ernst Straus setzt bescheidener an. Er nimmt Gedanken von Scheler und auch von Heidegger auf, aber er verarbeitet sie auf seine Weise. Das Empfinden faßt er als ein Geschehen, das weder der Objektivität noch der Subjektivität angehört, da der Empfindende sich in und mit der Welt empfindet (Straus 1956, S. 372). Der programmatische Titel *Vom Sinn der Sin-*

ne weist hin auf einen inneren Zusammenhang von Intentionalität und Affektivität oder – wie es nun heißt – von gnostischem Sich-richten-auf und pathischem Getroffen-sein-durch (ebd., S. 394). In Heideggers *Sein und Zeit* verwandelt sich das Empfinden in die *Befindlichkeit* des Da-seins, ein Sich-in-der-Welt-befinden, das in *Stimmungen* wie Furcht, Freude oder Langeweile eine wechselnde Tönung annimmt. In der französischen Phänomenologie verstärkt sich der *leibliche Aspekt* der Gefühle, so wenn Sartre die Magie der Emotionen und die emotionale Selbstverzauberung hervorhebt und wenn Merleau-Ponty das Empfinden als einen originären, präobjektiven und präsubjektiven Welt-, Selbst- und Fremdkontakt beschreibt. Dem »*es* nimmt in mir wahr«, das Merleau-Ponty den subjektiven Wahrnehmungsakten entgegenstellt (siehe oben, S. 139), entspräche dann ein »*es* fühlt sich so oder so an« oder ein »*es* rührt mich«. Darin kündigt sich bereits die Umbestimmung der Gefühle an, auf die es uns ankommt. Zugleich ergibt sich eine kritische Distanz zur neueren Spielart einer hyletischen Phänomenologie, soweit diese der Selbstaffektion einen Vorrang vor jeder Fremdaffektion einräumt.[2]

2. Gefühl als Pathos

Bruchlinien der Erfahrung, so lautet der Titel des Buches, in dem es um eine Radikalisierung der Erfahrung geht. Radikale Erfahrung bedeutet, daß es nichts und niemanden gibt, das, der oder die dem Erfahrungsgeschehen als fertige Instanz vorausginge, und daß es auch keine idealen Wesenheiten, keine universale Regelungen und keine zureichenden Gründe gibt, durch die Erfahrung als Erfahrungsgeschehen ermöglicht oder begründet würde. Im »fruchtbaren Bathos der Erfahrung«, von dem Kant in den *Prolegomena* (A 204) spricht, finden die Gefühle ihren Platz, ganz und gar befreit vom Etikett des bloß Subjektiven. Den vor- oder subintentionalen Unter- und Hintergrund, von dem sich alles intentionale und geregelte Verhalten abhebt, bezeichne ich als *Pathos* oder als *Af-fektion*, wörtlich: als An-tun.

2 Vgl. dazu die ausschließlich frankophon geführte Debatte in den *Études Phénoménologiques*, Nos 39-40 (2004): *Commencer par la phénoménologie hylétique?*

Das griechische Wort *Pathos* bedeutet dreierlei. Es meint zum ersten ein *Widerfahrnis*. Das Widerfahrnis ist ein Ereignis besonderer Art. Es ist kein Datum, kein objektiver Vorgang, aber ebensowenig ein persönlicher Akt oder ein subjektiver Zustand, wie man bis heute anzunehmen beliebt.[3] Das Pathos ist etwas, das *mir* geschieht, indem es *mich* anrührt, trifft, auf mich einwirkt; dies geschieht nicht ohne unser Zutun, aber es überschreitet unser Tun, indem es uns überkommt. Das Ich im Dativ oder Akkusativ geht dem Ich im Nominativ voraus. Für das, was *uns* gemeinsam zustößt, gilt ähnliches. Verwandt mit dieser Deklination des Personalpronomens ist die grammatische Form des Passivs, nur muß dieses als ein Urpassiv verstanden werden, nicht als Schwundstufe oder als Umkehrung des Aktivs. Pathos bedeutet sodann etwas *Widriges*, das mit *Leiden* verbunden ist, das aber auch das sprichwörtliche Lernen durch Leiden (πάθει μάθος) zuläßt. Hierzu gehört das zentrale Thema der Schmerzerfahrung, einschließlich der erlittenen Schmerzzufügung, die in der Folter ihren perversen Höhepunkt erreicht. Dieses Thema wird uns im nächsten Kapitel beschäftigen. Schließlich bezeichnet Pathos den Überschwang der *Leidenschaft*, die das Gewohnte hinter sich läßt und uns wie der platonische Eros »aus den menschlichen Beschäftigungen heraustreten« läßt (*Phaidros* 249 c-d).

Das Pathos, das uns überkommt, tritt nicht isoliert auf; es hebt sich ab von einem *pathischen Hintergrund*, den wir als Gefühlswelt, Stimmung oder Befindlichkeit beschreiben. Gegenüber dem akuten Ereignis weist dieser Hintergrund einen chronischen Charakter auf.[4] Wir sind auf bestimmte Weise eingestimmt, wenn uns etwas überrascht. Dies gilt schon für den schlichten Eindruck; ohne eine zumindest minimale Abweichung vom Erwarteten, ohne die Herausbildung eines »affektiven Reliefs« (Hua XI, 168), würden wir keine neuen Erfahrungen machen, sondern nur Erfahrungen quittieren. Nimmt die Abweichung vom Vertrauten überhand, so ent-

3 Vgl. etwa die von Hinrich Fink-Eitel vorgeschlagene Definition: »Affekte sind leiblich fundierte, lebensgeschichtlich-psychisch vermittelte und propositional-kognitiv geprägte, *innere Zustände*, die zudem den überindividuellen Verhältnissen sozialer und kultureller Determinanten unterstehen.« In Fink-Eitel/Lohmann, *Zur Philosophie der Gefühle* (1994), S. 57 (Hervorhebung B. W.).

4 Die Polarität von augenblicklicher Gemütsbewegung und habitueller Gefühlseinstellung gehört zum Grundbestand der klassischen Affektenlehre. Paul Ricœur unterscheidet demgemäß zwischen *émotion-surprise*, *émotion-choc* und *émotion-passion*. Vgl. *Le volontaire et l'involontaire* (1950), S. 235-264.

stehen affektive Dissonanzen, die den kognitiven Dissonanzen, von denen die Sozialpsychologie spricht, erst ihre Schärfe verleihen.

Entscheidend für das Auftreten des Pathos ist der Umstand, daß es zu einer genuinen *Zeitverschiebung* kommt, zu einer Diastase, die fremde Einwirkung und eigene Initiative auseinandertreten läßt und über diesen Bruch hinweg aneinanderbindet. Das Pathos ist die Überraschung par excellence. Es kommt stets *zu früh*, als daß wir uns dessen versehen könnten, unsere Antwort kommt immer *zu spät*, um ganz und gar auf der Höhe der Erfahrung zu sein. Dies bedeutet nicht, daß *etwas* der eigenen Erfahrung vorausgeht, wie es sich für einen äußeren Beobachter darstellt, es bedeutet nicht, daß zwei Ereignisse aufeinanderfolgen wie Stimulus und Response gemäß der Auffassung des Behaviorismus, es bedeutet vielmehr, daß der Erfahrende *sich selbst* vorausgeht. Erfahrung, die einem Widerfahrnis entstammt, beginnt nicht bei sich selbst, im Eigenen, sondern anderswo, in der Fremde. Alles Tun und Reden, das einem Pathos entspringt, ist geprägt durch den Grundzug der *Responsivität*. Daraus folgt: Ein Pathos habe ich nicht, wie ich Gefühle »habe«, einem Pathos bin ich ausgesetzt. Ferner: Anders als die Gefühle der Neuzeit ist Pathos kein »Begleitphänomen«, das als »dritte Klasse« zum Vorstellen und Wollen hinzutritt, wie Heidegger in *Sein und Zeit* (S. 139) kritisch vermerkt. Es ist keine bloße Erfahrungskomponente, vielmehr sitzt es im Herzen der Erfahrung wie die Unruh in der Uhr. Wer glaubt, er sei »Herr seiner Gefühle« (eine ausgesprochen männliche Redensart!), vergißt seine eigene Herkunft.

Schließlich sondert sich das Pathische vom *Pathologischen*, das vielfältige, auch ganz gegensätzliche Formen annehmen kann. Im Ausgeliefertsein an das Pathos schwindet die Möglichkeit eigenen Antwortens, während in der Abriegelung gegen das Pathos das Antworten sich zu einem Antwortrepertoire verfestigt. Schock und Stereotypien markieren die Extreme eines Geschehens, das weder im Außen noch im Innen einen letzten Halt findet. Die Grenzen zwischen normalen und pathologischen Gefühlen bleiben fließend, wie nicht nur von der Freudschen Psychoanalyse angenommen wird, sondern wie gerade auch phänomenologisch inspirierte Mediziner, darunter Ludwig Binswanger, Wolfgang Blankenburg, Henry Ey, Kurt Goldstein, Eugène Minkowski, Herbert Plügge oder Hubert Tellenbach, immer wieder gezeigt haben.

3. Leiblichkeit der Gefühle

Der Ort der pathisch zu denkenden Gefühle findet sich weder in den Dingen noch in der Seele oder im Geist. Er setzt ein Wesen voraus, das weder gänzlich außer sich ist wie die ausgedehnten Dinge der Natur noch gänzlich bei sich wie der reine Geist. Ihr Ort ist der *Leib,* der sich spürt, indem er etwas anderes und jemand anderen spürt, der in seiner Eigenwirksamkeit unaufhörlich fremden Einwirkungen ausgesetzt ist und darin verletzlich bleibt. Empfindlichkeit und Verwundbarkeit sind nicht voneinander zu trennen. Dieser Leib ist der eines leiblichen Selbst, das sich auf sich bezieht, indem es sich zugleich sich entzieht – wie beim eigenen Blick in den Spiegel oder beim Hören der eigenen Stimme. Der Selbstentzug bezieht sich nicht nur auf den fungierenden Leib, sondern auch auf die Materialität unseres Leib*körpers*, der uns mit der Natur verbindet und die Spuren einer Naturgeschichte mit sich führt. Dazu gehört auch die Rätselhaftigkeit »meines Gehirns« mitsamt den neuronalen Gefühlszonen des limbischen Systems, das als »zentrales Bewertungssystem« fungiert.[5] »Mein Gehirn« ist so rätselhaft wie »mein Leib«, der laut Descartes nur aufgrund einer »Sonderbefugnis« meiner zu nennen ist (A. T. VII, 75). Doch wer soll mir diese Sondervollmacht ausstellen, wenn sie nicht mit unauslöschlichen Lettern in meinen Leib eingeschrieben ist? Auch das Selbstgefühl hat an dieser materiellen Körperlichkeit teil, die zu uns gehört, ohne daß wir sie uns je völlig aneignen können. Die Fremdheit des eigenen Leibes macht uns empfänglich für die Fremdheit des Anderen. Ansprechbar, anrührbar, affizierbar sind wir nur, sofern wir nie ganz und gar bei uns selbst sind. Ohne diese Abgründigkeit unser selbst, die – wie schon Platon beteuert – an den Wahnsinn rührt, bliebe nichts weiter zurück als ein laues Behagen.

Der Leib, der wir sind und den wir nie völlig haben, umschreibt eine Gefühlssphäre, die sich sowohl einer dualistischen Aufspaltung wie einer eindeutigen Hierarchisierung widersetzt. Allerdings stellt sich diese Sphäre keineswegs als homogen dar. Wir können zwischen verschiedenen Skalen und Polaritäten unterscheiden. So gibt es *periphere* Empfindungen wie den Schmerz, der dann auftritt,

5 Vgl. Gerhard Roth, *Das Gehirn und seine Wirklichkeit* (1997), S. 194 ff. Werden dem Gehirn jedoch geradewegs Bedeutungs- und Bewertungsaktivitäten zugesprochen, so enden wir bei einem neurologischen Homunkulus.

wenn ich mich in den Finger schneide, und *zentrale* Empfindungskomplexe wie Herzbeschwerden, die unser gesamtes Befinden in Mitleidenschaft ziehen. Wir erleben wiederkehrende Sättigungsgefühle und Glücksgefühle, die das Leben durchstrahlen. Affekte können mit größerer oder geringerer *Intensität* auftreten, etwa als ruhiges Selbstgefühl oder als grenzenlose Selbstsucht und als unersättlicher Ehrgeiz. *Aktuellen* Gefühlsaufwallungen wie dem Zorn, der bei Gelegenheit ausbricht und wieder abflaut, wenn die Situation sich ändert, steht die *dauerhafte* Rachsucht entgegen, die das Leben vergiftet, oder eine Versöhnlichkeit, die – wie man so schön sagt – fünfe grad sein läßt. Dies entspricht der Doppelheit von aktuellem und habituellem Leib, und es ermöglicht eine Gefühlskultur, die über den Augenblick hinausreicht. Verwandt damit ist der Unterschied zwischen einem *fokalen* Gefühl, das sich an bestimmte Ereignisse oder Erlebnisse heftet, und einem *totalen* Gefühl wie dem Weltschmerz oder der Lebensfreude, das sich atmosphärisch ausbreitet und das aus diesem Grunde schwer herbeizuführen und ebenso schwer zu besiegen ist. Das leibliche Selbst fühlt sich also auf verschiedene Weise angesprochen, es ist immer nur mehr oder weniger beteiligt. Ähnlich wie im Falle der Intentionalität sind im Bereich der Affekte verschiedene Modi und Qualitäten zu unterscheiden, nur sind diese weitaus schwerer zu fassen, weil sie nicht die Art und Weise betreffen, wie etwas *als etwas* erfaßt oder eingeschätzt wird, sondern die Art und Weise, wie wir *von etwas* getroffen sind, ohne daß dieses »etwas« von seiner Wirkung abzulösen wäre. Man kann den Affekten ein »objektives Korrelat« zuordnen, wie es T. S. Eliot es in seiner Poetik empfiehlt, aber das bedeutet nicht, daß unsere Gefühle sich auf Objekte richten. Die Rationalität der Gefühle, die bei Autoren wie Ronald de Sousa oder Martha Nussbaum en vogue ist, kann immer nur eine indirekte sein, und dies nicht etwa, weil Gefühle etwas besonders Dunkles oder Tiefes sind; sie sind zunächst gar nicht etwas, das wir von uns aus begreifen oder bewerkstelligen können, sondern vielmehr etwas, das unseren Anstrengungen zuvorkommt.

Grundgestalten eines leibhaftigen Pathos begegnen uns in allen Registern unserer Erfahrung.

Schon die einfachste *sinnliche Erfahrung* geht über eine bloße Registrierung und Kodierung von Daten und über deren Verarbeitung hinaus. Dem Rot oder Blau, das uns entgegenstrahlt oder auf uns einstürmt, entspricht ein Rot- oder Blauverhalten, das sich durch wechselnde Formen der Zu- oder Abwendung, durch gleitende oder stockende Bewegungen, durch schnellere oder langsamere Rhythmen auszeichnet. Blau oder Grün begünstigen die muskuläre Form der Beugungsbewegung (Adduktion), die mit der willkürlichen, ichbezogenen Leistung im Bunde steht, während das Rot die Streckbewegung (Abduktion) und damit unwillkürliche Formen der Weltbezogenheit hervortreten läßt. Im Farbverhalten zeichnet sich also ein fundamentales Welt- und Selbstverhältnis ab, das der gegenständlichen und praktischen Orientierung vorausgeht.[6] Wie Kurt Goldstein unter gleichzeitiger Berufung auf Goethe und Kandinsky in seinen neuropathologischen Studien zeigt, berührt sich die Farbphysiologie mit der Farbsymbolik. Wenn wir zwischen warmen und kalten Farben unterscheiden, wenn jemand rot wird vor Zorn, gelb vor Neid, so sind dies keine bloßen Metaphern, als würden rohe Daten mit einem affektiven Lack überzogen. Es gibt ein Ethos der Sinne, das aus dem Pathos erwächst, bevor die Regelvorschriften einsetzen. In diesem Sinne enthält Nietzsches Physiologie der Moral mit ihrer »Zeichensprache der Affekte« (KSA 5, 107) mancherlei Gegengift gegen jede Art von Überbaumoral, die sich mit ihren allzu hehren Gefühlen schmückt.

Aufmerksamkeit, ohne die es buchstäblich nichts gibt, was nennenswert oder erstrebenswert wäre, beginnt nicht damit, daß Beobachtungsakte dem Scheinwerfer gleich einen dunklen Raum ausleuchten, sie beginnt damit, daß uns etwas auffällt oder einfällt, daß etwas unsere Anteilnahme weckt, Spannung erzeugt. Jedes Neue hat bis in die neuronalen Prozesse hinein einen Affektionswert, keinen bloßen Informationswert. Das Aufmerken, in dem das Auf-

6 Vgl. Kurt Goldstein, *Der Aufbau des Organismus* (1934), S. 167-170, 307-312. Merleau-Ponty greift in seinen frühen Arbeiten wiederholt auf diese Studien zurück, so vor allem in der *Phänomenologie der Wahrnehmung* bei der Behandlung des Empfindens.

fällige Gestalt annimmt, ist selbst schon eine Art des Antwortens. Um nochmals aus Lichtenbergs *Sudelbüchern* zu zitieren: »Wenn ich bisweilen Kaffee getrunken hatte und daher über alles erschrak, so konnte ich ganz genau merken, daß ich eher erschrak, ehe ich den Krach hörte; wir hören also noch mit andern Werkzeugen als mit den Ohren.« (*Schriften*, II, 62) Die aktuellen Debatten, die sich an den Experimenten von Benjamin Libet entzündet und sich bis zur Freiheitsleugnung verstiegen haben,[7] kranken daran, daß sie die neurologisch indizierte Verzögerung des Bewußtseins dem herkömmlichen linearen Zeitschema unterwerfen; die pathische Erfahrung reduziert sich damit auf eine Abfolge von Zuständen.

Es gibt ferner Weltgefühle oder Grundbefindlichkeiten, bei deren Störung die Ordnung der Welt und unser eigenes Dasein ins Wanken geraten. Dies gilt für das *Staunen* und die *Angst*, die von alters her zu den Grundantrieben der Philosophie gezählt werden. Staunen, wie es in Platons *Theaitet* beschrieben wird, ist ein Pathos, das uns überfällt, das uns schwindeln macht und unseren ganzen Körper in Mitleidenschaft zieht; es ist kein bloßes Problem, das es zu lösen gilt. Es läßt sich auch nicht erlernen, sondern höchstens einüben wie der Umgang mit dem Tod. Eine Situation, in der ich mich – mit Wittgensteins einfachen Worten – »nicht auskenne«, ist nicht mit Unkenntnis und mangelndem Durchblick zu verwechseln. Wäre es so, so könnte man die Philosophie getrost einem *General Problem Solver* überlassen. Das winzige »Da stimmt etwas nicht« hat stets etwas Unheimliches. Für die Philosophie wie auch für die Künste bedeutet dies, daß sie eine Schwelle überqueren und nicht bloß ihren eigenen Boden bearbeiten wie eine wackere Schulphilosophie oder eine bloß akademische Kunst.

Erinnerung, die sich inzwischen als Gedächtniskultur eines besonderen Ansehens erfreut, ist zweifellos auf wiederholbare Strukturen, auf kollektive Gedächtnisorte, auf Zeichen und Rituale der Erinnerung angewiesen. Doch diese laufen leer, wenn es nicht etwas gibt, das immer wieder unsere Erinnerung wachruft. Dieses Mehr, das bloße Erinnerungskapazitäten hinter sich läßt, ist nicht zu denken, ohne daß etwas uns affiziert und sich uns körperlich einprägt. Nietzsches Satz aus der *Genealogie der Moral* (KSA 5, 295)

7 Benjamin Libet, ein überzeugter Neokartesianer, ist in seinen Schlußfolgerungen entschieden vorsichtiger. Vgl. seinen jüngst vorgelegten Rechenschaftsbericht: *Mind Time* (2005).

»Man brennt Etwas ein, damit es im Gedächtnis bleibt: nur was nicht aufhört, *weh zu thun*, bleibt im Gedächtnis« beschwört ein pathisches Tiefengeschehen, das sich nie völlig kulturalisieren und moralisieren läßt. Nicht nur Gedanken, auch Erinnerungen kommen, wenn sie wollen, nicht wenn wir wollen.

Mit dem *Gefühlsausdruck* betreten wir einen Bereich, wo Eigen- und Fremderfahrung sich verflechten. Auch der Ausdruck ist freizuhalten von der cartesianischen Spaltung, die uns weismacht, im Zorn etwa würde lediglich etwas nach außen treten, was im Innern schon vorhanden ist. Wenn Scheler in seiner Schrift über *Wesen und Formen der Sympathie* (1973, S. 256 f.) darauf besteht, daß die Zornesröte den Zorn, die Schamröte die Scham nicht nur anzeigt, sondern daß diese Gefühle sich in der Ausdrucksgebärde realisieren, so verweist dies auf eine eigentümliche *Körpersprache*, die auch in Freuds Symptombildung eine wichtige Rolle spielt. Symptome wie sie in Fehlhandlungen, etwa im Versprecher, im neurotischen Waschzwang oder in den Kuriositäten eines Einschlafzeremoniells zutage treten, *bedeuten* nicht nur etwas anderes, sondern sie *ersetzen* eines durch das andere. Eine Ersatzbefriedigung beschränkt sich nicht auf die Aussendung einer verschlüsselten Botschaft. Zur pathisch geprägten Körpersprache gehören auch paralinguistische Elemente wie Tonfall, Tempo und Rhythmus, die eine prä-semantische und prä-pragmatische Vorsprache bilden. Im Ton, der die Musik macht, kommt zum Ausdruck, was uns anspricht, anregt, aufregt, bevor es in Worte gefaßt oder in Taten umgesetzt wird. Hinzu kommt die extralinguistische Körpersprache, die sich in Mimik, Physiognomie, Haltung, Gangart, Kleidung und Körperschmuck artikuliert. In der Selbstdarstellung, in der Art des Auftretens und im Gehabe, zeigt sich, wie sich jemand befindet. Wittgensteins Demontage der Privatsprache hinterläßt eine Ausdruckssphäre, in der es zwar Nischen, Winkel, Falten und Spalte gibt, die aber kein abgeschirmtes Interieur darstellt und auch kein Leibesreservat, das nichts zuließe als ein reines Selbstgespür.

Die Körpersprache setzt sich fort in einem *Körpergespräch*. Es beginnt mit dem affektiven Dialog zwischen Kleinkind und mütterlicher Bezugsperson. Vergils *risu cognoscere matrem*, das frühkindliche Anlächeln der Mutter, das René Spitz seinen Säuglingsstudien als Motto eingefügt hat, eröffnet eine Sphäre der Vertrautheit, die allmählich entsteht – oder eben nicht entsteht wie im Falle des Hospitalismus. Explorative, motorische und affektive Momente greifen ineinander bei der Ausbildung von Vertrauen und Vertrautheit, aber auch beim Ausbleiben einer dauerhaften Vertrauensbeziehung, das in der beziehungslosen Schaukelbewegung des Kleinkindes seinen autoerotischen Ausdruck findet.[8] Das Vertrautwerden, das eine zunächst dual bestimmte »Eigenheitssphäre« entstehen läßt, hat zur Kehrseite ein Fremdwerden, das sich in dem gewöhnlich im achten Monat auftretenden Fremdeln bekundet. Man könnte geneigt sein, von einer Urverlegenheit zu sprechen.[9] Von rohen oder primitiven Gefühlen kann jedenfalls keine Rede sein. Das frühkindliche Körpergespräch setzt sich fort im Leben des Erwachsenen, das niemals frei ist von den synkretistischen Elementen eines *Ineinander*, das zur Zwischenleiblichkeit der Gefühle gehört. All dies geht weit über eine traditionell verstandene Ein-fühlung oder Em-pathie hinaus, soweit diese als eine einseitige Form des »Hineinfühlens« oder »Hineinlegens« immer noch den Gedanken an ein cartesianisches Gehäuse wachhält. Wer fremden Einwirkungen und Appellen ausgesetzt ist, gelangt nicht erst nachträglich zum Anderen, indem er sich in ihn und in seine Lage hineinversetzt. Umgekehrt ist das Ineinander nicht mit einer »Konfluenz« gleichzusetzen, in der die Grenzen zwischen Eigenem und Fremdem verschwimmen und Einfühlung *in den Anderen* in Einsfühlung *mit dem Anderen* umschlägt. In der Figur des zwischenleiblichen Ineinander ist die Andersheit, ohne die es weder eine »Jemeinigkeit« noch eine »Jedeinigkeit« gäbe, nicht aufgehoben.[10] Das Ineinandergreifen eines Körpergesprächs wird befeuert

8 Vgl. dazu René Spitz, *Vom Säugling zum Kleinkind* (1967), S. 260. Der nicht nur an Sigmund Freud, sondern auch an Anna Freud geschulte Autor sieht in den affektiven Erlebnissen der kindlichen Frühzeit »Bahnbrecher« für die Entwicklung in allen anderen Bereichen (S. 158).

9 Ich beziehe mich auf entsprechende Ausführungen von Guy van Kerckhoven in: Staudigl/Trinks, *Ereignis und Affektivität* (2006), die sich an Hans Lipps anschließen.

10 Erinnert sei an Merleau-Pontys Idee der *intercorporéité*, eines chiasmatischen Geflechts, das mit Husserl auch als *Ineinander* zu bezeichnen ist. Dieses Ineinander wäre dann nicht nur als »intentionales Ineinander« zu bestimmen (vgl. etwa Hua VI, 258-260), sondern auch als koaffektives Ineinander. Zu den vielseitigen therapeutischen Möglichkeiten eines nichtcartesianischen Zugangs zum Anderen und einem wechselseitigen Verständnis von Therapeuten und Klienten vgl. Frank-M. Staemmler, *Das Geheimnis des Anderen* (2009). Der Autor befreit die Empathie

von Widerfahrnissen, die nicht in einem Gemeingefühl konvergieren und uns eben dadurch überraschen. All dies verweist auf eine fortwährende Geburt des Sinnes und unsrer selbst aus dem Pathos. Daß es dabei auch Fehlgeburten gibt, daß zum Blick auch der Kontroll- und Verfolgungsblick gehört, ändert nichts daran, daß die Fremderfahrung aus Widerfahrnissen hervorgeht, die jede auf Sinn und Regel ausgerichtete Eintracht und Zwietracht übersteigen.

5. Normalisierung und Technisierung der Gefühle

Neben vielen anderen Fragen bleibt die nach der *Normalisierung* der Gefühle und ihrer möglichen *Technisierung*. Besteht die Welt der Gefühle aus lauter Überraschungen? Dies annehmen hieße Empfindung mit Sensation verwechseln. Normalität stellt sich unweigerlich dann ein, wenn Gefühlsäußerungen sich in wiederholbaren Gestalten, in geregelten Abläufen und konventionalen Ritualen niederschlagen. Wir lernen, im Schmerz die Zähne zusammenzubeißen, der Sympathie freien Lauf zu lassen, Beileid auszusprechen oder mit der Schadenfreude hinter dem Berg zu halten.

Doch diese Äußerungsweisen zeichnen sich aus durch verschiedene Grade der Anteilnahme, die sich einer *affektiven Temperaturskala* zuordnen lassen. Wenn eine Trauergemeinde sich zum Leichenbegängnis zusammenfindet, entdeckt man erhebliche Temperaturschwankungen, die durch Etikett und Ritual niemals völlig ausgeglichen werden. Am Ende sorgt der Leichenschmaus für eine Normalisierung der allzu strapazierten Gefühle. »Dabei rührte sich [...] in allen das der Trauer gänzlich abgewandte Gefühl eines tüchtigen Appetites, und sie setzten sich mit guten Erwartungen zu Tische. Das Mahl wurde gemeinsam eingenommen, und weil der Schmerz nicht weniger gesprächig macht als die Freude, so war bald eine lebhafte Unterhaltung im Gange.« Onkel Peppi, der Held der gleichnamigen Geschichte von Ludwig Thoma, der sich »am ungestümsten der Trauer hingegeben hatte«, muß dann auch »stärker als die anderen sein Herz erleichtern« (Thoma 1962, S. 153). Doch es gibt auch Extreme, die keinen Ausgleich finden. Dem Kältepol

von ihren cartesianischen Voraussetzungen, indem er sie strikt als Gegenseitigkeit und leibliche Gemeinsamkeit versteht und daraus pathologische Fehlformen herleitet.

nähern wir uns, wenn die Beherrschung und Kontrolle der Gefühle die Formen einer diplomatischen Gefühlstaktik oder eines Gefühlsmanagements annimmt. Gehen wir so weit, das menschliche Verhalten und Erleben zu operationalisieren, so verwandelt sich der fühlbare Mangel, ganz zu schweigen vom unstillbaren Begehren des Anderen, am Ende in einen objektiv feststellbaren und technisch zu regulierenden Bedarf, wie wenn es einer Maschine am nötigen Öl oder dem Körper an Blutzucker fehlt. Eine Gefühlsmaschine wie Dieter Dörners EMO kennt Gefühlsausbrüche nur als Ventile, die sich öffnen. So geht alles von Anfang an mit rechten Gefühlen zu.[11] Den Wärmepol der Skala bilden plötzliche Schocks, nachhaltige Traumatisierungen und Überraschungen jeder Art, die unerwartet und programmwidrig auftreten. Damit ist nicht ausgeschlossen, daß man außerordentliche Ereignisse als funktionssteigernde Stimulantien nutzt. Nichts hindert den Menschen daran, sich in seine Simulationen einzuspinnen. Doch ein fabriziertes Pathos wäre keines mehr.

Verwandt mit der wechselnden Intensität der Gefühle ist die Art ihrer Integration und Desintegration. Freud sondert in seiner Affektenlehre die gebundenen von den frei beweglichen Affektbeträgen. Ähnlich können wir unterscheiden zwischen einem *gebundenen* Pathos, das den Hintergrund unseres gewöhnlichen Verhaltens bildet und so unauffällig auftreten kann wie der alltägliche Gruß, und einem *freigesetzten* Pathos, das uns aus den gewohnten Zusammenhängen herausreißt. Das Pathos selbst wäre dann nur indirekt faßbar, als Abweichung vom Gewohnten, als Überschuß an Nichtlernbarem im Lernen, als Fremdes im Eigenen. Würden die pathischen Überschüsse normalisierend eingeebnet, so käme es zu dem von Nietzsche warnend beschworenen »Normalmenschen«, der nur noch Normalgefühle kennt. Der Mensch als »nicht festgestelltes Tier« würde sich dem Status eines künstlich festgestellten Tieres annähern. Das »Widermenschliche«, das hierin zum Ausdruck kommt, beruht nicht etwa darauf, daß der Mensch rohen Anfängen verhaftet bleibt, sondern es rührt daher, daß der Logos sich von dem Pathos abspaltet, dem er seine Schwungkraft verdankt.

11 Ich verweise auf meine kritischen Bemerkungen in *Grenzen der Normalisierung* (2008), S. 112 f. und 247 f. bzw. in *Bruchlinien der Erfahrung* (2002), S. 55, 382. Die neuere Emotionsforschung, wie sie etwa von Klaus Scherer vertreten wird (siehe oben, S. 113), geht entschieden flexibler vor.

6. Philosophie der Gefühle

Für den Philosophen und gerade für den Phänomenologen stellt sich die Frage, wie Gefühle sich beschreiben und begreifen lassen, ohne daß sie ihren Gefühlsstatus einbüßen. Husserls wohlbekannte Parole, die dazu auffordert, »die reine und sozusagen noch stumme Erfahrung [...] zur reinen Aussprache ihres eigenen Sinnes zu bringen« (Hua I, 77), stößt an ihre Grenzen, wenn wir mit Widerfahrnissen konfrontiert werden, die jeden Sinnzusammenhang durchbrechen und insofern keinen Sinn haben. Schon in der natürlich-kommunikativen Einstellung müssen wir unterscheiden zwischen dem *pathischen* Ausdruck, der von einem Pathos herrührt, so etwa der Ausdruck des Erstaunens, des Unbehagens, der Entrüstung, der Zuneigung und so auch der Schrei, der in Grenzsituationen aus uns herausbricht, und dem *pathetischen* Ausdruck, der bemüht ist, dem Pathos selbst einen gesteigerten Ausdruck zu verleihen. Ein Schrei ist in diesem Sinne niemals pathetisch, pathetisch ist allenfalls der Schrei, den der Schauspieler auf der Bühne ausstößt, oder der Schrei, den Edvard Munch ins Bild bannt. In einer Tagebuchnotiz aus dem Jahre 1893, die sich unmittelbar auf die Entstehung dieses bekannten Bildmotivs bezieht, beschreibt der Maler, wie er mit zwei Freunden bei Sonnenuntergang die Straße entlanggeht, wie mit einemmal der Himmel sich blutig rot färbt und in den Wolken Blut und Schwerter aufflammen: »[...] ich stand da zitternd vor Angst – und ich fühlte wie ein langer Schrei durch die Natur ging«. Die Brücke zwischen dem pathisch hervorgerufenen und dem pathetisch gesteigerten Ausdruck bildet eine sich bis zum Entsetzen steigernde Beunruhigung der Erfahrung, die in das Bild eingeht und als Beunruhigung des Blicks fortdauert. Allerdings verläßt die künstlerische Bildgestaltung den Boden der natürlichen Einstellung, indem sie unsere Seh- und Ausdrucksgewohnheiten außer Kraft setzt. So sprengt obige autobiographische Notiz den Rahmen einer gewöhnlichen Autobiographie ebensosehr wie Platons Anekdote von dem Philosophen, der bei der Betrachtung der Gestirne den Boden unter den Füßen verliert und in eine Grube fällt.

Damit stehen wir bei der eigentlichen Frage, wie man als Philosoph und Phänomenologe von Gefühlen sprechen kann. Zwei Extreme fallen ins Leere. Das erste Extrem bestünde in einem *unmittelbaren Ausdruck der Gefühle*, mit dem die Perspektive direkter

Beteiligung nicht verlassen würde. Wer ängstlich über die Angst, langweilig über die Langeweile spricht, trägt zur Aufhellung von Angst oder Langeweile wenig bei. Hier löst sich das Wie des pathischen Erlebens nicht vom Daß. Der sogenannte Existentialismus, der das Denken mit dem Leben zu verschmelzen verspricht, nähert sich einer solch kurzschlüssigen Pathetik. Philosophie ist ohne ein gewisses *dégagement* nicht zu denken. Das andere Extrem bestünde in einem *distanzierten Sprechen über Gefühle*, das die Perspektive eines unbeteiligten Beobachters oder eines unbeteiligten Operateurs einnähme. Neutralität als eine Form der Apathie hat ihren Sinn, aber nur als künstliche Einstellung, die aus einem Prozeß der Neutralisierung hervorgeht. Das gilt für die Unparteilichkeit des Richters oder für die des Historikers ebenso wie für die ruhige Hand des Chirurgen. Würde man jedoch die Neutralität zum Standard erheben und sich als Philosoph damit begnügen, Schmerzerfahrungen, Folterqualen, Kriegsängste, aber auch Forschungseifer, Entdeckungsfreude, Liebeswonnen, Liebesqualen und Verzweiflungsausbrüche trocken zu analysieren wie etwas, das einen selbst nichts angeht, so würde man nur Gefühlsherbarien anlegen. Eine dritte Möglichkeit bietet sich im Sprechen, das *über Gefühle spricht, aber zugleich von ihnen her*. Eine solche Form der indirekten Beteiligung begegnet uns an entscheidenden Stellen. Zu denken ist an den Zeugen, dem etwas widerfahren ist, was ihn zum Zeugen macht; an den Therapeuten, der einer unmittelbaren Spiegelung der Gefühle widersteht, aber im Durcharbeiten der Konflikte neue Antwortmöglichkeiten freisetzt; an den Ratgeber, der dem Anderen aus einer widrigen Lage heraushilft, ohne direkt betroffen zu sein. So wie Walter Benjamin von einer guten Übersetzung fordert, daß sie den Originaltext durchschimmern läßt, so läßt sich ein indirektes Sprechen und Schreiben denken, das die Widerfahrnisse und Gefühle, von denen es handelt, durchschimmern läßt. Dem entspricht in der Phänomenologie eine bestimmte Art der Epoché, nicht die übliche Form der intentionalen und reflexiven Epoché, die alles, was sich zeigt, auf seinen Sinn reduziert, also darauf, *als was* etwas gemeint und gegeben ist, sondern eine *affektionale* und *responsive Epoché*, die über das Was und Woraufhin intentionaler Akte hinausgeht und das *Wovon* des Getroffenseins sowie das *Worauf* des Antwortens zur Sprache bringt. Diese Epoché, die uns bereits in wechselnden Spielarten in den verschiedenen Künsten begegnet ist, würde uns keinen Überblick verschaffen, wohl aber würde sie uns einen verfremdenden Seitenblick gestatten, der das Verfremdete nicht aus dem Auge verliert. Ist die Philosophie aus dem Staunen oder der Angst geboren, so auch aus dem Pathos. Eine Philosophie, die ihre pathischen Herkünfte völlig vergäße, wäre nichts weiter als eine Schulphilosophie, die sich in ihre eigenen Begriffe und Argumente einspinnt, schlimmstenfalls würde sie als ideologische Festungsanlage dienen.

14. Schmerzerfahrung und Heilkünste

Der Schmerz bildet in unserer Erfahrung einen Fremdkörper. Schmerzen fühlt man, man hat sie aber nicht wie etwas, das man sich aneignet, das man lernt oder verlernt, versteht oder mißversteht, richtig oder falsch macht. Zentrale Instanzen wie Sinn, Regel, Struktur oder Norm, ohne die unsere Erfahrung nicht zu denken ist, verschwinden nicht völlig, aber sie verlieren an Kraft. Dem Kranken als einer spezifischen Fremdheitsfigur entspricht die Krankheit als ein spezifisches Fremdheitsphänomen.

Abgesehen davon eröffnet die Schmerzerfahrung weite Horizonte des Erlebens und Verhaltens. Sie reicht vom Schmerzgefühl über den Schmerzausdruck, die Schmerzerklärung und die Schmerzbehandlung bis zur Schmerzbewertung. Der Schmerz breitet sich aus, er ist mehr als ein Spezialproblem. Die Schmerzfähigkeit gilt vielfach als Kriterium dafür, ob wir es überhaupt mit einem leiblichen oder lebendigen Selbst zu tun haben. Der Umgang mit dem Schmerz, der nicht nur das Erleiden, sondern auch das Zufügen von Schmerz beinhaltet, wirft ethische Fragen auf. Selbst die Theologie mischt sich ein mit der Frage, wie Gott Schmerzen zulassen kann. Zu unserer Kultur gehören Duldergestalten wie Hiob und Odysseus als Helden besonderer Art. Eine Maxime wie *patientia vincit omnia*, die an einem Flensburger Stadttor in Hafennähe zu finden ist, macht aus der Not des Ertragenmüssens eine Tugend.

Den theoretischen Hintergrund der folgenden Überlegungen bildet die Phänomenologie leiblicher Gefühle, wie wir sie im vorigen Kapitel entwickelt haben. Der Schmerz selbst ist kein besonderer Gegenstand, sondern eine singuläre Erfahrungsweise, von der jeder von uns als einzelner oder einzelne betroffen ist.[1]

1 Wichtige Anregungen empfing ich von einer Jahrestagung der Ärztlichen Gesellschaft für Gesprächpsychotherapie, die Holger Süß am 15./16. 9. 2006 in der Burg-Klinik Stadtlengsfeld zum Thema des chronifizierten Schmerzes veranstaltet hat. Der vorliegende Text geht zurück auf einen dort gehaltenen Vortrag.

1. Getroffensein vom Schmerz

Es stellt sich die Frage nach der spezifischen Beschaffenheit des Schmerzes. Was verstehen wir überhaupt unter Schmerz? Halten wir uns an das Grundphänomen des Pathos, so stoßen wir unter anderem auf ein *Getroffensein durch Widriges*. Dieses Widrige bedeutet mehr als ein bloßes Unlustgefühl, das einer Fremdeinwirkung entspringt. Es besagt auch mehr als die bloße Wahrnehmung etwa eines Wurfgeschosses oder eines Folterwerkzeugs, da wir innerlich in Mitleidenschaft gezogen sind. Wahrnehmung, Abwehrhaltung, Angsterwartung und der bittere Nachgeschmack sind Bestandteile der Schmerzerfahrung, bilden aber nicht ihren Kern. Entscheidend ist, daß das gewöhnliche Getroffensein durch etwas Fremdes sich steigert zu einem *Sichverletztfühlen durch Schädliches*. Die Selbstbezüglichkeit, die dabei ins Spiel kommt, ergibt einen Sinn nur aus der Perspektive des beteiligten Patienten, dem etwas zustößt. Das Verletztwerden erfordert seinerseits eine vorgängige Integrität, eine innere Zusammengehörigkeit der Teile, im Gegensatz zur bloßen Sachbeschädigung, die sich durch Hinzufügung von Ersatzteilen ausbessern läßt. Auch ein Implantat ist kein bloßes Ersatzteil, sondern ein Fremdkörper, der angenommen oder abgestoßen wird.[2]

Wie aber steht es mit dem Unterschied zwischen körperlichem und seelischem oder geistigem Schmerz? Gibt es hier nicht eine Barriere, die zur strengen Unterscheidung zwingt? Nehmen wir eine Definition, wie sie 1994 von der »International Association for the Study of Pain« vorgeschlagen wurde. Sie lautet: *»Pain: An unpleasant sensory and emotional experience associated with actual or potential tissue damage, or described in terms of such damage.«*[3] Diese Gebrauchsdefinition greift auf elementare Bestimmungen zurück, die wie Bausteine verwendet werden und aufgrund ihrer heterogenen Herkunft eine Mischsprache erzeugen.

Unpleasant: Dies entspricht dem, was wir als widrig bezeichnet haben und was in seiner unangenehmen Wirkung eine Abwendungs- oder Abwehrbewegung hervorruft. – *Sensory:* Dieses Merkmal bezieht sich auf die Wahrnehmung des Unangenehmen, die

2 Vgl. aus eigener Erfahrung schöpfend Jean-Luc Nancy, *Der Eindringling/L'intrus. Das falsche Herz* (2000).

3 Zitiert nach Thorsten Galert, *Vom Schmerz der Tiere* (2005), S. 197; vgl. ferner David B. Morris, *Geschichte des Schmerzes* (1996), S. 28.

man als Noziperzeption zu bezeichnen pflegt.[4] – *Emotional:* Diese Bestimmung entspricht dem Pathischen, das uns trifft oder affiziert. – *Tissue damage:* Mit der Gewebeschädigung wechseln wir über zu den physiologischen Aspekten des Körpers. Allerdings wird mit der »Erfahrung von Materialität« oder mit der »Erfahrung einer Schwere«, wie sie schon in der gewöhnlichen Ermüdung zutage tritt, der Bereich der Körper*erfahrung* nicht verlassen. Nicht nur unser Leib, sondern auch der Körper hat den Charakter eines Phänomens.[5] Man denke an klaffende und blutende Wunden, an das Ziehen in den Gliedern, das Stechen in der Seite, das Flimmern vor den Augen, das Steifwerden der Glieder und so fort. In Fällen dieser Art benutzen wir eine Doppelsprache, die den Dualismus von Seele und Körper unterläuft. – *Actual or potential:* Diese Differenz entspringt der Zeitlichkeit des Schmerzablaufs und den unvermeidlichen Verzögerungen und Nachwirkungen, die ausschließen, daß ein Schmerz sich als reine Aktualität darstellt. In diesem Zusammenhang verdienen neuere Forschungen, die den chronischen Charakter von Schmerzen zum Thema haben, besondere Beachtung. Demzufolge ist es ist nicht nur so, daß die Konzentration auf Schmerzreize in den Schmerzzentren des Gehirns eine erhöhte Aktivität hervorruft.[6] Vielmehr werden die Regionen des Gehirns, in denen Schmerzreize verarbeitet werden, schon durch die bloße Erwartung von Schmerzen aktiviert, so wenn etwa eine Folter angekündigt wird. »Die Angst vor den Schmerzen wird dann so groß wie die Schmerzen selbst.« Die Versuchsperson gewöhnt sich nicht an den Schmerz, im Gegenteil, dieser steigert sich bei gleichbleibender Reizdosis; Schmerz macht nicht hart, sondern macht Angst. Es gibt ein Schmerzgedächtnis, in das sich Schmerzspuren einzeichnen. So lautet das Resümee: »Das Hirn vergißt den Schmerz nicht mehr« oder: »Das Gehirn hat keine Löschtaste … Wir können das Gedächtnis höchstens überschreiben.«[7] – *Or de-*

4 Schon Ch. S. Sherrington spricht von Nozizeptoren, vgl. Galert, *Vom Schmerz der Tiere* (2005), S. 199.

5 Zum »Körper als Phänomen« vgl. nach wie vor die höchst differenzierten, phänomenologisch inspirierten Ausführungen des Mediziners Herbert Plügge: *Der Mensch und sein Leib* (1967), S. 34-42.

6 Vgl. »Dialog im Gehirn«, in: *Frankfurter Allgemeine Zeitung* vom 25. 9. 2007.

7 Vgl. »Das Gehirn kennt keine Löschtaste«, in: *Süddeutsche Zeitung* vom 4./5. 2. 2006.

scribed in terms of damage: Mit dieser vorsichtigen Klausel, die auf die eigene Beschreibungssprache Bezug nimmt, endet die offizielle Definition. Sie selbst spricht über den körperlichen Schmerz, doch betrachtet sie ihn nicht als rein physiologische Angelegenheit. Eine bloße Gewebezelle würde weder Unlust verspüren noch sich fürchten und sich erinnern. Daran ändert auch die neurologische Beschreibungsart nichts, die – nimmt man sie wörtlich – physische *Korrelate* in Schmerz*subjekte* verwandelt, wenn es nämlich an der zitierten Stelle heißt: »Das Gehirn vergißt den Schmerz nicht mehr.« Die Sache wird nicht besser, wenn man sich darauf beruft, daß es sich um erlebte Schmerzen handelt, die wie normale Emotionen im limbischen System neurophysiologisch verarbeitet werden. Die Annahme heterogener Korrelate läßt doch die Frage offen, wie sich der wechselseitige Bezug herstellt. Man stelle sich vor, ein Neurologe berichtet, er habe gestern eine Stunde Mozart gehört, obwohl er lediglich die Gehirnprozesse eines Mozarthörers durchleuchtet hat. Wer sich auf die Außenbeobachtung beschränkt und dennoch von inneren Erlebnissen nicht lassen will, läßt sich auf etwas ein, was Husserl als »Substruktion« oder »Unterschiebung« bezeichnet (vgl. Hua VI, 130-132). Was da jeweils unterschoben wird, ist aus den beobachteten Phänomenen selbst nicht zu gewinnen.

Um mit jener Schmerzauffassung zu brechen, die David B. Morris in seiner *Geschichte des Schmerzes* (1996) als den modernen »Mythos der Zwei Schmerzen« bezeichnet, bedarf es einer Vermittlungssphäre wie der des Leibes, der als erlebter Leib mit der oben erwähnten Körperlichkeit eng verflochten ist. Letztere umschließt alle physiologischen und auch alle neurophysiologischen Vorgänge, die wir in der Außenperspektive als Hormonausschüttung, Verdauung, Herzschlag oder als neuronales Feuern identifizieren. Dieses *Unbewußte und Unwillentliche des eigenen Leibes*, das nicht auf einem schlichten Nichtwissen oder Nichtkönnen beruht, sondern einem Selbstentzug des eigenen Leibes entspringt, gehört zu unserer Ausstattung als leibkörperlicher Wesen, doch derart, daß wir außerstande sind, es direkt zu erfassen gleich einem Schaubild, das wir vor Augen haben, oder es zu manipulieren gleich einem Apparat, den wir nach Belieben ein- und ausschalten. Die Zugangsweise zu den Körperphänomenen ist immer nur eine *indirekte*. In der Form von Atemnot, Magenverstimmung, Kurzsichtigkeit oder Lähmungserscheinung macht sich das körperliche Unbewußte bemerkbar, ohne daß es unsere Sprache spricht. Die Entdeckung des Leibes verdanken wir nicht umsonst zu einem beträchtlichen Teil der Medizingeschichte. Das leibliche Geschehen verliert seine alltägliche Selbstverständlichkeit, wenn etwas mit uns nicht stimmt. Die komplexe Gestalt des Leibkörpers erlaubt eine Integration verschiedener Gesichtspunkte und bewahrt uns davor, eine rein physiologische Sprache des Körpers und eine rein neurologische Sprache des Gehirns mit einer rein psychologischen oder mentalen Sprache zu einem pseudowissenschaftlichen Kauderwelsch zu vermengen, dessen Interdisziplinarität lediglich erschlichen wäre.

2. Schmerzschwellen und Schmerzskalen

Wenn wir von einer leib-körperlichen Gesamtsphäre ausgehen, so haben wir gleichwohl zwischen verschiedenen Schmerzgraden und Schmerzformen zu unterscheiden, wie es geläufige Beschreibungen des Schmerzerlebens und Schmerzverhaltens nahelegen.

Bei gewöhnlichen sinnlichen Phänomenen stoßen wir auf unterschiedliche Sinnesschwellen, auf ähnliche Weise haben wir mit spezifischen *Schmerzschwellen* zu rechnen. Schmerzen sind nicht einfach bewußt, sie werden uns bewußt, und mit ihnen werden wir uns unsrer selbst bewußt. Eine bewußtseinsphänomenologische Innensicht stößt hier ebenso auf ihre Grenzen wie eine behavioristische oder neurophysiologische Außensicht. Doch eine solche Genese des Schmerzes stellt uns vor die Frage, was es mit dem unüblichen Phänomen der *Schmerzlosigkeit* auf sich hat, so etwa im Falle eines zehnjährigen Jungen aus Pakistan, der sich ein Messer in Arme und Beine sticht oder über glühende Kohlen läuft, ohne Äußerungen des Schmerzempfindens zu zeigen, und der diese Unempfindlichkeit von Geburt an zeigt.[8] Die schlichte Annahme »nicht empfundener« Schmerzen, auf die man in einem solchen Zusammenhang stößt, ergibt strenggenommen keinen Sinn, da mit einer rein negativen Beschreibung die Beteiligten-Perspektive verschwände. Ein Widerfahrnis ohne jemanden, dem es zustößt, oder ein Gefühl ohne jemanden, der es verspürt, gliche einem hölzernen

8 Vgl. »Das Phantom Schmerz«, in: *Süddeutsche Zeitung* vom 14.12.2006, unter Berufung auf einen Bericht aus der Zeitschrift *Nature* (2006), Bd. 444, S. 894.

Eisen. Schmerzlosigkeit kann nur beschrieben werden als Abweichung vom normalen Erleben, und zwar als erlebte Abweichung. So wie das Fasten mehr bedeutet als Nicht-Essen und Nicht-Trinken, nämlich einen Nahrungsentzug, so müßte Schmerzlosigkeit ähnlich als *Schmerzentzug* bestimmt werden, gleich wie die Anästhesie eine Schwundform der Ästhesie bildet.[9] Für die so verstandene Schmerzlosigkeit kann, wie es tatsächlich geschieht, nach neurologischen beziehungsweise genetischen Korrelaten gesucht werden.[10] Umgekehrt stellt sich das Problem bei sogenannten *somatomorphen* oder *psychogenen Schmerzstörungen*, für die trotz körperlich erlebter Beschwerden kein passender somatischer Befund auszumachen ist und die sich daher auf keine bestimmte organische Erkrankung zurückführen lassen. Dies besagt nicht, daß wir es nunmehr mit einem reinen Seelenschmerz zu tun haben, dem es schlichtweg an somatischen Anteilen fehlt; man rechnet vielmehr mit einem Wechselspiel biologischer, seelischer und sozialer Faktoren. Schon der Ausdruck »somato-morph« weist darauf hin, daß sich die Schmerzen an bestimmte Partien des Körpers anlehnen, denen sie ihre Morphé verdanken. Auch indirekte Wirkungen kommen in Betracht wie im Falle psychoanalytischer Symptombildungen. Gesprächstherapeutische Maßnahmen gewinnen an Bedeutung. Es hat lange gebraucht, bis Benjamin Crue 1960 in Colorado eine Schmerzklinik gründete, angeregt durch einen Fall neuralgischer Gesichtsschmerzen, an dem sich die Fachgeister der Zentralisten und Peripheralisten scheiden (vgl. Morris 1996, S. 227-233).

Verwandt mit der Sondierung außergewöhnlicher Schmerzgrenzen ist die Frage nach dem *Schmerzbeginn* bei Ungeborenen.[11] Will

9 Zu dem Einschnitt, den der 1846 erstmals gelungene Einsatz von Äther bei Operationen bedeutete, sowie zur Herbeiführung eines sogenannten Dämmerschlafs in der amerikanischen Geburtshilfe des ausgehenden 19. Jahrhunderts vgl. Morris, *Geschichte des Schmerzes* (1996), S. 89, 220. Die Geschichte der Anästhesie zeigt, wie sehr die Phänomenologie des Schmerzes mit einer entsprechenden Phänomenotechnik verquickt ist.

10 Bei dem erwähnten Pakistani wird hypothetisch angenommen, daß die Veränderung eines Gens namens SCN9A auf dem Chromosom 2 zum Defekt eines Natriumskanals geführt hat, der zur Weiterleitung von Schmerzreizen erforderlich ist (siehe Anm. 8).

11 Die bisher vorliegenden neurologischen Befunde sprechen im Durchschnitt für einen Schmerzbeginn im vierten Monat. Vgl. »Wann der Schmerz beginnt«, in:

man auch in diesem Fall eine rein negative Kennzeichnung vermeiden, die lediglich das Nicht- oder Nochnichtvorhandensein von Schmerz konstatieren und das Lebewesen in zwei Hälften und zwei Phasen zerreißen würde, von denen die eine affektiv, die andere affektlos wäre, so müßte man von *vorschmerzlichen Phasen* ausgehen, die zur Vorgeschichte des leiblichen Selbst gehören.[12]

Betreten wir nun die Ebene eindeutiger Schmerzerfahrung und einer entsprechenden Schmerzgeschichte, so begegnet uns eine Steigerungsreihe, deren Verlauf sich verschieden bestimmen läßt. Bei Herbert Plügge (1967, S. 69-89) steht am Anfang ein *amorphes Mißbefinden*, das sich in das Verhältnis zu unserem Leib einschleicht. Es folgt die *lokalisierbare Beschwerde*, die uns in den Rücken fällt oder sich in unserem Herzen einnistet. Eine weitere Steigerung bedeuten *konsumierende Erkrankungen*, die uns dauerhaft heimsuchen und unsere Kräfte aufzehren wie etwa die Leukämie oder eine Krebserkrankung. Am Ende steht die *plötzliche Vernichtung*, die uns wie im Falle von Schlaganfall oder Herzinfarkt aus dem Leben herausreißt.

Doch abgesehen von dieser allgemeinen Schmerzabfolge, die sich der Lebenskurve anpaßt, lassen sich verschiedene Schmerzskalen aufstellen, die der Beschreibung jeweils eine andere Richtung vorgeben. Zunächst einmal können Schmerzen an der *Peripherie* der Leibessphäre auftreten, wie es etwa bei Hautabschürfungen der Fall ist. Sie können aber auch ins *Zentrum* vordringen wie im Fall von Herzstichen oder Kopfschmerzen, die das Gesamtbefinden beeinträchtigen. Schmerzen verteilen sich so besehen auf verschiedene Körperflächen und Körpervolumen. Dazu gehört auch die Klassifizierung nach Schmerzqualitäten wie *stechender* Schmerz (bei Hautreizung), *brennender* Schmerz (bei Hautverletzung) und *dumpfer* Schmerz (anhaltend aus der Körpertiefe aufsteigend). Diese Einteilung findet ihre physiologische Basis in entsprechenden Nervenfasern; im ersten Fall sind es A-Delta-Fasern, die ihre Impulse unverzüglich zum Gehirn leiten, in den beiden anderen Fällen C-Fasern, die langsamer leiten, so daß sich spezifische Schmerzzeiten ergeben

Süddeutsche Zeitung vom 29./30. 4./1. 5. 2006, unter Bezugnahme auf den *Journal of Neuroscience*, Bd. 26 (2006), S. 3662.

12 Es gibt keinen triftigen Grund, die seit Locke schwelende Frage nach der personalen Identität nur von der Rationalität eines Subjekts und nicht mindestens ebenso von der Selbstaffektivität her anzugehen.

(vgl. Morris 1996, S. 214). Dies bedeutet, daß auch die Zeitverschiebung zwischen Pathos und Response einen Rückhalt in den Verarbeitungsmodi des Körpers hat.

Ziehen wir die Lokalisierung der Schmerzen auf der Körperkarte in Betracht, so läßt sich unterscheiden zwischen *fokalen* Schmerzen wie dem Zahnschmerz oder einem Organschmerz und einem *diffusen* Schmerz, der sich atmosphärisch im Leib ausbreitet bis hin zum allgemeinen Mißbefinden, das nicht geradezu durch fachlich spezialisierte Heilmittel zu beheben ist. Ebendeshalb gibt es wenn auch noch so zaghafte Versuche, eine eigenständige Algesiologie zu etablieren, die sich mit der Vorgeschichte des Schmerzes und seinen vielfältigen Ausläufern befaßt.

Berücksichtigen wir die Intensität des Schmerzes, so treten den *schwächeren* Schmerzen *stärkere* gegenüber. Stärke und Schwäche bemessen sich nach den Grad der Erträglichkeit und Unerträglichkeit. Doch solche Tolereranzgrenzen lassen sich nicht rein medizinisch festlegen; ihre Bestimmung hängt mit davon ab, wieviel man sich und anderen zumutet. Von einem kaukasischen Revolutionär wird in der Lenin-Biographie von David Shub (1962, S. 131) berichtet, daß er, um der drohenden Todesstrafe zu entgehen, eine Gefühllosigkeit der Haut simulierte und diese Verstellung durchhielt, als die Ärzte ihn zur Probe mit Nadeln stachen und mit heißem Eisen verbrannten. Bleiben wir im medizinischen Alltag, so ergibt sich auch hier, daß die Einnahme von Schmerzmitteln keine rein pharmazeutische Fachfrage ist; Patienten haben ein Wort mitzureden.

Was den zeitlichen Ablauf angeht, so stehen *akuten* Formen des Schmerzes wie der Herzattacke oder dem Muskelkrampf *chronische* Formen entgegen, die sich über längere Zeit erstrecken und die heute ganz erheblich zugenommen haben. Sofern alle Schmerzerlebnisse von Erinnerungen und Erwartungen durchsetzt sind, gibt es jedoch keine reinen Schmerzpunkte, die sich auf ein jeweiliges Jetzt beschränken, sondern stets haben wir mit einer gewissen Schmerzdauer zu rechnen.

Von der Schmerzentstehung her ist zu unterscheiden zwischen *physisch verursachten* Schmerzen, die uns befallen, und *sozial verursachten* Schmerzen, die uns von anderen zugefügt werden.[13] Ob-

13 Vgl. dazu mit größerer Ausführlichkeit Eliane Scarry, *Der Körper im Schmerz* (engl. 1987, dt. 1992) und Christian Grüny, *Zerstörung der Erfahrung. Eine Phänomenologie des Schmerzes* (2004).

wohl die Schmerzwirkungen ständig ineinander übergehen, gibt es deutliche Kontrastfälle wie den Wetterumschlag auf der einen Seite, die Gewaltanwendung auf der anderen Seite. Die Zufügung von Schmerzen rührt an das Problem der Mißachtung, falls der Andere gegen seinen Willen zu einem Ding oder einen Werkzeug erniedrigt wird, während Schmerzen, die durch eine Verlusterfahrung hervorgerufen werden, sich zu einem Gefühl der Trauer verdichten.

Man könnte diese Liste verfeinern, indem man *Affektionsweisen* herausstellt, die der üblichen Variation von Intentionalitäten, Verständnisweisen und Regelungen an die Seite treten. Darin liegt die entscheidende Aufgabe einer Phänomenologie des Pathischen. Wichtig ist, daß auch hier der Dualismus von körperlichen Vorgängen und seelischen Erlebnissen vermieden wird. Alle Schmerzen entpuppen sich dann als Ereignisse, die physisch und symbolisch zugleich sind (Morris 1996, S, 384).

Allerdings gibt es Grenzwerte und Extremfälle. Was wir *Leiden* nennen, bedeutet, wie schon angedeutet, eine Steigerungsform des Schmerzes, bei der das Leben im ganzen betroffen ist. Schmerz und Leiden lassen sich in der Weise unterscheiden, daß der Schmerz eine benennbare und lokalisierbare *Figur* bildet, während das Leiden aus dem *Hintergrund* des Lebens aufsteigt oder in ihn zurücksinkt. Die Sprache macht einen entsprechenden Unterschied. So sagen wir: »Mein Fuß schmerzt« oder »Etwas tut mir weh«, aber »Ich leide«. Doch bei akuten Schmerzeinbrüchen schmilzt dieser Unterschied dahin. Alle Lebensgeister werden in Beschlag genommen, wenn sich in einer singulären Verletzung das Leben im ganzen verdichtet und der Schmerz den Lebens- und Todeshorizont ausfüllt. Für starke Erlebnisse der Freude gilt ähnliches. Außerdem weisen Schmerzen einen symptomatischen Charakter auf, da sich in ihnen eine spezifische Verletzlichkeit kundtut. Schmerz und Leiden berühren sich also, und im Extremfall können sie zur Deckung kommen. Die Möglichkeit der Distanznahme ist ein Indiz dafür, wie tief der Schmerz reicht. In dem Maße, wie eine solche Distanz möglich ist, hat es Sinn, auf nichttautologische Weise zu sagen: »*Jemand leidet unter seinen Schmerzen.*« Gleichfalls können wir uns fragen, welchen Sinn oder Nichtsinn das Leiden hat. In dem Spalt, der die Schmerzerfahrung von sich selbst abhebt, haben die vielen Leidensbilder und Leidensgeschichten ihren Ort, die in Lebenszeugnissen, religiösen Deutungsversuchen und schließlich auch in den Künsten immer wieder zum Vorschein kommen.

3. Schmerzausdruck

Schmerzen treten zutage im leiblichen Ausdruck, der wiederum die cartesianische Spaltung in innere Erlebnisse und äußere Symptome hinter sich läßt. Max Scheler weist, wie schon erwähnt, darauf hin, daß in der Zorngebärde oder im Schamverhalten nicht nur entsprechende Gefühle angezeigt werden, sondern daß diese sich in ihnen ausleben und verwirklichen. Freud deutet Körpersymptome wie den Waschzwang des Neurotikers oder die Schutzsuche des Agoraphoben als Bruchstücke einer Körpersprache, die sich ohne unser Wissen und Wollen vollzieht und die mehr über uns verrät, als eine schlichte Reflexion herauszufinden mag. All dies trifft auch auf den Schmerzausdruck zu. Selbst der gespielte Schmerz läuft über Ausdrucksregister, die in unserem Leib verkörpert sind.

Beginnen wir mit der bloßen *Körpersprache*. Wer vom Schmerz getroffen ist, zuckt zusammen, vollführt Fluchtbewegungen oder krümmt sich vor Schmerzen. Selbst wer die Zähne zusammenbeißt, tut auf indirekte Weise etwas kund, das er unterdrückt und also nicht völlig austilgt. Das Zurückhalten der Schmerzäußerung gehört zur Schmerzäußerung wie das Schweigen zum Reden.

Auf der Ebene der *Lautsprache* begegnen wir einem Schreien oder Stöhnen, das sich in Form von Exklamationen und Interjektionen, wie wir sie aus den Klagelauten der griechischen Tragödie kennen, an den Grenzen der Wortsprache bewegt. Sprachlich gesehen ist es die Ausdrucksfunktion, die alle Kräfte an sich zieht; Appell und Darstellung im Sinne von Bühlers Zeichentheorie spielen nur eine untergeordnete Rolle.

Schließlich erreichen wir die Ebene der *Wortsprache*. Generell erweist sich unser Repertoire an Schmerzausdrücken als vergleichsweise gering. So schreibt Virginia Woolf: »Für das einfachste Schulmädchen sprechen, wenn es sich verliebt, Shakespeare oder Keats; aber wenn ein Leidender einem Arzt seine Kopfschmerzen schildern soll, versiegt die Sprache sogleich.« Ein besonders erfindungsreicher Schmerzfragebogen bringt es auf lediglich 78 Wörter (Morris 1996, S. 104 f.). Doch abgesehen von dem mehr oder weniger knappen

Vokabular treffen wir auf verschiedene Sprechweisen. Zu allererst gibt es ein Sprechen *vom Schmerz her*. Dieses erfolgt aus einer mehrfachen Perspektive: aus der Perspektive des Leidenden, der kundtut, was er spürt, dann aus der erweiterten Perspektive des Mitleidenden, der dem Leidenden mit lindernden oder beruhigenden Worten gut zuspricht, schließlich aus der Perspektive des Zeugen, der als Dritter hinzukommt. Die sprachliche Kundgabe des Schmerzes ist nicht primär wahr oder falsch, sie gehört zum erlernten Schmerzverhalten, wie Wittgenstein in seinen *Philosophischen Untersuchungen* (1960, No. 244) bemerkt: »Ein Kind hat sich verletzt, es schreit; und nun sprechen ihm die Erwachsenen zu und bringen ihm Ausrufe und später Sätze bei. Sie lehren das Kind ein neues Schmerzbenehmen [...]; der Wortausdruck des Schmerzes ersetzt das Schreien und beschreibt es nicht.« Auch das Zureden oder »Besprechen«[14] ist nicht primär wahr oder falsch, es ist wirksam oder unwirksam wie eine verbale Medizin. Erst mit der Beschreibung des Schmerzes wechseln wir über zu einem Sprechen *über den Schmerz*, das der Schmerzerfassung dient und schließlich in die klinische Diagnose und therapeutische Behandlung einmündet. Der Bezug zu den Anfangsgründen des Schmerzes bleibt gewahrt in Leidensgeschichten, speziell in Krankengeschichten, in denen deskriptive Befunde auf narrative Weise den Herkunftsort verzeichnen. Krankheiten ohne Krankheitsgeschichte gleichen Briefen ohne Absender. Auch der Schmerz hat seine Schicksale.

Die medizinische Praxis vollzieht bei der Ausübung ihrer Heilkünste, ob bewußt oder nicht, eine *professionelle Epoché*, mit der sich der Mediziner einer direkten Beteiligung enthält, um den Krankheitsbefund als solchen herauszupräparieren. Sofern die Medizin sichtbar macht, was sich zunächst unserer Erfassung und unserem Verständnis entzieht, hängt auch sie, ungeachtet aller Meßverfahren und aller eingeschalteten Apparaturen, an einem seidenen phänomenologischen Faden. Im Schmerz kündigt sich als eigentümliche »Sache selbst« das Leiden an, das in ein medizinisches Krankheitsphänomen umgeformt wird, ohne selbst schon medizinisch zu sein. Als solche Transformationsleistung gleicht die Medikalisierung des Leibes der Mathematisierung der Natur oder der Juridisierung von Handlungskonflikten.

14 Vgl. das griechische Wort ἐπᾴδειν in Platons Dialogen (z. B. *Charmides* 176 b).

4. Schmerzbehandlung

Mit der künstlichen und kunstvollen Schmerzbehandlung überschreiten wir eine Schwelle, die von der Lebenswelt zu einer ihrer Sonderwelten führt. Wir betreten den Boden der Medizin, die, mit Husserl zu reden, eine spezifische Berufswelt und, mit Foucault zu reden, einen eigenen Diskurs ausbildet. Traditionell spricht man, analog dem Rechts- oder Schulwesen, vom Gesundheitswesen, innerhalb dessen sich praktische, technische, theoretische, ökonomische und ethische Stränge überkreuzen. Doch aus dem Blickwinkel der Phänomenologie ergeben sich einige besondere Gesichtspunkte.

Der Vermittlungssphäre des Leibes entspricht eine *leiborientierte Therapie*. Diese läßt sich nicht auf die zwei separaten Spielarten von Psycho- und Somatotherapie aufteilen. Besagte Dualität, die ebenso wie das Etikett der Geisteskrankheit eine cartesianische Hypothek mit sich schleppt, liefert lediglich Ansatzpunkte für eine differenzierte Therapie. Erkrankungen erweisen sich als überwiegend körperlich oder überwiegend seelisch. Wie schon erwähnt, führt jede Schmerzerfahrung weitere Schmerzhorizonte mit sich, die über den Einzelfall hinaus auf eine Schmerzgeschichte verweisen. Sprechen wir von Schmerzhorizonten, so gilt es allerdings eine schlichte Angleichung an Wahrnehmungs- und Handlungshorizonte zu vermeiden. Die Ausbreitung von Schmerzen, die unser leibhaftiges Selbst heimsuchen, läßt sich weniger von Wahrnehmungs- oder Zielobjekten her als vielmehr von den Bewegungen der Elemente her begreifen, so etwa in der Form von Wellen, Schüben, Druck- und Sogwirkungen oder Brandherden.

Des weiteren setzt sich die Therapie zusammen aus einem *Gefüge verschiedener Einstellungen und Praktiken*. Zu jeder Berufseinstellung gehört eine selektive Berufsperspektive, die dazu führt, daß die umfassenden Lebenshorizonte, also auch die Horizonte eines im weiteren Sinn zu verstehenden Weltschmerzes, ausgeblendet werden. Doch angesichts der zunehmenden Technisierung aller Lebensbereiche, die von der Technikeuphorie bis zur Technikphobie recht gegensätzliche Reaktionen hervorruft, sollte die Phänomenologie auf nötige Unterscheidungen drängen. Im Mittelpunkt steht die Differenz von *therapeutischer* und *technischer* Einstellung. Eine Klinik enthält auch Labore, doch ein Labor ist keine Klinik.

Die beiden Einstellungen bewegen sich auf einem verschiedenen Grundriß. Die therapeutische Einstellung ist *triadisch* angelegt. Der Arzt und seine Helfer behandeln *etwas*, nämlich bestimmte Störungen, Schädigungen und Leiden, sie behandeln aber zugleich *jemanden*, den Patienten oder die Patientin als Leidende, die als Adressaten der Behandlung in Erscheinung treten. Dies gilt selbst dann, wenn frühes oder spätes Alter oder die Schwere der Erkrankung den Leidenden oder die Leidende nur noch stellvertretend zu Wort kommen lassen. Die technische Einstellung ist dagegen *dyadisch* angelegt. Hier geht es darum, auf *etwas*, nämlich auf Körperprozesse, Körperzustände und Körperpartien verändernd einzuwirken, so etwa im Falle der schon erwähnten schmerzhaften Schädigungen des Körpergewebes, wobei die Verursachung von Schmerzen bei der Schmerzbehandlung mit den Mitteln der Anästhesie abgemildert wird. Doch mit der Unterscheidung zweier Grundeinstellungen ist es nicht getan, es fragt sich, wie beide zusammenwirken. Hier kommt alles darauf an, ob die Technik in die Therapie eingebettet ist, nämlich in Form einer veritablen *Fremdbehandlung*, die stets das *Einwirken auf jemand* einschließt, oder ob sie sich verselbständigt zu einer bloßen Körperreparatur oder Körperfabrikation, die sich auf das *Bewirken von etwas* beschränkt. Mit anderen Worten, es geht darum, ob der Patient in seiner vollen Leibkörperlichkeit beteiligt ist oder ob sein Leibkörper auf ein bloßes Körperding reduziert wird.[15]

Schließlich stellt sich die Frage nach den *Grenzen* der Schmerzbehandlung. An früherer Stelle, in dem Band *Der Stachel des Fremden*, habe ich von einer »Überbewältigung des Leidens« gesprochen, die auf eine Medikalisierung des Lebens hinausläuft. Schmerz und Leid sind nicht weniger als Lust und Freude Teil des Lebens. Wer sie gänzlich auszuschalten sucht, verstopft die Quellen des Lebens. Also unterliegt die Art und Weise, wie wir mit Schmerz und Leid umgehen, keinem universalen Maßstab. Wenn es um die Erträglichkeit und Unerträglichkeit von Leid und Schmerz geht, hat der Leidende ein Mitspracherecht. Mit der Entmündigung des Patienten verlöre die Therapie ihren Sinn.

15 Vgl. *Grenzen der Normalisierung* (2008), Kap. 11.

15. Wiederherstellungskünste: Reparables und Irreparables

Pro und Re. – Unsere Welt ist voller Projekte, Progresse, Proceedings, Processors. Reparationen scheinen sich dagegen auf Regreß oder Restauration zu reimen. Doch ist es wirklich noch so, daß jedes Re- sich zu rechtfertigen hat, während jedes Pro- den Aufwind der Geschichte verspürt? Nicht wenige von uns haben das Gefühl, daß mit den alten Schemata von Vor und Zurück, von Auf und Ab etwas nicht mehr stimmt. Die alten Parteiungen, die sich in zukunfts- oder vergangenheitsfreudigen Lebenseinstellungen, in entsprechenden kulturellen Präferenzen und politischen Optionen niederschlagen, haben längst an Prägnanz und Kraft verloren. Präparationen, Re-parationen – auch diese Worte beginnen zu schillern.[1]

Reparables. – Was läßt sich reparieren? Alles Reparieren stößt auf eine untere Grenze. Was sich nicht reparieren läßt, sind unstete Elemente mit fließenden Grenzen, so Wasser und Luft. Wer die Luft- oder Wasserqualität verbessert, bessert nicht etwas aus. Was sich ebenfalls nicht reparieren läßt, sind Elementarteilchen wie Elektronen und Photonen, die nur in flüchtigen Spuren auftreten und in Kräftefelder eingebettet sind, ohne einer strikten räumlich-zeitlichen Individuierung zu unterliegen. Reparieren läßt sich nur etwas, was sich durch wiederkehrende Züge auszeichnet und von anderem abhebt, so etwa schon die Chromosomensätze, die elementare Lebensvorgänge steuern. Reparationen setzen voraus, daß sich etwas als es selbst darstellt und sich notfalls als es selbst wiederherstellt. Mit der Reparation betreten wir das Reich des Etwas, des Selben, der Dinge im weitesten Sinne dieses Wortes. Doch wie selbig ist das Selbe?

Kampf gegen die Zeit. – Reparationen führen einen Kampf gegen die Zeit, gegen die Erosionskräfte der Abnützung und gegen die Explosionskräfte der Zerstörung. Was nicht vergeht, kann und braucht nicht wiederhergestellt zu werden. Ewige Dauer bedeutet

1 Der vorliegende Text wurde für eine von Nele Ströbel konzipierte Münchener Ausstellung verfaßt, die dem Thema *Reparaturen der Welt* gewidmet war.

eine Art von permanenter Wiederkehr des Gleichen, in der Anfang und Ende verschmelzen. So kehren für die Griechen die Sterne an ihren Ort zurück, als sei nichts geschehen, und Lebewesen finden ihre Fortdauer im Schoße unwandelbarer Arten. Doch gibt es wirklich etwas, was völlig der Zeitbewegung und dem zeitlichen Wandel entrückt wäre? Die Naturgeschichte neuerer Kosmologien lehrt uns etwas anderes: der Zeitpfeil läßt sich nicht auf sich selbst zurückbiegen. Ist der Kampf gegen die Zeit nicht hoffnungslos? Der Reparatur haftet etwas Melancholisches an, weil das, was wiederkehrt, nie völlig wiederkehrt. Richtet der Kampf gegen die Zeit sich nicht an einem weltfremden Ideal aus, das mit dem Stillstand liebäugelt?

Wieder-herstellung. – Nimmt man das Reparieren wörtlich, so bedeutet es ein Wieder-herstellen. Wiederherstellen läßt sich nur, was sich herstellen läßt. Wenn es zutrifft, daß wir – mit Heidegger zu reden – in einem Zeitalter des Gestells leben, das vom Vorstellen und Herstellen regiert wird, so bedeutet dies, daß nicht nur Dinge und Dinghaftes, sondern alles, was leibt und lebt, in den Sog der Herstellung und Wiederherstellung gerät. Das Reparieren der Dinge überschreitet dann die obere Grenze, die ihm durch herkömmliche Unterscheidungen wie Poiesis, Praxis und Theoria, das heißt sachkundige Herstellung, gemeinsames Handeln und einsame Beschaulichkeit, gesetzt ist. Altgediente Grenzmarken beginnen zu verschwimmen. *Repariert* werden nach landläufigem Verständnis Dinge, die ausgebessert, geflickt werden und so ihre Gestalt und Funktion zurückgewinnen. Die Heilung, die man einem leiblichen Selbst angedeihen läßt, nimmt die Form einer *restitutio ad integrum* an, die auf die Kräfte einer *Regeneration*, wörtlich einer »Wiedererzeugung« setzt. Jede Heilung, so künstlicher Mittel sie sich auch bedienen mag, hat Momente einer Spontanheilung, es sei denn, das Leben verwandelt sich selbst in ein Kunstprodukt. Bei Kulturgegenständen wie Möbel, Bildern oder Bauwerken pflegen wir von einer *Restauration* zu sprechen, in der die Patina der Geschichte soweit wie möglich erhalten bleibt. Schließlich werden Sitten und Institutionen *reformiert* oder *revolutioniert*. Wo schöpferische Kräfte ins Spiel kommen, geraten wir immer wieder an Wendepunkte einer *Rekreation*, was zugleich als Erholung und als Neuschöpfung verstanden werden kann. Wo Unrecht geschehen ist, bedarf es der *Wiedergutmachung* oder der *Genugtuung*, die mit der Bezeugung des Unrechts beginnt und nicht mit einer spurenlosen Bereinigung zu verwechseln ist. Die Horizonte der Erneuerung verengen sich, wenn die bloße Wieder-herstellung den allgemeinen Ton angibt und die übrigen Varianten überspielt.

Funktionswert der Dinge. – Der technische Sinn des Reparierens gewinnt gegenüber allen weiteren Formen der Erneuerung die Oberhand, wenn Dinge auf ihren bloßen Funktionswert zurückgeschraubt werden. Funktionsträger sind prinzipiell äquivalent, austauschbar gegen gleichartige Funktionsträger, so wie das Rädchen in der Uhr, der Motorkolben oder die Stromleitung ausgewechselt werden können. Das Reparieren einer Maschine besteht darin, daß Teile repariert oder Ersatzteile eingefügt werden. Wird der Faktor der Kraft durch den der Information ersetzt, so geraten wir in ein Netzwerk, in dem Anschlüsse wiederhergestellt oder Informationsträger erneuert, nicht aber materielle Schäden behoben werden. Strenggenommen lassen elektronische, auch genetische Programme sich nicht reparieren. Informationseinheiten gleichen dem Buchstaben R oder der Zahl 17; das jeweilige materielle Zeichen läßt sich erneuern, nicht aber der Zeichentypus als solcher. Und Informationsflüsse nähern sich den Elementen; man kann sie kanalisieren, speichern, einfrieren, austauschen oder umleiten, doch nicht ausbessern wie Dinge. Der ökonomische Tauschwert, der schon frühzeitig das Interesse von Ökonomen und Philosophen auf sich gezogen hat, hängt eng mit dem Funktionswert zusammen. Eine Ware kann man so wenig reparieren wie ein Bit. Die Reduktion der Dinge auf Herstellungsprodukte macht aber bei dem Prozeß der Herstellung und Wiederherstellung nicht halt. Die materiale Substanz verkümmert zum bloßen Annex eines funktionalen und formalisierbaren Modus, wenn der Funktionswert alles beherrscht.

Bedeutungsüberschuß der Dinge. – Wenn man dem Tausch- und Funktionswert einen bloßen Gebrauchs*wert* entgegenstellt und das Mehr als Mehr*wert* verbucht, der selbst wieder in die Produktion eingespeist werden kann, bleibt man immer noch in einer »beschränkten Ökonomie« befangen, wo nichts es selbst und jedes das andere eines anderen ist, gemessen an einem Maßstab, der – wie Marx und Nietzsche auf ähnliche Weise formulieren – Nichtgleiches oder Ungleichartiges gleichsetzt und gleichmacht.[2] Die

2 Zu Marx vgl. *Grundrisse der politischen Ökonomie* (1953), S. 80, zu Nietzsche oben, S. 61. Der beschränkten Ökonomie setzt George Bataille eine verallgemeinerte Ökonomie entgegen, die den Produktions- und Warenkeislauf durchbricht.

Wiederherstellung gleicht dann der Neuprägung einer Münze oder dem Neudruck eines Geldscheins. Doch jeder Numismatiker weiß, daß selbst die Münze einen Überschuß aufweist, ein Surplus, das über den Tauschwert der Münze hinausgeht. Liebhaberei wie die Münzensammlerei kann sehr kostspielig sein, doch dies erst auf einer zweiten Stufe der Berechnung. Was wir an den Dingen schätzen und preisen, geht niemals völlig auf in dem Preis, den wir für sie zahlen. Der Bedeutungsüberschuß, der sich an dieser Stelle geltend macht, hängt gleichzeitig an der Realität der Dinge wie an ihrem Gefühlswert, ihrer ästhetischen Form und ihrer Symbolkraft. Ohne einen solchen Überschuß wäre nicht einzusehen, warum jemand die Uhr seines Vaters oder seines Großvaters kostspielig reparieren läßt, warum jemand rissige Möbelstücke restaurieren läßt, warum man Eisengießereien und Zechen nach ihrer Stillegung nicht abreißt, warum die Warschauer ihre dem Erdboden gleichgemachte Altstadt wiederaufgebaut haben – oder warum ein Kind beim Abschied von seiner vertrauten Umgebung einen Baum umarmt wie einen Spielgefährten.[3] Die Reparation solcher Dinge, die gleich unseren Traumgehalten und Körpersymptomen ihrem Sinn nach überdeterminiert sind, rührt an etwas Irreparables, das spontan wiederkehrt, wenn etwas scheinbar bloß wiederhergestellt wird.

Dingleib und Leibdinge. – Dinge, die nicht nur bestimmte Funktionen ausüben, sondern maßgebliche Bedeutungen in sich verkörpern, verweisen auf ein leibliches Selbst, das in seiner sinnlichen Selbstbezüglichkeit, in der lust- und schmerzhaften Selbstempfindung, in seiner Selbstbewegung und seinem Selbstgewahren mehr ist als ein identifizierbares Etwas. Dinge verdanken ihr Selbstsein, das über bloße funktionale Äquivalente hinausgeht, unserem leiblichen Umgang mit ihnen, so daß wir von ihnen lernen können (vgl. Stieve 2008). Wir finden uns selbst in ihnen wieder, im Rhythmus der Haustreppe, im Geruch der Metro, im Tastenwerk eines Instruments. Die Dinge partizipieren in dieser Form an unserer Leiblichkeit. Es gibt einen Leib der Dinge. Dinge die an unserem Leben partizipieren, nehmen die Züge eines genuinen Fetischs an, der uns ebensoviel verdankt wie wir ihnen. »Jeder historische Gegenstand ist Fetisch«, heißt es beim späten Merleau-Ponty (*Le visible et l'invisible*, S. 328, dt. S. 344). Es gibt ein Gedächtnis der Dinge,

3 Geschichte von einem japanischen Jungen.

das sich nicht auf Denkmäler beschränkt. Dinge werden in Mitleidenschaft gezogen. Die Verletzlichkeit des Leibes greift auf die Dinge über; ebendeshalb kann man die Heimat verlieren wie Leib und Leben. Der Verkörperung des Leibes in den Dingen entspricht umgekehrt eine Dinghaftigkeit des eigenen Leibes. Chirurgische Operationen haben deshalb bei aller Nutzung körperlicher Heilkräfte gemeinsame Züge mit der Reparatur, die wir an Dingen vornehmen, und eine Organtransplantation gleicht auf gewisse Weise dem Einsetzen von Ersatzteilen – allerdings nur auf gewisse Weise; denn ein Fremdkörper, den der eigene Leib abstößt oder annimmt, oder eine Prothese, unter der er leidet, bedeutet mehr als ein mehr oder weniger passendes Maschinenteil oder ein programmwidriges Störgeräusch. Das Schicksal von Leib und Dingen ist miteinander verwoben. Eine einseitige Funktionalisierung führt beiderseits zu einer gleichzeitigen Entmaterialisierung und Entgeistigung angesichts der Tatsache, daß Bedeutung nur als verkörperte Bedeutung und der Körper nur als bedeutungsträchtiger Körper einer funktionalistischen Vergleichgültigung widersteht. Was durch Äquivalente nahtlos ersetzt werden kann, ermangelt jenes Selbstseins, das sich im eigentlichen Sinne wiederherstellen ließe. Der Auswechselbarkeit der Hardware entspricht die Selbigkeit einer Software. In beiden Fällen fehlt es an dem, was sich in der Zeit durchhalten und verändert wiederkehren könnte. Formeln lassen Transformationen zu, in denen eines in anderes umgesetzt wird, sie lassen keine Metamorphosen zu, in denen Gestalten sich wandeln.

Reparaturkunst. – Wenn Reparieren mehr bedeutet als das Auswechseln defekter Maschinenteile oder die Korrektur eines Programms, so deshalb, weil die Reparatur an einem irreparablen Bedeutungsüberschuß partizipiert. Die symbolische und ästhetische Form, die über die bloße Funktionalität hinausgeht und aus einer »eigentümlichen Materie« hervorgeht,[4] hat einen Charakter des Künstlerischen, der jeder Hervorbringung von Kunstwerken vor-

4 Aristoteles setzt die »eigentümliche Materie«, in der sich das Lebendige verkörpert, einer »ersten Materie« entgegen (siehe oben, S. 56); letztere wird später unter produktionstheoretischem Blickwinkel zur »rohen Materie« oder zum »Rohmaterial«. Das Wort »roh« gehört zu den Klischeewörtern der westlichen Zivilisation und findet seine Aufwertung in der »rohen Kunst« (*art brut*) von J. Dubuffet und dem »rohen Sein« (*être brut*) von M. Merleau-Ponty. All dies ist Teil eines Diskurses der »Produktion«.

ausgeht. Die Kunst in den Dingen ist früher als die Entstehung von Kunstdingen. Eine Herstellung, die mehr besagt als eine geregelte Herstellung von Etwas, lebt von einer besonderen Erfindungskraft. Nicht umsonst verwenden Griechen und Römer die Ausdrücke *techne* und *ars* in gleicher Weise für handwerkliche wie für künstlerische Hervorbringungen. Im gleichen Sinne können wir auch von einer Wiederherstellungskunst sprechen in all den Fällen, wo mehr verlangt wird als bloße Routine. Erst wenn wir uns auf fest geregelte und normierte Vorgänge beschränkten, verwandelt die Reparaturwerkstatt sich in einen Reparaturautomatismus, der Schäden behebt, als seien es Rechenfehler.

Altes im Neuen, Neues im Alten. – Die Reparatur erscheint als etwas Rückständiges, Zurückgebliebenes, wenn man einseitig auf Innovation setzt. Doch abgesehen davon, daß das bloß Neue nichts weiter ist als das Alte von morgen, entpuppt sich die reine Herstellung als ein ebensolches Hirngespinst wie die reine Wiederherstellung. Eine reine Herstellung müßte sich ablösen von allen Vorgegebenheiten. Paul Valéry, der das Fieber des Neuen noch frisch zu spüren bekam, bemerkt in den *Cahiers* (Bd. II, S. 976, dt. Bd. 6, S. 85) im Hinblick auf aktuelle Experimente in der Kunst: »In unserer Zeit ist es kühner, Altes zu machen als Neues; und sehr viel schwieriger. Die Epoche macht Neues maschinell und Originelles ohne *origine*, wie sie Kaffee ohne Koffein macht; man findet [...] die Unmöglichkeit, einzelne ganz außergewöhnliche Unternehmungen nach ihren Urhebern zu unterscheiden, denn jede ist so kühn, daß man sie verwechselt.« Innovationen verdanken ihr Gewicht der Abweichung von bestehenden Formationen, so daß sie als künstlerische Verformung und Umformung auftreten, auch als Mutation, bei der die Gene irreparabel aus der Reihe tanzen, nicht aber als absolute Neuformung. Umgekehrt bleibt auch eine reine Wiederherstellung undenkbar, da Wiederholung sich als zeitliche Bewegung vollzieht, die das Gleiche immer nur als Nichtgleiches wiederkehren läßt. Eine maschinelle Operation kann rekursiv zu ihrem Ausgangspunkt zurückkehren, als sei nichts gewesen, wenn man von dem unvermeidlichen Energieverbrauch absieht. Eine Tätigkeit wie das Handeln, das nicht bloß geregelt abläuft und Zufällen unterliegt, sondern dann und wann aus der Rolle fällt, immer wieder zögert und sich von Fremdem überraschen läßt, spielt sich dagegen in einer Gegenwart ab, die unaufhörlich zurück- und vorausweist und in diesem Sinne eine Geschichte hat. Geschichte ist ein Prozeß, der auf sich selbst zurückkommt und über sich selbst hinausgeht, indem er sich selbst in Frage stellt und in Frage stellen läßt. Im Hinblick darauf können wir von Altem im Neuen und Neuem im Alten sprechen. Die Verschränkung beider Momente schließt nicht aus, daß das Gewicht stärker auf der Neuherstellung oder der Wiederherstellung liegt. Das Alte im Neuen können wir mit Claude Lévi-Strauss als Bastelei begreifen, bei der nicht nur Rohmaterialien verwendet werden, sondern geformte Materialien.[5] Auf gewisse Weise gilt dies schon für die Regeneration der Körperzellen oder für Genmutationen, die aus »mißglückten Reparaturen« hervorgehen.[6] Die Natur würfelt nicht nur, Einstein zum Trotz, sie bastelt auch. In den Kollagen und Assemblagen der modernen Kunst wird der Prozeß der Verformung als solcher mit dargestellt, etwa so, daß alte und neue Formationen sich palimpsestartig überlagern. Altes schimmert im Neuen durch und Neues im Alten. Geläufige Formen der Vor-stellung und Her-stellung werden durch Ent-stellung aus der Bahn geworfen. Dem entspricht eine Art von Reparatur, die ihre Spuren gerade nicht tilgt, Sprünge nicht übertüncht, Fragmente nicht ergänzt, Verblaßtes nicht strahlender macht, als es ist. Runzeln und Falten von Zeit und Geschichte werden sichtbar; der Kampf gegen die Zeit weicht einem Gang mit der Zeit, bei dem Vergänglichkeit nicht verleugnet wird. Futurismus und Traditionalismus, Erneuerung und Festhalten um jeden Preis erscheinen dann als extreme Formen einer Zeitigung, die vergebens auf ihre Entzeitlichung abzielt.

Wiederverwendung und Verschwendung. – Reparatur steht nicht nur im Geruch der Einfallslosigkeit, die sich an Altbewährtes klammert, sondern auch im Geruch der Knauserigkeit, die mit dem haushält, was da ist und was man hat. Sie scheint dem »Reich der Notwendigkeit« anzugehören, nicht dem »Reich der Freiheit«. Doch Flickschusterei und Fleckenteppich sind keineswegs so erfindungslos, wie es Neuigkeitssüchtigen erscheint. »Ein geflickter Strumpf besser als ein zerrissener, nicht so das Selbstbewußtsein«, heißt es bei Hegel, der die Zerrissenheit als Weg der Selbsterarbei-

5 Lévi-Strauss weist darauf hin, daß *bricoler*, ein Wort aus dem Bereich von Billard und Ballspiel, von Jagd und Reiten, eine beiläufig auftretende Bewegung (*un mouvement incident*) bezeichnet. Vgl. *La pensée sauvage* (1962), S. 26, dt. S. 29.

6 Diesen Hinweis verdanke ich einem Gartengespräch mit Friedemann Ebner.

tung rühmt. Man könnte fortfahren: »Ein zerrissener und geflickter Strumpf besser als ein heiler …«, denn auch der Gang der Dinge verläuft nicht geradlinig und makellos. Umgekehrt erreicht nicht alles, was sich als Verschwendung ausgibt, die gesteigerte Form einer Selbstverschwendung, die sich verausgabt wie die Sonne, die Licht und Wärme verströmt. Einer Wegwerfgebärde, die der Dinge nicht achtet, haftet nichts Großartiges an: Sie verrät eine Achtlosigkeit, in der die Furie des Herstellens von der des Ausbeutens und Vernichtens kaum noch zu unterscheiden ist. Eintagsdinge produzieren Eintagsmenschen. Wiederverwendung kann ferner als karge Berechnung auftreten, doch dies ist wiederum nicht alles, sie kann auch der Schonung dienen. »Auf einmal legt sich Schonung auf der Wiesen aufgedecktes Grau. Kleine Wasser ändern die Betonung« – in dieser frühlingshaften Erneuerung spricht sich etwas aus, das auch unser Verhältnis zu den Dingen berührt. Die Geschichte der Gewalt, die der Mensch sich selbst und der Natur antut, lehrt uns, Schonungslosigkeit nicht mit Großzügigkeit zu verwechseln.

Pausenzeichen. – Pausenzeichen wie jene, die eine Sendung von der anderen scheiden, gibt es in jenen Momenten, wo das Pendel zwischen alt und neu zögert und wo eine winzige Drehung genügt, es in eine andere Richtung schwingen zu lassen und die Oszillation durch eine Rotation abzulösen. Solche Momente der Ab-weichung, der Um-stellung, der Ver-formung, des Um-denkens sind es, die Unvorhergesehenes, Unerhörtes, Unersetzliches einbrechen lassen, kurz: Irreparables, was nicht eigens präpariert wurde und sich nicht nachträglich reparieren läßt. Ohne die Anlehnung an solch Irreparables wären Reparaturen in der Tat bloße Notbehelfe, mit denen ein »Mängelwesen« seine Mängel wettmacht. Irreparabel ist das, was nicht hergestellt, also auch nicht wiederhergestellt wird, was sich vielmehr einstellt, was sich ergibt wie ein Geschenk. Geschenke wirft man nicht ungestraft weg; denn sie kommen ungerufen und lassen sich nicht abrufen wie Daten auf der Datenbank.

16. Zusammenspiel und Widerspiel der Sinne in Prousts *Recherche*

Vergleicht man Prousts großes Romanwerk mit klassischen Romanen wie denen von Balzac, Dickens oder Tolstoi, so fällt auf, daß das Grundgeschehen sich nicht primär auf der Handlungsebene abspielt, sondern auf der Ebene der Sinnes- und Körpererfahrung. Es sind sinnlich und leiblich geprägte oder mitgeprägte Vorgänge wie Einschlafen und Erwachen, Vergessen und Erinnern, Versinken und Wiederauftauchen, Kommen und Gehen, Gruß und Abschied, die in ihrer rhythmischen Wiederkehr den Erzählungsfluß skandieren. Außerdem sind es unscheinbare Phänomene wie das Blühen einer Weißdornhecke, das Wandern von Kirchtürmen am Horizont, der Geschmack einer Madeleine, der Geruch von den Wänden eines Toilettenhäuschens oder die Unebenheit von Pflastersteinen, die gerade in ihrer Unscheinbarkeit zu Kristallisationskernen eines Geschehens werden, das sich auf spontane Weise selbst organisiert und dabei immer wieder durch ungewohnte Ereignisse aus der Bahn geworfen wird. Die Sinnbildung der Erfahrung wird in erster Linie nicht von Entscheidungen bestimmt, sondern durch Widerfahrnisse in Gang gesetzt und von libidinösen Impulsen angefacht. Es gibt keine Drahtzieher und Drahtgestänge, die der Erfahrung ihre Gesetze vorschreiben; Personen und Dinge, die daran mitwirken, gehen selbst aus den Gestaltungs- und Umgestaltungsprozessen der Erfahrung hervor. Es ist die Infrastruktur der Erfahrung, die so zutage tritt.

Uns interessieren hier vor allem folgende Fragen: Wodurch wird unsere Sinneserfahrung in Gang gesetzt? Worauf antworten unsere Sinne? Auf welche Weise wirken die Einzelsinne bei der Ausarbeitung ihrer Antwort zusammen, auf welche Weise wirken sie einander entgegen? Welche Zwischeninstanzen sind an der Erfahrung beteiligt?[1] Welche Wirkungen gehen von der Sinnesarbeit aus, wie dauert ihr Werk fort? Dabei gehen wir davon aus, daß die Sinne auf

1 Zum Zusammenwirken der Sinne und zur Mitwirkung diverser Medien in Prousts *Recherche* findet sich einiges mehr in dem von Uta Felten und Volker Roloff herausgegebenen Band *Die Korrespondenz der Sinne* (2008), in dem der vorliegende Versuch zuerst erschienen ist.

ähnliche Weise antworten wie unsere Rede und daß sie arbeiten, wie laut Wittgenstein die Sprache arbeitet und nicht nur feiert. Wir können von einem Laboratorium und einem Responsorium der Sinne sprechen. Mit der Rede von einem *Laboratorium* der Sinne betonen wir die sowohl produktive als auch explorative Bedeutung der Sinne, deren Natürlichkeit ständig mit Künstlichkeit durchsetzt ist. Mit der Rede von einem *Responsorium* der Sinne beziehen wir uns auf den responsiven Charakter der Sinne, deren Tätigkeit von Affektionen ausgeht und deren Eigentätigkeit ständig von Fremdimpulsen gespeist wird.

Die Grundlage für unseren Erkundungsgang durch Prousts Welt der Sinne bilden nicht die großen Schlüsselszenen, die als Epiphanien das Niveau alltäglicher Phänomene überschreiten, sondern eher beiläufig auftretende Ereignisse, die gleichwohl ihre außeralltägliche Seite haben und die überdeterminiert sind wie Traumszenen.[2] Wir werden die große Symphonie der *Recherche* gleichsam auf eine kammermusikalische Besetzung und auf kleinere Formate reduzieren, um über eine Reihe wiederkehrender Motive an die Bearbeitung sensueller Grundmuster heranzukommen, die weiter reicht als der vom Autor gesetzte Deutungsrahmen. Unsere Querschnittlektüre beruht auf einer Auswahl signifikanter Textpassagen, die wir durchweg dem ersten Viertel von *Le côté de Guermantes* entnehmen und die, wie bei Proust üblich, durch wiederkehrende Motive miteinander verklammert sind.[3] An die Skizzierung dieser *Erfahrungsszenen* schließt sich eine Analyse an, die von zentralen *Erfahrungskonzepten* ausgeht und mit ihrer Hilfe die Proustschen Texte erschließt.

2 In seiner späten Proust-Vorlesung von 1978 begreift Roland Barthes die Episoden des Romans als »Momente der Wahrheit«, einer »Wahrheit der Affekte«, eines »Pathos«, das dem Lesen seine Kraft gibt und das Werk aufstückelt, es einer Art »Zerrüttung« aussetzt: »Die Momente der Wahrheit sind gleichsam die *Mehrwertpunkte* der Anekdote.« (2006, S. 317-319)

3 Passagen aus *Le côté de Guermantes* (frz. Bd. 2, dt. Bd. 3) werden mit bloßen Seitenzahlen, alle übrigen mit Band und Seitenzahl zitiert, wobei sich die Zahl vor dem Schrägstrich auf die französische, die nach dem Schrägstrich auf die deutsche Ausgabe bezieht. Zitiert wird nach der neuen vierbändigen Edition von Jean-Yves Tadié (1987-89) bzw. nach der von Luzius Keller revidierten siebenbändigen Übersetzung (1994-2002). An wenigen Stellen folgen wir der deutschen Übersetzung in ihrer unrevidierten Form.

1. Erfahrungsszenen

Die folgenden Szenen unterliegen einer Gesamtregie, die wir aber weitgehend ausblenden werden, um den Details ihr eigenes Gewicht zu belassen. Die Ausgangsszene, nämlich die Begegnung des Erzählers mit der Herzogin von Guermantes, spielt sich im Pariser Faubourg Saint-Germain ab und endet dort. Die nachfolgenden Szenen führen in die Garnisonstadt Doncières, wo der Erzähler den Fähnrich Saint-Loup, seinen Freund und den gleichzeitigen Neffen der Herzogin, besucht. Das abschließende Ferngespräch des Erzählers mit seiner Großmutter beginnt ebenfalls noch in Doncières und endet mit seiner überraschenden Rückkehr nach Paris.

Das Lächeln der Herzogin

Die Pariser Begegnung mit der Herzogin ruft eine Serie initialer Blickkontakte wach, die sich über das Gesamtwerk verstreuen. Es beginnt im Theater, wo die vornehme Dame von ihrer Loge aus, begleitet von einem Winken der weißbehandschuhten Hand, den »blitzenden, himmlischen Funkenregen ihres Lächelns« fallenläßt (358/76). Fortan ist der junge Marcel süchtig nach diesem Lächeln. Den allmorgendlichen Ausritt der Herzogin nimmt er zum Anlaß, während dieser einzigartigen Morgenpromenade von dieser oder jener Straßenecke aus ein Lächeln zu erhaschen. Anfangs gelingt es ihm. Manchmal trifft ihn der Blick wie ein Blitz, manchmal wandelt sich das Gesicht in das »Gesicht einer Fremden« (362/82). Allmählich schwant ihm, daß der Dame dieses stumme Stelldichein lästig wird, obwohl es ihm doch nur darum geht, »eine Sekunde lang Gegenstand ihrer Aufmerksamkeit zu sein« (368/91). Schließlich verzichtet er auf die unmittelbare Begegnung und versucht in indirekter Form, »wie mit einem Hebel«, einen wirksameren Fernkontakt herzustellen (369/92). Eine Gelegenheit dazu bietet der Besuch bei seinem Freund Saint-Loup in Doncières. Als er dessen Zimmer betritt, fällt sein Blick auf ein Photo der Herzogin, das ihm nicht nur eine ruhige Betrachtung der begehrten Person erlaubt (374/100), sondern ihn in der Gestalt des Neffen Saint-Loup eine leibhaftige Photographie entdecken läßt, aufgeweckt durch eine physiognomische Verwandtschaft, die er auf einen gemeinsamen Ursprung zurückführt (379/107). Diese von jugendlichem Enthusiasmus getragene Begegnungsgeschichte findet ein allmähliches Ende, als der Erzähler, nach Paris zurückgekehrt, von der Herzogin nur noch gelegentlich einen Gruß empfängt, der manchmal von einem »dünnen Lächeln« begleitet ist, »als habe sie für mich – mit dazugesetzter Widmung – eine Tuschzeichnung angefertigt, die ein Meisterwerk war«, wobei ihre schwermütige Erscheinung ihn an eine frühchristliche Heilige erinnert (443/199). Nach der indirekten Begegnung aus der Ferne nun also eine Begegnung aus der Nähe, die jedoch in ihrer ästhetischen und religiösen Sublimierung ferner ist als fern. Nun hat der Verehrer nicht mehr bloß ein Bild vor sich, das an die Abwesende erinnert, die Anwesende verwandelt sich selbst in ein Bild, das in seiner Unnahbarkeit allen möglichen Genüssen entrückt ist.

Das Spiel mit dem Monokel

Die folgenden Szenen überlagern sich mit der ersten; denn allein die Liebe zur Herzogin ist es, die den Erzähler die Nähe des Freundes suchen läßt (401/138 f.). Saint-Loup führt sich beim Leser ein mittels einer militärischen Grußszene. Der Gruß, den er dem Vorgesetzten darbietet, verwandelt die Beweglichkeit seines Körpers in eine bewegungslose »Starre«, die anhält, solange er seine Hand an das Käppi hält, bis daß sich dann die »vibrierende Spannung« löst (372 f./97 f.). Neben Körperhaltung und Kleidung, darunter eine malvenfarbene Weste (392/126), die mit dem Mauveton der von der jungen Herzogin in Combray getragenen Krawatte korrespondiert (312/11),[4] ist es das Monokel, das gleich einem Hoheitsabzeichen diesem adeligen Fähnrich sein typisches Air verleiht (370-373/94-98). Das »flatternde Monokel«, das immer dabei ist, gibt seinem Blick etwas Unstetes. Bei der ersten Begegnung spaltet sich sein Blick auf; von dem freundlichen Lächeln und den zärtlichen Blikken kommt das eine unmittelbar aus seinem Auge, während das andere nur in der Brechung durch das Monokel sein Gegenüber erreicht. Nachdem die erste Spannung der Wiederbegegnung sich gelegt hat, tritt die Freundschaft ungebrochener zutage: »Jetzt war sowohl in dem kurzsichtigen Blick wie in dem Monokel das Gefühl

4 Zum Mauve als einer der Lieblingsfarben Prousts bemerkt Jean-Pierre Richard, *Proust et le monde sensible* (1974), S. 78: Sie ist »allgegenwärtig, verbunden mit dem erotischen Reiz, eine verwaschene, aufgelöste und somit ›ausschweifende‹ Farbe«.

unserer großen Freundschaft zu lesen.« Doch die vollendete Eintracht hält nicht vor. Den Abschiedsgruß seines Freundes erwidert Saint-Loup, mit seinem Monokel im Auge an ihm vorbeikutschierend, ohne eine Miene zu verziehen, indem er lediglich die Hand ans Käppi führt (436/190). Nach längerer Zeit vom Erzähler darauf angesprochen, gibt er zu, daß er ihn durchaus erkannt habe, doch offensichtlich, ohne es zu zeigen. Der Erzähler konstatiert einen gekonnten Rollenwechsel, wie er einem vollkommenen Schauspieler anstünde. »Er war mein Bruder gewesen und wurde wieder mein Bruder, inzwischen aber war er einen Augenblick lang eine andere Figur, die mich nicht kannte und die, während sie die Zügel hielt, mit dem Monokel im Auge, ohne einen Blick oder ein Lächeln die Hand an den Schirm des Käppis hob, um mir einen korrekten militärischen Gruß zuteil werden zu lassen!« (474/244) Das Monokel, das zum Wahrzeichen seines Trägers wird, ähnlich wie das Fahrrad sich als Wahrzeichen der flüchtigen Albertine entpuppt, läßt hinter der Blickspaltung eine allzeit mögliche Persönlichkeitsspaltung erahnen. Nicht umsonst entlädt sich die aufgestaute Spannung gelegentlich in überraschenden Zornesausbrüchen (478, 480/250, 252). Bei Albertine, der späteren Geliebten des Erzählers, deuten die »facettenartigen Augen«, diese *yeux fragmentés*, die aus mehreren Stücken zu bestehen scheinen, auf eine Art multipler Liebespersönlichkeit hin (III, 600/V, 126).

Knisterndes Kaminfeuer

Kurz nach seiner Ankunft steht der Erzähler vor der verschlossenen Tür, die in das Zimmer seines Freundes führt, da dringen Geräusche hervor, wie wenn jemand sich schneuzt oder auf und ab geht. Beim Öffnen der Tür wird er gewahr, daß die Geräusche in Wirklichkeit von einem frisch angelegten Feuer verursacht werden. Das nachträgliche Sehen des Gehörten, das den Höreindruck korrigiert und das sich beim Ticken einer herumliegenden Taschenuhr wiederholt, läßt ihn an die Ortlosigkeit von Tönen denken, deren präzise Verortung auf visuelle Hilfen angewiesen ist (373-377/98-104). Darauf kehrt er die Sache um, indem er sich ein Gesehenes ohne Gehörtes vorstellt. So malt er sich aus, wie das Verstopfen der Ohren den Kranken mit lautlosen Bewegungen konfrontiert, die aus einer spontanen Selbstbewegung der Dinge hervorzugehen scheinen, als fingen sie Feuer an sich selbst. Diese Erfahrung steigert sich mit dem Eintritt der völligen Taubheit. Doch den Verlust des Gehörs sieht der Erzähler wettgemacht durch die Verwandlung der Welt in eine Zauber- und Märchenwelt, wo Besucher das Zimmer lautlos betreten wie die Bühne eines Marionettentheaters, wo aber auch Warnsignale ausfallen, die etwa das Überkochen der Milch anzeigen. Während unsichtbare Klänge sich im Raum verflüchtigen, werden klang- und geräuschlose Bewegungen dermaßen entstofflicht, daß Bauwerke zu Theaterkulissen verflachen und wie zu Staub zerfallen. Inmitten der gewöhnlichen Synästhesie melden sich Anzeichen einer drohenden Diästhesie. Doch das Feuer selbst beschränkt sich nicht darauf, den Hör- und Schauplatz des Kamins einzunehmen, seine wohltuende Wärme gehört zur spätherbstlichen Atmosphäre der Garnisonstadt.

Schlaf unter den Klängen der Regimentsmusik

Es wäre verwunderlich, würde das Beziehen des fremden Zimmers in Doncières nicht ähnliche Schlafprobleme aufrühren und ähnliche Schlafgedanken wecken, wie sie uns aus der Ouvertüre des Romans bekannt sind. Die Einsicht, daß man das Leben eines Menschen nicht richtig erfaßt, wenn man an dem Schlummer vorbeigeht, »der es umspült und Nacht für Nacht benetzt wie das Meer eine Halbinsel« (384/114), gehört zum Grundtenor der *Recherche*. Wir beschränken uns hier auf die Arbeit der Sinne, die sich auf der Schwelle zwischen Wachen und Schlafen vollzieht (383-388/113-120). Während der Erzähler unter den aus der Kindheit vertrauten Klängen der Regimentsmusik erwacht, besinnt er sich auf den Schwellencharakter der Prozesse des Schlafens, Aufwachens und Wiedereinschlafens, der die Grenzen zwischen Wirklichkeit und Traum, zwischen Wahrnehmung und Einbildung verschwimmen läßt. Das eine Mal gelingt es dem Schlaf, dem Anprall der Musik standzuhalten, ein anderes Mal läßt er sich sanft berühren von den hohen Klängen der Pfeifen, wieder ein anderes Mal erliegt er dem Höllenlärm der Musik. Der Schwellenbereich wird zur Konfliktzone. Der Schlaf kann sich mehr oder weniger weit von der Wachzone entfernen. Im bleiernen Schlaf, der bis an die Grenze der Anästhesie führt, gibt es niemanden mehr, der schläft, das Ich stirbt; es ersteht erst wieder auf, sobald die »Drehscheibe des Erwachens« einen kritischen Punkt erreicht. Wenn der Lebensfaden des Ichs nicht völlig abreißt, so liegt dies an dem Körpergedächtnis, das die jeweilige Körperlage in ein fortlaufendes Körperschema einträgt, und es sind Körperrhythmen wie das Bewegen der Zunge, die das Ich wieder zum Leben erwecken. Ohne Proprioperzeptionen würden die Perzeptionen erlöschen wie bei einem Seh- oder Hörapparat, bei dem der Strom ausfällt. Selbst das Erwachen erfolgt nicht mit einem Schlag. So kann es vorkommen, daß der Erwachende vorübergehend – einer Larve im Zustand der Verwandlung gleich – zu einem »Zwittergeschöpf« wird, dessen Brustteil noch die Wärme sucht, ohne sich um Farben zu kümmern, während seine Augen bereits die Farbe suchen, ohne sich um die Wärme zu kümmern. Das Lever schließt ein allmähliches Lever der Sinne ein.

Nächtlicher Fensterblick

Bei einbrechender Nacht durchstreift der Erzähler die Straßen der Garnisonstadt. Das vorübergehende Nachlassen seines Liebeskummers macht seinen Blick empfänglich für eine »unbekannte Welt«, bevölkert mit fremden Existenzen, zu denen er niemals Zugang finden wird, und das unwirtliche Wetter steigert seine Sehnsucht nach heimischer Wärme (395 f./130-132). Der Passant steht wie gebannt in der Dunkelheit, seine Unsichtbarkeit schließt jeden Wechselkontakt aus. Damit schlüpft der Erzähler in die nicht ungewohnte Rolle eines Voyeurs, aber auch von jemandem, der durch das Sehrohr eines Guckkastens blickt. Der gerahmte Blick fällt in die Bude eines Maronihändlers, die durch den »Geist des Feuers« beleuchtet wird, in einen Trödelladen, dessen Krimskrams vom Schein einer Kerze und einem trüben Lampenlicht künstlerisch verklärt wird, und in eine weiträumige Mietwohnung, deren Bewohner amphibienhaft in den »Bassins der Lampen« umherschwimmen. Für den Fensterblick, der von außen her eindringt, verwandeln sich die Innenräume in Lichträume, die der Wahrnehmung etwas Magisches und ganz und gar Künstliches geben.

Ferngespräch mit der Großmutter

Das Ferngespräch, das der Erzähler mit seiner Großmutter führt, erweist sich als ein Gespräch besonderer Art (431-436/182-189). Es durchläuft eine Skala zunehmender Ferne und Fremdheit. Auf einer ersten Stufe geht es um die Fremdheitseffekte, die von der neuartigen Technisierung kommunikativer Vorgänge ausgehen. Daher ist von Wunder, Zauber, Magie und Mysterium die Rede, und die »Damen vom Dienst«, deren Unsichtbarkeit und Namenlosigkeit den mysteriösen Charakter dieser Fernkommunikation noch erhöht, werden als »immer wache kluge Jungfrauen«, als »Schutzengel« auf den Pfaden der Finsternis, als »Dienerinnen des Mysteriums«, als »Priesterinnen des Unsichtbaren« und »Göttinnen ohne Antlitz« mit magischen Fähigkeiten und religiösen Weihen versehen. Man mag diese Metaphorisierung technischer Vorgänge einer vergangenen Phase technischer Entwicklung zurechnen, in der diese Art der Technisierung noch nicht der Lebenswelt implantiert und zur Selbstverständlichkeit geworden war. Andererseits macht diese umständliche Betrachtungsweise darauf aufmerksam, daß zwar die Produkte der Technik Sache von Experten sind, nicht aber der Prozeß der Technisierung, der in die Lebenswelt eingreift und darin den Rahmen der Technologie überschreitet. Die lebensweltlichen Wirkungen der Technik sind nicht selbst etwas Technisches.[5]

Dies zeigt sich noch deutlicher auf der zweiten Stufe, wo der Kontakt zwischen den Partnern des Ferngesprächs zur Sprache kommt. Dort gewahren wir, wie die Stimme der Großmutter, abgelöst von der »Partitur ihrer Züge« und befreit von der »Maske des Gesichts«, mit einer bislang unbekannten Sanftheit und Weichheit zu den Ohren ihres Enkels dringt. Das isolierte Auftreten der Stimme wird zu einem wahrhaften *experimentum crucis* für die Erprobung mitmenschlicher Nähe und Ferne. Die erzwungene Vereinsamung der Stimme, ihre Brüchigkeit und das abschließende Verstummen deuten voraus auf den Tag, »da man zu denen spricht, die nicht mehr antworten können«, so daß der Erzähler die Worte »Großmutter, Großmutter« wie die Beschwörung einer Toten vor sich hin murmelt, gleich Orpheus an der Schwelle des Schattenreiches.

Doch ihre Klimax erreicht das Ferngespräch in einer weiteren Szene, die den baldigen Tod der Großmutter ankündigt (438-440/192-195). Nachdem der Erzähler wenig später nach Paris zurückgekehrt ist, betritt er unangekündigt das Zimmer der Großmutter. Er sieht

5 Vgl. Hans Blumenberg, »Lebenswelt und Technisierung«, in: ders., *Wirklichkeiten, in denen wir leben* (1981).

das Phantom, diese »Spukgestalt«, die zuvor nur im Medium der Stimme gegenwärtig war, leibhaft vor sich, aber in einer Ferne, die durch die leibhaftige Gegenwart ins Unermeßliche gesteigert wird. Die »Maske des Gesichts«, die er, erfüllt von Liebe und Zärtlichkeit, mit den Mitteln der Einbildungskraft und der Erinnerung zu einem Idealbild ausgestaltet hat, ist mit einem Male gefallen. Doch was dahinter zum Vorschein kommt, ist eine »alte, von der Last der Jahre gebeugte Frau«, eine Unbekannte. Der entsetzte Erzähler vergleicht die hilflose Gestalt mit einer Photographie, bei deren Verfertigung der Blick unserer Augen durch die mechanische, gefühllose Aufnahme einer Platte ersetzt wurde, oder mit dem Spiegelbild, das den Kranken, der sich lange nicht selbst in die Augen geschaut hat, vor seinem eigenen Anblick zurückschrecken läßt. Eine doppelte Fremdheit breitet sich aus. Die Großmutter, die ihre vertrauten Züge einbüßt, wird zur Fremden in den Augen eines Besuchers, der für sich selbst zum Fremden wird. So wie es uns allen während des kurzen Augenblicks der Rückkehr gelingt, »unserer eigenen Abwesenheit beizuwohnen«, steht der Besucher da als bloßer Zeuge, als Beobachter in Hut und Reisemantel, als »Fremder, der nicht zum Hause gehört«, als Photograph, der die Spuren des Unwiederbringlichen festhält.

2. Erfahrungskonzepte

In der nachfolgenden konzeptuellen Analyse versuchen wir zu zeigen, wie bestimmte Erfahrungskonzepte, deren wir uns in unseren Sachanalysen wiederholt bedient haben, im Austausch mit den Erfahrungsszenen eine besondere Farbe annehmen. Unsere explizite Philosophie greift damit zurück auf eine implizite Philosophie, die bereits außerhalb ihres eigenen Bereichs, also auch in der Literatur am Werk ist. Aus den dichten Beschreibungen, die dem Roman selbst zu entnehmen sind, werden wir bestimmte Fäden herauslösen, die uns den Gang durch die verschlungenen Pfade dieses Werkes erleichtern.

Unter einem *Widerfahrnis*, einem *Pathos* oder einer *Affektion* verstehe ich ein Ereignis, das uns zustößt. *Wem* etwas widerfährt, der oder die ist an diesem Geschehen beteiligt, aber nicht als autonomer Urheber von Akten und Handlungen, und anderseits ist, *was* uns widerfährt, keine separate Ursache, die unabhängig von ihrer Wirkung zu betrachten wäre wie ein Naturereignis. Widerfahrnisse sind Ereignisse ohne vorgängiges Subjekt und Substrat. Was wir Subjekt und Objekt nennen, sind bereits Interpretamente und keine festen Grundbestandteile der Erfahrung. Auch die Unterscheidung von Person, Lebewesen und Ding ist nicht sakrosankt, sie geht zurück auf einen Differenzierungsprozeß, der zur Artikulation der Erfahrung gehört.

Im Gegensatz zum Schlafengehen, das wir tun und lassen können, gehören Einschlafen und Aufwachen zu den Widerfahrnissen; der Schlaf kommt, wenn er will, nicht wenn wir wollen, und ebenso ist das Aufwachen nicht unser eigenes Werk, es geschieht nicht ohne Weckung. Im vorliegenden Falle handelt es sich um *Schwellenereignisse*, die von einer Welt in die andere führen, aber einen vielfältigen Grenzverkehr zulassen; dieser bringt vielerlei Verwirrungen und Unsicherheiten hervor, mit denen der Erzähler uns gleich auf den ersten Seiten seines Werkes konfrontiert. Dies bedeutet, daß unsere Wahrnehmungen durchweg einen träumerischen Hintergrund aufweisen und daß sich im Untergrund der Erfahrung Falltüren öffnen können. Wachen und Schlafen sind keine diskreten Zustände, die wir einem identischen Subjekt zuschreiben oder die ein Cogito sich selbst zuschreibt; durch die gegenläufigen Prozesse des Aufwachens und Einschlafens sind sie miteinander verknüpft wie Vergessen und Erinnern. Von diesen Übergangserfahrungen ist auch das Ich betroffen; es wandelt sich, verliert sich und kehrt zurück, wenn alles gutgeht. Daraus erklärt sich die Nähe von Tod und Schlaf, von Aufwachen und Wiederauferstehung, die in Prousts Roman immer wieder durchbricht.

Widerfahrnisse beschränken sich aber nicht auf diese Grenzbereiche, sie tauchen inmitten der normalen Erfahrung auf. Dazu gehört das Lächeln der Herzogin, das selbst dann, wenn es erwartet wird, Überraschungen und Enttäuschungen bereithält. Das Lächeln, das als »die physiognomische Form des Geständnisses, das affektive Zeichen der Antwort« auf halbem Wege zwischen Lachen und Küssen verharrt (Richard 1974, S. 70 f.), ist nicht nur in eine Körpersprache eingebettet, sondern auch in ein Körpergespräch, das sich auf riskante Weise zwischen Appell und Response bewegt. Zu Widerfahrnissen gehört auch das Knistern und Prasseln des Feuers, das alle Sinne in Bewegung hält und in seiner ungebärdigen Kraft tierische Züge annimmt. Das vorschriftsmäßige Grußzeremoniell, mit der sich der militärische Freund einführt, nimmt ebenfalls pathische Züge an. Als Antwort auf das Erscheinen eines Vorgesetzten und als nur halbwegs kontrollierte Körperbewegung, die auch für Zornausbrüche Raum läßt, erschöpft sich die Achtungsbekundung nicht in den Intentionen und Reglements einer geplanten Ausdruckshandlung. Schließlich bedeutet auch das Ferngespräch mit der Großmutter alles andere als eine geregelte Abfolge kommunikativer Handlungen. Es sind technische Vorkehrungen daran beteiligt, hilfreich, aber auch störend wie bei der plötzlichen Unterbrechung des Gesprächs oder der irrtümlichen Zustellung eines Anrufs. Der Fernkontakt stellt sich her, bevor das Ferngespräch geführt wird. So hält der Anrufende den Hörer in der Hand wie ein Stück Holz, das mit einem Male zu sprechen beginnt wie Policinello im Marionettentheater (433/184). Darüber hinaus ist jeder Sprechakt und jeder Hörakt an ein Lautwerden der Stimme gebunden, von dem selbst der Sprecher überrascht wird, und ebenso geht die Fremdwahrnehmung der anwesenden Großmutter auf einen überraschenden Anblick zurück, der den Besucher mit Alter und Todesnähe konfrontiert. Würde man diese sinnlich geprägten Ereignisfolgen in ein Handlungsgerüst zwängen, so würde man von der lebendigen Erfahrung nur ein dürres Skelett zurückbehalten ähnlich einer Röntgenaufnahme.[6]

Zeit-Raum-Felder

Widerfahrnisse jeder Art sind weit entfernt von isolierten Sinneseindrücken oder Sinnesdaten, die erst nachträglich verknüpft und

6 Ähnliches geschieht, wenn Einzelgesichter als »umgekehrte Projektion«, als »Negativ« unserer Empfindlichkeit auf die »düster-schmerzliche Allgemeinheit eines Skeletts« zusammenschrumpfen (I, 895/II, 616). Rechtfertigt man dies ästhetisch als eine »Manifestation des ikonoklastischen Imaginären« – so Warning (2000, S. 265) –, so bleibt doch die Frage, ob es nicht in der Erfahrung etwas gibt, das der Verbildlichung widersteht.

einem vorhandenen Raum- und Zeitschema zugeordnet werden. Was uns affiziert, tritt hervor, indem es anderes zurücktreten läßt; wie Husserl in seinen *Analysen zur passiven Synthesis* zeigt, bilden sich auf diese Weise *affektive Reliefs* und *Affektionsfelder*, die sich durch eine bestimmte Struktur und eine bestimmte Art der Ausbreitung auszeichnen. Doch Widerfahrnisse sind Unruhestifter par excellence. Als plötzliche Ereignisse zerreißen sie bestehende Sinngewebe, als langsam wirkende Änderungsprozesse zerfasern sie diese Gewebe. Gleichzeitig schaffen sie sich ihren eigenen Raum und ihre eigene Zeit, indem sie bestehende Raum- und Zeitordnungen destabilisieren und neue Raum- und Zeitfelder konstituieren.[7]

Dies gilt für den Kindheitsort Combray oder für den Strandort Balbec ebenso wie für den Faubourg Saint-Germain und für die Garnisonstadt Doncières. Es sind Zeit-Orte *in statu nascendi et renascendi*, die aus Mosaiken und Sequenzen von Eindrücken hervorgehen. Das Feuer im Kamin, das sich so voreilig bemerkbar macht, belebt mit seinen Geräuschen, seinem Lichtschein und seiner Wärme das Gastzimmer des Erzählers, das buchstäblich zu einem Foyer wird. Das Lächeln der Herzogin, das als Liebessonne in der Theaterloge aufgeht, ist ganz und gar verknüpft mit den Blickbahnen und Spazierwegen, die sich wie Fangnetze ausbreiten. Für den Erzähler wohnt die Herzogin nicht einfach in einem Adelspalast des Faubourg Saint-Germain, wie es in einem Adreßbuch verzeichnet würde, vielmehr wird dieses Stadtviertel durch die Anwesenheit der Herzogin geadelt und in einen Zauberort verwandelt. Die Markierung des jeweiligen Ortes geht von dem Geschehen aus, das sich dort abspielt oder abgespielt hat. Was für die Topologie gilt, gilt auch für die Chronologie. Die Uhrzeit des alltäglichen Ausritts der Verehrten gehört zusammen mit dem Warten des jungen Verehrers zu einer intimen Zeit, die sich infolge der Wiederholung zu einer intimen Geschichte ausweitet. Wir haben es mit einer Zeit- und Geschichtstafel, aber ebenso mit einem Atlas *en miniature* zu tun, dessen Bergrücken und Flußtäler affektiv koloriert sind.

Schließlich wohnt auch die Großmutter nicht einfach im fer-

7 Die Vereinigung von Zeit- und Raum-Feldern gehört zum Gemeingut einer Phänomenologie der Erfahrung und auch zu Karl Bühlers Theorie eines Zeigfeldes der Sprache. Im Schlußkapitel seiner *Proust-Studien* entwickelt Rainer Warning im Hinblick auf Proust ähnliche Gedanken, unter Bezugnahme auf das von Bachtin literaturtheoretisch genutzte Motiv der Chronotopen.

nen Paris, sondern Paris ist dort, wo die ferne Großmutter weilt; es wird zum Ort leidvoller Trennung. Dies schließt nicht aus, daß es mehrere Orte gibt, die den Namen Paris tragen. Nur mittels solcher räumlicher und zeitlicher Horizonte entstehen Welten wie die »Welt der Guermantes«. In der originalen Bezeichnung *Le côté de Guermantes*, die uns an die beiden »Seiten« in der Landschaft um Combray mit ihren gegensätzlichen Ausflugsrichtungen erinnert, deutet sich an, daß diese Welten einer perspektivischen Räumlichkeit unterliegen, im Gegensatz zur Welt als einem allumfassenden Universum. Die Grenzen dieser Welten können durch ein und dieselbe Person hindurchgehen, so wie Rahel für Saint-Loup, der sie über alles liebt, und für den Erzähler, der sie nur flüchtig in einem Bordell kennengelernt hat, zwei verschiedene Gesichter besitzt, je nach den Wegen, auf denen jeder von beiden zu ihr gelangt ist (457/219). Die wandelbaren Welten, denen unsere Szenen entstammen, sind wie farbige Erdkarten jeweils von einem eigenen Grundton geprägt, Combray vom Grisaille, dem schwärzlichen Sandstein der Stufen, die ins Haus der Kindheit führten, Balbec von einem strahlenden, sommerlichen Gold und Doncières von einem feuchten Herbstnebel (380/109). Die Natur liegt nicht außerhalb dieser Kulturorte, sie ist in ihnen gegenwärtig, so wie es laut Husserl eine Natur gibt, die innerhalb der Kulturwelt als Untergrund mitfungiert (siehe Hua I, 162).

Sinnesmodi als Affektionsweisen

Sinneserfahrungen haben einen pathischen Ursprung; es gibt nicht nur eine *mémoire involontaire*, sondern auch eine *perception involontaire.* Um der ursprünglichen Wahrnehmungserfahrung gerecht zu werden, schlägt Merleau-Ponty eine Sprachkorrektur vor; statt »ich nehme wahr« sollten wir sagen: »man (oder es) nimmt in mir wahr« (siehe oben, S. 139). Solche Wahrnehmungen, die damit beginnen, daß uns etwas auffällt, anzieht und abstößt, beziehen ihre anfängliche Spezifikation nicht aus Wahrnehmungsakten, mit denen wir den Blick auf etwas richten, etwas beobachten oder durchmustern, und ebensowenig basiert ihre Spezifikation auf entsprechenden Sinnesorganen, die wie Werkzeuge eingesetzt werden. Sie gewinnen ihre Eigenart aus spezifischen Modi, aus *Affektionsweisen*, die ebenso originär sind wie Sicht-, Rede- oder Aussageweisen und denen auch verschiedene Weisen der Erinnerung korrespondieren. Sie bezeichnen die Art und Weise, wie uns etwas affiziert, anrührt oder reizt. So finden wir in unseren Textpassagen farbenfrohe Speisetafeln, die sich wie flämische Gemälde vor unseren Augen ausbreiten und unseren Gaumen verlocken. Der Blick fällt auf das Rot und Blau von Wahlplakaten, die bei der Werbung für Personen und Parteien Farbreize einsetzen wie Lockvögel. Wir gewahren Töne, die im Raum herumwandern, aber durch wechselnde Tonrichtung und Tonstärke einen Tonraum entstehen lassen, bevor wir in Gestalt der Taschenuhr eine dingliche Schallquelle ausmachen. Wir hören die Klangfarbe eines Namens wie »Guermantes«, eine variierende Lautwiederkehr im Reim oder den Glockenschlag, der den Zeitfluß rhythmisiert wie eine Wortfolge. Wir lassen die Wärme eines Scholadengetränks in uns eindringen. Der Weißdornduft durchdringt in einer verführerischen Mischung aus Sakralität und Sexualität die Maienluft von Combray.[8] Wir spüren die weiche Luft, die uns streift, als enthielte sie eine geheime Botschaft, und erleiden einen heftigen Windstoß, der unsere Widerstandskräfte wachruft. Diese Beispiele ließen sich endlos vermehren. Auffällig bleibt, daß solche sinnlichen Affektionen zumeist als Mischreize auftreten, eingebettet in lebensweltliche Zusammenhänge, eingebettet auch in ein Fluidum von Elementen, das uns daran erinnert, wie die frühen griechischen Physiologen die kosmische Welt in Qualitäten wie dem Feuchten und Trockenen, dem Warmen und Kalten ausbuchstabierten.[9]

Synästhesie und Konsonanzen

Die Vielfalt der Sinne stellt uns vor das Rätsel der Synästhesie. Man fragt sich unwillkürlich, wie heterogene Sinne es fertigbringen, sich zu einer einheitlichen Erfahrung zusammenzuschließen, wo doch Farben anscheinend nichts mit Klängen und Geräuschen und diese

8 Ausführlich dazu: Rainer Warning, »Befleckter Weißdorn«, in: ders. *Proust-Studien* (2000).

9 Der Epistemologe Gaston Bachelard, dem wir nicht nur eine Poetik des Raumes, sondern auch Poetiken der Elemente verdanken, hat Motive dieser alten Kosmologie der Sinne, aber auch entsprechende Motive der deutschen Romantik auf neuartige Weise verarbeitet.

nichts mit Härte oder Wärme zu tun haben.[10] Traditionelle Theorien, mit denen Proust sicherlich vertraut war, lassen zwei gegensätzliche Tendenzen erkennen. Es gibt eine empiristische Tendenz, die von einer gegebenen Mannigfaltigkeit ausgeht und das Zusammenspiel der Sinne aus faktisch gegebenen *Assoziationen* oder aus sinnesneutralen *neurophysiologischen Prozessen* herzuleiten versucht, so daß die Ordnung der Sinne einen ebensolchen Tatsachencharakter hat wie die Sinnestatsachen selbst. Dem steht eine intellektualistische Tendenz gegenüber, die gleichfalls von einer gegebenen Mannigfaltigkeit ausgeht, die deren Ordnung aber einer ordnungsstiftenden *Synthesis* anvertraut. Ob man nun von unten oder von oben ausgeht, sich auf eine *infra-* oder eine *supramodale* Ebene begibt, in beiden Fällen stammt das Zusammenspiel der Sinne nicht aus der Sinneserfahrung selbst. Mit Husserl zu reden, gibt es hier keinen genuinen »Logos der ästhetischen Welt«, mit Merleau-Ponty zu reden, keine »autochthone Organisation« der sinnlichen Erfahrung. Eine Alternative, wie sie in der Phänomenologie der Wahrnehmung und in der Gestalttheorie entwickelt wurde, geht dagegen von einer leiblichen Gesamterfahrung aus, die sich durch *Differenzierung* in spezifische Sinnessphären zerteilt. Dies schließt die *Dominanz* eines bestimmten Sinnes keineswegs aus, so daß wir von Fall zu Fall primär sehen, hören oder tasten, so wie das Einhorn auf den Wandteppichen des Cluny-Museums einmal ganz Auge ist, das anderemal ganz Ohr – gleich wie Swann, den die Musik von Vinteuil in eine Welt der reinen Töne entrückt (I, 234/I, 345). Dies schließt auch nicht aus, daß es künstlich zu erzeugende oder pathologisch entstehende *Dissoziationen* gibt, die zur Isolation bestimmter Sinnesregister führen. Demgemäß ist zu unterscheiden zwischen einer Synästhesie und Synergie im weiteren Sinne, bei der wir es mit *ko-modalen* Wahrnehmungen zu tun haben, so daß wir etwas sehen und es gleichzeitig hören oder schmecken, und einer Synästhesie im engeren Sinne, die zu *heteromodalen* Wahrnehmungen führt, so daß Farben einen bestimmten Klang, Klänge eine bestimmte Farbe annehmen. Davon zu unterscheiden sind *intermodale* Qualitäten wie Intensität, Helligkeit oder Dichte, die quer durch alle Sinnesbereiche hindurchgehen.

10 Vgl. zum folgenden *Sinnesschwellen* (1999), S. 53-63; ich behandle die Synästhesie dort im Rahmen einer durchgängigen Rhythmik der Sinne, ausgehend von Autoren wie M. Merleau-Ponty, A. L. Lurija, E. Straus, P. Valéry und H. Werner.

Was nun Proust angeht, so scheinen seine dichten Beschreibungen diese komplexe Problematik auf den ersten Anhieb zu unterlaufen. Er geht von Gesamtszenen aus, in denen Aisthesis und Kinesis, Sensorik und Motorik insgesamt zum Zuge kommen. Themen wie Lächeln, Gruß, Kaminfeuer oder Ferngespräch liefern Stichwörter für Wahrnehmungsszenen, die alle Sinnessphären umgreifen. Dabei geht das Wahrnehmungsgeschehen jeweils von einer bestimmten *Koaffektion* aus, was besagt, daß unser Sensorium gleichzeitig auf verschiedene Weise angesprochen wird. Innerhalb wechselnder Wahrnehmungshorizonte gleitet die Beschreibung unaufhörlich von einem Sinnesregister zum anderen, ohne daß der Beschreibungsfluß unterbrochen wird. Außerdem werden regionale Grenzen, wie sie zwischen Mensch, Tier, Dingen, Elementen und Artefakten bestehen, ohne Zögern überschritten. Nehmen wir abermals das Lächeln der Herzogin. Als eine Symphonie aus verlokkenden Gesichtszügen, aus visuellen und taktilen Reizen, die von der Stofflichkeit wechselnder Kleider und vor allem von der krönenden Kopfbedeckung ausgehen, geht diese Gestalt über die Fassungskraft ihres Bewunderers hinaus, und so ruft dieser passende Gestalten aus der Mythologie und der Tierwelt zur Hilfe, indem er der menschlichen Gestalt das Vogelprofil einer ägyptischen Göttin und das weiche Gefieder eines Geiers unterlegt (361/81 f.). Im nachhinein läßt er das ganze Geschlecht der Guermantes an dieser »ornithologischen Göttlichkeit« teilnehmen, als sei es in grauer Vorzeit aus der Verbindung einer Göttin mit einem Vogel hervorgegangen (379/107). Diese mythologische Sichtweise fußt auf einer physiognomischen Überdeckung oder Überlagerung, einer *superposition* menschlicher und tierischer Züge,[11] die weiter reicht als Vergleiche, die zumeist von einem bevorzugten Vergleichsglied ausgehen und einseitig in eine Richtung laufen; sie erinnert an die Metamorphosen der Träume, die nicht nur Standes-, sondern auch Gattungsunterschiede mühelos überspringen. Das Kaminfeuer mit seinen

11 An anderen Stellen spricht der Erzähler von einer *superposition* sukzessiver Bilder ein und derselben Person, nämlich von Albertine, die sich in der Erinnerung überlagern (vgl. II, 201/II, 604; III, 577/V, 93). Vgl. dazu, was Richard (1974, S. 214-217) zur Figur des *recouvrement* schreibt. In Anlehnung an Freud könnte man nicht nur von einer Deckerinnerung, sondern auch von einer Deckwahrnehmung sprechen, da Prozesse der Überdeckung und Verdeckung von Anfang im Spiel sind.

aufzüngelnden Flammen, das knistert und prasselt, hingekauert »wie ein Tier in brennender, schweigender und treuer Erwartung« (374/99), begleitet mit seinen Wärmestrahlen den Aufenthalt in der Garnisonstadt wie ein thermischer Basso continuo. Die Bewohner der Mietwohnung, die der nächtliche Passant wie in einem Aquarium herumschwimmen sieht, nehmen die Gestalt von Amphibien an, indem sie das Element des Tages gegen das andersartige Element der Nacht vertauschen (396/131). Auch dort also, wo der Sehsinn dominiert, tritt das Sichtbare über seine Ufer. Man könnte diese Beschreibungsweise im Gegensatz zur Metaphorik als *transitorisch* bezeichnen, da hier nicht Qualitäten von einem Gegenstandsbereich auf einen anderen übertragen oder gegen Ähnliches ausgetauscht werden, sondern eines in das andere übergeht. Um nochmals Merleau-Pontys *Phänomenologie der Wahrnehmung* zu zitieren, es entstehen Querverbindungen zwischen den Einzelsinnen, die transversal, nicht vertikal verlaufen (1945, S. 270, dt. S. 273). So kommt es zu wechselseitigen Reflexen und Resonanzen, die nach beiden Seiten hin offen sind.

Diästhesie, Dissonanzen und Anomalien

Der Zusammenhang der Sinne ist allerdings niemals lückenlos und bruchlos, da offene Anknüpfungen mehr Möglichkeiten zulassen als jene, die verwirklicht werden, und der Zusammenklang ist niemals vollkommen, da Widerfahrnisse nicht vorweg einer Ordnung unterworfen sind, die jeden Widerstreit ausschlösse. Zu einem Widerstreit, der von dem mit Geltungsansprüchen verbundenen Widerspruch wohl zu unterscheiden ist, kommt es schon innerhalb ein und desselben Wahrnehmungsfeldes, wenn verschiedene Reizobjekte oder Reizpersonen gleichzeitig um unsere Aufmerksamkeit buhlen und kämpfen. So muß sich das Erscheinungsbild der Herzogin, obwohl es als die »eigenartigste Blüte des schönen Tages« hervorbricht, im »amourösen Phantasieleben« des Erzählers gegen zwei Konkurrentinnen durchsetzen, nämlich gegen zwei zufällig vorbeikommende Mädchen, von denen eines aus der Christenlehre zu kommen, das andere Milch auszutragen pflegt.[12] An *jeunes filles*

12 Schon auf der Reise nach Balbec unterliegt der Erzähler dem flüchtigen Reiz eines Mädchens, das Milchkaffee ausschenkt (II, 16/II, 328), und zu den schon erwähnten Zimmerphantasien von Doncières gehört die Vorstellung einer geräuschlos

en fleurs herrscht in den Straßen von Paris ebensowenig Mangel wie am Strand von Balbec, sobald das Verlangen nach »unbekannten Schönheiten« die Phantasie beflügelt (359-361/77-81). Doch hier kommt es mir auf etwas anderes an, nämlich auf den Widerstreit zwischen den Einzelsinnen, den ich im Kontrast zur Synästhesie als *Diästhesie* bezeichne. Diese trägt unter anderem dazu bei, die einseitige Dominanz eines bestimmten Sinnes, so in unserer westlichen Tradition die des Gesichtssinnes, zu untergraben.

Für ein Widerspiel der Sinne liefern Prousts Texte bemerkenswerte Exempel. Der durch den Gebrauch des Monokels gebrochene Blick rührt an eine perzeptive Dissonanz, die sich bei Saint-Loup darin äußert, daß das freundliche Lächeln durch ein unruhiges Zucken abgeschwächt wird. Dies erinnert an die optische Tatsache, daß das binokulare Sehen auf eine Koordination angewiesen ist, die sich keineswegs von selbst versteht und die beim Schielen gestört ist.[13] Das knisternde Kaminfeuer veranlaßt den Erzähler, den Hörsinn einer imaginativen Variation zu unterziehen. Entscheidend ist dabei das gedankliche Experimentieren mit einer ton- und geräuschlosen Welt. Die Stille, die sich in den Ohren des Hörers der Totenstille annähert, produziert ein Spektakel besonderer Art, in dem die Dinge zu einem Eigenleben erwachen, da ihre Bewegungen nun nicht mehr durch fremde Bewegungsursachen gesteuert werden, die sich normalerweise durch Geräusche verraten. Mit der Ausschaltung oder dem Ausfall des Gehörsinns nähern wir uns einer *vision pure*, die nicht nur von den Bedingungen der Mechanik, sondern auch von denen der Pragmatik befreit ist. Diese Befreiung gebiert allerdings bloße Phantome wie die Fata Morgana, solange der Wahrnehmende – anders als der Malkünstler – an seinen pragmatischen Interessen festhält und somit gegen Enttäuschungen anzukämpfen hat. Das reine Sehen sinkt dann ab zu einem bloßen

überkochenden Milch, die nicht frei ist von sexuellen Anspielungen (376/102). Doch die libidinöse Besetzung der Wahrnehmungsdaten und die Anlage eines entsprechenden Bilderreservoirs überschreitet den Rahmen unserer Analyse. Ich verweise auf das schon erwähnte Werk von J.-P. Richard, in dem ein eigenes Kapitel dem engen Zusammenhang von Alimentation und Erotik gewidmet ist, sowie auf Uta Feltens Analyse des Zusammenhangs von *voir*, *savoir* und *savourer* bei Proust, in: Felten/Roloff, *Die Korrespondenz der Sinne. Wahrnehmungsästhetische und intermediale Aspekte im Werk von Proust* (2008).

13 Zur Neuentdeckung dieser Problematik im 19. Jahrhundert und zu deren Einfluß auf die Künste vgl. Jonathan Crary, *Aufmerksamkeit* (2002), speziell S. 88 f.

Sehen. Lehrreich ist auch das der technischen Realität entstammende Experiment des Ferngesprächs. Es zeigt, wie die Ausschaltung des Gesichtssinnes zur Verfeinerung des Gehörs beiträgt, da die Stimme nunmehr von der Ablenkung durch visuelle Zutaten befreit und auf sich allein angewiesen ist. In diesem Fall nähern wir uns einer *audition pure*. Auf jeden Fall aber gilt, daß der Taube anders sieht, so wie der Blinde anders hört und tastet. Andersheit bezeichnet auch hier eine Abweichung vom Normalen, kein bloßes Defizit, als könnten Sinne ersatzlos amputiert werden. Wie schon angedeutet, betrifft dies nicht nur das Verständnis von Anomalien und Pathologien, sondern auch das der Künste. Die traditionelle Hierarchisierung der Künste kommt damit ebenso ins Wanken wie die Hierarchie der Sinne.

Technische Einlagen

Die Technisierung und Medialisierung der Wahrnehmung, die seit den Zeiten Prousts mächtig vorangeschritten ist, stellt uns vor die Frage nach der Rolle von Techniken und Medien im Wahrnehmungsleben. Auf eine technologische Euphorie, die dazu neigt, der Technik freien Lauf zu lassen, reagiert die Technophobie damit, daß sie einzig die Gefahren einer Verkümmerung und Vergröberung der leiblichen Sinne hervorhebt. Wenn in einem solchen Für und Wider etwas zu kurz kommt, so ist es gerade die Frage nach den kreativen Potentialen, die der Sinnestechnik und der Somatotechnik innewohnen. Wie schon wiederholt betont wurde, ist es unabdingbar, die Phänomenologie generell durch eine *Phänomenotechnik* zu ergänzen. Diese hätte es mit dem Beitrag der Technik zur Sinnbildung und auch zur Selbstbildung zu tun.

Es hat sich gezeigt, daß technische Aspekte in den ausgewählten Passagen durchaus eine Rolle spielen, wenngleich eine beschränkte. Während an anderen Stellen auch der Einfluß von Eisenbahn, Auto und Flugzeug auf unsere Wahrnehmungsweise berücksichtigt wird, kommen hier in erster Linie Photographie und Telephon zur Sprache. Beides sind mediale Techniken, die mit den Medien des Lichts und der Schallwellen arbeiten.[14] Der Guckkastenblick beim Gang

14 Brassaï verdanken wir eine Schrift *Proust und die Liebe zur Photographie*, in der die faszinierende Wirkung der Photographie auf Prousts Seh- und Schreibweise reichlich belegt wird. Die von uns herangezogenen Szenen werden dabei ausführ-

durch die abendliche Stadt hat durchaus eine Verwandtschaft mit dem Kameraauge, und die Betrachtung lichtdurchfluteter Räume entbehrt nicht gewisser kinematographischer Effekte. Doch halten wir uns an die expliziten Bezugnahmen. Das Photo der Herzogin, das der Erzähler bei Saint-Loup entdeckt und um dessen Erwerb er sich hartnäckig bemüht, bedeutet ihm eine weitere Begegnung mit der ersehnten Person und eine ausgedehntere Begegnung dazu, da er sie nun in Ruhe und in einer freizügigeren Kleidung betrachten kann. Dabei entdeckt er die Familienähnlichkeit zwischen Saint-Loup und seiner Tante. Das Photo macht also sichtbar, was vorher so nicht zu sehen war, es bildet nicht nur ab. Auch die Fernsprechtechnik bedeutet mehr als einen Notbehelf, da sie die Abwesenheit überbrückt und dabei hörbar macht, was vorher so nicht zu hören war. Die abschließende Identifizierung der Gestalt der Großmutter mit ihrer eigenen Photographie, bei der die Photoplatte lediglich optische Daten registriert und die angeblickte Gestalt auf ihre optische Sichtbarkeit reduziert wird,[15] behandelt den Photoapparat als ein Gerät der Dekuvrierung, das uns gleichwohl eine ganz neue Welt entdecken läßt, eine »Welt der Zeit« (439/194), die auch in dem bekannten Essay von Roland Barthes eine entscheidende Rolle spielt. Dies widerspricht einer Verewigung im Bild, die uns von der Kontingenz der Bildwerdung befreien würde. Damit stellt sich ein Bezug her zum Leitthema des Romans. Dieser Einschätzung widerspricht die vielfach auch von Proust vorgenommene Reduktion des Photos auf ein bloß mechanisch gewonnenes Abbild, was es niemals ist, da das Sehen »im Photo« als Spezialfall eines Sehens »im Bilde« unweigerlich ein Sehen als ... impliziert. Dies gilt selbst noch für die ins Bild gesetzte Begegnung mit einem *être brut*, dessen pathische Wirkung alle Sinnbildung übersteigt, sie aber nicht zum

lich berücksichtigt. Zu Prousts genereller Entdeckung der »Fernmedien«, die sich bis auf die Möglichkeiten eines »Theatrophons« und eines »Photo-Telephons« erstreckt, vgl. den Beitrag von Kirsten von Hagen in: Felten/ Roloff *Die Korrespondenz der Sinne. Wahrnehmungsästhetische und intermediale Aspekte im Werk von Proust* (2008).

15 Brassaï spricht in diesem Zusammenhang von einer a-humanen Sichtweise, die eine Entzauberung bewirkt (2001, S. 119-124). Doch die Destruktion der Wunschbilder ist nur die Rückseite einer Erfahrung, die sich *als Fernerfahrung* aufdrängt. Mir scheint, daß Prousts Wirklichkeitssuche von manchen Interpreten allzusehr mit den Entlarvungskünsten der französischen Moralisten in Zusammenhang gebracht wird.

Verschwinden bringt, als gäbe es eine ungeschminkte und nackte Realität hinter unseren Vorstellungen von ihr. Diese Realität ist als Exzeß, nicht als subtraktiv gewonnenes Residuum zu begreifen Abgesehen davon weist die Gleichsetzung des Vis-à-vis mit einer Photographie abermals auf eine Überdeckung hin, die uns in der natürlichen Leiblichkeit Elemente des Künstlichen entdecken läßt, so wenn wir ein stereotypes Verhalten schlicht als mechanisch bezeichnen. Leibliches Verhalten ist als gleichzeitiges Sich-zu-sich-selbst-Verhalten von mechanischen Vorgängen verschieden, aber es ist nicht *toto coelo* verschieden, da der Leib kein reiner Leib ist, sondern als Leibkörper seine eigene Materialität mit sich führt. Schließlich zeichnet sich Prousts Schreibweise generell durch eine Affinität zur Technik aus, die auch dann ins Gewicht fällt, wenn wir es nicht mit explizit technologischen Fällen zu tun haben; denn der Autor ist darauf bedacht, das *Wie der Erfahrung* und das *Wie der Darstellung* in all seinen Facetten zur Geltung zu bringen, ohne sich auf die Identität von Dingen und Personen zu verlassen. Das kontingente Wie der Erfahrung, das zu erfinden ist, weil es weder in subjektiven Setzungen noch in objektiven Gegebenheiten seinen zureichenden Grund findet, öffnet den Raum für technische und mediale Zwischeninstanzen.

Zwischen Eingewöhnung und Entrückung

Ohne Gewöhnung und ohne die »Augen der Erinnerung« gäbe es keine Erfahrung, die sich bewährt, es gäbe nur eine Serie von Fulgurationen, die flugs im Nichts versänken, und ohne Gewöhnung fände sich niemand, der Erfahrungen machen könnte. Die wichtige Rolle, die der Gewohnheit bei der Strukturierung der Erfahrung zufällt, betonen Aristoteles und Hume so gut wie Husserl, und Proust schlägt einen ähnlichen Weg ein. Wir müssen also das bisherige Resultat unserer Analyse in einem wichtigen Punkt präzisieren. Die Widerfahrnisse, von denen wir ausgingen wie von einem an sich Ersten, treten nur auf als *Abweichung* vom Gewohnten oder als *Unterbrechung* des gewohnten Erfahrungsablaufs. Die Erfahrung bewegt sich unaufhörlich zwischen Eingewöhnung und Entwöhnung, zwischen vertrauter Nähe und Entrückung in die Ferne. Dabei liegt das Schwergewicht einmal auf dieser, einmal auf jener Seite. Das morgendliche Aufwachen stellt einen Prozeß allmählicher

Eingewöhnung dar, der allerdings Stadien der Verwirrung und der Verunsicherung durchläuft, bis am Ende die gewohnte Welt wiederhergestellt ist. Im Gegensatz dazu werden wir in Schlüsselszenen wie dem Kosten der Madeleine Zeuge einer Entwöhnung, in der die Welt sich anders als gewohnt darstellt. Ein Gleichgewicht zwischen Gewöhnung und Entwöhnung ist nicht zu erreichen, da das Ich immer schon zu spät kommt, um das Neue und Überraschende *in flagranti* zu erfassen und die Höhe der Zeit zu erklimmen; wir bewegen uns auf einer schiefen Ebene. Ich spreche in solchen Fällen von einer zeitlichen Verschiebung, einer *Diastase*, die Pathos und Response, also das, was uns zustößt, und das, was wir zur Antwort geben, voneinander trennt und zugleich aufeinander bezieht. Diese Zeitverschiebung, die eine entsprechende Ortsverschiebung einschließt, bestimmt den eigentümlichen Krebsgang der *Recherche*. Die paradoxe Suche gilt einer *Trouvaille*, die wir schon geschaut haben müßten, um sie suchen zu können. Der Fund gleicht dem Schatz im Acker, der laut Aristoteles kein mögliches Telos abgibt, sondern der Tyche gehorcht. Wir finden, was wir nicht gesucht haben.

Das Widerspiel von Gewöhnung und Entwöhnung begegnet uns bei Proust auf Schritt und Tritt. So beginnt der Roman nicht mit dem schlichten Einschlafen oder Aufwachen, sondern mit der Gewohnheit, früh schlafen zu gehen. Im Falle eines Ortswechsels kommt die Gewohnheit nur in einem mühsamen Prozeß der Umgewöhnung zustande. Da der Erzähler nicht gerade ein Anpassungskünstler ist, der Gewohntes nach Belieben abschüttelt, beginnt die Übernachtung in Balbec so gut wie in Doncières mit einem Kampf gegen die Tücke der ungewohnten Bettstatt und gegen die desorientierende Wirkung des neuen Ambientes. Ähnliches wiederholt sich in den Wahrnehmungsszenen, die wir uns vor Augen geführt haben. Das Lächeln der Herzogin, das ihr Verehrer sehnlichst erwartet, taucht immer wieder überraschend auf wie ein unverhofftes Geschenk, das in wechselnder Verpackung dargeboten wird. Die »erste Skizze«, die der junge Marcel bei seinem ersten Rendezvous »nach dem Leben« zeichnet, bedarf ständiger Retuschen; denn »jedesmal, wenn ich Madame de Guermantes sah, konstatierte ich eine immer wieder andersartige Abweichung zwischen dem, was ich mir vorgestellt hatte, und dem, was ich vor mir sah« (360/79 f.). Das verheißungsvolle Lächeln, das immerzu mehr verspricht, als es hält, läßt sich nicht festhalten; das Verlangen danach erneuert sich wie Hunger und Durst, die auch nicht ein für allemal gestillt werden können, außer in einem himmlischen Speisesaal oder auf einer überirdischen Ideenweide. In einem späten Anflug von Enttäuschung schlägt die Erwartung in Ablehnung um: »Und wegen eine solchen Frau laufe ich Morgen für Morgen kilometerweit, ich bin wirklich gut! Jetzt möchte ich sie nicht mehr geschenkt.« (526/320) Wenn der Enttäuschte so spricht, verkennt er, daß es sich von Anfang an um ein Geschenk handelte und nicht um einen Eigenerwerb. In voller Wucht vollzieht sich der Einbruch des Ungewohnten bei seinem unangemeldeten Besuch der Großmutter, bei dem der Besucher nicht nur die Besuchte, sondern ebensosehr sich selbst überrascht. Er sieht eine alte Frau vor sich, in sich versunken, als wäre er selbst Luft. Der ungewohnte »Spuk« stellt den Erzähler vor das Rätsel einer Person an sich, deren Eigenexistenz nicht länger in seine eigenen Wünsche, Begierden und Vorstellungen eingesponnen und »Teil seiner selbst« ist. Die Großmutter entpuppt sich als Fremde, sofern sie sich ihm entzieht, und sich selbst sieht er als Fremden, sofern er gleich einem ungebetenen Gast nicht dazugehört (438-440/192-195).

Immer wenn der Gang der Gewohnheit auf empfindliche Weise durchbrochen wird, schlägt eine besondere Form der *Fremdheit* durch. Dies gilt nicht nur für die Begegnung mit der Großmutter, die sich bereits am Rande des Todes abspielt. Auch im Anfangsstadium seiner Liebe zur Herzogin muß der Erzähler erleben, wie eine ungewohnte Aufmachung der Ersehnten das »Gesicht einer Fremden« verleiht, und die Personen, die er in den »Schaufenstern« von Doncières erblickt, bleiben fremde Existenzen, von denen der abendliche Voyeur sich ausgeschlossen fühlt. Über die Umwege der Desillusionierung gerät Proust auf Spuren einer Phänomenologie der Fremderfahrung, die sich in ihrer radikalen Form als paradoxe Erfahrung einer leibhaften Abwesenheit, als Zugänglichkeit des Unzugänglichen und Zugehörigkeit des Unzugehörigen darstellt, also nicht als ein Defizit, das sich durch Einsicht wettmachen läßt. Das Gesicht des Anderen, ob lächelnd, hinterhältig oder zornentbrannt, ist so etwas wie ein *sinnliches Emblem der Fremdheit.* In alltäglichen Erfahrungen ist die Fremdheit auf unauffällige Weise gegenwärtig als eine Art Grundwasser der Erfahrung. In unalltäglichen Situationen und in Zeiten des Umbruchs öffnen sich dagegen

Abgründe des Fremden. Schon hinter jeder Stimme tut sich ein »unzugänglicher Abgrund« auf (II, 271/II, 708). Die Wirkmächtigkeit der Widerfahrnisse, von denen wir ausgingen, ist zugleich ein Pegelstand für das Maß an Fremdheit, von dem wir heimgesucht werden.

3. Ästhetische und narrative Epoché

Am Ende bleibt zu fragen, wie es möglich ist, daß Erfahrungen und so auch Widerfahrnisse nicht nur stattfinden, sondern als solche hervortreten, oder, mit den Worten Husserls gesprochen, es fragt sich, wie das Fungieren der Erfahrung in eine Thematisierung übergeht. Diese Frage betrifft zugleich den Ort und die Zeit des Erzählens, da der Erzähler als fiktiver Icherzähler selbst in die Szenen und Sequenzen der Erfahrung verwickelt ist, die er beschreibt und von denen er berichtet. Wäre er völlig darin verwickelt wie die Herzogin als Stern des Faubourg Saint-Germain, wie Saint-Loup als Soldat, als Militärexperte und Mitglied des Jockey-Clubs oder wie die geliebte Großmutter, die das Leben der Ihren hütet wie eine der Penaten, so würde er zwar Erfahrungen machen, aber diese würden nicht *als Erfahrungen* ihren Ausdruck finden. Er würde in seinen Erlebnissen befangen bleiben und die Gewohnheit würde am Ende obsiegen; das Werden würde hinter dem Gewordenen verschwinden, und das Sehen und Hören von etwas *als etwas* würde sich auf ein bloßes Sehen und Hören von *etwas* zurückziehen.

Nun kann die Aufhellung der Erfahrung in all ihrer Sinnlichkeit nicht einem weiteren, einem inneren oder höheren Sinn zugewiesen werden, da sich dann die Frage nach der Explikation der Erfahrung nur verschieben würde. Es bedarf einer Distanz, die eine direkte Beteiligung vermeidet und einen fremden Blick auf die eigene Erfahrung ermöglicht. Husserl spricht in einem ähnlichen Falle, wo es um die Stellung des phänomenologischen Betrachters geht, von einem »Nicht-mitmachen« (Hua I, 73). Der Akt, der die schlichte Komplizenschaft mit der Erfahrung aufkündigt, wird mit einem Terminus der antiken Skepsis *Epoché* genannt. Nun ist es hier, wo das Werk der Sinne auf dem Prüfstand steht, mit einer Urteilsenthaltung und auch mit einer bloßen Sprachumstellung nicht getan. Es bedarf einer im weiteren Sinne zu verstehenden *ästhetischen Epo-*

ché, die im Bereich der Sinne und der Sinnlichkeit angesiedelt ist, eines *Anhaltens der Bewegung*, mit der wir sehend, hörend, begehrend auf das Sichtbare, Hörbare und Begehrliche zugehen. Doch diese Epoché kann als *narrative Epoché* selbst wiederum auf zwei Ebenen spielen, auf der Ebene, auf der sich der fiktive Erzähler als Held der Erzählung bewegt, und auf einer zweiten Ebene, die der reale Autor einnimmt. Anders gesagt, die Epoché fungiert zwiefach, als eine Epoché *innerhalb der Erzählung*, die ihrerseits einen Bestandteil des Erzählten bildet, oder als Epoché *der Erzählung*, die das Erzähl- bzw. das Schreibereignis freisetzt.[16]

Die *erste Form der Epoché* entspricht bis zu einem gewissen Grad dem, was Husserl in Paragraph 15 der *Cartesianischen Meditationen* als natürliche, Sartre in *L'être et le néant* als unreine oder komplizenhafte Reflexion bezeichnet; gemeint ist eine Reflexion, die den Boden der natürlichen Einstellung nicht verläßt.[17] Diese vorläufige Distanznahme, die den Zusammenhang der Lebenspraxis lokkert, aber den Lebenshorizont nicht durchbricht, setzt Mittel ein, durch die das Lebenstempo verlangsamt, das Handeln verzögert oder der Betätigungsdrang gehemmt wird. Dazu zählt bei Proust die Wahl spezieller Erfahrungsorte wie die des Theaters, wo das Sehen und Gesehenwerden von der Bühne auf den Zuschauerraum übergreift, oder wie die eines Ferienbadeortes, wo ein permanentes Strandtheater aufgeführt wird. Dazu gehört die Aussonderung spezieller Betätigungen wie die des Flanierens, in deren Verlauf das Tun einem Gehenlassen weicht, oder die Vorliebe für Wartesituationen, so das Warten auf den Vorbeiritt der Herzogin, bei dem die Sinne ihre Fühler ausstrecken wie Antennen, so das Erwarten des Telephonanrufs, bei dem Blick und Gehör von eigenen Zielen abgelenkt werden. Hinzu kommen Ausnahmeerfahrungen wie das körperliche Leiden, das besonders hellhörig und feinfühlig macht,

16 Dies ist eine Anspielung auf die bekannte Unterscheidung zwischen Sagen und Gesagtem bzw. zwischen Aussagen (*énonciation*) und Aussage (*énoncé*), die auch der vielerörterten Unterscheidung zwischen erzählender und erzählter Zeit zugrunde liegt. Vgl. dazu das immer noch wegweisende Buch von Hans Robert Jauß: *Zeit und Erinnerung in Marcel Prousts »A la recherche du temps perdu«* (1955 bzw. 1986).

17 In Paul Ricœurs großem Werk *Zeit und Erzählung*, das in Band 2 auch Proust ausführlich als Romancier der Zeit behandelt, entspricht dieser natürlichen Reflexion eine Narration bzw. eine Mimesis erster Stufe, die auf der Handlungsebene verbleibt. Vgl. Bd. 2, S. 87ff., dt. S. 90ff.

und Grenzsituationen wie die Schlafnähe, in denen das eigene Tun und Wollen abklingt und die Lebensrhythmen freier ausschwingen. Solche Erfahrungen begünstigen jene *attention à la vie*, fern von den Anforderungen des Alltags- und Berufslebens, die Henri Bergson in *Matière et mémoire* (1959, S. 193, dt. S. 192) ins Auge faßt. Wenn in diesem Roman jemand ernstlich arbeitet, so sind dies fast ausschließlich die Sinne, das Begehren und die Sprache.

Würde es bei dieser ersten Form der Epoché bleiben, so würde dem Autor der Erzählung nichts weiter übrigbleiben, als sich zum Wortführer des fiktiven Erzählers zu machen und die Abenteuer der Sinne in ihrer Vielfarbigkeit aufzuzeichnen, ohne das Spektrum der Farben zu verändern. Was dem Helden der Erzählung im Laufe seiner vielen Geschichten zustößt und was ihn ständig umtreibt, bliebe eingeschlossen in die Vorstellungen, die er sich selbst von seinem Leben macht. Alles Reflektieren wäre nichts weiter als ein Dahinleben mit anderen Mitteln. Doch wie wir wissen, bleibt Proust als Verfasser dieser Erzählung dabei nicht stehen. Im Schreiben des Werkes vollzieht er, bestärkt durch die malerischen und musikalischen Verwandlungskünste eines Elstir und eines Vinteuil, eine *zweite Epoché*, so daß der Autor sich nicht weiter einnehmen läßt von dem Zauber einer Einbildungskraft, die an das Stromnetz eigener Wünsche angeschlossen ist. Die Schwierigkeit der Lektüre liegt nun darin, daß die Perspektive, die der fiktive Erzähler als Held der Erzählung einnimmt, sich allmählich jener Perspektive annähert, die dem Autor der Erzählung vorbehalten schien. Einen Augenblick lang spielt Proust mit der Möglichkeit, Marcel, den Autor, in der Erzählung mit »Marcel« anzusprechen, so daß sich eine nominale Personalunion zwischen erzählender und erzählter beziehungsweise zwischen zitierender und zitierter Person herstellen würde.[18] Doch dieser Gedanke wird nur im Konditional ausgesprochen und bezeichnenderweise in Form einer Anrede durch Albertine: *Mon Marcel* oder *Mon chéri Marcel*; schon damit wird jeder schlichten Identifizierung vorgebeugt, denn zwischen gesprochenem und gehörtem Du liegt eine Schwelle, die in der Anrede überquert, aber nicht getilgt wird. In der Engführung des Finale wird dann – in einer Art von Re-entry – die Erzählung des Erzählten selbst zum

18 III, 583/V, 101. Zu dieser Stelle, an der Proust mit der »Fiktionsschwelle« spielt, vgl. Warning, *Proust-Studien* (2000), S. 209.

Inhalt des Erzählens, doch ohne daß eines mit dem anderen in Form einer *narratio narrationis* zur Deckung käme. Der Autor ist kein erster Beweger, der sich in Form einer νόησις νοήσεως immer schon gefunden hat und der folglich jedem Wiederfinden voraus ist. Würde der Spalt zwischen erzählter und erzählender Zeit sich schließen, so hätten wir die Zeit nicht wiedergefunden, sie wäre schlichtweg aufgehoben: getilgt und *nicht* bewahrt.

Es bleibt noch eine letzte Frage, mit der unsere Überlegungen nicht nur schließen, sondern zu ihrem Ausgangspunkt zurückkehren. Welche Macht, so fragen wir, erlaubt es der zweiten Epoché, den Bann zu brechen, dem die erste Epoché niemals völlig entkommt? An diesem Punkt scheint mir die *Recherche* in einer gewissen Zweideutigkeit befangen. Ist das Wiederfinden als *Wieder*finden zu verstehen, also als eine Rückkehr der Erfahrung zu sich selbst, oder als ein Wieder*finden*, also als Rückkehr an einen Anfang, an dem man nie war? Im zweiten Fall wäre die Rückkehr keine Einkehr, sondern gewissermaßen eine Auskehr, die sich als unmögliche Rückkehr erfährt. Das eigentümliche Gewicht von Widerfahrnissen und Ansprüchen, auf die wir zu antworten haben, spricht eindeutig für die zweite Variante, die ich in einem früheren Versuch als »verspätete Antwort« thematisiert habe. Die Annahme dieser Variante würde bedeuten, daß die zweite Epoché letzten Endes als *responsive Epoché* zu verstehen ist, als ein Anhalten der Eigenbewegung, so daß Raum geschaffen wird für Irreduzibles, das uns immer schon widerfahren ist, das auf unsere Antworten wartet und sie auf gewisse Weise erzwingt.[19] Dies würde ferner bedeuten, daß

19 Für eine derartige Unausweichlichkeit von Ansprüchen, für einen inneren Zwang also, der durch keine freie Wahl und auch nicht durch die *creatio perpetua* eines radikal Imaginären wettzumachen ist, wie Rainer Warning annimmt (ebd., S. 239), sprechen jene Passagen, in denen Proust in bezug auf Bergotte wie auch in bezug auf den Erzähler selbst von einer Verpflichtung zum Schreiben Zeugnis ablegt. Die Berufung (*vocation*) zum Schriftsteller, von der in diesem Zusammenhang die Rede ist, impliziert einen Ruf, der als Ruf weder teleologisch einzuordnen ist (wie Warning suggeriert, ebd., S. 220 f.) noch vorweg einem bekannten Adressanten zuzuschreiben ist. So verspürt Bergotte den Anspruch »unbekannter Gesetze«, ohne angeben zu können, woher dieser stammt (III, 693/V, 264). Das kleine gelbe Mauerstück (*le petit pan de mur jaune*) auf Vermeers Bild, das im gleichen Zusammenhang (mit autobiographischem Hintergrund) erwähnt wird, verlangt nach einem Ethos der Sinne, das nicht in purer Ästhetik aufgeht. Ich verweise auf das Proust-Kapitel »Die verspätete Antwort« in: *Deutsch-Französische Gedankengänge*

das Spiel der Sinne und der Einbildungskraft von Anfang an nicht bloß illusionär um sich selbst kreist, als Ausgeburt eines »potentiell unendlichen Widerspiels von imaginärer Belehnung des begehrten Objekts und Zusammenbruch ebendieser Belehnung« (Warning 2000, S. 214), daß es vielmehr von fremden Kräften und fremden Ansprüchen bewegt wird, selbst wenn es sich ihnen verweigert, und daß die Kreativität als solche eine Form der Responsivität darstellt.[20] Dies würde schließlich und endlich bedeuten, daß die Engführung von erzählter und erzählender Erzählung, die sich im Finale ankündigt, keine Lösung bereithält, sondern die Aufforderung, die geschehene Erfahrung und auch die erzählte Erzählung einer ständigen Wiederlektüre zu unterziehen. Die Zeitverschiebung der Erfahrung würde in Form einer Lektüreverschiebung wiederkehren. Es ist nicht so, daß der Held der Erzählung gegenüber dem Autor recht behält, aber er hat auch nicht einfach unrecht. Das Lernen aus dem eigenen und fremden Leiden bedeutet mehr als eine Desillusionierung, die sich ästhetisch bezahlt macht.

(1995), S. 395, 398 f.; im gleichen Band findet sich ein Kapitel »Der Primat der Einbildungskraft«, das sich mit der Theorie eines radikal Imaginären von Cornelius Castoriadis auseinandersetzt.

20 In diesem Zusammenhang wäre zu fragen, was die Figur der Großmutter von der Figur der Mutter und diese wiederum von Figuren wie Gilberte und Albertine unterscheidet. Die Rolle der Einbildung, die sich eine Realität schafft und zurechtlegt, ist gewiß nicht in allen Fällen dieselbe, als könnte eine Figur ohne weiteres an die Stelle einer anderen treten; dies schließt nicht aus, daß Anteile von einer Figur auf die andere übergehen, so daß Albertine für den Erzähler zugleich etwas von einer Geliebten, einer Schwester, einer Tochter und von der Mutter hat (III, 619/V, 154) – »Ach, du warst in abgelebten Zeiten / Meine Schwester, meine Frau.«

Literatur

Adorno, Th. W., *Noten zur Literatur* I, Frankfurt/M. 1958.

Allwardt, I., *Die Stimme der Diotima. Friedrich Hölderlin und Luigi Nono*, Berlin 2004.

Ansermet, E., *Die Grundlagen der Musik im menschlichen Bewußtsein*, München 1965.

Aristoteles, *Über die Seele* (Werke, Bd. 13), hg. von W. Theiler, Berlin ³1969.

–, *Problemata Physica* (Werke, Bd. 19), hg. von H. Flashar, Berlin ²1975.

Arnheim, R., *Visual Thinking*, Berkeley, Los Angeles, London 1969. – Deutsch: *Anschauliches Denken*, Köln 1972.

–, *Zwischenrufe*, hg. von U. Madrasch-Groschopp, Leipzig, Weimar 1985.

Assmann, A., und J. Assmann (Hg.), *Aufmerksamkeiten. Archäologie der literarischen Kommunikation* VII, München 2001.

Assmann, J., »Altägyptische Bildpraxen und ihre impliziten Theorien«, in Sachs-Hombach 2009.

Aurnhammer, A., und G. Schnitzler (Hg.), *Der Tanz in den Künsten 1770-1914*, Freiburg 2009.

Barthes, R., *L'empire des signes*, Genf 1970. – Deutsch: *Das Reich der Zeichen*, übersetzt von M. Bischoff, Frankfurt/M. 1981.

–, *Die helle Kammer. Bemerkungen zur Photographie*, übersetzt von D. Leube, Frankfurt/M. 1989.

–, *Das Rauschen der Sprache*, übersetzt von D. Hornig, Frankfurt/M. 2006.

Belting, H., *Bild und Kunst. Eine Geschichte des Bildes vor dem Zeitalter der Kunst*, München 1990.

–, *Das Ende der Kunstgeschichte. Eine Revision nach zehn Jahren*, München 1995.

– (Hg.), *Bilderfragen*, München 2007.

Benjamin, W., »Charles Baudelaire«, in: *Gesammelte Schriften*, Bd. I-2, Frankfurt/M. 1974.

Bensch, G., *Vom Kunstwerk zum ästhetischen Objekt*, München 1994.

Bergson, H., *Matière et mémoire*, Paris 1959. – Deutsch in: *Materie und Gedächtnis und andere Schriften*, Frankfurt/M. 1964.

Bernhard, Th., *Gehen*, Frankfurt/M. 1971.

Blumenberg, H., *Wirklichkeiten, in denen wir leben*, Stuttgart 1981.

Boas, F., »Primitive Kunst«, in: M. Prussat, W. Till (Hg.), *»Neger im Louvre«. Texte zu Kunstethnographie und moderner Kunst*, Amsterdam, Dresden 2001.

Boehm, G. (Hg.), *Was ist ein Bild?* München 1994.
– (Hg.), *Homo Pictor*, München, Leipzig 2001.
–, *Wie Bilder Sinn erzeugen. Die Macht des Zeigens*, Berlin 2008.
–, und B. Mersmann, Ch. Spies (Hg.), *Movens Bild. Zwischen Evidenz und Affekt*, München 2008.
Böhme, G., *Atmosphäre. Essays zur neuen Ästhetik*, Frankfurt/M. [3]2000.
Boer, K., *Maurice Merleau-Ponty – Die Entwicklung seines Strukturdenkens*, Bonn 1978.
Bornemann, J., *Der Spielraum der Imagination. Sartres Theorie der Imagination und ihre Bedeutung für seine phänomenologische Ontologie, Ästhetik und Intersubjektivitätstheorie*, Hamburg 2007.
Brandstetter, G., und Ch. Wulf (Hg.), *Tanz als Anthropologie*, München 2007.
Brandt, R., *Die Wirklichkeit des Bildes*, München 1999.
Braque, G., *Cahiers*, 1917-1947, Paris 1948.
Brassaï, *Proust und die Liebe zur Photographie*, Frankfurt/M. 2001.
Busch, K., *Geschicktes Geben. Aporien der Gabe bei Jacques Derrida*, München 2004.

Castoriadis, C., *Gesellschaft als imaginäre Institution*, übersetzt von H. Brühmann, Frankfurt/M. 1984.
Chagall, Kandinsky, Malewitsch und die russische Avantgarde (Katalog Hamburg/Zürich), Ostfildern-Ruit 1998.
Crary, J., *Aufmerksamkeit*, übersetzt von H. Jatho, Frankfurt/M. 2002.

Danto, A. C., *Die Verklärung des Gewöhnlichen*, übersetzt von M. Looser, Frankfurt/M. 1984.
–, *Das Fortleben der Kunst*, übersetzt von C. Spelsberg, München 2000.
Därmann, I., *Tod und Bild. Eine phänomenologische Mediengeschichte*, München 1995.
–, *Fremde Monde der Vernunft. Die ethnologische Provokation der Vernunft*, München 2005.
–, *Figuren des Politischen*, Frankfurt/M. 2009.
Derrida, J., *La voix et le phénomène*, Paris 1967. – Deutsch: *Die Stimme und das Phänomen*, übersetzt von H.-D. Gondek, Frankfurt/M. 2003.
–, *Memoires d'aveugle*, Paris 1990. – Deutsch: *Aufzeichnungen eines Blinden*, übersetzt von A. Knop und M. Wetzel, München 1997.
–, *La vérité en peinture*, Paris 1978. – Deutsch: *Die Wahrheit in der Malerei*, übersetzt von M. Wetzel, Wien 1990.
Didi-Huberman, G., *Ce que nous voyons, ce qui nous regarde*, Paris 1992. – Deutsch: *Was wir sehen, blickt uns an*, übersetzt von M. Sedlaczek, München 1999.

Duncker, K., *Zur Psychologie des produktiven Denkens*, Berlin ³1974.

Elkins, J. (Hg.), *Visual Practices across the University*, München 2007.
Études Phénoménologiques, Nos 39-40 (2004): *Commencer par la phénoménologie hylétique?*
Epping-Jäger, C., und E. Linz (Hg.), *Medien/Stimmen*, Köln 2003.

Fehrmann, G., und L. Jäger, »Sprachbewegung und Raumerinnerung. Zur topographischen Medialität der Gebärdensprache«, in: Ch. Lechtermann, C. Morsch (Hg.), *Kunst der Bewegung*, Bern 2004.
Felten, U., und V. Roloff (Hg.), *Die Korrespondenz der Sinne. Wahrnehmungsästhetische und intermediale Aspekte im Werk von Proust*, München 2008.
Fiedler, K., *Über den Ursprung der künstlerischen Tätigkeit* (1887), in: *Schriften zur Kunst*, Bd. I, hg. von G. Boehm, München 1971.
Fink-Eitel, H., und G. Lohmann (Hg.), *Zur Philosophie der Gefühle*, Frankfurt/M. 1994.
Fischer, M., und D. Holland, B. Rzehulka (Hg.), *Gehörgänge. Zur Ästhetik musikalischer Aufführungen und ihrer technischen Reproduktion*, München 1986.
Fischer-Lichte, E., *Die Entdeckung des Zuschauers. Paradigmenwechsel auf dem Theater des 20. Jahrhunderts*, Tübingen, Basel 1997.
–, *Ästhetik des Performativen*, Frankfurt/M. 2004.
–, und C. Risi, J. Roselt (Hg.), *Kunst der Aufführung – Aufführung der Kunst*, Berlin 2004.
Florenskij, P., *Die Ikonostase*, übersetzt von U. Werner, Stuttgart 1988.
–, *Die umgekehrte Perspektive*, übersetzt von A. Sikojev, München 1989.
Freedberg, D., *The Power of Images. Studies in the History and Theory of Response*, Chicago 1989.
Freud, S., *Gesammelte Werke* (Imago), London und Frankfurt/M. 1940 ff.
Fritz, K. von, *Philosophischer und sprachlicher Ausdruck bei Demokrit, Plato und Aristoteles*, Darmstadt 1963.
Fröhlich, M., und R. Middel, K. Visarius (Hg.), *Zeichen und Wunder. Über das Staunen im Kino* (Arnoldshainer Filmgespräche 18), Marburg 2001.

Gadamer, H.-G., *Wahrheit und Methode*, Tübingen ²1965.
Galert, Th., *Vom Schmerz der Tiere*, Paderborn 2005.
Gamm, G., *Flucht aus der Kategorie. Die Positivierung des Unbestimmten als Ausgang der Moderne*, Frankfurt/M. 1994.
Gehlen, A., *Anthropologische Forschung*, Reinbek bei Hamburg 1961.
Gehring, P., *Was ist Biomacht?* Frankfurt, New York 2006.
Georgiades, Th., *Musik und Rhythmus bei den Griechen*, Reinbek bei Hamburg 1958.

Giuliani, L., *Bild und Mythos. Geschichte der Bilderzählung in der griechischen Kunst*, München 2003.
Giuliani, R. (Hg.), *Merleau-Ponty und die Kulturwissenschaften*, München 2000.
Goethe, W. von, *Sämtliche Werke* (Artemis-Ausgabe), Zürich 1977.
Gold, P., »Philosophische Aspekte Künstlicher Intelligenz«, in: P. Gold, A. K. Engel (Hg.), *Der Mensch in der Perspektive der Kognitionswissenschaften*, Frankfurt/M. 1998.
Goldau, A., und H. H. Prinzler (Hg.), *Spielberg. Filme als Spielzeug*, München 1985.
Goldstein, K., *Der Aufbau des Organismus*, Den Haag 1934.
Gombrich, E. H., *Kunst und Illusion*, übersetzt von L. Gombrich, Stuttgart, Zürich 1978.
Goodman, N., *Languages of Art*, London 1969. – Deutsch: *Sprachen der Kunst*, übersetzt von J. Schlaeger, Frankfurt/M. 1973.
Görling, R., »Die Schreckenseite der Sichtbarkeit: Traumabilder«, in Kapust/Waldenfels 2010.
Graumann, C. F., und Th. Herrmann (Hg.), *Karl Bühlers Axiomatik*, Frankfurt/M. 1984.
Grüny, Ch., *Zerstörung der Erfahrung. Eine Phänomenologie des Schmerzes*, Würzburg 2004.
Gurwitsch, A., *Das Bewußtseinsfeld*, übersetzt von W. D. Fröhlich, Berlin, New York 1975.

Hagner, M., »Psychophysiologie und Selbsterfahrung. Metamorphosen des Schwindels und der Aufmerksamkeit im 19. Jahrhundert«, in: A. Assmann, J. Assmann (Hg.), *Aufmerksamkeiten. Archäologie der literarischen Kommunikation* VII, München 2001.
Hamsun, K., *Hunger*, übersetzt von J. Sandmeier und S. Angermann, München 2009.
Hart, L., und D. Ripple, *Reparaturen der Welt*, München 2002.
Hegel, G. W. F., *Phänomenologie des Geistes* (Werke 3), Frankfurt/M. 1970.
Heidegger, M., *Sein und Zeit*, Tübingen [7]1953.
–, *Die Frage nach dem Ding*, Tübingen [2]1975.
–, »Der Ursprung des Kunstwerkes« (1935/36) und »Die Zeit des Weltbildes« (1938) in: *Holzwege*, Frankfurt/M. [6]1980.
Heine, H., *Sämtliche Schriften*, Bd. 6/I, München 1975.
Hénaff, M., *Der Preis der Wahrheit. Gabe, Geld und Philosophie*, übersetzt von E. Moldenhauer, Frankfurt/M. 2009.
Herder, J. G., *Über den Ursprung der Sprache*, in: *Werke*, Bd. 1, Frankfurt/M. 1985.
Hogrebe, W., *Metaphysik und Mantik. Die Deutungsnatur des Menschen*, Frankfurt/M. 1992.

Höhne, A., *Eine Welt der Stille. Untersuchungen zur Erfahrungswelt Gehörloser als Ausgangspunkt für eine phänomenologisch-orientierte Gehörlosenpädagogik*, München 2005.
Holenstein, E., *Phänomenologie der Assoziation. Zu Struktur und Funktion eines Grundprinzips der passiven Genesis bei E. Husserl*, Den Haag 1972.
Huber, J. (Hg.), *Einbildungen* (Interventionen 14), Zürich 2005.
Husserl, E., *Husserliana* (= Hua), Den Haag bzw. Dordrecht 1950ff.

Imdahl, M., *Giotto – Arenafresken. Ikonographie – Ikonologie – Ikonik*. München 1980.
–, »Überlegungen zur Identität des Bildes« (1979), in: *Gesammelte Schriften*, Bd. 3, Frankfurt/M. 1996.
–, »Serras *Right Angle Prop* und *TOT*. Konkrete Kunst und Paradigma«, in: *Situation Kunst – für Max Imdahl. Die Erweiterung 2006*, hg. von S. von Berswordt-Wallrabe, F. Wappler, Bochum 2008.

Jabès, E., *Ein Fremder*, übersetzt von J. Ritte, München 1993.
Jakobson, R., *Kindersprache, Aphasie und allgemeine Lautgesetze*, Frankfurt/M. 1969.
–, *Aufsätze zur Linguistik und Poetik*, München 1974.
Jauß, H. R., *Zeit und Erinnerung in Marcel Prousts »A la recherche du temps perdu«* (1955), Frankfurt/M. 1986.
Jullien, F., *Das große Bild hat keine Form*, übersetzt von M. Sedlaczek, München 2005.

Kafka, F., »Der Kreisel« und »Forschungen eines Hundes« in: *Beschreibung eines Kampfes. Novellen, Skizzen Aphorismen aus dem Nachlaß*, Gesammelte Werke in sieben Bänden, Frankfurt/M. 1983.
Kandinsky, W., *Über das Geistige in der Kunst*, 4. Aufl. Bern 1952.
–, *Punkt und Linie zu Fläche*, Bern [7]1973.
Kant, I., *Werke in sechs Bänden*, hg. von W. Weischedel, Darmstadt 1956ff.
Kapust, A., *Berührung ohne Berührung. Ethik und Ontologie bei Merleau-Ponty und Levinas* München 1999.
–, und B. Waldenfels (Hg.), *Kunst. Bild. Wahrnehmung. Blick. Merleau-Ponty zum Hundertsten*, München 2010.
Karp, D., und K. Kiesel, K. Visarius (Hg.), *Once upon a time. Film und Gedächtnis* (Arnoldshainer Filmgespräche 15), Marburg 1998.
Kennedy, J. M., *Drawing and the Blind: Pictures to Touch*, New Haven 1993.
Koffka, K., *Die Grundlagen der psychischen Entwicklung*, Darmstadt 1966.
Kolesch, D., und S. Krämer (Hg.), *Stimme*, Frankfurt/M. 2006.

Kolesch, D., und J. Schrödl (Hg.), *Kunst-Stimmen* (Theater der Zeit. Recherchen 21), 2004.
Krüger, G., *Einsicht und Leidenschaft*, Frankfurt/M. 1948.
Kruschkowa, K. (Hg.), *Ob?scène. Zur Präsenz der Absenz im zeitgenössischen Tanz, Theater und Film*, Wien, Köln, Weimar 2005.

Lacan, J., *Le Séminaire*, Livre XI: *Les quatre concepts fondamentaux de la psychanalyse* (1964), Paris 1973. – Deutsch: *Das Seminar*, B. XI: *Die vier Grundbegriffe der Psychoanalyse*, übersetzt von N. Haas, Olten 1978.
Lagache, D., *Les hallucinations verbales* (1934), wiederabgedruckt in: *Œuvres* I, Paris 1977.
Laplanche, J., *Le primat de l'autre*, Neuausgabe Paris 1997. – Deutsch (Teilübersetzung): *Die unvollendete kopernikanische Revolution*, übersetzt von U. Hock, Frankfurt/M. 1996.
Lehmann, H.-Th., *Postdramatisches Theater*, Frankfurt/M. 1999.
Leroi-Gourhan, A., *Hand und Wort*, übersetzt von M. Bischoff, Frankfurt/M. 1984.
Levin, D. M. (Hg.), *Sites of Vision. The Discursive Construction of Sight in the History of Philosophy*, Cambridge, Mass. 1997.
Levinas, E., *Totalité et Infini*, Den Haag 1961. – Deutsch: *Totalität und Unendlichkeit*, übersetzt von W. N. Krewani, Freiburg, München 1987.
–, *Autrement qu'être ou au-delà de l'essence*, Paris 1974. – Deutsch: *Jenseits des Seins oder anders als Sein geschieht*, übersetzt von Th. Wiemer, Freiburg, München 1992.
Lévi-Strauss, C., *La pensée sauvage*, Paris 1962. – Deutsch: *Das wilde Denken*, übersetzt von H. Naumann, Frankfurt/M. 1968.
–, »La place de la culture japonaise dans le monde«, in: *Revue d'esthétique* 18 (1990).
Libet, B., *Mind Time. Wie das Gehirn das Bewußtsein produziert*, übersetzt von J. Schröder, Frankfurt/M. 2005.
Lichtenberg. G. Ch., *Sudelbücher* in: *Schriften und Briefe*, Bd. I-II, Frankfurt/M. 1968/1971.
Löhr, R., *Der Schachautomat*, München 2005.
Lommel, M., *Samuel Beckett. Synästhesie als Medienspiel*, München 2006.

Madison, G. B., *The Phenomenology of Merleau-Ponty*, Athens, Ohio 1973.
Majetschak, S. (Hg.), *Bild-Zeichen*, München 2005.
Mann, Th., *Ausgewählte Erzählungen*, Stockholm 1948.
Marin, L., »Das Sein des Bildes und seine Wirksamkeit«, in: V. Beyer, J. Voorhoeve, A. Haverkamp (Hg.), *Das Bild ist der König*, München 2006.
Marion, J.-L., *Réduction et donation*, Paris 1989.
–, *Étant donné*, Paris 1997.

Marx, K., *Grundrisse der politischen Ökonomie*, Berlin 1953.
Mauss, M., »Techniken des Körpers«, in: *Soziologie und Anthropologie*, Bd. II, München 1975.
Meier-Seethaler, C., *Gefühle und Urteilskraft. Ein Plädoyer für die emotionale Vernunft*, München 1997.
Merleau-Ponty, M., *Phénoménologie de la perception*, Paris 1945. – Deutsch: *Phänomenologie der Wahrnehmung*, übersetzt von R. Boehm, Berlin 1966.
–, *La structure du comportement* (1942), [2]1949. – Deutsch: *Die Struktur des Verhaltens*, übersetzt von B. Waldenfels, Berlin 1976.
–, *Signes*, Paris 1960. – Deutsch: *Zeichen*, hg. von Ch. Bermes, Hamburg 2007.
–, *L'œil et l'esprit*, Paris 1964. – Dt. in: *Das Auge und der Geist*, hg. von Ch. Bermes, Hamburg 2003.
–, *Le visible et l'invisible*, Paris 1964. – Deutsch: *Das Sichtbare und das Unsichtbare*, übersetzt von R. Giuliani und B. Waldenfels, München 1986.
–, *Résumés de cours. Collège de France 1952-1960*, Paris 1968. – Deutsch in: *Vorlesungen* I, übersetzt und hg. von A. Métraux, Berlin 1973.
–, *La prose du monde*, Paris 1969. – Deutsch: *Die Prosa der Welt*, übersetzt von R. Giuliani, München 1984.
–, *Sens et non-sens* (1948), Paris 1996. – Deutsch: *Sinn und Nicht-Sinn*, übersetzt von H.-D. Gondek u. a., München 2000.
–, *Causeries* (1948), Paris 2002. – Deutsch: *Causerien 1948*, übersetzt von J.-C. Ritter, I. Knips und E. Alloa, Köln 2006.
Mersch, D., *Was sich zeigt. Materialität, Präsenz, Ereignis*, München 2002.
Métraux, A., und B. Waldenfels (Hg.), *Leibhaftige Vernunft. Spuren von Merleau-Pontys Denken*, München 1986
Metzger, Ch. (Hg.), *Musik und Architektur*, Saarbrücken 2003.
Meyer, Ph., *L'œil et le cerveau*, Paris 1997.
Meyer-Drawe, K., *Menschen im Spiegel ihrer Maschinen*, München 1996.
–, *Diskurse des Lernens*, München 2008.
Meyer-Kalkus, R., *Stimme und Sprechkünste im 20. Jahrhundert*, Berlin 2001.
–, »Stimme und Atemsyntax in Vortragskunst, Prosa und Musik«, in: *Musik & Ästhetik*, 13. Jg., Heft 51 (2009), S. 73-106.
Mitchell, W. J. T., *Picture Theory*, Chicago 1994. – Deutsch: *Bildtheorie*, Frankfurt/M. 2008 (2008a).
–, *What Do Pictures Want. The Lives and Loves of Images*, Chicago 2005. – Deutsch: *Das Leben der Bilder. Eine Theorie der visuellen Kultur*, übersetzt von A. Eschbach, A.-V. Eschbach, M. Halawa, München 2008 (2008b).

Morris, D. B., *Geschichte des Schmerzes*, übersetzt von U. Gräfe, Frankfurt/M. 1996.
Mosès, S., *Eros und Gesetz*, München 2004.
Mühleis, V., *Kunst im Sehverlust*, München 2005.
Musil, R., *Der Mann ohne Eigenschaften*, Reinbek 1978.

Nancy, J.-L., *Der Eindringling/L'intrus. Das falsche Herz*, Berlin 2000.
Nietzsche, R., *Kritische Studienausgabe* (KSA), hg. von G. Colli, M. Montinari, Berlin 1980.
Novalis, *Schriften*, hg. von P. Kluckhohn und R. Samuel, Stuttgart 1960ff.

Ornament und Abstraktion, Katalog der Fondation Beyeler, hg. von M. Brüderlin, Basel 2001.

Peirce, Ch., *Schriften II. Vom Pragmatismus zum Pragmatizismus*, hg. von K.-O. Apel, Frankfurt/M. 1970.
Plessner, H., *Anthropologie der Sinne* (Ges. Schriften, Bd. III), Frankfurt/M. 1980.
Plügge, H., *Der Mensch und sein Leib*, Tübingen 1967.
Ponge, F., *Parti pris des choses,* Paris 1942. – Deutsch: *Im Namen der Dinge*, übersetzt von G. Henninger, Frankfurt/M. 1973.
Primavesi, P., »Gespaltene Stimmen. Klangräume und Gesellschaftskritik im Theater von Schleef, Marthaler und Pollesch«, in: K. Westphal (Hg.), *Lernen als Ereignis. Zugänge zu einem theaterpädagogischen Konzept*, Hohengehren 2004.
–, und O. A. Schmitt (Hg.), *AufBrüche. Theaterarbeit zwischen Text und Situation*. Hans-Thies Lehmann zum 60. Geburtstag (Theater der Zeit. Recherchen 20), 2004.
Proust, M., *À la recherche du temps perdu*, 4 Bde., hg. von J.-Y. Tadié, Paris 1987-89. – Deutsch: *Auf der Suche nach der verlorenen Zeit*, 7 Bde., übersetzt von E. Rechel-Mertens, revidiert von L. Keller, Frankfurt/M. 1994-2002.

Rancière, J., *Politik der Bilder*, übersetzt von M. Muhle, Berlin 2005.
Richard J.-P., *Proust et le monde sensible*, Paris 1974.
Ricœur, P., *Le volontaire et l'involontaire*, Paris 1950.
–, *Le conflit des interprétations*, Paris 1969. – Deutsch: Bd. I: *Hermeneutik und Strukturalismus*, übersetzt von J. Rüsche, München 1973.
–, *La métaphore vive*, Paris 1975. – Deutsch: *Die lebendige Metapher*, übersetzt von R. Rochlitz, München 1986.
–, *Temps et récit*, 3 Bde., Paris 1983-85. – Deutsch: *Zeit und Erzählung*, übersetzt von R. Rochlitz und A. Knop, München 1988-91.

Riethmüller, A., »Logos und Diastema in der griechischen Musiktheorie«, in: *Archiv für Musikwissenschaft* 47 (1985), S. 18-36.
–, »Musik zwischen Hellenismus und Spätantike«, in: ders., Zaminer (Hg.): *Die Musik des Altertums*, Wiesbaden 1989.
–, »›The Matter of Music is Sound and Body-Motion‹«, in: H. U. Gumbrecht, L. Pfeiffer (Hg.), *Materialities of Communication*, Stanford, Cal. 1994.
–, »Musiké – musica – Musik«, in: *Die Musik in Geschichte und Gegenwart*, hg. von L. Finscher, Kassel [2]1997.
–, »Musik auf Tonband und im Film: Verlust der Fassung?«, in: G. Buschmeier, U. Konrad, A. Riethmüller (Hg.), *Transkription und Fassung in der Musik des 20. Jahrhunderts*, Mainz, Stuttgart 2008.
Roselt, J., *Phänomenologie des Theaters*, München 2008.
Roth, G., *Das Gehirn und seine Wirklichkeit*, Frankfurt/M. 1997.

Sachs-Hombach, K. (Hg.), *Bildwissenschaft. Disziplinen, Themen, Methoden*, Frankfurt/M. 2005.
– (Hg.), *Bildtheorien. Anthropologische und kulturelle Grundlagen des Visualistic Turn*, Frankfurt/M. 2009.
Sallis, J., *Shades – of Painting at the Limit*, Bloomington 1998.
Sartre, J.-P., *L'imaginaire*, Paris 1940. – Deutsch: *Das Imaginäre*, übersetzt von H. Schöneberg, Reinbek 1971.
–, *Was ist Literatur?* Übersetzt von T. König, Reinbek bei Hamburg 1986.
Scarry, E., *Der Körper im Schmerz*, Frankfurt/M. 1992.
Scheler, M., *Der Formalismus in der Ethik und die materiale Wertethik* (Ges. Werke, Bd. 2), Bern, München 1966.
–, *Wesen und Formen der Sympathie* (Ges. Werke, Bd. 7), Bern, München 1973
–, *Die Stellung des Menschen im Kosmos*, in: *Späte Schriften* (Ges. Werke, Bd. 9), Bern, München 1976.
Scherer, R., »Gefrorene Gefühle: Zur Emotionsdarstellung in der bildenden Kunst«, in Boehm, Mersmann, Spies 2008.
Schmicking, D., *Hören und Klang. Empirisch phänomenologische Untersuchungen*, Würzburg 2003.
Scholz, O. R., »Was heißt ein Bild verstehen«, in: K. Sachs-Hombach, K. Rehkämper (Hg.), *Bild – Bildwahrnehmung – Bildverarbeitung*, Wiesbaden 1998.
Schütz, A., *Das Problem der Relevanz*, Frankfurt/M. 1971.
–, »Gemeinsam Musizieren«, in: *Gesammelte Aufsätze*, Bd. II, übersetzt von A. von Baeyer. Den Haag 1972.
Serra R., *Promenade*, Grand Palais (Monumenta 2008), Centre Pompidou, Paris 2008.

Shub, D., *Lenin*, übersetzt von M. Zedtwitz und A. de Vries, Wiesbaden 1962.
Spitz, R., *Vom Säugling zum Kleinkind*, übersetzt von G. Theusner-Stampa, Stuttgart 1967.
Staemmler, F.-M., *Das Geheimnis des Anderen – Empathie in der Psychotherapie*, Stuttgart 2009.
Staudigl, M., und J. Trinks (Hg.), *Ereignis und Affektivität*, Wien 2006.
Stegmüller, W., *Hauptströmungen der Gegenwartsphilosophie*, Bd. II, Stuttgart 1975.
Stieve, C., *Von den Dingen lernen. Die Gegenstände unserer Kindheit*, München 2008.
Stoichita, V. I., *Das selbstbewußte Bild. Vom Ursprung der Metamalerei*, übersetzt von H. Jatho, München 1998.
Straus, E., *Vom Sinn der Sinne*, Berlin, New York, Heidelberg ²1956.

Tengelyi, L., *Erfahrung und Ausdruck. Phänomenologie im Umbruch bei Husserl und seinen Nachfolgern*, Dordrecht 2007.
Thoma, L., *Onkel Peppi und andere Erzählungen*, München 1962.

Ulmann, G. (Hg.), *Kreativitätsforschung*, Köln 1973.

Valéry, P., *L'âme et la danse* und *Philosophie de la danse*, in: *Œuvres*, Bd. II, Paris 1960. Deutsch: *Die Seele und der Tanz*, in: *Werke*, Bd. 2, Frankfurt/M. 1990, *Philosophie des Tanzes*, in: *Werke*, Bd. 6, Frankfurt/M. 1995.
–, *Cahiers*, 2 Bde., Paris 1973-74. – Deutsch: *Cahiers/Hefte*, 6 Bde., Frankfurt/M. 1987-93.

Waldenfels, B., *In den Netzen der Lebenswelt*, Frankfurt/M. 1985.
–, *Ordnung im Zwielicht*, Frankfurt/M. 1987.
–, *Der Stachel des Fremden*, Frankfurt/M. 1990
–, *Antwortregister*, Frankfurt/M. 1994.
–, *Deutsch-Französische Gedankengänge*, Frankfurt/M. 1995.
–, *Phänomenologie in Frankreich*, Frankfurt/M. ²1998.
–, *Sinnesschwellen. Studien zur Phänomenologie des Fremden*, Bd. 3, Frankfurt/M. 1999.
–, *Vielstimmigkeit der Rede. Studien zur Phänomenologie des Fremden*, Bd. 4, Frankfurt/M. 1999.
–, *Das leibliche Selbst*, hg. von R. Giuliani, Frankfurt/M. 2000.
–, *Bruchlinien der Erfahrung*, Frankfurt/M. 2002.
–, *Phänomenologie der Aufmerksamkeit*, Frankfurt/M. 2004.
–, *Philosophische Salons. Frankfurter Dialoge II*, hg. von E. Schweeger, München 2004.

–, *Grundmotive einer Phänomenologie des Fremden*, Frankfurt/M. 2006.
–, *Schattenrisse der Moral*, Frankfurt/M. 2006.
–, *Grenzen der Normalisierung. Studien zur Phänomenologie des Fremden*, Bd. 2, 2. erweiterte Auflage, Frankfurt/M. 2008.
Warning, R., *Proust-Studien*, München 2000.
Weber, Marianne, *Max Weber. Ein Lebensbild*, Tübingen 1926.
Welsch, W., *Aisthesis*, Stuttgart 1987.
Wenzel, H., *Hören und Sehen, Schrift und Bild. Kultur und Gedächtnis im Mittelalter*, München 1995.
Westphal, K., *Wirklichkeiten von Stimmen. Grundlegung einer Theorie der medialen Erfahrung*, Frankfurt/M. 2002.
Wiesing, L., *Die Sichtbarkeit des Bildes*, Reinbek bei Hamburg 1997.
–, *Phänomene im Bild*, München 2000.
Wittgenstein, L., *Philosophische Untersuchungen*, in: *Schriften*, Bd. 1, Frankfurt/M. 1960.

Zahavi, D., *Self-Awareness and Alterity*, Evanston 1999.

Namenregister

Sachregister

Suhrkamp Verlag GmbH
Torstraße 44, 10119 Berlin
info@suhrkamp.de
www.suhrkamp.de